Vorrede.

Von der Absicht dieses Buches redet die Einleitung; und der Verfasser verspricht, wie auch das Werk selbst beurtheilt werde, dem Zwekke wenigstens Billigung. Auch hofft er, wiewol ein ähnlicher Versuch von ihm auf einem andern Gebiet und in anderer Form unglükklich genug von vielen ist ausgelegt worden, nicht so mißverstanden zu werden, als sei es mit dieser Prüfung der bisherigen Sittenlehre darauf abgesehn, das ganze Bestreben für nichtig zu erklären, und sich denjenigen zuzugesellen, welche die Ethik als besondere philosophische Wissenschaft verneinen. Vielmehr glaubt er seinen Glauben an die Möglichkeit dessen, was noch nicht zur Wirklichkeit gekommen ist, genugsam beurkundet. Ja es war in diesem Werke, worin von seinen eignen Grundsäzen nicht ausdrükklich die Rede sein konnte, eine nie aus den Augen gesezte Nebenabsicht dasjenige, was er sagen mußte, so darzustellen und so zu verknüpfen, daß dem Leser recht oft und von allen Seiten die Punkte vor Augen geführt würden, von welchen nach des Verfassers Ueberzeugung jede gründliche Verbesserung der Ethik ausgehen muß. So daß er hofft für diejenigen, welche in dem philosophischen Calculus nicht ungeübt sind, und dasjenige vergleichen wollen, was gelegentlich in den Reden über die Religion noch mehr aber in den Monologen angedeutet worden, seine Ideen auch hier schon deutlich genug niedergelegt zu haben, und sich deshalb leichter beruhigen wird, wenn ihm das Schikksal die Zeit verweigern sollte, um die Sittenlehre nach seiner Weise irgend befriedigend darzustellen. Aus diesem Gesichtspunkt also wünschen seine Voraussezungen sowol als seine Resultate nicht als Theoreme und Lösungen, sondern als Aufgaben vielmehr und heuristische Hypothesen beurtheilt zu werden. Vielleicht möchte bei dem gegenwärtigen Zustande der Wissenschaften und dem immer noch obwaltenden Streit über die ersten Principien eine solche Art der Kritik, wie diese, auch für andere Zweige der Erkenntniß sich nüzlich erweisen, um von einem Punkt aus, der außerhalb des streitigen Gebietes liegt, dasselbe zu vermessen. Wenigstens kann nicht genug erinnert werden, was im Streit über das einzelne sich so leicht vergißt, daß zur wissenschaftlichen Form, in welcher die Erkenntniß und die Kunst sich durchdringen, alles muß hingeführt werden, was den Namen der Philosophie verdient. Doch dieses nur beiläufig. Ueber die Ausführung aber ist noch folgendes zu erinnern.

Zuerst will dieses Buch ausdrükklich nur für diejenigen geschrieben sein, welche mit seinen Gegenständen hinlänglich bekannt sind. Schon von irgend einem einzelnen Werke scheint eine Kritik, welche zugleich Darlegung des Inhaltes ist, etwas wunderliches und vergebliches zu sein. Denn der urtheilende ist nicht zu derselben Zeit in einem rein auffassenden Gemüthszustande, oder kann wenigstens nicht dafür angenommen werden, und so sind dem Leser zwei unbekannte Größen gegeben, der Gegenstand selbst und die Ansicht des urtheilenden, so daß er sich im besten Falle mit einer unbestimmten Aufgabe verstrikkt sieht, von welcher die Grenzen, innerhalb deren die Lösung liegt, nur schwer zu finden sind. Auch ist offenbar, wie viel Unwahrheit durch diese Art der Behandlung verbreitet wird, und welche Vorstellungen diejenigen erhalten, welche nur durch ein solches Mittel die literarischen Gegenstände betrachten. Wieviel weniger also könnte Glauben verdienen und Nuzen schaffen eine ähnliche Kritik einer ganzen Wissenschaft. Wer daher erst aus diesem Buche die verschiedenen Systeme der Sittenlehre will kennen lernen, der gehört nicht unter die gewünschten Leser, und wird, die fragmentarische Darstellung, die das meiste voraussezt, nicht verstehend, auch das Urtheil nur auf bloßen blinden Glauben hinnehmen müssen, und gar nicht berechtiget sein es selbst wieder zu beurtheilen. Diese Beschränkung des Wirkungskreises hat nun auch alle einzelnen Anführungen und Belege unnöthig gemacht. Denn die kundigen, welche in den Quellen zu Hause sind, werden ohne

Zweifel was jedesmal gemeint ist herausfinden. Die andern aber, wenn ja auf sie sollte Rükksicht zu nehmen sein, werden doch in einer Angelegenheit, wo alles Verstehen nur auf dem Zusammenhange beruht, durch den Prunk der Citate um ihren Glauben nur betrogen. Obgleich fest entschlossen nicht nachzuschlagen, meinen sie, der Schriftsteller werde es doch nicht wagen ihnen Stellen aufzuführen, in denen das nicht enthalten sei, weshalb er sie herbeibringt. Daran aber denken die guten nicht in ihrer Unschuld, daß bei der genauesten wörtlichen Uebereinstimmung doch das angeführte eine andere Bedeutung haben könne im Zusammenhange. Deshalb wird ihnen auch so zum Bemitleiden mitgespielt in den Geschichten und Kritiken der Philosophie, ja um es nicht so weit zu suchen in jeder parteigängischen Beurtheilung auch neuerer Werke von raisonnirendem Inhalt. Dagegen wäre der Verfasser gern für die kundigen an mehreren Orten mehr ins einzelne gegangen, hätte der Raum es gestattet. Eben so blieb mit Recht ausgeschlossen jede polemische Rükksicht auf abweichende Ansichten und Auslegungen des geschichtlichen Stoffes. Doch ist, um diese Grenzen festzuhalten, dem Verfasser sehr willkommen gewesen, daß er nicht eher als nach dem Abdrukk fast des ganzen Buches die lezten Bände gelesen hat von Tennemanns Geschichte der Philosophie. Denn das gründliche Studium und das freie Urtheil, welches sich in diesem Werk offenbart, hätte ihn leicht verleiten können, an mehreren Stellen theils die wirkliche Abweichung seiner Ansicht stärker heraus zu heben, theils über die scheinbaren sich befriedigender zu erklären.

Was zweitens die Schreibart betrifft, so ist leicht vorauszusehen, daß sie von vielen, welche sich gern zu Richtern aufwerfen, als abscheulich wird verworfen werden, von andern wohlmeinenden bedauernd gemißbilliget, und nur von wenigen aufmerksamen einer ernstlichen Prüfung ihrer Gründe und ihrer Bedeutung gewürdiget. Doch da die ungebundene Rede, nicht diejenige nämlich, deren jeder sich gebraucht ohne davon zu wissen, nur erst entsteht, ja von vielen noch nicht anerkannt ist, so wird es leicht sich über jene zu trösten. Die lezteren aber mögen überlegen, ob es ein unrechter Gedanke gewesen, eine Schrift, welche sich lediglich mit der Auflösung wissenschaftlicher Formeln beschäftigt, auch soviel möglich in Absicht auf die Zeichen selbst und ihre Verknüpfung zu der Strenge und Einfachheit der mathematischen Analyse zurükkzuführen. Hiezu ist auch die Freiheit zu rechnen, deren sich die Analysten bedienen, die Zwischenglieder, oder auch, wenn der Weg gebahnt ist, das Ende der Auflösung ihrer Gleichungen nicht selten auszulassen, und nur beiläufig ohne Abweichung vom Wege darauf hinzuzeigen, wo eine Formel aufstößt, die in anderer Hinsicht bemerkenswerth sein kann. Wie weit nun diese Idee hier ist erreicht worden, mögen andere beurtheilen; dem Verfasser ist nur soviel gewiß, daß der Versuch zum zweiten Mal angestellt ihm besser gelingen würde. Auch von kleinen Nachlässigkeiten, in deren Vermeidung, die in der That beschwerlicher ist als schwer, einige mit

Unrecht den ganzen Werth eines guten Vortrages sezen, weiß er sich nicht frei. Aber wenn es auch Gründe geben kann, diese Art der Vollendung der früheren Erscheinung eines Werkes, besonders eines wissenschaftlichen, bisweilen leichter aufzuopfern, so haben sie doch nur für den Schriftsteller selbst ihr rechtes Gewicht, und er kann ihrer ohnerachtet nicht umhin, indem er die verfehlten Stellen der bessernden Sprachliebe der Leser überläßt, sich selbst dem Tadel Preis zu geben, der ihn betrifft.

Stolpe im August 1803.

E i n l e i t u n g.

Einleitung.

1.

Von der Idee dieser Kritik.

Wie eine bestimmte Darstellung der Ethik von ihren Grundsäzen aus die übrigen prüft und würdiget, dieses haben wir schon öfters gesehen, uud fast keiner, der über die allgemeinen Geseze des menschlichen Handelns auf eine neue Art zu reden glaubte, hat es unterlassen. Es kann aber, wie bei einer solchen Vergleichung gewöhnlich verfahren wird, kaum daraus abgenommen werden, in wie fern eine von der andern abweicht, wozu etwas vollständigeres erfordert würde, als diese einzelnen Blikke, welche jeder von den vortheilhaftesten Stellen seines eignen Weges auf den des Andern hinüberwirft; noch weniger aber, welche von beiden die richtige ist. Denn oftmals wird die Sache geführt nur durch eine Berufung auf das Gefühl, welches Jeder dem seinigen gleichartig bei den Unpartheiischen voraussezt; auf welchem Wege denn für die Wissenschaft gar nichts entschieden werden kann. Oder, wie die Beispiele zeigen, beruht der Ausspruch darauf, daß die eine nicht erweisen und zu Stande bringen kann, was die andere, und daß, was diese gebietet, jener zufolge nicht sollte geboten werden. Soll nun Gründen dieser Art einiges Gewicht beigelegt werden, so muß dasjenige System der

Sittenlehre, auf welches die Prüfung sich bezieht, sich bereits als das richtige erwiesen haben. Dieses aber kann keines vermittelst einer solchen oder solchen Beschaffenheit seines Inhaltes, wie wenn eines von sich sagt, aus ihm allein erfolge ein solches Betragen, wie es in der bürgerlichen Gesellschaft zu wünschen wäre, oder wie es der Gottheit angenehm sein kann, oder wie es den Menschen überhaupt wahrhaft nüzlich ist. Denn jenes beides ist fremdartig für die Sittenlehre, welche doch als Wissenschaft ein Recht hat keinem andern Endzwekk untergeordnet, sondern nur für sich beurtheilt zu werden. Das leztere aber ist ganz thöricht, und nichts lächerlicheres mag wohl erdacht werden, als was Jemand zu sagen pflegt von dieser ethischen Schule sie sei der Tugend günstiger als jene. Sondern dies kann nur geschehen, indem eine solche Darstellung von sich zeigt, daß sie ihre Aufgab der Form nach vollständig und rein gelöst habe; denn alsdann kann sie eine jede andere mit ihren Ansprüchen so lang abweisen, bis diese den nemlichen Beweis geführt hat. Es giebt nemlich gar für jede eigentliche Wissenschaft, wie doch die Ethik sein will und soll, keine andere Kritik als die de wissenschaftlichen Form, und eine solche aufzustellen soll hie versucht werden. Ob aber auch mit einer solchen für di Sittenlehre viel zu gewinnen sein möchte, könnte wohl mi Recht einer zweifelnd fragen. Dieser müßte vorläufig entwe der mit der Antwort zufrieden sein, daß der Versuch es zeige werde, oder sich mit seinem Zweifel auf eine zwiefache Vo aussezung verweisen lassen. Wenn nemlich mehrere von de ihrem Inhalt und ihren Grundsäzen nach, wie sie weni stens selbst behaupten, so weit von einander abweichend Systemen der Sittenlehre jedes in seiner Art die Aufga kunstgerecht gelöst hätten: dann würde allerdings auf diese Wege über die Vorzüge des einen vor dem andern nichts entscheiden sein. Wer aber möchte dieses wohl glauben, u so gering von der Wissenschaft denken, daß es ihm mögli schiene, dieselbige Aufgabe könne nach ihren Gesezen zu me reren und verschiedenen Lösungen ohne Fehler gelangen? Vielmehr würden wir alsdann mit Sicherheit folgern, nicht nur daß die Ethik sich nicht eigne eine Wissenschaft zu sein, sondern auch daß schon der Gedanke derselben nur auf einem vielfältig leeren Schema beruhen müsse. Kann hingegen jenes Zeugniß der Richtigkeit der Form nur einer oder gar keiner gegeben werden: dann werden wir sowohl fernerhin glauben dürfen, daß die Ethik eine Wissenschaft sei, als auch hoffen, diese Art der Kritik werde uns zeigen, entweder wo sie bereits, oder warum sie noch nirgends zu Stande gekommen. Denn ohne Zweifel muß es, wie für die Kunst so auch für die Wissenschaft gelten, daß Gestalt und Gehalt einander gegenseitig zur Bewährung dienen; so nemlich, daß, was der Gestalt widerstrebt, auch gar nicht ein Bestandtheil irgend eines so gearteten Ganzen darf sein wollen, und wiederum, welche Gestalt sich nicht einen bestimmten Gehalt aneignet, alles andere aber aus eigner Kraft ausstößt, diese auch nicht verlangen darf, daß irgend etwas gutes und würdiges sich hergebe um sie auszufüllen. Auf diesem Grundsaze nun beruht die Möglichkeit, daß eine wie die Ethik so vielfach bearbeitete Wissenschaft, wenn nur der Begrif derselben gegeben ist, ganz ohne weder einen von den bisherigen Versuchen anzuerkennen, noch auch einen neuen zuvor anzustellen, dennoch der Kritik unterworfen werden kann.

2.

Von den Grenzen derselben.

Wenn nun das Geschäft einer solchen Kritik dieses ist, zu untersuchen, in wiefern die Ethik in ihren bisherigen Gestalten den Anspruch eine eigne und ächte Wissenschaft sein zu wollen gerechtfertiget hat: so folgt also, daß sie nur da es zu verrichten befugt ist, wo diese Ansprüche mit dem Wort oder der That gemacht worden sind, das heißt, wo ein zusammenhängendes und das Gebiet umfassendes System verheißen worden ist, welches das zufällige menschliche Handeln unter einer Idee betrachtet, nach der, was darin ihr angemessen ist, ausschließend und ohne Ausnahme als gut gesezt, als böse aber eben so Alles mit ihr unvereinbare verworfen wird. Wobei jedoch einerseits nicht jede geringfügige Verschiedenheit einer einzelnen Darstellung ihr das Recht giebt ein besonderes Verweilen der Untersuchung zu fordern; denn sonst würde weder das Ende zu finden sein, noch auch verhindert werden können, daß nicht, was vielleicht ursprünglich nur Mißverstand oder Ungeschikklichkeit war, uns unbelohnte Mühe verursache. Andererseits aber auch muß nicht eben, was wir suchen, mit ausdrükklichen Worten verkündigt, noch auch in einer sich dem ersten Anblikk beglaubigenden Gestalt ausgeführt worden sein: sondern auch die stillschweigende Absicht reicht uns hin, und die unvollendete That. So hat gleich Platon, obschon er unter den ersten und treflichsten Arbeitern dieses Feldes hervorragt, keine zu Ende geführte und vollständige Darlegung seiner Ethik hinterlassen. Welcher aber verdiente wohl genannt zu werden, wenn dieser ausgeschlossen sein sollte? Oder wie könnte er es, da doch nicht geläugnet werden mag, daß er die Ethik als Wissenschaft gedacht und gewollt hat, und so deutlich zwar, daß Jeder gestehen muß, wie alle der Art Andeutungen und Aussprüche in seinen Werken nicht etwa aufs ohngefähr hier so dort anders hingeworfen, sondern zusammengehörige und von dem Kundigen leicht zusammenzu fügende Theile eines eigenen Ganzen sind. Nur kann er, und wer sich in gleichem Falle befindet, weder selbst noch auch seine Idee des fehlenden wegen getadelt werden, es müßte denn der leztern erwiesen werden können, daß sie ihrer Natur nach nicht hingereicht habe, um das angefangene zu vollenden Nur also da wo wissenschaftliche Ausführung und Absich entweder an sich oder doch für uns nicht vorhanden ist, kann auch das Ethische nicht Gegenstand dieser Kritik sein. Das für uns nemlich ist zu verstehen von solchen Völkern deren nicht, wie die unsrige, von der hellenischen abstammende Weis heit uns nicht im Zusammenhange bekannt ist; das an sich aber von allen sittlichen Aussprüchen der gemeinen Rede und Meinung, so wie auch von jeder Ethik die sich auf empfangene göttliche Gebote bezieht. Denn eben so würde eine Kritik der Wissenschaft von den Gründen des Daseins weder mit den halben und schiefen Begriffen des gemeinen Verstandes, noch auch mit den von einer Offenbarung ausgehenden Lehren sich einlassen dürfen. Ist nun als Gegenstükk der lezteren die Ethik der Gottseligkeit nur Darlegung des gebietenden Inhalts einer Offenbarung; so ist sie ganz außerhalb der Wissenschaft gelegen. Will sie aber diesen Inhalt auf irgend eine Art mit der natürlichen Erkenntniß in Verbindung sezen: so fügt sie sich nothwendig entweder an die kunstlosen und unverbundenen Ausdrükke der gemeinen Meinung, oder an die wissenschaftliche Behandlung irgend einer Schule an; wie sie denn auch beides zu allen Zeiten mit abwechselndem Erfolge gethan hat. Beides gilt auch von dem Theile ihres Inhaltes, welchem die Gottheit noch besonders als Gegenstand zum Grunde liegt, da ja die gemeine Meinung vorzüglich das sittliche und fromme verbindet, aber auch die Ethik der Schule nicht unterläßt von Pflichten oder Gesinnungen gegen die Gottheit auf irgend eine Weise zu handeln. Erstere aber, die Aussprüche des gemeinen Verstandes, können für sich gar nicht im Zusammenhange betrachtet werden, da nicht einmal eine vorgebliche Einheit der Grundsäze vorhanden ist, sondern vielmehr das eine hier, das andere dort her genommen zu sein scheint, und was sie zusammen hält, nur eine der Ethik fremde Beziehung sein kann. Allerdings indeß stehen sie in einer unvermeidlichen Wechselwirkung, theils diese bestimmend, theils durch sie bestimmt, mit den Versuchen der wissenschaftlichen Ethik, und in sofern wird in einzelnen Fällen auch auf sie Rükksicht zu nehmen sein.

Demnächst aber soll nur jenes System über das zufällige menschliche Handeln der Gegenstand der Untersuchung sein, und über nichts darf sie sich verbreiten, was von oben oder unten her diesem angehängt zu werden pflegt. Deshalb schon ist das menschliche Handeln, wiefern es der Inhalt dieser Wissenschaft ist, ein zufälliges genannt worden, nicht aber ein freies, um nemlich diesen Begrif gänzlich zu vermeiden, über welchen schon wegen Ungleichheit der Meinungen hier nicht im Voraus entschieden werden kann. Denn Einige zwar legen ihn zum Grunde ihrer Ethik als unentbehrlich, Andere aber haben ihn gänzlich verneint, obwohl sie auch eine Ethik aufstellen; und es giebt auch solche, unter denen Kant ist, die ihn zu diesem Endzwekk gänzlich bei Seite stellen. Wollten wir nun im voraus entscheiden, daß eine von diesen Verfahrungsarten für die Sittenlehre nothwendig sei, und welche, so würden wir unbefugtermaßen diejenigen, welche anderer Meinung sind, vom Anfange her ausschließen, und die ganze Untersuchung auf einen andern Ort stellen, als den einmal in Besiz genommenen. Es liegt nemlich dieser Begrif gar nicht innerhalb des abgestekten Gebietes. Denn Keiner, er bejahe ihn nun oder verneine, wird behaupten, daß wenn seine Ueberzeugung hievon sich änderte, er dann anderes für gut und anderes für böse halten würde, als zuvor. Wofern nicht Jemand im Eifer sagen möchte, er würde dann gar keinen Unterschied annehmen zwischen böse und gut, welches jedoch hieße, die menschliche Natur weniger dem Ideal unterwerfen, als irgend einen Theil der körperlichen. Denn von dieser sind wir überzeugt, daß alles in ihr nothwendig erfolgt: wer aber macht nicht, den Begrif des Ideals anwendend, dennoch einen Unterschied der Vollkommenheit und Unvollkommenheit oder Schönheit und Häßlichkeit zwischen den verschiedenen Naturen sowohl, als auch den einzelnen von gleicher Natur? So auch giebt es über die künstlerischen Handlungen des Menschen und das Gelingen derselben ein System der Beurtheilung nach dem Ideale, ohne daß jemals die Frage in Anregung käme, ob auch der Künstler Freiheit gehabt, anders und besser zu können. Sondern dieser Begrif liegt auf der einen Seite höher, auf der andern niedriger, als die Wissenschafft. Niedriger nemlich liegt die Anwendung, welche von demselben gemacht wird, wenn bestimmt werden soll, ob man denken und sagen müsse, der Thäter habe nicht anders gekonnt, oder er habe nicht anders gewollt, welches noch genauer so auszudrükken wäre, ob er nicht anders können gewollt, oder nicht anders wollen gekonnt. Denn diese Frage würde gar nicht aufgeworfen werden, wenn nicht durch die sittliche Beurtheilung etwas von der That ausgesagt würde, welches, in wiefern es auch auf den Thäter überzutragen sei, der Gegenstand des Zweifels ist. Höher aber, als die besondere Wissenschaft der Ethik, liegt die Frage selbst von der Freiheit, in sofern sie die menschliche Natur in ihren wesentlichsten Beziehungen erst zusammensezend darstellen, und die Verhältnisse der Persönlichkeit zu der Eigenschaft des Menschen, vermöge deren er ein Theil eines Ganzen ist, bestimmen soll. Denn dies ist offenbar ein Theil desjenigen Geschäfts, welches der natürlichen Ordnung nach, jeder einzelnen Wissenschaft vorangehn muß, nie aber mit in dieselbe hinabgezogen werden darf. Womit jedoch noch nicht gesagt ist, daß jene Frage grade zu demjenigen höheren gehöre, wovon die Ethik abgeleitet werden müßte. Eben so wenig wird aus denselben Gründen die Rede sein von jeder von den Meisten gleichfalls zum Behuf der Sittenlehre für nothwendig erachteten Eintheilung des menschlichen Geistes in was immer für einzelne einander bei oder untergeordnete Kräfte und Vermögen. Denn auch hier, ob auf eine und auf welche die Ethik sich beziehen müsse, entscheiden zu wollen, würde den Besiz jener Begrifsbildung und Ableitung der menschlichen Natur voraussezen, und von der Beurtheilung der bisherigen ethischen Versuche unvermeidlich zur selbsteigenen Anstellung eines neuen hintreiben. Sondern uns wird nur obliegen, aus dem, was Jeder ans Licht gebracht hat, zu zeigen mit welchem Erfolg der eine sich dieses Hülfsmittels gänzlich begeben, und was mit demselben Andere ausgerichtet. Denn weder jenes noch dieses Verfahren dürfen wir ansehn als unnachlaßliche Bedingung der Sittenlehre überhaupt, sondern wir müssen für jedem einzelnen Fall besonders fragen, ob es nur willkürlich und zufällig sei in diesem System, oder aber durch seines höchsten Grundsazes, sei es nun Geist oder Buchstabe, bedingt und begründet.

3.

Von ihrer Anordnung und Eintheilung.

Was aber die Anordnung der vorseienden Untersuchung betrift, so werden vielleicht die Meisten, weil es ihnen das bequemste scheint, erwarten, die verschiedenen Behandlungsarten der Sittenlehre, wie man sie hergebrachter Weise als verschiedene Schulen zu betrachten pflegt, nach einander und jede in ihrem eigenen Zusammenhange für sich gewürdiget zu sehen. Allein es ist dieser Begrif von so und so vielen Schulen, wie man sie auch stellen und zählen möge, mehr eine zufällige und halb erdichtete als auf etwas wirkliches und wesentliches sich beziehende Vorstellungsart. Nicht freilich so, als ob sie nicht ursprünglich ihren Sinn gehabt hätte; nur war dieser mehr ein geschichtlicher, nicht sowol den Inhalt als die Ueberlieferung betreffender. Der gegenwärtige Gebrauch dieses Wortes aber ist ein solcher, welchem zwar die der Sache Kundigen sich ohne Widerrede fügen, wohl aber wissen, wie wenig treffendes damit bezeichnet wird. Es darf nemlich, wie jeder zugeben wird, im wissenschaftlichen Sinn eine Schule nicht bloß aus dem Erfinder und seinen Nachtretern bestehen, sondern die Nachfolger sollen jene Ansicht, welche der Stifter genommen, weiter ausbilden, und wiewohl immer seinem Geiste getreu, auch die Mannichfaltigkeit, welche sie noch zuläßt weiter ins Licht sezen, indem sie der eine diese der andere jene, jeder seiner Natur gemäß auffassen, so auch der eine dem, ein anderer jenem Theile des Ganzen sich vorzüglich widmen. Und in diesem Sinne giebt es wol wenigstens innerhalb der Ethik noch nichts, was so fest bestehend zur Vollendung ausgebildet worden wäre, ohne von seiner ursprünglichen Eigenthümlichkeit zu verlieren. Denn wenn auch jemand auf den ersten Anblikk glauben möchte, es sei unter den Alten die Schule des Epikuros und die Engländische unter den Neueren diesem Gedanken nahe gekommen: so wird sich doch bei längerer Betrachtung auch dieser Schein wieder verlieren. Doch dies sei nur im Vorbeigehen angedeutet. Noch weniger aber könnte nach dieser Ansicht auf eine bequeme Weise die Untersuchung geordnet werden, sondern nur unzulänglich, und doch nicht ohne mancherlei Wiederholungen, welche den Lesenden verwirren. Denn es giebt innerhalb jeder dieser Schulen nicht nur Abweichungen, welche bedeutender sind, als das, was in anderer Hinsicht eine von der andern unterscheidet; sondern auch die Eigenthümlichkeiten der mehresten sind, ohne ihr Verhältniß zu den andern, welches durch solche Absonderung nur dem Auge entzogen wird, nicht richtig zu verstehen. Ueberdies verschwinden in manchen Theilen der Wissenschaft die Unterschiede wo nicht gänzlich doch weit mehr, als man nach den Abweichungen im Ausdrukk der obersten Idee und nach den Behauptungen von ihrer großen Ungleichartigkeit vermuthen sollte. Besser also scheint es gethan nach den zur Lösung der ethischen Aufgabe unumgänglichen Erfordernissen das Ganze zu ordnen; innerhalb dieser großen Hauptstükke aber die Ausführung bald so, bald anders zu gestalten, je nachdem bequeme Uebersicht und richtige Vergleichung, bald durch diese, bald durch jene Anordnung am meisten begünstigt werden. Zufolge nemlich des schon vorläufig aufgestellten Begriffes ist das erste Erforderniß einer jeden Ethik die leitende Idee oder der oberste Grundsaz, welcher diejenige Beschaffenheit des Handelns aussagt, durch welche jedes einzelne als gut gesezt wird, und welche sich überall wieder finden muß, indem das ganze System nur eine durchgeführte Aufzeichnung alles desjenigen ist, worin sie erscheinen kann. Diese Ideen nun, lediglich aus dem Gesichtspunkt ihrer Tauglichkeit zur Begründung eines solchen Systems, vergleichend zu würdigen, soll das Geschäft des ersten Buches sein. Dann besteht das weitere darin, daß für jeden Fall, wo von einem Zustande der Unbestimmtheit und der Aufforderung aus ein gutes und ein böses möglich ist, die Handlungsweise, wodurch jenes zu Stande kommen würde, in Beziehung auf die leitende Idee sowohl als auch auf ihren besonderen Gegenstand, bezeichnet werde. Die Beschaffenheit dieser einzelnen sittlichen Begriffe zu prüfen ist das zweite Buch bestimmt. Nemlich nicht etwa, ob das für gut ausgegebne auch wirklich gut sei; denn dieses können wir von da aus, wohin wir uns gestellt haben, nicht an und für sich entscheiden. Sondern nur, ob sie unter sich und mit ihren obersten Gründen in richtigem Zusammenhange stehn, und sich eines wahren Inhaltes und bestimmter Umrisse zu rühmen haben. Endlich aber entsteht die Frage, ob auch die Gesammtheit dieser Begriffe die ganze Sphäre des möglichen menschlichen Handelns ausfüllt, so daß nichts was darin ethisch gebildet werden könnte, ausgeschlossen, und nichts, was sich als Gegenstand sittlicher Beurtheilung zeigt, unbestimmt gelassen worden; kurz, ob das System auch vollständig und geschlossen ist. Diese Untersuchung muß, die Richtigkeit der im ersten Buch über die Grundsäze gefällten Urtheile bewährend und so zum Anfange zurükkehrend, im dritten das Ganze beschließen. Auf diesem Wege stehet zu hoffen, daß eine in Beziehung auf den genommenen Standort vollständige Uebersicht über die bisherigen Fortschritte der Ethik als Wissenschaft gewonnen, und so ein Jeder in Stand gesezt werde, auch über den Werth des so verarbeiteten Inhaltes sein Urtheil zu fällen.

Erstes Buch.

Kritik der höchsten Grundsäze der Sittenlehre.

Erstes Buch.

Einleitung.

Ehe die verschiedenen Ideen, welche bisher der Ethik zum Grunde gelegt worden, in Absicht auf ihren Werth, nemlich ihre Tauglichkeit zur Aufführung eines wissenschaftlichen Gebäudes, beurtheilt werden, dringt sich die vorläufige Frage auf nach ihrem verschiedenen Ursprung. Es kann nemlich die höchste Idee erst nach den einzelnen Säzen und vermittelst ihrer gefunden worden sein, um diese zu vereinigen und so das Bedürfniß der Vernunft nach Vollendung der wissenschaftlichen Form wenigstens im einzelnen zu befriedigen; so wie gewiß in der Größenlehre nicht die ersten und einfachsten Grundsäze zuerst gefunden, sondern nur zur Begründung dessen gesucht worden, was sich zunächst im Gebrauch als unbestreitbar aufdrang. Oder es kann ein besonderes Bedürfniß auf diese bestimmte Wissenschaft ihres Inhaltes wegen gerichtet sein, und so der eine sich bei dieser der andere bei jener Idee beruhigt haben, wie jede die vorliegende Forderung zu erfüllen schien. Oder endlich es kann auch die höchste Idee dieser Wissenschaft noch einen höheren wissenschaftlichen Grund über sich haben, und entweder, als aus ihm durch die reine herabwärts gehende Forschung ohne irgend ein anderes Interesse entstanden, oder doch als an ihn angeknüpft und auf ihn zurükkgeführt vorgestellt werden. Denn so wie die Vernunft des Einen von einem einzelnen in wissenschaftlicher Gestalt erscheinenden Saz zurükkgetrieben wird, um die Aufgabe, wozu dieser und alle ihm beigeordnete Säze gehören und die Gründe ihrer Auflösung zu suchen: so erscheint der noch wissenschaftlicheren Vernunft des Andern diese Forderung selbst nur als ein einzelnes, und ihr Grund als ein selbst noch weiter zu begründendes. Ein solches Bestreben aber kann seine Ruhe nirgend anders finden, als in der Bildung einer — wenn hier nicht ein höherer Name nöthig ist — Wissenschaft von den Gründen und dem Zusammenhang aller Wissenschaften. Diese nun darf selbst nicht wiederum, wie jene einzelnen Wissenschaften, auf einem obersten Grundsaz beruhen; sondern nur als ein Ganzes, in welchem jedes der Anfang sein kann, und alles einzelne gegenseitig einander bestimmend nur auf dem Ganzen beruht, ist sie zu denken, und so daß sie nur angenommen oder verworfen, nicht aber begründet und bewiesen werden kann. Eine solche höchste und allgemeinste Erkenntniß würde mit Recht Wissenschaftslehre genannt, ein Name, welcher dem der Philosophie unstreitig weit vorzuziehen ist, und dessen Erfindung vielleicht für ein größeres Verdienst zu halten ist, als das unter diesem Namen zuerst aufgestellte System. Denn ob dieses die Sache selbst gefunden habe, ist noch zu bestreiten, so lange es nicht in einer ungetrennten Darstellung bis zu den Gründen aller wissenschaftlichen Aufgaben und den Methoden ihrer Auflösung herabgeführt ist. Jener aber hält, wodurch allein schon zur Erreichung des lezten Endzwekkes nicht wenig gewonnen ist, die Aufmerksamkeit immer auf das höchste Ziel des menschlichen Wissens gerichtet: dahingegen der Name der Philosophie entweder nur den untergeordneten Nuzen hat, einen falschen Dünkel zu demüthigen, oder gar einer Zeit geziemt, wo jenes Ziel noch nicht anerkannt war; indem er nur im allgemeinen auf eine zu unternehmende Uebung und Verbesserung des menschlichen Verstandes hindeutet. Wäre nun jene höchste Erkenntniß bereits auf eine unbestrittene Art mit dem unmittelbaren Bewußtsein allgemeiner Uebereinstimmung gefunden: so würde aus unserem Standort die Ethik, welche sich in

dieser

dieser gründete, allen übrigen vorzuziehen sein. Denn alle ihre Fehler, wenn die Kritik uns deren zeigte, könnten nur zufällige und leicht zu heilende sein, dagegen jede andere, wie fest in sich bestehend und wohlgerundet sie auch zu sein schiene, uns nur die Aufgabe aufdringen würde, sie entweder auf jene zurükkzuführen, oder den Betrug aufzudekken, durch welchen sie sich einen scheinbaren Werth verschafft habe. Allein jene Erkenntniß ist nicht auf eine solche Art gefunden, sondern nur einige Versuche gemacht, deren keiner recht genügen will. Daher kann auch die Meinung nicht sein, einem System der Sittenlehre deshalb, weil es mit einem von ihnen zusammenhängt, einen entschiedenen Vorzug einzuräumen; indem es nicht unser Geschäft ist, jene Versuche zu vergleichen, und zwischen ihnen zu entscheiden. Wohl aber kann wie überall so auch hier Kenntniß von der Entstehungsart der zu untersuchenden obersten Ideen zum besseren Verständniß derselben beitragen, und die Einsicht, von welchem Bedürfniß die Bildung einer jeden Ethik ausgegangen ist, kann unsern Erwartungen gleich anfangs die gehörige Richtung geben. Doch nun genug von diesem vorläufigen, und zur Sache selbst.

Diejenigen zuerst unter den Alten, welche in einem geschlossenen Zusammenhange die sogenannte Philosophie vortrugen, pflegten sie einzutheilen in die logische physische und ethische, ohne den gemeinschaftlichen Keim, aus welchem diese drei Stämme erwachsen sind, aufzuzeigen, noch auch höhere Grundsäze aufzustellen. Denn wenn bei einigen gewissermaßen eine von diesen Wissenschaften der andern untergeordnet wird, indem die logische die Kennzeichen der Wahrheit für die beiden andern enthält; die ethische aber, in welcher gezeigt wurde, daß Beschäftigung mit jener dem Weisen gebühre, den Grund des Daseins derselben als menschliches Werk aufzeigt; und die physische dem Gegenstande der beiden andern seine Stelle im Ganzen bestimmt: so erhellt daraus nur um so deutlicher, wie alle dreie von einander unabhängig jede auf ihrem eignen Grunde beruhen, ohne daß eine gemeinschaftliche

Ableitung für sie gefunden wäre, und ohne daß ins Licht gesezt würde, wie man sich bei ihnen beruhigen müsse, und wie jede das gesammte Gebiet der Erkenntniß einer gewissen Art umfaßt. Dieselbige Bewandniß hat es mit der neueren Eintheilung der Philosophie in die theoretische und praktische, welche auch mit der vorigen, bis auf die Aussonderung der Logik, ganz übereinkommt. Vielmehr ist hier noch deutlicher herausgehoben, wie wenig beide mit einander gemein haben. Denn jedem Theile ist besonders für die Wissenschaften, in welche er zerfällt, eine allgemeine Philosophie vorgesezt, welche die gemeinschaftlichen Grundbegriffe derselben enthält, eine noch allgemeinere aber, um beide Theile zu verbinden, wird nicht eben so gefunden. Demnach ist die Ethik was nemlich den Ursprung der Idee derselben, und die Ableitung ihrer Grundsäze betrift, eben so weit von der Theorie der Seele als von der des höchsten Wesens abgeschnitten, so daß auch nicht einmal der Gedanke an eine systematische Verknüpfung aller menschlichen Erkenntnisse hier anzutreffen ist.

Ob aber Kant, welcher mit der Fakkel der Kritik in diesem alten Gebäude umherzuleuchten den Muth faßte, diesen Gedanken wirklich gehabt hat, könnte auch mit Grunde bezweifelt werden. Denn er redet zwar mit nicht geringem Nachdrukk von einer Architektonik der Vernunft, möchte aber dennoch, sokratisch befragt, mehr ein begeisterter, als ein vernünftig wissender zu sein scheinen, und zwar vielleicht aus Mangel an Begeisterung und Ueberfluß an Vernunft. Wenigstens kann, was er sagt, nicht dazu dienen, die Nothwendigkeit irgend einer einzelnen Wissenschaft ins Licht zu sezen, oder den Kreis, innerhalb dessen sie alle befaßt sein müssen, aus seinem Mittelpunkte zu zeichnen. Sondern, wie wenn einer, der nach dem Fundament eines Gebäudes gefragt wird, die Zwischenwände aufzeigt, welche die Gemächer von einander absondern, begnügt er sich mit einer Eintheilung des vorhandenen, welche höchstens nur ein dialektisches Bedürfniß befriedigen kann; und auch dieses nur unzureichend. Denn wer mag es ertragen, wiewohl von Kants Nachfolgern und Verbesserern die besten es auch angenommen haben, die reine Ethik vor der reinen Naturlehre, nur als Gesezgebung der Vernumft für die Freiheit, von der für die Natur unterschieden zu sehen, da doch die Art der Gesezgebung in beiden Wissenschaften bei ihm so durchaus verschieden ist, daß es eine der ethischem ähnliche für die Natur, und eine der physischen ähnliche für die Freiheit gleichfalls geben muß. Dies heißt die Wissenschaften selbst verlarven, um zugleich desto leichter ein ungeschiktes Verfahren verhüllen zu können. Wenn er aber, um beide getrennte Systeme zu vereinigen, die Ethik selbst, als die ganze Bestimmung des Menschen darlegend, zur höchsten Wissenschaft machen will: so ist dies nur dieselbe beschränkte Ansicht, die sich schon bei den Alten gezeigt hat. Es mag wohl gesagt werden, daß der Ethiker die übrigen Vernunftkünstler anstelle: aber aus seiner Wissenschaft kann, daß jene, und warum grade so gefunden worden sind, niemals begründet werden. Zum Behuf dieser vom praktischen ausgehenden Einheit aller Vernunftkenntnisse mußte nun freilich ein Uebergang, eine Brükke zwischen den beiden bisher getrennten Systemen gesucht werden. Es ist aber hiemit gleichfalls nur leerer Schein, der auf eben soviel Willkührlichkeit als Mißverstand beruht. Denn wenn auch deutlich wäre, was doch schwer zu begreifen sein möchte, wie die Ideen von Freiheit, Unsterblichkeit und Gott für das höchste Ziel alles Bestrebens der beschauenden Vernunft zu halten sind, wie mag doch derjenige grade, welcher gezeigt hat, wie sie aus ganz natürlichen Mißverständnissen in dem Geschäfte der Welterklärung entstanden sind, vernünftigerweise auf den Versuch geleitet werden, ob sie nicht da, wo Handlungen geboten werden, einen positiven Werth und Gehalt haben möchten. Dann aber liegt auch dieser Fund ganz außerhalb der Ethik, welche nur den Inhalt der Vernunftgebote für das Handeln aufstellt, mit den zur Sanction hinzugefügten Drohungen und Verheißungen aber gar nichts zu schaffen hat. Ferner, wie sollte irgend einer Wissenschaft eine solche Voraussezung geziemen, daß vermöge des einen und mit ihm zugleich ein anderes gesezt sein könne, was mit jenem gar nichts gemein hat, wie doch von der Sittlichkeit, der nach Kant nemlich, und der Glükseligkeit offenbar ist? Alles dieses aber muß herbeigeführt werden, um jenen Uebergang zu bauen. Hätte nun Jemand diese Ideen von Unsterblichkeit und Gott auf die geforderte Art ursprünglich in die Sittenlehre hinein verarbeitet: so würde eine gleiche Kritik, wie sie Kant an der theoretischen Philosophie geübt hat, sehr leicht zeigen, wie entbehrlich und nur aus Mißverstand hineingedrungen sie dort sind, und umgekehrt mit großem Recht vermuthen, sie möchten auf spekulativem Boden erzeugt, und dort eigenbehörig sein. Und so verwandelt sich der Bau nur in ein Kinderspiel mit dem luftigen Baustoff, der von einem Ufer zum andern hin und wieder geschlagen wird. Denn auf diese Weise, wenn nemlich die Idee des höchsten Wesens zwar beiden Theilen der Philosophie gemein, aber in dem einen nur ein durch einen unvermeidlichen Fehler entstandenes, und also hinauszuwerfendes Erzeugniß, und in dem andern nur ein überflüssiges Triebwerk ist, welches nichts bewegt, und von nichts bewegt wird, kann sie solche unmöglich beide verbinden. Auch thut Kant sehr wohl, dem gemäß keine Ableitung des Inhalts der Ethik von jener Idee zu gestatten, welche auf diese Art selbst keinen Boden hat, und eigentlich nirgends steht. Hievon also mag der Zusammenhang, oder vielmehr der Mangel daran, genugsam angedeutet sein, daß sich nicht Jemand verleiten lasse, zu glauben, jene Physicotheologie oder transcendentale Theologie, welche doch zulezt der Schlußstein in dem Gewölbe alles Wissens sein soll, sei in diesem Weltweisen, und für ihn wirklich etwas. Sie ist freilich die glükliche Stelle, von welcher aus Andere das gesehen haben, was auch er sucht, nur daß er auf seinem Wege niemals dorthin gelangen kann. Merkwürdig aber ist es, und nicht ganz zu verschweigen, wenn es gleich hier nicht ausgeführt werden darf, wie sich in diesem Lehrgebäude, statt der unerreichbaren Einheit des theoretischen und praktischen Systems, ganz unerwartet eine Unterordnung beider unter dieselbe Fantasie zeigt, welche überall, wo der Geist dieser Philosophie sich frei und mit Besonnenheit äußert, so entschieden herabgewürdiget wird. Nemlich, daß die Glükkseligkeit nur ein Ideal der Fantasie sei, gesteht der Urheber selbst; ihm zufolge aber sind die Ideen von Unsterblichkeit und Gott im praktischen, nur um jener willen gleichsam aufgedrungen, und da sie nun im theoretischen auch nicht vernunftmäßig entstanden sind: so bleibt nur übrig, daß sie überall einem Handeln der Fantasie ihr Dasein verdanken. Dieses wäre vielleicht an sich nicht wunderlich, sehr wunderlich aber bleibt es in diesem System, und ein starker Beweis, wie schlecht in dem Geiste desselben das beabsichtigte durch sie ausgeführt worden. Das Gesagte mag hinreichen, um zu zeigen, daß auch Kant die Ethik nur vorgefunden, daß er sonst auch nicht den Gedanken gehabt haben würde, sie hervorzubringen, und von einem Mittelpunkte des menschlichen Wissens aus zu beschreiben. Dies geht auch schon aus der Art hervor, wie er überall den Streit führt, daß die Ethik sich nicht auf einen Begrif der menschlichen Natur gründen dürfe, nemlich ohne den geringsten Verdacht, daß ein solcher von einem höheren Punkt aus könnte abgeleitet sein, sondern immer nur auf die gemeinen und willkührlichen Rükksicht nehmend. Ferner daraus, daß er selbst gar nicht besorgt ist, dasjenige, was seinem Ausdrukke des ethischen Gesezes zum Grunde liegt, nemlich die Mehrheit und Gemeinschaft vernünftiger Wesen irgendwo her abzuleiten, und doch ist ihm diese Voraussezung so nothwendig, daß ohne sie sein Gesez nur ein unverständliches Orakel sein würde. Auch vieles andere Einzelne könnte angeführt werden, wenn es nöthig wäre.

Doch vielleicht ist schon zu lange gezögert worden, von diesem Philosophen zu demjenigen überzugehen, welcher von Vielen, wiewol gegen Jenes Willen, für den Vollender seines Systems gehalten wird, zu dem Erfinder nemlich der Wissenschaftslehre.

Dieser nun macht theils als solcher, theils und mehr noch wegen seines Systems der Sittenlehre, und der Art, wie es sich überall auf jene Wissenschaftslehre bezieht, die meisten Ansprüche darauf, eine Ableitung der Ethik, wie wir sie verlangten, zu Stande gebracht zu haben. Freilich scheint gleich anfangs die ganze Strenge dieser Forderung verlezt zu sein. Wenn nemlich die Wissenschaftslehre, welche die höchste Erkenntniß wie die Wurzel aller übrigen sein soll, zu des Erfinders eigner Zufriedenheit so weit wirklich ausgeführt wäre, daß der Ort sich aufzeigen ließe, wo jeder besondern philosophischen Wissenschaft Keim ihr eingewachsen ist, und von wo aus er, sobald ihm Freiheit vergönnt wird, als ein eigner Stamm in die Höhe steigen muß: dann natürlich würde das System der Sittenlehre sich lediglich angeschlossen haben an diesen bestimmten Ort der Wissenschaftslehre, darauf sich berufend, daß dort die Idee der Ethik, als ein nothwendiger Gedanke gefunden worden, dessen methodische und systematische Entwiklung nun die besondere Wissenschaft bilden soll. Dem ganz entgegen vernachläßigt seine Ethik die Berufung auf einen solchen Ort in der Grundlage der Wissenschaftslehre, und scheint, wie jede andere, nur mit der Hinweisung auf die allgemein vorhandene sittliche Zunöthigung zu beginnen. Von dieser aber erhellt nicht für sich, daß sie einen transcendentalen Grund haben müsse: denn auch ein allgemein gefundenes, kann eine Täuschung sein, die nur einen empirischen Grund hat. Hieraus nun entsteht der nachtheilige Schein, als ob die Wissenschaft, ohne zu wissen, daß sie eine solche sein muß, anfinge aufs Gerathewohl, und als ob, wenn sie auch nun an die Wissenschaftslehre anknüpft, dieses nur zufällig geschähe an einer zufälligen Stelle, dergleichen es, man weiß nicht wo und wie viele mehr noch, geben könne. Auf diese Art aber würde sie nicht erscheinen als ein nothwendiges Glied in einem alles umfassenden System menschlicher Erkenntniß. Allein dieser nur scheinbare Vorwurf trifft die Sache selbst wenig, und löst sich darin auf, daß, es sei nun aus Unzufriedenheit mit der ersten Darstellung der Wissenschaftslehre, oder aus welchen andern Gründen, der Urheber vorgezogen hat das hieher gehörige Stükk der ursprünglichen Wissenschaft, welches dort zum Theil fehlte, zum Theil in einer untauglichen Gestalt vorhanden war, an Ort und Stelle von vorn herein aufs neue zu bilden, lieber als sich unzureichend und erkünstelt auf jenes zu berufen. Denn als Theile der Wissenschaftslehre muß auch schon der Unkundige diejenigen Säze erkennen, die in der Sittenlehre und dem Naturrecht, zwei von einander verschiedenen besonderen Wissenschaften, gemeinschaftlich zu finden sind, welches nur so möglich ist, daß sie eigentlich nicht diesen, sondern der über ihnen stehenden höheren Wissenschaft angehören. Der Kundige aber erkennt dafür gleich auf den ersten Blikk die alles begründende Aufgabe, sich selbst bloß als sich selbst zu denken, oder wie sie hernach näher bestimmt wird, sich selbst als das Objective zu finden. Daher wird auch nur der, welchem die ersten Gründe der Wissenschaftslehre nicht genug bekannt sind, einen wesentlichen Anstoß daran finden (was freilich im Vortrage mangelhaft ist) daß dieses beides ohne weiteres gleich gesezt wird, und das zu findende abgesehen vom Denken zu finden aufgegeben werden soll. Ein solches umbildendes Ergänzen der Wissenschaftslehre nun sehen wir nicht nur im Anfang der Sittenlehre, sondern in allen Hauptttheilen derselben, im ersten sowohl, welcher nur den leeren Gedanken eines Sittengesezes zu Tage fördert, als auch in dem zweiten, worin für diesen der Gehalt und die Anwendung gefunden wird, und eben so im dritten, von welchem hier nicht weiter die Rede sein kann. Dieses alles soll nicht gesagt sein, als ob etwa ein solches Verfahren von uns für verdächtig gehalten würde; vielmehr würden wir auch dieses rükwärts gehende Anbilden des hier erforderlichen Theiles der höchsten Wissenschaft, sofern es sich nur als richtig bewährt, gar sehr zu loben finden. Erinnert aber muß es werden, damit in Absicht auf den Zusammenhang des abgeleiteten mit dem gesammten menschlichen Wissen, oder andern einzelnen Theilen desselben, ein Unterschied gemacht werde, zwischen dem allgemeinen und dem rein ethischen; ferner, damit in beiden Haupttheilen der Ort sorgfältig aufgesucht werde, wo, und die Art wie nun eigentlich das besondere sich ableitend von dem allgemeinen ausgeht. Denn hiebei ist die größte Aufmerksamkeit erforderlich, wegen der besondern Beschaffenheit der Methode dieses Weltweisen, welche bei einigen großen und eigenthümlichen Vortreflichkeiten, die allein ihrem Erfinder den Ruhm eines der ersten philosophischen Künstler zusichern, auch durch andere, vielleicht nicht sowohl absichtlich ersonnene als von selbst sich darbietende, gefährliche und verführerische Hülfsmittel sich auszeichnet. Besonders kann da, wo gleichsam aus Nachsicht dem strengen und ermüdenden Gange des Systems Einhalt geschieht unter dem Schein vorbereitender Ansichten und Umsichten, etwas schon vorläufig halb eingeschwärzt werden, dessen mangelhafter Erweis in der eigentlichen weitern Entwikkelung des Systems hernach um so weniger bemerkt wird. So kann auch leicht bei Vereinigung der Gegensäze, und sonst wo die Formeln vielfach verschlungen sind, ein bedeutender Fehler des Rechnens unbeachtet durchschlüpfen; oder auch die übrigens sehr tugendhafte und lobenswerthe Vermeidung einer allzueng bestimmten Lehrsprache einige nicht ganz rechtliche Erleichterungen begünstigen. Und auf eine andere als solche Art mag auch wohl jenes Wunderbare nicht erreicht worden sein, daß nemlich in und mit dem bloßen Wollen zugleich, auch das Sittengesez soll gefunden worden sein. Wunderbar gewiß, daß die Aufgabe ein bestimmtes nothwendiges Bewußtsein, wie das Finden seiner selbst, zu Stande zu bringen endlich und vollständig nicht anders kann gelöst werden, als indem ein in Hinsicht auf jenes ganz zufälliges Denken gefunden wird. Und so geht doch ohne Sprung, wie in dem Werke selbst gerühmt wird, die Ableitung weiter von dem allgemeinen Bewußtsein des Wollens zu dem besonderen bestimmter Pflichten, so daß dieses als bereits in jenem enthalten und nur aus ihm heraus entwikkelt und dargestellt muß betrachtet werden. Denn daß dieses leztere Bewußtsein, in Beziehung auf jenes erste des Wollens überhaupt und der Freiheit, ein besonderes und zufälliges sei, dies kann Fichte eben so wenig als sonst einer abläugnen, obschon er sich verwahrt durch die Behauptung, daß gänzlich von einem solchen Gedanken entblößt Keiner ein vernünftiges Wesen sein könne. Gesteht er doch, dieses nicht achtend, anderswo selbst, daß Aeußerung der Selbstthätigkeit auch Statt habe in einer Wahl, bei welcher auf keiner Seite jenes Gesez in Betracht gezogen wird; schildert auch selbst menschliche Gesinnungen, und zwar die so gesinnten als freie, wobei das Bewußtsein der Selbstthätigkeit das leuchtende und herrschende, das des Gesezes aber ganz verdunkelt und aufgehoben ist. Ferner, daß unmöglich auf solche Weise das besondere mit dem allgemeinen zugleich gefunden, und durch denselbigen Grund wie dieses bedingt und bestimmt sein kann, muß Jeder wissen. Sonst dürfte auch an die Wissenschaftslehre die Aufgabe ergehen, aus derselben ursprünglichen Handlung des Ich, aus welcher sie eine Außenwelt entwikkelt, auch die Geseze der Bewegung, Veränderung und Bildung in derselben abzuleiten, wogegen sie sich immer sehr weislich und verständig verwahrt hat. Endlich aber, daß die Aufgabe wirklich nicht eine neue ist, welche zunächst durch den Gedanken des Sittengesezes gelöst wird, sondern noch die erste, ist klar genug. Denn es war nur eben vorher bemerkt, das Ich sei bis jezt sich der Selbstthätigkeit nur erst als eines Vermögens bewußt geworden, wodurch also, und zwar am meisten nach dem richtigen Begriff von Vermögen, den Fichte überall nachdrükklich aufstellt, noch so viel als nichts geleistet worden. Und daß sie sich deren bewußt werden soll als eines Triebes, daraus ergiebt sich hernach unmittelbar der Gedanke des Sittengesezes. Im voraus also scheint diese Ableitung nicht die Prüfung bestehen zu können, welches auch die Betrachtung des Verfahrens selbst gar sehr bestätiget. Die Aufgabe nemlich lautet, zu finden, wie sich der Trieb nach Selbstthätigkeit als solher auf das ganze Ich äußert. Dieses nun kann, wie bekannt, nach Fichte nicht anders als theilweise gefunden und dargestellt werden. Sonach wäre dieser Trieb zu stellen, als einzeln beide Seiten des Ich die subjective sowohl als die objective bestimmend, und beide Bestimmungen wären hernach wie gewohnt mit einander zu vereinigen, welches heißt durch einander zu bedingen, um jenen Trieb im Bewußtsein vorzustellen und zu bezeichnen. Ganz so einfach wie der Sache angemessen würde auf diesem Wege erhalten, als vollständiges Bewußtsein der Freiheit, wie sie ein Trieb ist, und als jedes Finden seiner selbst begleitend und vollendend, ein Gedanke und ein Gefühl; das Gefühl nemlich des Strebens und der Gedanke der Freiheit, als gleich nothwendig, wie durch einander bedingt so von einander unzertrennlich. Weit dieser Auflösung vorbei wird hingegen zuerst, weil nemlich nur ein Gedanke, und zwar ein ganz anderer aufgestellt werden soll, vorbereitend gezeigt, daß hier nicht ein Gefühl zu erwarten sei, da doch nur geläugnet werden kann bloß ein Gefühl, eben so wenig aber sich behaupten läßt, bloß ein Gedanke. Ferner wird zu demselben Behuf und um dennoch das ganze Verfahren scheinbar anzuwenden, nicht, wie hier angedeutet worden ist, die Rechnung angelegt, sondern nur das subjective durch durch das objective und erst das so verbundene durch jenen Trieb, dann aber wieder das so entstandene auch durch das subjective bestimmt. Dieses Verfahren aber muß Jeder, der auch nur ein tüchtiger Lehrling dieser Methode geworden ist, als unregelmäßig, und um eine Bestimmung des ganzen Ich vorzustellen, durchaus fehlerhaft finden. Allein sogar von alle diesem abgesehen ist doch das Resultat nur erschlichen. Denn das gesezlich nothwendige Denken der Selbthätigkeit, welches der gefundene Inhalt des Gedanken eigentlich ist, kann doch nicht gleich gelten dem Denken oder sich selbst geben eines Gesezes der Selbstthätigkeit, wie hier leider eines in das andere sich verwandeln muß. Wenn so ein bestimmts Zeichen und ein bestimmendes ihr Geschäft mit einander vertauschen, so ist nicht möglich, daß die Formel noch ihren vorigen Werth behalte, und der andern Seite der Gleichung entspreche. Daß nun solche Fehler, und noch manche vorhergehende, der Methode nicht ganz würdige Wendungen Vieln unbemerkt geblieben sind, geschieht, anderer kleiner Verfänglichkeiten nicht zu gedenken, nur weil von Anfang her die sittliche Zunöthigung als Veranlassung der ganzen Aufgabe gezeigt, und also bei allen Lesenden zum begleitenden Gedanken geworden ist, den sie gern, sobald es sich thun läßt, der Reihe einschieben. Nicht besser auch steht es um eine andere, kleine, wie in der Nußschale eingeschaltete Ableitung, davon ausgehend, daß die Vernunft sich durch sich selbst ihr Handeln, die endliche ein endliches, bestimme. Denn wo das eigentliche Handeln, und das in der Vorstellung, sonst das ideale genannt, neben einander gestellt werden, da kann nicht in demselben Sinn, worin die Bedingungen des Denkens und Anschauens Gesez der Vernunft für das lezte sind, das ethische ihr Gesez für das erste sein. Zwar hier wird auf dieses gedeutet, weil nemlich Bestimmtheit eines reinen Thuns kein Sein gäbe, sondern ein Sollen: hievon aber liegt die überredende Kraft nur in dem „kein Sein." Denn wer dieses herausnimmt, wird nicht mehr begreifen, wofür ihm die Gleichheit des vieldeutigen Ausdrukks, Bestimmtheit eines reinen Thuns, mit dem ganz unerklärten des Sollens so klar geworden sei. So auch ist ein verwechselter Gebrauch des Seins und Sollens die einzige Begründung einer andern Aussage vom Sittengesez, an welche hernach vieles angeknüpft wird, daß nemlich das durch dieses Gesez geforderte, weil es eben immer sein solle, und nie sei, in der Unendlichkeit liegen müsse, so daß ihm nur in einer Reihe angenähert werden könne. Noch schärfer unterscheidet sich, was die Bündigkeit des Zusammenhanges betrifft, im zweiten Theile das eigentlich ethische von dem allgemeinen. Denn lezteres stellt nach Vermögen die äußeren Bedingungen auf, unter welchen allein das Ich praktisch sein kann, ersteres aber geht in großer Verwirrung und ohne Leitung umher, ein verlassenes Kind des Ueberflusses und der Armuth der Methode, ihres zu viel und zu wenig Thuns, um sich einen Raum zu gewinnen in diesem abgestekkten Gebiet. Hier nemlich soll der schon oben halb eingeschwärzte Begrif von einer selbstthätigen Bestimmung, gemäß oder auch zuwider gewissen, man weiß nicht woher entstehenden, Forderungen der Selbstthätigkeit, und also von einer materiellen Freiheit in und neben der formellen, ordentlich hervorgebracht werden. Zu dem Ende wird gefordert, ein Trieb auf das Bewußtsein der Freiheit, und so auch ein Trieb auf die Bedingung desselben, nemlich die Unbestimmtheit. Wunderlich indeß erscheint es sicher Jedem, wie ein Trieb nach Unbestimmtheit sich hernach entwikkeln soll als Trieb auf etwas so durchaus bestimmtes, als zumal in dieser Darstellung das Sittengesez sein will. Noch auch würde sich Jemand hiebei beruhigen, wenn nicht durch die vorhergegangene Aeußerung, die auch scheinbarer als richtig ist, daß nemlich eine höhere Art von Freiheitsbewußtsein entstände, wenn die Selbstbestimmung gegen die Neigung liefe, eine Geneigtheit bewirkt worden wäre, nun irgend ein unveränderliches Gewicht in dieser Wageschale zu erwarten, nemlich den hier aufgestellten reinen Trieb. Wie kann aber überhaupt aus jener Forderung, die selbst, wie jeder sieht, nur schlecht herbeigeführt ist, ein eigner Trieb gefolgert werden? Es müßte denn, wovor, da ja alles im Ich aus einem Triebe erklärt werden soll, das System nicht erschrekken möge, ein Trieb sein nach der Reflexion. Denn von dieser aus herrscht ja nicht nur im Ich die Freiheit, sondern auch durch diese, da schon vermöge des Innehaltens andere Forderungen des Triebes sich darstellen, wird es sich seiner Freiheit bewußt; wie sich denn auch die Reflexion, wenn der zuerst geprüfte Theil der Ableitung richtiger vollführt worden wäre, als die eigentliche Bedingung des Freiheitsbewußtseins würde gezeigt haben. Denn daß das Gefühl des Strebens nothwendig begleitet ist von dem Gedanken der Freiheit, will eben dieses sagen und nichts anderes. Der auf eine so mangelhafte Art herbeigeführte reine Trieb, wird nun, damit aus ihm der erwünschte sittliche Trieb erwachsen könne, in einen Widerspruch gesezt mit dem, als Bedingung des Handelns überhaupt, in dem allgemeinen Theile abgeleiteten Naturtriebe. Dieser Widerspruch aber entsteht nicht nur bloß aus der vorausgesezten beschränkten Vorstellung des Handelns, daß es nemlich immer und überall auf Objecte außer dem Ich gehen müsse, sondern er wird auch nur sehr unzureichend gelöst. Nemlich um ihn zu sezen, wird dem reinen Triebe Causalität abgesprochen, in der Bedeutung, daß er der Materie nach doch nichts anders wollen könne, als was die Natur, wenn dies von ihr gesagt werden dürfte, auch wollen würde, ausdrükklich also in Beziehung auf die Materie des Wollens. Gelöst aber wird er dadurch, daß dem reinen Triebe die Form des Handelns zum Hervorbringen angewiesen wird. So bleibt demnach in dem nemlichen Sinne seine Causalität doch aufgehoben, und der Widerspruch ungelöst. Diese Auflösung nun, angeknüpft an jenen nicht minder in der Luft schwebenden Gedanken von der Reihe der Annäherung, ergiebt es, daß diese Reihe in jener der Forderungen des Naturtriebes enthalten ist, so daß jedes Glied in jener aus einem Gliede in dieser herausgehoben ist. Also die Reihe durch deren Fortsezung das Ich unabhängig werden würde, ist ein Theil derjenigen, deren ebenfalls unendliche Summe das Ganze seiner Abhängigkeit ausmacht. Wie er nun dieses denken könne, mag Jeder zusehen. Allein, auch abgerechnet ein so merkwürdiges Verhältniß, wie mag wohl durch Fortsezung irgend einer Reihe das Ich seiner Unabhängigkeit, das heißt, nach dem Sinne des Systems selbst, seinem Aufhören annähern? Durch das Hinzufügen einer Handlung zur andern, so daß gedacht werden muß, wenn die unendliche Summe könnte gezögen werden, würde das Aufhören anfangen? Oder vielleicht durch das Wachsen der Sittlichkeit dem Grade nach, so daß etwas ähnliches hier statt fände, wie bei den Zahl- und Meßkünstlern der Uebergang durch das Unendliche in das Entgegengesezte? Und soll es an dieser des Uebermuthes und Stolzes so oft verklagten Philosophie etwa nur Bescheidenheit sein, daß nicht nur die Mittel, wie etwa der Staat und die Kirche, sondern auch die Zwekke, wie das Ich, auf die eigne Zerstörung absichtlich und pflichtmäßig ausgehen? Denn des mystischen Wesens ist sie noch nie beschuldiget worden. Doch dieses verhalte sich wie es wolle: offenbar ist immer aus dem vorigen, daß diese in ihrer Absicht und Entstehung sich widersprechende Reihe, und ihre so unbegreifliche als unbewiesene Bestimmtheit für Jeden von Jedes erstern Punkt aus, die einzige Gestalt ist, in welcher das Sittengesez und sein Gefordertes mit dem was hier der Wissenschaftslehre angehört, in Verbindung gebracht worden. Und dieses Gewebe, von dem nur die Hauptfäden an der eben geendigten Beleuchtung haben sichtbar gemacht werden können, wird sonder Zweifel Jedem, der es weiter verfolgt, so lose als verworren erscheinen, nicht ungleich dem Faden, welchen die Kinder mit scheinbarer Künstlichkeit um die Finger verschlingend befestigen, und welcher sich dann wieder mit einem Zuge lösen läßt, weil eigentlich nichts befestiget war. Nicht als ob schon geläugnet werden sollte, das hier aufgestellte Sittengesez könne nicht ein ächter und brauchbarer Ausdrukk der höchsten Idee der Ethik sein, noch weniger soll schon etwas bestimmt werden über den Werth der daraus abgeleiteten Sittenlehre; nur ihre Verknüpfung mit dem ersten Ringe der menschlichen Erkenntniß ist für unhaltbar, und wie nicht vorhanden anzusehn.

Zwei nur sind noch übrig, von denen gerühmt werden kann, daß sie eine Ableitung der Ethik ebenfalls versucht haben, Platon nemlich unter den Alten, unter den Neueren aber Spinoza. Beide fast so sehr einander entgegengesezt, als Meister der höheren Wissenschaft es nur sein dürfen, haben doch unter manchem andern auch dieses Unternehmen, ja zum Theil auch die Art der Ausführung mit einander gemein.

Beide nemlich kommen darin überein, daß ihnen die Erkenntniß des unendlichen und höchsten Wesens nicht etwa erst Erzeugniß einer andern ist, vielweniger ein zu andern ersten Gründen noch hinzugeholtes Noth- und Hülfsmittel, sondern die erste und ursprüngliche, von welcher jede andere ausgehen muß. Offenbar ist nun, daß auf diese Art eine Unterordnung aller einzelnen besonderen Wissenschaften unter eine so weit über sie erhabene nicht schwer kann zu bewerkstelligen sein, und daß so weder die Aussonderung des ethischen vom physischen Schwierigkeiten erregen, noch aus einer sich darbietenden gegenseitigen Unterordnung beider Verwirrung entstehen kann, wie es bei denen die vom Endlichen anfangen, unvermeidlich zu sein scheint. So demnach stellt Spinoza, der besondern Wissenschaft, die er darstellen will, die höchste eben wie Fichte, nur als Vorkenntniß mitgebend, das Buch von Gott an die Spize seiner Ethik; an welches sich dann natürlich anschließt das von der Seele des Menschen. Denn der Begrif derselben ist genau abgeleitet aus dem in der Lehre von Gott aufgestellten Verhältniß des Unendlichen zum Endlichen und Einzelnen. Und zwar nicht allein, welches billig Verdacht erregen könnte, sondern so, daß gleich die Stelle angewiesen ist für ähnliche Darstellungen der Weltkörper sowohl als der übrigen organischen Wesen, und bis zu der sogenannten todten Natur herab aller verschiedenen Verbindungen des Denkenden und Ausgedehnten, in denen das Unendliche sich offenbart. In diesem Begrif der menschlichen Seele aber ist nothwendig enthalten der Gegensaz des Thuns und Leidens, der getheilten und ungetheilten Ursächlichkeit der Veränderung, welcher in seiner Ethik den Charakter des guten und bösen, oder vielmehr, weil er die gänzliche Ausschließung des einen nicht etwa in der Unendlichkeit fordert, sondern überall als unmöglich ableitet, den des vollkommenen und unvollkommenen bestimmt. Nur zweierlei ist mangelhaft an dieser Verknüpfung. Zuerst nemlich ist zwar der Begrif aller einzelnen Dinge und so auch des Menschen dem Verhältniß des Endlichen zum Unendlichen ganz gemäß, aber nicht in ihrer besondern gerade solchen Bestimmtheit daraus begreiflich gemacht; so daß er gleichsam über die einzelnen Naturen zwar die Probe machen, nicht aber sie selbst durch Rechnung hervorbringen kann. Dieses indeß wird für die Ethik dadurch gut gemacht, daß auch die höchste Idee derselben sich nicht auf den besonderen Begrif des Menschen bezieht, sondern auf den jedes einzelnen Dinges, dem eine Seele zugeschrieben werden kann. Darum aber muß zugestanden werden, daß eben diese Idee ihm nur in so fern natürlich ist, als dadurch der Maaßstab für die möglichen Verschiedenheiten angegeben wird, nicht aber in so fern sie den Weg bezeichnen soll zur Bildung aus dem unvollkommen in das vollkommene. Denn eine Ethik in diesem Charakter würde er, wenn er sie nicht vorgefunden hätte, keine Veranlassung gehabt haben hervorzubringen. Theils weil er, indem er sich mit aller Kraft seiner Eigenthümlichkeit hüten wollte, daß nicht das gefährliche Spiel mit allgemeinen Begriffen seine, auf die reinste und anschaulichste Abspiegelung des Wirklichen angelegte, Wissenschaft verdürbe, auf eine ihm eigne Art das Ideal mit dem allgemeinen Begrif verwechselte. Theils haßte er nicht ungerechter Weise die Zwekkbegriffe, und vermischte noch mit diesen das Ideal. So daß er auf allen Seiten in Feindschaft befangen war gegen dasjenige, worauf der eigenthümliche Charakter der Ethik beruht; was ihm freilich nicht hätte begegnen können, wenn er nicht, so ganz wie er es war, entblößt gewesen wäre auch von jeder Vorstellung einer Kunst oder eines Kunstwerkes. Man kann daher nicht läugnen, daß die Ethik ihm fast wider seinen Willen und wohl nur polemisch zu Stande gekommen ist, es sei nun um die gemeinen Begriffe zu bestreiten, oder um seine Theorie vom höchsten Wesen zu rechtfertigen und zu bewähren. Diese Mängel nun sind es, welche den Gegensaz zwischen ihm und Platon am augenscheinlichsten bezeichnen.

Von diesem lezteren nun muß Jeder, der ihn einigermaßen kennt,

kennt, es wissen, wie er von Anfang an von der Ahndung ausgegangen ist für die Wissenschaft des Wahren und des Guten, für die Physik und Ethik einen gemeinschaftlichen Grund zu suchen, und wie er diesen, ihrem Ursprunge sich je länger je mehr annähernd, beständig aufgesucht hat. Ja man kann sagen, daß es keine bedeutende giebt unter seinen Darstellungen, worin nicht dieses Bestreben die Stelle wäre, von welcher aus sich Licht über das Ganze verbreitete. Ihm nun erscheint das unendliche Wesen nicht nur als seiend und hervorbringend, sondern auch als dichtend, und die Welt als ein werdendes, aus Kunstwerken ins unendliche zusammengesetztes Kunstwerk der Gottheit. Daher auch, weil alles Einzelne und wirkliche nur werdend ist, das unendliche bildende aber allein seiend, sind auch ihm die allgemeinen Begriffe, nicht etwa nur wie jenem, Schein und Wahn der Menschen, sondern bei dem entgegengesezten Verfahren werden sie ihm die lebendigen Gedanken der Gottheit, welche in den Dingen sollen dargestellt werden, die ewigen Ideale, in welchen und zu welchen alles ist. Da er nun allen endlichen Dingen einen Anfang sezt ihres Werdens, und ein Fortschreiten desselben in der Zeit: so entsteht auch nothwendig in allen, denen eine Verwandschaft mit dem höchsten Wesen gegeben ist, die Forderung dem Ideale desselben anzunähern, für welche es keinen andern erschöpfenden Ausdruck geben kann, als den der Gottheit ähnlich zu werden. Daß also hier eine noch festere Anknüpfung der Ethik an die oberste Wissenschaft statt finde, als dort, ist offenbar. Ob aber die höchste Wissenschaft selbst so logisch, als Spinoza sie aufbaut, oder so wie Platon sie nur nach einer poetischen Voraussezung des höchsten Wesens hinzeichnet, einen festeren Stand habe, dieses zu beurtheilen, ist nicht des gegenwärtigen Orts. Nur dies ist das Ende der Untersuchung, daß unter Allen, welche den Gedanken gefaßt haben, die Ethik aus einer höheren Wissenschaft her zu begründen, es nur denen bis jezt vielleicht gelungen ist, welche objectiv philosophirt haben, das heißt von dem Unendlichen als dem einzigen nothwendigen Gegenstande ausgegangen sind. Auch diese aber mögen die Idee der Sittenlehre eher gehabt haben, als den Gedanken dieser Verknüpfung; und so kann im allgemeinen angenommen werden, daß bis jezt nur die zuerst angeführten Gründe wirksam gewesen sind zu deren Entstehung. Denn sowol das Bewußtsein der innern sittlichen Zunöthigung, es beruhe nun, worauf es wolle, als auch einzelne ethische Begriffe und Säze in äußerer wissenschaftlicher Gestalt, sind den Versuchen der Wissenschaft selbst überall vorangegangen. Alles aber nicht mit Bewußtsein noch nach festen Gesezen gebildete ist schwankend, und irgendwo unbestimmt; woraus denn die Verschiedenheit der höchsten Grundsäze sich leicht erklärt, welche die doppelte Aufgabe zu lösen hatten das bereits einzeln gefundene entweder zu vereinigen oder außer Werth zu sezen, und jene innere Zunöthigung auf eine befriedigende Weise auszusprechen. Welche so entstandene Verschiedenheiten wir nun im Begrif stehen näher zu beleuchten.

Erster Abschnitt.

Von der Verschiedenheit in den bisherigen ethischen Grundsäzen.

Unzählig sind, wenn man auf jede kleine Abweichung sehen will, die Formeln, welche von je her, als erste Grundsäze, an die Spize der Sittenlehre gestellt worden; und ein nicht zu beendigendes Geschäft wäre es, sie einzeln aufzuzählen und zu behandeln. Denn auch solche, die im Ganzen einstimmig waren mit andern, hat bald die Hofnung leichter einen Einwurf zu beschwichtigen, bald die Aussicht durch mehr Allgemeinheit oder durch abgeschnittnere Bestimmung einen festeren Grund zu legen, auf Abänderungen geleitet an dem, was ihnen überliefert war. So auch hat mancher, wie es zu gehen pflegt, neues erfunden zu haben geglaubt, indem er nur aus den Schäzen der Sprache das alte mit neuen Worten bekleidete, oder dieselbe Gleichung nur anders ordnete und gestaltete. Dennoch sollten wir keine von diesen übergehen, sofern sie der Grund eines eignen Gebäudes wirklich geworden, oder werden gekonnt. Denn es kann auch, was obenhin betrachtet nur als ein geringer Unterschied erscheint, sich in den Folgerungen wichtiger zeigen; und jede besondere Wissenschaft, wie sie verbunden ist den Worten genau zu folgen, muß auch diese überall geziemend verehren. Erleichtert indeß würde die Sichtung, wenn es möglich wäre mit Gewißheit die große Anzahl der Ausdrükke auf eine kleinere der Gedenken zurükk zu führen. Denn da für jedes Gedachte nur ein Ausdrukk der angemessenste sein kann: so würde sich nach dieser Vergleichung dem vollkommneren das unvollkommene unterordnen lassen, und es müßten die vielen kleinen Erscheinungen sich in wenige große und durch kenntliche Züge zu unterscheidende verwandeln. Wie ganz leicht aber und unbedeutend wäre das Geschäft, könnten wir jenes von Kant aufgezeichnete Täflein dabei gebrauchen, welches, wie er verheißt, alle ethischen Grundsäze, die möglichen zu den wirklichen enthalten soll. Nur leider hat er auch hier nach seiner Weise zu viel gethan und zu wenig. Wer zum Beispiel möchte wohl sagen, daß der Urheber der Fabel von den Bienen, und der alte gallikanische Montaigne, jener die bürgerliche Verfassung, dieser die Erziehung in demselben Sinne zum Bestimmungsgrunde des Willens im ethischen Gesez erhoben, wie etwa die alte dialektische oder stoische Schule den Begrif der Vollkommenheit? Vielmehr wird Jeder gestehen, daß von dem, was zu billigen ist oder zu verwerfen, Merkmale angeben, und die Form dieser Urtheile, selbst ihrem Wesentlichen nach, nur als Thatsachen aus einem natürlichen Grunde erklären wollen, zwei ganz verschiedene Handlungen sind, welche nur gewissermaßen den Gegenstand gemein haben. Und schwer ist besonders zu begreifen, wie auf eine solche Zusammenstellung grade Kant verfallen konnte, welcher überall die unabhängige Aufbauung eines Systems im Sinne hat, die Jene aus dem, was er ihre Grundsäze nennt, verwerfen, die Uebrigen aber aus den ihrigen versuchen wollen. So auch drükt er den ethischen Grundsaz überall aus, unter der Formel des Sollens, welche den genannten beiden unterlegen zu wollen nur das Lachen erregen müßte über den gänzlichen Mißverstand. Denn so würden beide, die Fahne des ethischen Zweifels verlassend der eine sich wohin er noch wollte, der andere zu dener

Schulen des Alterthums flüchten, welche die Ethik der Staatskunst unterordnen. Das zu wenig aber in jenem Täflein aufzuzähler, möchte zu viel werden; denn zu groß und auffallend ist darin die Unkenntniß alter und neuer Schulen. Wer zum Beispiel mag es dulden, daß Aristipp über dem Epikur vergessen worden, oder daß die sinnvollere Platonische Formel der Verähnlichung Gottes durch die neuere und inhaltleere des göttlichen Willens verdrängt ist, oder daß Aristoteles und Spinoza gänzlich vergessen sind? Es genüge daher diese allgemeine Andeutung, um Mißtrauen zu erwekken gegen jene Ansicht, welche uns zwischen allen ethischen Grundsäzen keine andere Entgegensezung übrig läßt, als die, daß wir den Kantischen der allgemeinen Gesezmäßigkeit oder Selbstherrschaft des Willens von allen übrigen, als welche sämmtlich auf eine Unterthänigkeit desselben ausgehen, unterscheiden sollen. Denn indem sich diesem während seiner Prüfung das von ihm sogenannte Objective doch wieder in ein Subjectives, und das Vernunftmäßige in ein auf der Erfahrung beruhendes verwandelt: so fließt alles, was nicht das seinige ist, dermaßen zusammen, daß aller natürliche Unterschied der Farben verschwindet. Ob nun dieser Gegensaz zwischen dem formellen und materiellen wenigstens als ein einzelner vorhanden ist, dieses wird die Folge lehren. Jezt aber ist zunächst ein anderer Weg aufzuzeigen, um die Verhältnisse der verschiedenen Grundsäze gegen einander, ihre Aehnlichkeit und Unähnlichkeit so wie es unser Vorhaben erfordert, zu entdekken. Daß wir hiebei nicht an eine systematische Eintheilung derselben denken können, leuchtet von selbst Jedem ein, der den Sinn unseres Vorhabens begriffen hat, und sich des Ortes erinnert, an welchen wir uns von Anfang an gestellt haben. Vielmehr haben wir, anstatt nur mehrere unter wenige gemeinschaftliche Abtheilungen zusammenzufassen, von dem Gedanken auszugehen, daß auch jeder einzelne mannigfaltig ist in seinen Eigenschaften und Beziehungen. Diese also werden wir aufsuchen und sehen, ob sie auf die wissenschaftliche

Tauglichkeit, welche der Gegenstand unserer Prüfung ist, einen Einfluß haben; in welchem Falle sich denn ergeben wird, daß einige von den verschiedenen Grundsäzen in dieser, andere in einer andern Hinsicht sich gleichen und zusammengehören. Eines aber ist hiebei als schon gethan vorauszusezen, die Unterordnung nemlich dessen, was nur im einzelnen abweicht, unter einen Hauptgedanken, welches, ob es richtig geschehen, die Sache selbst und die Zusammenstimmung des Erfolgs am besten beweisen wird.

Der erste Gegensaz nun, der sich uns aufdringt, ist der, welchen auch Kant anfänglich angenommen, bald aber wieder vernichtet hat, nemlich der alte zwischen den Systemen der Lust und der Tugend und Naturgemäßheit, oder wie die Neueren ihn ausdrükken, zwischen denen der Glükkseligkeit und der Vollkommenheit. Denn wenn gleich die meisten Neueren beides der That nach als unzertrennlich mit einander verbunden darstellen, ja schon die späteren unter den Alten ähnliche Meinungen geäußert: so unterscheidet sich doch beides dem Gedanken nach so sehr, und ist ursprünglich für so entgegengesezt gehalten worden, daß, wie es damit beschaffen sei, aufs neue muß untersucht werden. Dieses wird am besten geschehen, wenn wir die Grundsäze in ihrer Anwendung auf das einzelne verfolgen. Hier nun zeigt sich, daß die Grundsäze der Naturgemäßheit, der Vollkommenheit, der Gottähnlichkeit, und welche noch sonst hieher gehören mögen, alle diese gerichtet sind auf ein so und nicht anders Sein oder Thun des Menschen; die aber der Lust und der Schmerzlosigkeit, und die ihnen ähnliche nicht auf das so Sein oder so Thun selbst, sondern nur auf eine bestimmte Beschaffenheit des Bewußtseins von einem Sein oder Thun. Denn ein solches ist die Lust, nicht ein Sein oder Thun selbst, sondern ein durch das Gefühl gegebenes Wissen um ein Sein oder Thun. So kann ja einer vollkommen sein in der körperlichen Stärke, aber er wird, wenn er nicht, es sei nun ruhend oder handelnd diese Vollkommenheit betrachtet, die eigenthümliche

Lust daran nicht genießen. Daß aber auch beides, wie nicht an sich einerlei so auch nicht für den Willen nothwendig verbunden ist, leuchtet ebenfalls ein. Denn es kann ja und wird auch wenigstens dem Vorsaz nach, Jeder dessen Grundsaz dies ist, wenn er etwas nach der Idee der Naturgemäßheit vollbracht hat, sogleich fortschreiten zu einer neuen Handlung, ohne auf das der vorigen nachfolgende Gefühl seine Aufmerksamkeit zu richten; so daß, wenn sich dieses auch immer einigermaßen aufdrängt, er es doch nur zufällig besizt, und, was den Willen anbetrift, es längst übersprungen hat. Eben so kann der, welcher nur auf das Gefühl ausgeht, sich dieses in manchen Fällen wenigstens verschaffen ohne gehandelt zu haben, durch Erinnerung an eine vergangene Handlung oder durch das Vorbilden einer künftigen, oder durch die Vorstellung derselben überhaupt, und behauptet so seinem Grundsaz nachgekommen zu sein, wo jener glauben würde, noch gar nichts gethan zu haben. Ja, wenn auch ein solcher sich bewogen findet, die Handlung selbst zu vollbringen, um nicht das auf jene Art erzeugte Bewußtsein durch ein entgegengeseztes leichter aufgehoben zu sehen: so geschieht doch das nur zufällig, und sein Wille ist nicht darauf gerichtet. Sonach ist soviel gewiß, daß in dem System der Lust die Handlung oder das Sein nur das Nichtgewollte ist als Mittel, in dem der Tugend aber das Gefühl das Nichtgewollte als Zugabe. Dieses Gegensazes nun waren die Alten sich sehr deutlich bewußt. Wie denn von den Epikureern gesagt wird, sie hätten nicht zugeben mögen daß in dem Begrif des höchsten Gutes mit verschlungen werde der der Thätigkeit, weil nemlich ihr Höchstes nicht ein im Handeln, sondern ein im Leiden gegebenes war, nicht ein Selbstwirken, sondern ein gleichviel woher bewirktes. Und die Dialektiker oder Stoiker nannten deshalb die Lust ein beiläufig und im Gefolge eines andern mit erzeugtes, um das Verhältniß derselben zu ihrem Gegenstande des Wollens zu bezeichnen. Nur die Neueren haben, den Unterschied zwischen dem wesentlichen und zufälligen übersehend, beides friedliebend verbunden, so daß die Verwirrung groß und kaum zu lösen ist, indem der eine vielleicht mit der Gesinnung dieses in der Darstellung aber jenes, und ein Anderer dagegen in umgekehrter Ordnung beides ergriffen hat. Wer aber wissenschaftlich zu prüfen entschlossen ist, darf sich nicht blenden lassen durch den Schein der Gesinnung, welche doch nur zweideutig bleibt, wenn sie nicht genau und bestimmt ausgesprochen wird, sondern er hat sich lediglich an die Darstellung zu halten. Dieser nun bei Einigen zu folgen, von denen es zweifelhaft sein könnte, wohin sie zu rechnen sind, muß den Gegensaz, von welchem jezt die Rede ist, noch deutlicher machen. So erscheint die anglikanische Schule des Shaftesbury, wieviel auch dort immer von der Tugend die Rede ist, dennoch als gänzlich der Lust ergeben. Denn es endiget alles in den Beweis, daß die ächte und dauerhafte Glükseligkeit nur vermittelst der Tugend zu erwerben sei; und das Wohlwollen, welches ihr Wesen in dieser Schule ausmacht, erhält seine Stelle nur dadurch, daß eine eigne Lust, wie sie sagen, aus demselben entspringt. Vielleicht würde die unhaltbare Doppelseitigkeit ihrer Darstellung eher und besser ans Licht gekommen sein, wenn schon gleich damals, als unstreitig der Grund dazu gelegt wurde, jene Empfindsamkeit sichtbar gewesen wäre, welche es anlegt auf die Fertigkeit sich ohne Hand oder Fuß zu regen, durch das bloße Nachempfinden vermittelst der Einbildung, alle Süßigkeiten jenes auf Wohlwollen beruhenden sittlichen Gefühls zu verschaffen. Denn diesem Genuß müßte Shaftesbury folgerechterweise denselben Werth zuerkannt haben, wie dem aus dem eignen Handeln entstandenen, und so würde die Weisheit ihr Ziel darin gesezt haben, die sittliche Lust zwar, weil es sich bei ihr thun läßt, in der Einbildung, die organische aber, bei welcher dieses nicht gehen will, in der Wirklichkeit zu genießen. Woraus denn am besten erhellt, wie wenig in diesem System das Handeln eigentlich das Gewollte sein kann. Und wenn auch einige, wie Ferguson, ihrem Gesez den Namen geben nicht von der Lust sondern von der Selbsterhaltung, so daß es unmittelbar auf ein Sein zu gehen scheint: so erklären sie doch selbst, wie untergeordnet dieses ist, indem sie äußern, ein Wesen, welches keine Uebel empfände und keine Bedürfnisse hätte, welches ja beides Beziehungen auf die Lust sind, würde auch keine Bewegungsgründe haben zu handeln. Ja der dieser Schule sich so sehr annähernde Garve hat ihrem Gebäude die Zinne aufgesezt, die für Jeden das Wahrzeichen sein kann, indem er die Achtung, welche seit einiger Zeit das Losungswort geworden war für die, welche eine reine Thätigkeit abgesondert von aller Lust suchen, erklärt als die Sympathie mit der Glükkseligkeit dessen, der gut gehandelt hat, welches sagen will, der durch das Wohlwollen glükkselig geworden ist. Auf der andern Seite sind nun aber auch diejenigen zu betrachten, welche, obgleich der reinen Thätigkeit angehörig, dennoch von Vielen unverschuldeter weise für Anhänger der Lust sind angesehen worden. Unter diesen ist der erste Aristoteles, an dem man deutlich sehen kann, wie derjenige, welcher auf reine Thätigkeit ausgeht, auch die Lust behandeln wird, wenn nicht etwa die Rükksichten eines Streites ihn anders nöthigen. Er nemlich sieht die Lust zwar an als nothwendig verbunden mit der Vollendung einer naturgemäßen Handlung, deshalb aber ist sie keinesweges das, worauf er abzwekkt. Denn sonst würde er nicht, ohne Hinsicht auf etwa schmerzliche Folgen, jede Lust ausschließen, welche auf einem andern Wege als diesem erzeugt wird, jede, welche übermäßig eine übermäßige Handlung begleitet, oder die aus verwikkelten Beziehungen entstehend nicht einer bestimmten Handlungsweise eigenthümlich ist. Auch deshalb weil er zu Erreichung des Höchsten den Besiz äußerer Güter fordert, darf er nicht anders beurtheilt werden. Denn dies hängt bei ihm theils davon ab, daß er nicht den sittlichen Werth auch in dem ruhenden der Gesinnung zu finden weiß, sondern nur in dem beweglichen des Handelns, wozu es, da bei der Art, wie er die Sittenlehre verbindet mit der Staatslehre, alles Handeln nur ein bürgerliches sein kann, eines anständigen Wirkungskreises und äußerer Mittel bedarf; theils auch davon, daß er diesen Werth nicht festzuhalten und anzuschauen weiß in einem Moment, sondern nur in dem ununterbrochenen Gebrauch einer lang ausgesponnenen Zeit. Daher ist es ganz in seinem Geiste gesagt, was seine bald ausgeartete Schule nicht nachgesprochen haben würde, daß diejenigen, welche den Reichthum für einen Bestandtheil an sich der Glükseligkeit hielten, nicht bedächten, wie diese eine Lebensweise sei, welche also keine andern unmittelbaren Bestandtheile haben könne, als Handlungen. Auch erklärt er sich oft genug, es gäbe für ihn kein anderes unmittelbar gewolltes, als dasjenige, von welchem man auch nichts begehre, als eben die Thätigkeit selbst. Wie ihm denn auch die Lust, auf welche er einen Werth legt, nicht ein gleichviel woher gegebenes ist, sondern nur durch die Thätigkeit einer naturgemäßen Kraft und Eigenschaft; und er nicht an ihr schäzt, daß sie stark empfunden wird, sondern nur daß sie ein Zeichen der Vollendung ist, indem sie das Bewußtsein des ungehinderten gewährt. Woraus deutlich erhellt, daß er die Lust eigentlich nur begehrt als Probe und Bewährung einer zur Vollkommenheit gediehenen naturgemäßen Handlung; so wie er den Trieb nach Ehre zuläßt, als Trieb das eigne Urtheil durch Andere zu bestätigen. Ihm ähnlich und ihn erläuternd ist hierin auch Spinoza. Denn die Verknüpfung des Gefühls mit der Thätigkeit, welche in jenem doch nur willkührlich und fast zufällig erscheint, ist bei diesem aufs innigste verwebt in den Gang seiner Gedanken und das eigenthümliche seiner Weltbetrachtung. Nicht zu trennen ist ihm, wie von dem Gedanken die Veränderung des Leibes, so auch der Gedanke von dem Bewußtsein desselben. Seine Lust ist der Uebergang in einen Zustand größerer Kraft und Wirklichkeit, und der Gedanke daran und das Bewußtsein dieses Gedankens, alles in Einem ungetrennt und ungetheilt. Aber dieses leztere noch zumal für den Willen besonders auszuscheiden, wäre für ihn das inhaltleerste gewesen unter allem denkbaren, die nichtige Vorstellung einer bloßen Vorstellung. Daher schließt er auch von dem ethischen Gebiet alles aus, was nur einen Theil des Menschen zu größerer Vollkommenheit fördert oder diese anzeigt, und somit den größten Theil der eigentlich sogenannten und von den Mehresten um ihrer selbst willen gesuchten Lust, von welcher er sogar sagt, sie könne Mittel oder Art und Weise des Todes sein. Ja die Art, wie er ohne weiteres aus dem auf die bloße Selbsterhaltung gerichteten Gesez aufs natürlichste folgert, daß das ethische, nemlich die reine Thätigkeit, um ihrer selbst willen müsse geliebt werden, diese zeichnet gleichsam die schärfste Grenzlinie zwischen beiden Systemen, dem der Lust und dem der Thätigkeit. Aus diesen Beispielen, mit einander verglichen, offenbart sich deutlich, daß das Handeln und die Beziehung auf dasselbe im Gefühl selbst da, wo sie in der vorstellenden und erklärenden Ansicht ungetrennt sind, doch für den Willen niemals eins und dasselbe sein können, so daß es, wie diejenigen unter den Neueren behaupten, welche Vollkommenheit und Glükseligkeit zusammenschmelzen wollen, gleichgültig sei, ob auf dieses oder jenes der Wille zunächst gerichtet werde. Sondern es sind vielmehr beide Hinsichten sittlich durchaus verschieden, so gänzlich, daß jeder ethische Grundsaz sich entweder auf eine von beiden beziehen, oder auf der einen Seite leer und auf der andern unrein und zusammengesucht erscheinen muß. Welche nun rein auf die Lust gehen, wobei der Gegenstand, von dem sie hergenommen werden muß, wenigstens für die gegenwärtige Beurtheilung gleichgültig ist, die sind leicht zu erkennen, wenn man das obige im Auge behält. Dagegen haben die, welche die Thätigkeit zum Ziel genommen, so sehr in anderer Hinsicht von einander abweichende Gestalten, daß auch diese Aehnlichkeit nicht von Jedem jederzeit leicht erkannt wird. Zuerst sondern sich ab diejenigen Grundsäze, in denen eine Beziehung auf die Gottheit ausgedrükt wird, nemlich die auch von einander gleich unabhängigen wie verschiedenen des Platon und des Spinoza, dieser der Erkenntniß Gottes, jener der Verähnlichung mit ihm. Dann sind wiederum unter denen, welche bei dem Menschen allein, ihn nur mit sich selbst vergleichend, stehen bleiben, einige zu unterscheiden, welche mehr vom Platon ausgehend ein Zwiefaches im Menschen annehmen. So behaupten die Stoiker, daß wenn auch der anfängliche Zustand des Menschen keinesweges widersittlich ist, indem er etwa auf die Lust ausginge, sondern auch da schon die Thätigkeit sein Geschäft ist, nemlich die der Selbsterhaltung, doch hernach erst die Vernunft, als ein neues oder neu im Bewußtsein gefundenes hinzu kommen müsse, um ein neues, nemlich das ethische Leben zu bilden. Mit ihnen stimmt am nächsten überein, nicht etwa Kant; denn man thut Unrecht ihrem Ausdrukk, das Sittliche sei ein übereinstimmendes Leben, wenn auch darin ursprünglich von der Uebereinstimmung mit der Natur keine Erwähnung geschehen, doch jenen Sinn beizulegen, da er offenbar nur auf die Gleichartigkeit alles Ethischen geht, wie genugsam erhellt aus Vergleichung mit der Erklärung, die Gesinnung sei die Quelle der Lebensführung, aus welcher die einzelnen Handlungen herfließen. Jedoch aber stimmt mit ihnen sowol an sich als auch in der Vielfältigkeit der Formeln auf vielfache Art überein Fichte, welcher eben so, ausgenommen daß er dem natürlichen Menschen nur die Lust anweiset, einen gedoppelten Trieb sezt, wovon der lezte, sittliche, abhängt von dem Gefundenhaben der Freiheit, oder welches eins ist, der Vernunft. Auch wie Jene vergnügt er sich an einer natürlichen Geschichte des Menschen in der vorsittlichen Zeit und seines Ueberganges aus einem Zustande in den andern. Die Gleichartigkeit alles Sittlichen aber wird bei ihm dadurch ausgedrükt, daß es alles, als in einer Reihe liegend gesezt wird. Besonders aber läßt sich die Vielfältigkeit der stoischen Formeln nicht besser als durch die seinigen erläutern, und bei der mangelhaften Kenntniß jener Schule der Zusammenhang mancher späteren mit den früheren, und wie sich in der einen mehr der gute in der andern der böse Geist des Systems offenbart hat, fast nur aus ihm verstehen.

So, wenn man denkt an des Fichte Erklärung des Gewissens und an seine Weltordnung: so überrascht die Formel des Chrysippos, tugendhaft leben heiße leben in Uebereinstimmung mit dem einem Jeden einwohnenden Dämon, gemäß dem Willen des allgemeinen Weltordners. Wie nun Archidemos einen dem Scheine nach bestimmteren Ausdrukk aufgebracht, nemlich in jedem Falle das geziemende zu thun, so auch Fichte, in jedem Augenblikk die Bestimmung zu erfüllen; und wie der stoische Diogenes sich noch gehaltreicher und in Beziehung auf das vorsittliche Leben so ausdrükt, vernunftmäßig handeln in der Auswahl des von der Natur angestrebten: so bezeichnet auch Fichte das Geschäft des sittlichen Triebes, als ein Auswählen aus dem vom Naturtriebe geforderten, als ein den Endzwekken gemäßes Behandeln der Gegenstände, sonach die praktische Wissenschaft als eine Einsicht von den Endzwekken der Dinge, woraus man sieht, besser als sonst, wie diese spätere stoische Formel sich wieder anschließt an jene frühere des Chrysippos von dem Leben nach richtiger Schäzung dessen, was sich natürlich ereignet. Daß nun auch Kant, wenn gleich mehr von weitem sich diesen anschließt, bedarf kaum einer weiteren Ausführung. Denn, daß sein sittliches ein Thun ist, wird keiner läugnen, auch nicht, daß es durch eine neue, durch die Betrachtung der Vernunft hinzukommende Kraft, heiße sie nun Trieb oder Triebfeder oder wie sonst immer, bewirkt wird. Andere, mehr dem Spinoza gegenüberstehend, der ohne eine solche Zwiefachheit den sittlichen Trieb unmittelbar als den Erhaltungstrieb des Ganzen darstellt, unterscheiden nur das Handeln und Leiden, das Aeußere und Innere, das Eigne und Fremde. Dieses thaten die Cyniker, deren wahre Idee wol nicht eine der Bildung und Geselligkeit entgegenstehende Natureinfalt gewesen ist, sondern eine Selbsterhaltung und ein Leben aus eigner Kraft, wobei sie, nur auf eine andere Art als andere hernach, übersehen, wie auch die Geselligkeit und ihre Früchte schon als ein durch die eigne Kraft des Menschen entstandenes zu betrachten sind. Denn ein solcher Gedanke liegt offerbar in ihren ursprünglichen Entgegensezungen zwischen Glükk und Muth, Gesez und Natur, Leidenschaft und Vernunft. Eben hieher werden auch diejenigen unter den Neueren gehören, dafern es anders solche giebt, denen es rein und unvermischt ein Ernst gewesen wäre, um den Grundsaz der Bevollkommnung. Denn eine eigne Stelle gebührt doch diesem Grundsaz allerdings, und es scheint in dem gegenwärtigen Zusammenhange gar nicht leicht zu begreifen, wie Kant es möglich gemacht habe, ihn ebenfalls auf den der Glükkseligkeit zurükzuführen, und wie er nicht habe verstehen können, daß Vollkommenheit in praktischer Bedeutung etwas anderes sein solle, als Tauglichkeit zu allerlei Endzwekken, welche ja ihm selbst zufolge nur den Namen einer pragmatischen verdienen würde. Hätte er auch nur darauf geachtet, wie die Cyniker, denen gewissermaßen die neueren Stoiker sich wieder näher anschließen, und eben so Spinoza alle ethischen Unterschiede aus dem Handeln und Leiden, aus der recht oder vergeblich und gar nicht gebrauchten Kraft entwikkelt hatten: so könnte ihm nicht entgangen sein, wie gar wohl jener Begrif der Vollkommenheit, da unter dem Worte verstanden wird die Vollständigkeit eines Dinges in seiner Art, eine anordnende Anwendnng finde auf den Menschen, als ein, wie er doch selbst will, eigentlich handelndes Wesen gedacht. Ja schon die gemeine Erklärung von Zusammenstimmung des zufälligen mit dem wesentlichen, wiewol sie dem Buchstaben nach sehr schlecht ist, und auch die zum Grunde liegende Vorstellung nicht rühmlich, da nemlich der Mensch für sich und vor dem Handeln mithin als ein Ding gedacht für das wesentliche, alles Handeln aber für das zufällige genommen wird, hätte ihn dennoch von seinem Orte aus an die Bedeutung der ächt stoischen Formeln erinnern müssen, in denen die ununterbrochene Thätigkeit der höheren Kraft des Menschen so offenbar und allein die Hauptsache ist. Hätte er aber den Gedanken besser verstanden als die meisten, welche ihn vorbrachten, und dabei an die Vollkommenheit eines Kunstwerkes gedacht: so hätte sich ihm ein eigenthümlicher und tieferer Sinn enthüllen müssen, in Beziehung auf welchen dieser Ausdrukk leicht der ächteste ethische ist, weil er der Wahrheit nach sich unmittelbar auf den Gedanken des Ideals bezieht. Was aber diejenigen betrift welche selbst den Grundsaz der Vollkommenheit anerkennend, ihn dennoch dem der Glükseligkeit für gleichartig oder ganz gleich erklärt haben, weil nemlich die ächte Farbe und Dauer der Glükseligkeit am Ende doch wieder von der Vollkommenheit abhinge: so ist offenbar, daß sie entweder sich selbst sowol als die andern nicht verstanden, oder einer ganz unwissenschaftlichen Friedliebe und Einigungssucht Raum gegeben, welche das innere verachtend sich an einer bloß äußerlichen Uebereinstimmung ergözt. Zu vergleichen ist die Sache, als ob etwa einige sich stritten, welches wol die Bahn der Weltkörper wäre, Kreis oder Ellipse, und wenn es nicht zum Ende gedeihen wollte, dann endlich die lezteren sprächen unter sich und zu den ersten, daß es gar nicht der Mühe werth wäre den Streit fortzusezen, denn der Kreis ließe sich vollkommen als eine Ellipse betrachten, und so man nur die Brennpunkte zusammenrükte, würden ja alle Ellipsen Kreise. Wenn nun aber Jene nichts wüßten von den Brennpunkten, auch sich bis zu der Idee einer Function niemals erhoben hätten: so wären doch weder beide Partheien einig, noch weniger aber die Sache selbst wirklich auf eine solche Art dieselbe.

Ob aber Kant, nachdem er diesen Gegensaz mit Unrecht aufgehoben, wenigstens einen andern wahren aufgestellt, indem er unter dem Namen des Formalismus seinen Grundsaz nicht nur von den subjectiven, sondern auch die objectiven, wie er sie nennt, eingeschlossen, von beiden als dem Materialismus der Sittenlehre absondert; dies ist sehr zu bezweifeln. Denn die Beschuldigung, daß bei jenen allen das Gebotene auf etwas außerhalb bezogen werde, ist für die lezteren ungerecht, indem bei ihnen dieses außerhalb nur ein solches ist, wie man von dem Ganzen sagen kann, daß es außerhalb des Theils liegt. Vielmehr läßt sie sich so auf Kant besonders zurükkwerfen, wie sehr er auch davon frei zu sein glaube, denn er erlangt diesen Schein nur durch die Zweideutigkeit in dem Ausdrukk ein vernünftiges Wesen, der sowol bedeuten kann ein solches, welches die Vernunft hat als Vermögen, und auch ein solches, welches von ihr wirklich getrieben, und dessen übriges also von ihr gehabt wird. Kant nun muß voraussezen, jedes vernünftige Wesen in dem ersteren Sinn wolle auch eins in dem lezteren sein, und sein Grundsaz geht aus auf die Vollkommenheit eines solchen. Warum also dies nicht ebenfalls ein Angestrebtes, eine Materie des Willens zu nennen sei mögen andere besser begreifen. Ja es findet sich leider bei Kant noch ein ärgeres außerhalb, indem sein höchstes Gut, als das zulezt und im Ganzen gewollte, einen Bestandtheil, die wol ausgetheilte Glükseligkeit in sich faßt, wovon in dem jedesmal und einzeln gewollten nicht ein verhältnißmäßiger Theil, sondern höchstens in der Würdigkeit glüklich zu sein, daß ich so sage, der Logarithme davon enthalten ist. Doch dieses wäre hier vorweggenommen, und kann nicht weiter ausgeführt werden.

Es ist aber nicht unbemerkt vorbeizulassen, wie sich uns oben bei Anordnung der verschiedenen Systeme, deren Grundsaz Thätigkeit ist im Gegensaz gegen die Lust, ein neuer anderer Gegensaz von selbst aufgedrungen hat, den wir auch bei den Sittenlehrern der Lust wiederfinden, nemlich zwischen denen, welche einen zwiefachen Trieb annehmen, so daß sie den sittlichen dem natürlichen entgegenstellen, und denen, welche das ethische Leben nicht aus einem besondern, erst später erwachenden, sondern nur aus dem allgemeinen das ganze Leben umfassenden Triebe entwikkeln, so daß der sitliche Mensch nicht etwas neues und anderes, sondern nur auf bessere Art das nemliche zu thun scheint, was auch jeder andere von selbst thut, und seiner Natur gemäß thun muß. Wie nun von denen, welche auf Thätigkeit ausgehn, die meisten, aber nicht alle, ein zwiefaches sezten: so wird dieses von denen,

welche

welche die List zum Ziel haben, größtentheils geläugnet. Denn schon de Alten beriefen sich darauf, daß auf die Lust der allgemeine Trieb alles lebendigen gehe, und auch die gallikanische Schule läugnet, daß aus einem andern Bewegungsgrunde als dem Eigennuz innerhalb der menschlichen Natur gehandelt werden könne, so daß sich nur der wohlverstandene unterscheiden lasse von dem andern. Ja selbst die anglikanische, welche eine doppelte Quelle der Lust annimmt, die idiopathische nemlich, und die sympathische, und so, daß jene, so bald sie sich ausschließend sezt, das unsittliche ist, sucht doch auch öfters beide als der eigentlichen und innersten Natur nach daselbe darzustellen. Wesentlich aber ist es doch nicht den Systmen der Lust sich ganz auf diese Seite zu begeben. Vielmehr könnte es und sollte auch wol herzhaftere Vertheidiger deselben geben, welche den Muth hätten, den entgegengesezten auf die Thätigkeit selbst gerichteten Trieb nicht für eine Täuschung und einen Mißverstand, sondern auch für einen wirklichen Trieb, nämlich für den unsittlichen Lust und Leben vernichtenden, zu erklären, welches erst die muthige und der gegenwärtigen Zeit würdige Vollendung dieser Denkungsart sein würde. Dieser Gegensaz nun, der sich eben dadurch als ein eigner bewährt, daß auf jeder Seite sich Theilhaber von beiden Seiten des vorigen vereinigen, scheint auf den ersten Anblikk so beschaffen, daß der eine seiner beiden Säze die Ethik ihrer eigentlichen Würde beraubt. Denn nur da, wo ein zwiefacher Trieb angenommen wird, scheint ein scharfer und schneidender Unterschied zu sein zwischen dem sittlichen und widersittlichen; die andere Seite hingegen Veranlassung zu geben, daß das böse nur verwandelt werde in einen Irrthun, und das gute in eine Einsicht, wodurch denn die Ethik von der Würde einer Wissenschaft herabsinken müßte zu dem niedrigeren Range einer technischen Anleitung. So haben es Manche gemeint, welche die Tugend eine Wissenschaft genannt haben, und noch mehrere, welche einen solchen Ausspruch, wo er anders und besser gemeint war, nur in diesem Sinne zu erklären gewußt. Allein es dürfte dieses wol nur ein Schein sein, daß ein innerhalb einer Wissenschaft gefundener Gegensaz auch über sie hinausgehen könnte. Denn jene Annäherung des sittlichen und widersittlichen aneinander und die daraus zu folgernde Aufhebung der Ethik als wahrer Wissenschaft, dies beides hebt sich immer selbst wieder auf; indem doch überall zugegeben wird, daß der Irrthum durch die bloße Belehrung nicht verschwindet, mithin als inwohnende Ursach desselben doch eine Handlungsweise oder Denkungsart angenommen werden muß, an welcher dann das sittliche einen ihm ähnlichen reellen Gegensaz erhält. So haben ja auch die Stoiker ohnerachtet sie eigentlich ein zwiefaches Treiben annahmen, dennoch die einzelnen Tugenden als Wissenschaft erklärt; wir sehen aber aus den Bedeutungen, in welchen sie dieses Wort genommen, wi dunkel sie uns auch Johannes Stobaios aufbehalten hat, da praktische darin ganz deutlich, wodurch denn der Widerspruc zwischen ihrem übrigen System und ihrem Begrif vom unsittli chen wegfällt. Daher dieses nur für eine Verschiedenheit de Ansicht zu halten, welche im inneren nichts verändert. S nemlich, daß die Frage über die Einheit des Triebes, wie s auch beantwortet werde, dem Dasein der Sittenlehre keine Eintrag thun kann, demnach aber jener Unterschied, ob au an dem sittlich zu beurtheilenden Zustande zwei verschieden Triebe als wirksam gedacht werden oder nur einer, wie sich gefunden, auf seinem Werthe beruhen muß.

Diesem ähnlich, aber doch wohl von ihm zu unterscheiden ist ein anderer Gegensaz, welcher sich bezieht auf das Ve hältniß des sittlich bewirkten zu dem im vorsittlichen Zustan bewirkbaren; ob nemlich das dem ethischen Grundsaz gemäß es sei nun Handeln oder Genießen, ein durch ihn ganz un gar eigenthümlich und neu hervorgebrachtes ist, oder nur ein eigne Bestimmung und Begrenzung eines anderwärts her un auch ohne ihn vorhandenen. Vielleicht wird dieser Unterschi deutlich durch Vergleichung mit der verschiedenen Art, wie ei Raumerfüllung in bestimmter Gestalt kann hervorgebracht we den. Nämlich wenn eine lebendige und bildende Kraft nach ihrem Gesez sich ausdehnend bewegt, und in irgend einem Zeittheil als festgehalten gedacht wird: so entsteht auf diese Weise dann das Erfüllende und seine Gestalt zugleich, und ist nur aus demselben Grunde zu erklären. Wenn hingegen das, was eine solche Kraft bewirkt hat, von außen her nach einer bestimmten Vorschrift abgeschnitten und begrenzt wird: dann ist das Erfüllende und das Einschränkende jedes ein anderes, und jedes mit einem ihm fremden in Berührung gesezt. Das dem ersten ähnliche würde ein freies oder bildendes ethisches Princip sein; das dem lezteren zu vergleichende aber ein beherrschendes und beschränkendes. Und von beiderlei Art finden sich sowol in den Systemen der Lust als der Thätigkeit, wie die Beispiele es näher erläutern werden. So ist das sittliche des Epikuros lediglich beschränkend; denn es bildet aus dem rohen Stoff, dem Streben oder Fliehen des natürlichen Triebes nach Genuß die tugendhafte Schmerzlosigkeit und ruhige Lust des Weisen, welche, wo jener Trieb sich nicht geäußert hat, auch nicht hervorgebracht werden kann, wonach also das sittliche nicht selbst erzeugend und bildend ist. Wohl aber hat diese Eigenschaften das der älteren Kyrenaiker; denn ihr sittliches ist selbst jener natürliche Trieb nach Lust, wie er sich nach seinen eigenen Gesezen bewegt, und nur das unsittliche ist beschränkend und verneinend, nemlich die Trägheit, welche die Lust recht auszubilden verhindert, und das regellose Tichten der Unklugheit, welche unbewußt den künftigen Schmerz als verneinende Größe mit hervorbringt. Eben so ist lediglich beschränkend und an einem andern sich äußernd die Sittlichkeit der gallikanischen Schule, wie sie am besten durch den Helvetius vorgestellt wird. Denn die als das sittliche vorgestellte Einstimmung zum gemeinen Nuzen ist nicht die Quelle eigner Handlungen, sondern nur an demjenigen äußert sie sich, was der allgemeine Trieb der Selbstliebe gefordert hat. Selbstthätig hingegen erscheint größtentheils die der anglikanischen Schule, weil, wenn auch in dielen Fällen die Handlung, die aber nur das zufällige und nicht gewollte ist, durch eine andere Kraft hervorgebracht werden könnte, doch nicht eben dies gilt von der eigenthümlichen Lust, welche das unmittelbar angestrebte ist, und nur dem Triebe folgt, der durch eine neue sonst nicht denkbare Art von Handlungen sich äußert. Gleicherweise findet sich derselbe Unterschied in den auf die Thätigkeit gehenden Darstellungen. So ist zuerst ganz beschränkend, und also in der Ausführung von einem gegebenen abhängig der Grundsaz der Stoiker. Denn auch nachdem die höhere Natur zum Bewußtsein gekommen, ist dadurch nicht eine neue unmittelbar selbst handelnde Kraft gegeben; sondern nur eine neue Art über die Forderungen des natürlichen Selbsterhaltungstriebes zu entscheiden, nemlich so, daß die Erhaltung der Vernunft überall mit eingeschlossen und vorangestellt wird. Dies müssen schon ihre Gegner unter den Alten getadelt haben, weil auch Cicero es erfahren hat, und wiewohl nicht der Sache angemessen es rügt, indem er ihnen vorwirft, sie nähmen den Antrieb zu handeln anders woher als das Gesez. Nämlich, das ethische Princip kann bei ihnen die Thätigkeit, welche jedesmal erfordert wird, nicht hervorbringen, wenn nicht zuvor durch den blinden Naturtrieb erst gesezt worden, daß überhaupt etwas geschehen solle; denn aus diesem entsteht immer jede erste Aufforderung zum Handeln. Worin niemand sich irren lassen möge durch jener oben schon angeführte Erklärung des sittlichen als Quelle der Lebensführung; denn diese sagt bloß aus, daß in allen sittlichen Handlungen das bestimmende Princip immer eins und das gleiche sei. Das nemliche begegnet ferner dem ihnen unbewußterweise so sehr nachtretenden Fichte durch seine, jenen ganz ähnlich, in allen sittlichen Handlungen gesezte Verknüpfung des höheren Triebes mit dem natürlichen. Denn auch diese besteht nicht etwa nur in der Gleichheit des äußerlich dargestellten Inhaltes, welche zufällig sein könnte, wie sie Spinoza darstellt in dem Saz, daß jede Handlung mit jeder Art von Gedanken könne verbunden sein. Sondern, wenngleich Fichte auch davon ausgeht, kein Wollen ohne Handeln, und kein Handeln ohne ein äußerlich vorhandenes und behandeltes: so ist doch jenes Verhältniß bei ihm ein anderes und innigeres; so nemlich, daß der höhere Trieb den Stoff jedesmal nehmen muß vom Naturtriebe, daß er jedesmal ein von diesem grade izt gefordertes sein muß, und das Geschäft des reinen Triebes eben wie bei den Stoikern nur besteht in der Auswahl desjenigen aus der Gesamtheit jener Forderungen, was seiner Form angemessen ist. Es erhellt dies nicht nur aus den Ausdrükken und dem Gang der Verhandlungen selbst, sondern ganz sonnenklar aus der limitativen Beschaffenheit aller seiner Geseze, besonders aber, doch nicht ausschließend, derer welche sich beziehen auf die Behandlung des Leibes. Wollte etwa hier jemand sagen, das limitative Gesez sei doch nur eines, und schon vorher sei aufgestellt das positive: so ist zu antworten, es werde eben behauptet, daß dies gar nicht drei Geseze wären, sondern nur eines, erst in seinen entgegengesezten Bestandtheilen dargestellt, und dann aus denselben verbunden. Denn wenn der sittliche Trieb hier etwas aus und für sich selbst hervorzubringen hätte: so würde er selbst auffordern zu Handlungen, welche Beiträge wären zur Bildung des Leibes als Werkzeug, ohne alle Hinsicht auf Genuß. Und da diese in systematischer Einheit nach dem Princip der Vervollkommnung könnten fortgesezt werden: so würden dann die Anforderungen des Naturtriebes, die auf den Genuß gerichtet sind, wenn sie auch zugleich auf Bildung könnten hingelenkt werden, dennoch abzuweisen sein, als weit unter jenem Ideal und nicht in der systematischen Reihe gelegen, und würden sämmtlich im voraus unter die Klasse von Handlungen fallen, zu welchen die Zeit fehlt, nicht nur um sie zu vollbringen, sondern selbst um nur über sie zu berathschlagen. Ein Bewußtsein dieses Mangels leuchtet doch hervor, wie denn überhaupt ein höherer Grad von Bewußtsein diesem Sittenlehrer nicht abzusprechen ist, aus dem Saz, man sei nicht gehalten, gewisse, nur hätte er sagen sollen alle, Tugendübungen aufzusuchen, sondern die Pflicht sei nur sie zu vollbringen, wenn sie sich darbieten. Dieses Sich darbieten aber ist nichts anderes, als ihr Gegebensein durch den Naturtrieb. Nicht minder gilt auch das nämliche von Kants ethischem Grundsaz, in welchem diese Eigenschaft auf das genaueste zusammenhängt mit der, für welche er ihn am meisten lobt, daß er nemlich bloß formell sein will. Ja, es ist wohl nicht nöthig erst zu zeigen, was sich Jedem auf den ersten Anblikk darstellt, daß dieser Grundsaz, werde er auch als beständig rege Kraft gedacht, nie etwas durch sich selbst hervorbringen kann. Denn wenn seine Wirkung nur darin besteht, daß beachtet werde, ob die Maxime einer Handlung die Fähigkeit habe, ein allgemeines Gesez zu sein: so muß ja ehe diese Wirkung eintreten kann, die Maxime zuvor gegeben sein, und wie anders wollte sie dies, wenn nicht als ein Theil des Naturzwekkes. Auch ist es ganz gleich, ob man sich an diesen Ausdrukk des Grundsazes hält, oder an jenen anderen von Behandlung der Menschheit als Zwekk, und von dem zu denkenden Reich der Zwekke. Sollte indeß Jemand noch Zweifel haben, der ist zu verweisen an die Art, wie Kant selbst seinen Grundsaz anwendet, und durch Beispiele bewährt. So ist unter andern die Frage, was die Vernunft zu thun befiehlt mit niedergelegtem Eigenthum. Würde nun hier der sittliche Trieb durch sich selbst und das Gesez, welches er vertritt, auf eine bestimmte Handlungsweise geführt: so müßte dieses dargestellt werden können, durch eine Fortschreitung vom allgemeinen zum besonderen, und der Trieb würde dann gedacht als von dem Augenblikk des Empfangs an schon in dem Bestreben, auf die beschriebene Weise damit zu verfahren. Hier aber kann die Regel nicht gefunden werden, als nur durch Vergleichung der verschiedenen möglichen Fälle mit dem Gesez; und so kann auch der sittliche Trieb nur gedacht werden als lediglich leidentlich, bis ihm kommt entweder die unmittelbare Aufforderung zur Wiedergabe oder die Versuchung zum Unterschlagen. Daher auch in dem Erweis dieser Regel nicht zugleich die erwiesen ist, auch alle Fahrlässigkeit mit solchem Eigenthum zu vermeiden, weil nemlich dieses, von Seiten des Naturtriebes aus angesehen, eine andere Handlung ist, und also auch für den sittlichen Grundsaz ein anderer Fall sein muß, welches, wenn dieser auf die beschriebene Art selbstthätig wäre, sich ganz anders verhalten müßte. Damit aber niemand glaube, es könne etwa, wo das sittliche als Thätigkeit erscheint, der Grundsaz in keinem andern als diesem Verhältniß vorkommen: so ist zu zeigen, wie allerdings bei Andern das sittliche sich als selbstthätig und eignes bildend darstelle. Und zwar ist dieses am deutlichsten zu sehen bei Plato und Spinoza, von denen freilich der leztere das Streben sein eigenthümliches Dasein zu erhalten als das Wesen aller beseelten Dinge und als den lezten Grund alles menschlichen Handelns aufstellt, wie er denn schon oben unter diejenigen gesezt ist, welche von einem zwiefachen Triebe in Einer Seele nicht hören wollen. Aber an ihm zeigt sich eben am deutlichsten, wie der Gegensaz, welchen wir jezt betrachten von jenem unterschieden ist. Denn obschon ein und derselbe Trieb kann und muß er doch in jedem Falle in einer von diesen beiden Gestalten erscheinen. Entweder nemlich das wahrhaft eigenthümliche Dasein des Menschen, sein im engeren Sinne sogenanntes Handeln, zum Gegenstande habend, und was so entsteht, ist das sittliche; oder aber das gemeinschaftliche mit andern Dingen verknüpfte und von ihnen abhängige Dasein, und das nur scheinbare Handeln, wovon die Ursache zum Theil außerhalb des Menschen zu finden ist, daher es mit Recht ein Leiden heißt, und das so entstandene ermangelt der sittlichen Beschaffenheit. Von diesem nun ist jenes nicht etwa ein Umbilden und Verbessern des lezten oder ein nur auf das lezte erbautes; sondern von vorne her ein eignes. Daher auch Spinoza ausdrüklich behauptet, daß das Fliehen des bösen, das Vernichten eines etwa schon voran gedachten und angestrebten unsittlichen gar kein eignes Geschäft sei, sondern nur mittelbar und von selbst erfolge, indem das gute gesucht wird. Hierin zeigt sich am schärfsten der Unterschied von Jenem, als bei welchem das Gute nur dadurch zu Stande kommt, daß das Böse ausgeschlossen wird; und so am besten bewährt sich eine Sittenlehre als wirklich ein freies und eignes Gebiet des Handelns umfassend. Das nemliche erhellt von selbst von der Formel des Platon, nemlich der Verähnlichung mit Gott. Denn da es der Gottheit an allem was Naturtrieb genannt werden mag ermangelt, und die Thätigkeit der höheren Geisteskraft in ihr eine rein aus sich selbst hervorgehende, schaffende und bildende ist: so würde offenbar ein gemeinschaftliches Glied zur Vergleichung nicht zu finden sein, wenn im Menschen die Vernunft nur beschränkend auf seinen Naturtrieb handelte, und nur was jener zuerst hervorgebracht, hernach auf ihre Weise gestaltete; sondern es muß auch bei uns das Verhältniß zu dem niedern Vermögen nicht das wesentliche des höheren sein, sondern nur die Erscheinung seiner ununterbrochenen Thätigkeit. Von hier aus nun wird auch zu übersehen sein, in wie fern dem Aristoteles Unrecht geschehen, wenn er zu denen gerechnet wird, deren Sittlichkeit nur von jener beschränkenden Art ist, weil er nemlich die Tugend erklärt als eine gemäßigte Neigung. Denn es soll vielleicht diese Erklärung ebenfalls nicht das wesentliche bezeichnen, sondern nur die Erscheinung, und nicht das sittliche an sich erschöpfen, sondern nur so wie es in einzelnen Fällen und schon in Beziehung auf Gegenstände sinnlicher Neigungen vorgestellt wird; und er mag wol nie geglaubt haben, daß die Zügellosigkeit zum Beispiel hervorginge aus demselben Princip, wie die eigenthümliche Beschaffenheit einer begierdelosen wolgeordneten Seele, nur daß es aufgehalten wäre im lezteren Falle. Schon ist dieses wol zu merken, daß er nicht redet von einzelnen Aeußerungen der Tugend, als ob diese entständen durch Erhöhung des von Natur zu schwachen, oder durch Mäßigung des zu starken Triebes auf einen Gegenstand, sondern, daß er redet von der Tugend, als bleibender einwohnender Eigenschaft. Daß er nun nicht deren Wesen und Entstehung durch jene Erklärung hat bezeichnen wollen, könnte man hinreichend sehen aus der Beschreibung des gerechten, als des Mittels zwischen Schaden und Gewinn, wo jene Auslegung abgeschmakter wäre, als daß sie auch einem Einfältigen könnte untergeschoben werden. Noch deutlicher aber daraus, daß er überall die Tugend als von der Lust begleitet vorstellt, woraus nach seiner schon erläuterten Ansicht folgt, daß er sie in der Ausübung als eine einzige von innen heraus gleichsam in einem Zuge vollendete Handlung denkt, nicht als eine aus dem Zusammenstoß zweier Kräfte entstandene, und also gleichsam zerbrochene oder unterbrochene. Denn nur denen, bei welchen die Sittlichkeit lediglich beschränkend ist, und abhängig in ihren Aeußerungen von anderen Trieben, ziemt es ihr die Unlust zur Begleitung zu geben. Wird nun in Hinsicht auf den vorliegenden Gegensaz auch noch nach denen gefragt, welche eine handelnde Sittlichkeit unter dem Namen der Vollkommenheit einführen: so ist über diese, weil sie mehr im Wort übereinstimmen als im Gedanken, nichts allgemeines zu sagen. Sondern Einige schließen sich dem Platon an durch den Begrif der Kunstbildung, Andere durch den der freien Thätigkeit dem Aristoteles, Andere den Stoikern durch den der Vernunftherrschaft; wonach denn die Einen hier, die Andern dorthin zu ordnen sind. Daß nun dieses ein wahrer Gegensaz ist, und jeder ethische Grundsaz entweder auf die eine oder die andere Seite desselben gehört, ist aus dem Gesagten offenbar.

Noch aber ist einer übrig, der vielleicht nicht minder bedeutend als einer unter den vorigen, ausgezeichnet aber dadurch ist, daß er sich ohnerachtet der großen Mannigfaltigkeit ethischer Grundsäze, nicht wie die andern nach beiden Seiten verschiedentlich ausgebildet schon zeigt, sondern die eine Seite desselben, wie wol in der Natur eben so deutlich gezeichnet, in den Systemen fast überall nur erst angedeutet ist. Es liegt nemlich in dem Begrif des Menschen als Gattung, daß Alle einiges mit einander gemein haben, dessen Inbegrif die menschliche Natur genannt wird, daß aber innerhalb derselben es auch anderes giebt, wodurch Jeder sich von den übrigen eigenthümlich unterscheidet. Nun kann der ethische Grundsaz entweder nur eines von beiden zum Gegenstande haben, und diesem das andere es sei nun ausdrüklich oder stillschweigend durch Vernachläßigung unbedingt unterordnen; oder aber er kann beides das allgemeine und das eigenthünliche nach einer Idee mit einander vereinigen. Das leztere scheint noch nirgends geschehen zu sein. Denn, wiewol sich nicht einsehen läßt, warum diese Stelle sollte leer sein müssen, dürfte doch Niemand eine Sittenlehre aufzeigen können, welche dem eigenthümlichen entweder ein besonderes Gebiet anwiese neben dem allgemeinen, oder beide durch einander gesezmäßig beschränkte und bestimmte; sondern nur darauf ist für jezt zu sehen, ob dem allgemeinen das eigenthümliche, oder diesem jenes unbedingt untergeordnet wird. Was nun diejenigen Sittenlehren betrift, welche die Lust als das Ziel und Erzeugniß der Sittlichkeit aufstellen: so ist offenbar und auch von je her bemerkt worden, daß einige Quellen der Lust sich auf die gemeine menschliche Natur zurükführen lassen, daß aber auch die besondere Beschaffenheit eines Jeden einige hinwegnimmt und neue hinzusezt. Hier also ist der Natur der Sache nach, und wenn nicht ein anderes willkührlich bestimmt wird, das allgemeine dem eigenthümlichen untergeordnet und von ihm verschlungen. Denn von dem, was innerhalb der gemeinschaftlichen Natur möglich ist, erfolgt doch nur dasjenige wirklich, was die besondere Beschaffenheit zuläßt, und Jeder hat doch lediglich auf das zu sehen, nicht was im allgemeinen und unbestimmten, sondern was in ihm und für ihn möglich ist. In dem System des Epikuros nun zeigt sich diese Unterordnung weniger auffallend, weil, wenn auch auf der einen Seite das hinwegzunehmende, nemlich der Schmerz und die Begierde, auf der andern das Ueberschießende, nemlich die positive kizelnde Lust, bei den Einen anders sein mag, als bei dem Andern, doch das eigentlich her=

vorzubringende, woraus das höchste Gut allein besteht, nemlich die Schmerzlosigkeit, überall als dieselbe erscheint, und die individuellen Verschiedenheiten darin nicht bemerkt werden. Deutlich aber ist die Sache in dem System des Aristippos, wo alles zu suchende und zu wählende dem Inhalt nach sich nur unter der Gestalt des für diesen und jenen zu suchenden und zu wählenden darstellt, und das allgemeine Gebot nur das Wesen der Lust ohne alle Beziehung auf ihren Inhalt aussprechen kann. Ganz anders hingegen ist in der anglikanischem Schule die aus dem wohlwollenden Triebe entspringende Lust ausschließend als das sittliche gesezt durch einen auf keine Weise zu rechtfertigenden Machtspruch, indem nemlich im voraus beschlossen wird, es solle nicht angenommen werden, wenn einer sagte, daß bei ihm der wohlwollende Trieb zu schwach wäre um eine merkliche Lust hervorzubringen. Daß dieses nur ein Machtspruch sei, erhellt von selbst; denn wenn sie etwa sich, als auf ihren ersten Grundsaz, darauf berufen wollten, daß eben diese Schwäche die Unsittlichkeit sei, welche hinweggenommen werden soll: so müßten sie aufhören, das Wohlwollen um der Lust willen zu gebieten. Was aber diejenigen ethischen Systeme betrift, welche das sittliche als Thätigkeit sezen: so ist klar, daß der nemliche Unterschied auch bei ihnen Statt finden kann, und daß sie, den nicht gefundenen Fall einer gesezmäßigen Vereinigung des allgemeinen und eigenthümlichen ausgenommen, in ihrem Grundsaze entweder ein bestimmendes sezen können, als dasjenige, welchem von Allen nachgestrebt, und welches also ohne Hinsicht auf die eigenthümliche Beschaffenheit des allgemeinen wirklich werden solle mit gänzlicher Vernichtung des eigenthümlichen, oder daß sie nur ein an sich unbestimmtes, und nur in Beziehung auf das eigenthümliche bestimmtes, sezen, nemlich eine solche oder solche Behandlungsweise desselben mit Vorbeiziehung des gemeinschaftlichen. Betrachtet man nun die hieher gehörigen Darstellungen der Sittenlehre: so findet sich fast überall das eigenthümliche gänzlich vernachläßigt, und eben daher nicht besser als unterdrükt, und für unsittlich erklärt. Bei den Stoikern zum Beispiel ist in dem Begrif der Naturgemäßheit von der besonderen Bestimmbarkeit der Natur gar nicht die Rede; und es wäre nur ein leerer Schein, wenn Jemand in dem Ausdrukk, durch welchen sie gewöhnlich das sittliche bezeichnen, und der, wie unser anständig und geziemend, etwas besonderes in sich zu schließen scheint, einen Gedanken dieser Art finden wollte. Vielmehr ist ihr durch Alle sich verbreitender richtiger Verstand das Allen gemeinschaftliche, und auch schon der Weise, wie er als Musterstük aufgestellt wird, deutet auf ein in gleichen Fällen für Alle gleichförmiges Handeln; so daß, wenn mit Hinsicht auf ihre besondere Eigenthümlichkeit Zwei in gleichem Falle verschieden handeln wollten, nur einer oder keiner der Weise wäre, und einer oder beide das Sittliche verlezten. Auf ihrer Seite steht auch hierin Fichte, sowol was jenen Schein als auch was den wahren Befund der Sache betrift. Denn auch sein Ausdrukk Beruf scheint etwas für einen Jeden eignes und anderes anzuzeigen, und also eine gleiche Deutung zu begünstigen, wie auch die besondere Reihe eines Jeden von einem eignen Punkte aus. Allein dieses besondere hängt nicht ab von einer inneren Eigenthümlichkeit des Menschen, sondern nur von dem Punkte, wo jeder seine Freiheit zuerst findet, und von der Verschiedenheit der Umgebungen und äußeren Verhältnisse eines jeden, welche Beziehung auch dem Schiklichen der Stoiker zum Grunde liegt, so daß bei Beiden das besondere nur das räumliche und zeitliche sein kann. Dies bestätigt sich deutlicher, wenn man sieht, wie auch die Individualität, welche Fichte unter den Bedingungen der Ichheit aufführt, sich nicht weiter erstrekt als auf das Verhältniß zu einem eigenen Leibe, und auf die Mehrheit der Menschen-Exemplare überhaupt. Ja noch entscheidender wo möglich ist jene Stelle, wo die Aufgabe eintritt, die Vorherbestimmtheit der freien Handlungen eines jeden für die Uebrigen mit der Freiheit zu vereinigen, und wo die besondere Bestimmtheit eines jeden im geistigen Sinne ganz aufgehoben, und die ganze geistige Masse völlig gleichartig angenommen wird. Es liegt für die gesammte Vernunft da ein unendliches mannigfaltiges von Freiheit und Wahrnehmung, in welches alle Individuen sich theilen; und es existiren für jeden nicht mehrere bestimmte Ichs, sondern nur eine Gesammtheit von Ichs. Jedoch nicht nur dieses, sondern es besteht auch die sittliche Vollendung eben darin, daß jeder aufhöre etwas anderes zu sein, als ein gleichartiger Theil dieser Gesammtheit. Denn die Vernunft, welche jeden bestimmen soll, ist aus dem Individuum herausversezt in die Gemeinschaft, und kann also auch keine andere sein, als eine Allen gemeinschaftliche; so daß in Allen alles rechte aus demselben sich nur auf das gemeinschaftliche beziehenden Grunde hervorgeht, jeder an der Stelle des andern auch das nemliche hätte verrichten müssen, und jede Abweichung von der einzigen Norm als Verlezung des Gesezes erscheint, weil aller Unterschied unter sittlichen Menschen nur auf dem Ort beruhen soll, wo sie stehen. Bei dem früheren Kant aber tritt diese nemliche Ansicht so stark hervor, daß sie zur heftigsten Polemik ausartet gegen alles, was eine besondere Bestimmtheit auch nur von weitem verräth. Von dieser Art ist die Forderung, daß die Erfüllung des Gesezes mit Unlust verbunden sein soll, weil nemlich die Lust ihm zufolge dasjenige ist, was vorzüglich die Persönlichkeit vertritt; ferner die Pflicht, sich fremde Glükkseligkeit zum Zwekk zu machen, um dadurch die Lust, in so fern sie doch ein Gegenstand des Handelns sein kann und muß, von ihrer Verbindung mit der Eigenthümlichkeit möglichst zu befreien, welche Pflicht aus seinem Grundsaz allein nirgends von ihm abgeleitet worden ist, auch nicht werden kann, und also nur, wie alles der Art, aus dem innern Geiste des Systems zu erklären ist. Dieser nun, kann man sagen, ist durchaus mehr juridisch als ethisch, und hat überall das Ansehn und alle Merkmale einer gesellschaftlichen Gesezgebung; welches auch mit dem vorigen genau zusammenhängt.

Denn wenn der ethische Grundsaz immer und allein unter der Gestalt eines Gesezes erscheint, welches bloß in einem Vielen gemeinschaftlichen gegründet ist: so kann es nicht anders als ein gesellschaftliches oder, im strengen Sinne betrachtet, ein Rechtsgesez werden. Deshalb hat auch die Fichtesche Sittenlehre, wie schon aus dem obigen zu ersehen, eigentlich dasselbe Gepräge; nur tritt es bei Kant stärker hervor. Denn bei diesem ist es auf das genaueste herausgearbeitet, und alles wunderbare darin nur in Verbindung mit diesen Zügen zu begreifen. Ganz juridisch sind schon seine frühesten ethischen Aeußerungen, daß zum Beispiel das sittliche müsse angesehen werden können als aus einem obersten Willen entsprungen, der alle Privat-Willkühr in oder unter sich begreift; wodurch gleichfalls das besondere und eigenthümliche vernichtet wird; denn dieses, da es sich unter einander entgegengesezt ist, kann jener oberste Wille nicht mit enthalten. Aus nichts anderem als hieraus ist auch zu erklären der so ganz ohne Zusammenhang aber mit der festesten Zuversicht allgemeiner Billigung hingestellte Gedanke von der Strafwürdigkeit und der entgegengesezten Würdigkeit glüklich zu sein, weil nemlich in dem rechtlichen Verhältniß eines bürgerlichen Vereins eine solche durchgängige Abhängigkeit des Wohlbefindens von dem gesezmäßigen Thun und Leben die höchste, wiewol unauflösliche, Aufgabe ist; so daß man sagen kann, auch sein höchstes Gut sei nur ein politisches. Und was anderes sollte es sein als politisch, die Idee eines Verpflichteten und Verpflichtenden aufzustellen, deren Einführung in die Ethik sich aus seinem höchsten Grundsaz derselben keinesweges erklären läßt? Oder auch die eines innern und heimlichen Krieges Aller gegen Alle, die er sogar bei der Freundschaft, dem reinsten ethischen Verhältniß, zu Grunde legt; so daß selbst seine sittliche Freundschaft, die aber eigentlich nur eine dialektische heißen dürfte, nur als ein verstohlener Genuß eines einzelnen Waffenstillstandes erscheint. Gleichfalls hat seine Formel, den Menschen als Zwekk an sich zu behandeln, wiewol sie auf etwas anders geführt haben könnte, denselben Charakter; denn von dei Menschen, als ob sie auf diesen nicht zu ruhen vermöchte, elen wegen des individuellen, wird sie gleich übergetragen auf eine Menschheit. Auch das Reich der Zwekke ist ein bürgerlides; jedoch nicht einmal in dem besseren Sinne, dem das kunstmäßige und wohlberechnete Ineinandergreifen der verschiednen Einzelheiten die Hauptsache ist; sondern nur die schlechtese Vorstellung eines Staates liegt dabei zum Grunde, wo das Verhältniß des Einzelnen zum Ganzen nur negativ ist, jeder eigentlich etwas anderes will, und vom Gesez allein in Schranken gehalten wird. Kant selbst zwar meint, er habe sich überall bei seinen Gleichungen die eines Naturgesezes zum Vorbilde gewählt; diesen Glauben aber wird er vol keinem andern mittheilen. Denn ein Naturgesez ist niht zu denken, ohne daß es zu Zerfällung des gleichen in entgegengeseztes den Keim enthalte, und mit dem allgemeinen zugleich Raum und Umfang für das besondere seze: weil nur so eine organische Verknüpfung entsteht, für welche es allein ein Naturgesez geben kann. Wer aber wollte hier eine solche finden, wo lauter gleichartiges bei einander steht? Wie wenig auch Kant im Stande gewesen wäre ein Naturgesez sich zum Vorbilde zu nehmen, ersieht Jeder aus dem einzigen kleinen Versuch dieser Art, da er meint, unter der Idee eine Natur angesehen, sei Liebe die anziehende, Achtung aber die abstoßende Grundkraft; sondern sein Vorbild kann kein andres sein als das politische Gesez. Ob nun der Ethik besser geathen ist, wenn sie in eine Rechts- als wenn sie in eine Glükseligkeitslehre verwandelt wird, dieses wird anderswo zu untersuchen sein; hier war nur die Absicht, die Sache, wie sie ist, aufzudekken. Das nemliche, nur etwas anders gestaltet, zigt sich in der anglikanischen Schule, welche, insofern sie den Schein behauptet es auf Thätigkeit anzulegen, ihren ethischen Grundsaz mehr als einen natürlichen Trieb darstellt, und dahr mehr eine freie als eine gesezliche Geselligkeit im Auge ha. In sofern nun eine freie Geselligkeit doch immer strebt gesezlich zu werden, ist sie den vorigen gleich; insofern aber das Bilden einer solchen ethischer zu sein scheint, als das mechanische Fortbewegen in einer schon gebildeten, möchte sie Jenen voranzustellen sein. Wie aber auch diese Schule das individuelle gänzlich verwirft, kann man eben so gut als an irgend einem Engländer an dem Deütschen Garve sehen, welcher, das Schwanken zwischen Lust und Thätigkeit mit eingerechnet, ganz zu derselben gehört. Entscheidend und anstatt aller übrigen ist in dieser Beziehung ein Ausspruch desselben über das allgemeine Musterbild der menschlichen Natur, wo ihm jede Besonderheit schon als eine Abweichung erscheint, welche durch das regellose Handeln in der Zeit vor dem Finden des sittlichen Gesezes entstanden ist, und daher durch das gesezmäßige und gebildete wieder hinweggeschaft werden muß; so daß offenbar als höchste Gesammtwirkung der sittlichen Kraft sich ergeben würde eine völlige innere Gleichheit aller Menschen. Gehn wir nun von diesen Schwankenden zu denen über, welche sich, ohne geheimes Verkehr mit der Lust, die Vollkommenheit zum Ziele sezen: so zeigen sich diese, wie schon sonst so auch hier, getheilt und uneins, so daß sich, wie es nur durch die Vieldeutigkeit des Wortes und die Unbestimmtheit des Begriffes geschehen kann, die verschiedenen möglichen Fälle hier zugleich darstellen. Denn sie können ebenfalls ein allgemeines Musterbild der menschlichen Natur zum Grunde legen; und werden dann in Verwerfung des eigenthümlichen den bisher angeführten nicht nachstehen. Andere aber können auch ausschließend die besondere Bestimmtheit eines jeden als ein schlechthin gegebenes betrachtet zum Grunde legen, ohne irgend eine Hinsicht auf ein allgemeines; so daß ihr sittliches nur in Beziehung auf diese Eigenthümlichkeit als Erhaltung Entwikkelung und Darstellung derselben bestimmt ist. Dieses aber ist in einem wissenschaftlichen Gebäude wenigstens noch von Keinem versucht worden; nur angedeutet hat Fichte etwas ähnliches, natürlich aber er als einen unsittlichen Zustand, dem das Finden des Gesezes müsse

ein

ein Ende machen. Oft aber kommt diese Ansicht vor in unwissenschaftlichen Gestalten als Regel eines wirklichen Lebens oder eines in den Werken der Dichtkunst dargestellten, so daß ihr, bis vielleicht zum Erweis ihrer wissenschaftlichen Unmöglichkeit, die ohnedies leere Stelle nicht kann geweigert werden. Noch Andere aber könnten auch unter der Idee der Vollkommenheit beides vereinigend die Aufgabe fassen, jene Annäherung an das gemeinschaftliche Musterbild mit der Ausbildung und Darstellung des eigenthümlichen nach gewissen Grundsäzen zu vereinigen, und beides gegenseitig durch einander zu bestimmen und zu begrenzen; wobei freilich eine Regel gefunden werden müßte um das mannigfaltige des eigenthümlichen zu ordnen und zu erschöpfen, und um dann einzeln zu beurtheilen, wohin jedes gehöre. Zu dieser Aufgabe führen auch, wiewol nur von ferne, Platon und Spinoza. Denn auf der einen Seite scheint zwar jener das Ideal auch nur als ein einziges darzustellen, auf der andern aber ist theils schon durch seine Methode, welche zur Weltbildung hinaufsteigt um von der herab alles abzuleiten, das besondere als im göttlichen Entwurf liegend gegeben, theils stellt er selbst fest eine natürliche Verschiedenheit in den Mischungen der verschiedenen Kräfte und Größen. Wollte aber vielleicht Jemand sagen, dies geschehe nur auf dem Gebiete der Staatskunst; und was da als gefunden vorkomme könne dennoch gar wol in dem Gebiete der Ethik als umzubildend oder völlig hinwegzunehmend aufgegeben sein: so steht diesem zweierlei entgegen. Zuerst sezt er dieses verschiedene als durch die Erzeugung entstanden, welches, wenn man es auch nur mythisch auslegt, dennoch die Idee des ursprünglichen und unabänderlichen in sich schließt. Dann auch stellt er es hin als ein politisch sorgfältig und auf ewige Zeiten aufzubewahrendes; und ein solches kann bei der Verbindung beider Wissenschaften unmöglich ein ethisch zu vernichtendes sein. Das nemliche nun gilt auch von Spinoza, wenngleich er nicht minder von einem allgemeinen Musterbilde redet. Wenn man aber bedenkt, wie er diesen in der Ethik überall vorkommenden und in ihr vielleicht unvermeidlichen Gedanken unmöglich doch für das einige nothwendige halten konnte; und man versucht daher mit seinem Ausdrukk, daß das Annähern an dieses Urbild das einige wahrhaft nüzliche sei, den Grundgedanken seiner Lehre in Verbindung zu sezen, daß jedes einzelne Wesen, nicht etwa jede Gattung, die Grundkräfte des Unendlichen auf seine besondere Weise darstellt: so erkennt Jeder es leicht für unmöglich, daß nach seinem Sinne dieses eigenthümliche als ein fehlerhaftes und hinwegzunehmendes solle behandelt werden. Daher ist offenbar genug, daß wer eine Ethik nach den Grundzügen des Platon oder des Spinoza völlig, und so genau als es in andern Systemen geschehen ist, aufbauen wollte, jener Aufgabe einer Vereinigung des Allen gemeinsamen und des eigenthümlichen nicht entgehen könnte. Auf wie mancherlei Art aber und wie eine solche in diesen sowol als anderen Systemen zu Stande zu bringen sei, das gehört nicht hieher. Hier vielmehr reicht es hin gezeigt zu haben, wie auch dieser Gegensaz überall stat findet, und wie auch die lezte, wenngleich noch vernachläßigte Seite desselben, fast von allen verschiedenen Grundsäzen aus wenigstens aufgegeben ist. Und soviel sei gesagt von der bedeutenden Verschiedenheiten der bisherigen ethischen Grundsäze. Nun zur Prüfung ihrer Tauglichkeit, was die Errichtung eines Systems betrifft.

Zweiter Abschnitt.

Von der Tauglichkeit der verschiedenen ethischen Grundsäze zur Errichtung eines Systems.

1.

Bedingungen dieser Tauglichkeit.

Wenn aus einem ethischen Grundsaze ein System von
andlungen sich soll entwikkeln lassen: so muß auch die Ge-
mmtheit dieser Handlungen oder Zustände, damit auch die
eich einbegriffen werden, welche nicht auf ein eigentliches
andeln gehen, ein ganzes und gleichartiges ausmachen,
elches daher au[illegible] unter einem Begriff muß dargestellt wer-
n können. Ferner aber ist auch in Betrachtung zu ziehen
sjenige, in welchem und durch welches diese Gesammtheit
vorgebracht wird, nemlich die von dem sittlichen Grundsaz
herrschte Seele, welche eben so die innere und bleibende
e jenes die äußere und wechselnde Darstellung desselben ist,
d als eine und dieselbe Kraft in allen verschiedenen Aeuße-
ngen, nemlich nicht nur physisch sondern auch ethisch eine und
elbige, ebenfalls unter einem Begriff befaßt werden muß.
raus nun entstehen die beiden Ideen des höchsten Gutes

und des Weisen, welche gewöhnlich als Eigenthümlichkeiten dieser oder jener Schule angesehen werden, der Wahrheit nach aber allen Schulen auf gleiche Weise angehören müssen. Denn, wird zuerst betrachtet das Verhältniß des eigentlich sogenannten ethischen Grundsazes, der in dieser engeren Bedeutung, weil er sich auf das einzelne bezieht, das Gesez zu nennen ist, gegen die Idee des höchsten Gutes: so zeigt es sich ganz als dasselbe, wie in der Meßkunst das Verhältniß der Gleichung oder Formel zu dem anschaulichen Bilde de Curve, welche durch jene bestimmt ist. Hier nemlich kann wenn die unveränderliche Größe angenommen ist, durch auf einander folgendes Sezen der einen veränderlichen nach den in der Formel angewiesenen Verfahren die dazu gehörige an dere und mit ihr ein Ort in der Curve jedesmal gefunde werden. Eben so nun wird auch in der Ethik, wenn die ur veränderliche Größe, es sei nun dieses die menschliche Natn oder wie ein Jeder es ausdrükken will, festgestellt ist, so o dieser oder jener Punkt unter den gesammten ethischen Bezi hungen des Menschen gleichsam auf der Linie der Absciss angenommen wird, durch Ausübung des in dem Grunds angezeigten Verfahrens auch jedesmal die That gefunde welche in jener Gesammtheit des ethischen Lebens das zu d sem Punkt gehörige Glied darstellt. Nur aber können in d ethischen sowol als dem mathematischen Verfahren auf di Art bloß einzelne Punkte der Curve, wie einzelne Theile d höchsten Gutes gefunden werden, mehrere oder wenigere, nachdem die bei einem abgerissenen Verfahren unvermeidlic Zwischenräume näher oder weiter gerükkt werden. Wird gegen ein Werkzeug gedacht, welches so genau in Beziehu auf die Formel eingerichtet wäre, daß es durch ein steti Fortrükken auf jener Linie zugleich nicht einzelne Orte s dern die ganze Curve als ein stetiges und ununterbroche Ganzes verzeichnete, ein solches wäre dann zu vergleichen d Weisen, der ebenfalls durch stetige Fortrükkung auf der L des Lebens das höchste Gut im Zusammenhang und o

Abweichung hervorbringt. Und so wie in jenem Werkzeuge die Formel gleichsam ein mechanisches sich selbst darstellendes Leben gewonnen hat, so ist auch der Weise das lebendige Gesez, und die das höchste Gut erzeugende Kraft. Hieraus nun erhellt schon hinlänglich, daß jene Ideen eine ohne die andere nicht bestehen können. Denn wenn auch die Idee des Weisen zu Errichtung des ethischen Systems, welches aus einzelnen getrennten Gliedern zusammengefügt werden muß, nicht unmittelbar gebraucht werden kann, und gleichsam nur das Bekenntniß enthält, wie unzulänglich dieses ist, um ein stetiges Ganzes darzustellen: so muß sie dennoch in jedem ebenfalls angedeutet sein. Sonst wenn einem sittlichen Gesez die ihm entsprechende Idee des Weisen mangelt, muß mit Recht ein übler Argwohn entstehen, daß die nach demselben gebildeten Handlungen sich nicht als ein eigenthümliches inneres aufdringen, und daß nicht eine gleiche Kraft und Richtung des Menschen der beharrliche Grund derselben ist, sondern ihre Gleichartigkeit, und also das eigentliche Wesen des Gesezes, von irgend etwas äußerem abhängt. Fehlt aber gar zu einem Gesez die Idee des höchsten Gutes: dann läßt sich schließen, daß die Aufgabe nicht in ihrer unzertrennlichen Vollständigkeit gedacht worden. So zum Beispiel, wenn das Gesez unmittelbar nicht auf ein eignes Hervorbringen abzwekkt sondern nur auf das Zerstören einer andern Handelsweise, wird die Einheit in dem durch dasselbe bewirkten sich leicht verbergen; und wenn das Gesez für sich unzureichend wäre, was es selbst will und soll, hervorzubringen, so würde das als leztes Ziel gedachte in Absicht auf dasselbe als zufällig erscheinen, und also mit Recht im System nicht aufgestellt werden. Eben so darf auch zu einem höchsten Gut das Gesez nicht fehlen, noch auch der Weise, weil sonst der Inbegriff desselben als ein zufällig und äußerlich nicht aber innerlich und gesezmäßig entstehendes erscheint, und also weder die Ethik bestehen kann, welche nichts anderes ist, als eine systematische und nach der Einheit des Grundsazes unternommene

Analyse des höchsten Gutes, noch auch die Lebensführung, auf welche sich die Wissenschaft beziehen soll. Denn wie dürfte man Jemanden anmuthen sich als das Ganze seines Bestrebens etwas vorzusezen, wozu ihm nicht eine Einheit der Handlungsweise als hinreichende Kraft um es zu erreichen könnte angewiesen werden?

Hieraus darf jedoch nicht folgen, daß alle diese drei Ideen in jedem System mit gleicher Klarheit und Bestimmtheit müßten dargelegt sein, und gleich stark hervortreten. Denn noch ist es mit der Ethik nicht dahin gediehen, daß diejenigen, welche ihrer pflegen, von ihrem ganzen Zusammenhange und allen ihren Theilen eine gleich klare Vorstellung hätten; und andererseits bringt auch die Verschiedenheit in der Abzwekkung der Systeme es mit sich, daß in diesem von der in jenem von einer andern weniger Gebrauch gemacht wird, und weniger erleuchtende Strahlen ausgehen, welches ohne ihnen zum unbedingten Vorwurf zu gereichen nur der Kritik die Pflicht auflegt dem Mangel der bisherigen Darstellung aus ihrer vergleichenden Kenntniß des inneren abzuhelfen, und auch den verborgenen Elementen derjenigen Ideen nachzuspüren, welche dem ersten Anblikk nach zu fehlen scheinen, es sei nun, daß sie wirklich überwachsen, oder daß sie nur unscheinbar sind, und den gehörigen Raum nicht ausfüllen. Denn es kann gar wol geschehen, daß wo in einem System eine von ihnen ganz zu fehlen oder nur erkünstelter Weise und auf eine mißverstandene Art nachgebildet zu sein scheint, so daß sie den übrigen nicht entspricht, dennoch die wahre und dem System angemessene ebenfalls, nur nicht an der rechten Stelle und vollkommen entwikkelt, vorhanden ist. Auch ist nicht möglich im allgemeinen darüber zu entscheiden, welche von ihnen die erste ursprüngliche ist. Nemlich keine ist eigentlich abgeleitet von der andern, und eine Ethik kann eben so gut mit dem Grundsaz anfangen, daß alles Handeln ein Theil des so und so bestimmten höchsten Gutes sein soll, als mit dem, daß in Jedem das so und so ausgedrükkte Sitten=

gesez als der eine Factor enthalten sein soll. Denn eben so gut läßt sich aus jenem, dem höchsten Gute, die Regel des Verfahrens ableiten, wie aus dieser die Idee der Gesammtheit des hervorgebrachten; wie denn auch aus Betrachtung der Curve in dem Körper, dem sie angehört, die Function sich entdekken läßt. So hat unstreitig Platon bei seiner Weltanschauung zuerst das höchste Gut des Menschen gefunden, nemlich die Aehnlichkeit mit Gott, und dann erst nach Anleitung seines Begriffes von der menschlichen Natur die Regel des Verfahrens hiezu; Spinoza hingegen bei der seinigen zuerst das Gesez, nemlich die Angemessenheit des jedem Handeln zugehörigen Gedanken, und hieraus erst das höchste Gut, nemlich die in jedem enthaltene Erkenntniß Gottes. Und so stehen beide Ideen in durchgängiger Wechselbeziehung, und die frühere Erscheinung der einen oder andern hängt lediglich ab von der eigenthümlichen Ansicht dessen, der die Ethik bearbeitet, oder von dem Zusammenhang, in welchem diese Wissenschaft gefunden wird, das heißt, das früher oder später ist jezt noch und für uns durchaus zufällig. Daß aber, diese Einschränkungen festgehalten, die drei aufgezeigten ethischen Ideen, da jede eine eigne keine aber alle Beziehungen des höchsten Grundsazes darstellt, und also jede als eine eigne unentbehrliche Gestalt desselben angesehen werden muß, gleich nothwendig sind, wenn eine von ihnen einem System der Sittenlehre zum Grunde liegen soll, und dies also eine nothwendige Bedingung der systematischen und architektonischen Tauglichkeit eines sittlichen Grundsazes ist, dieses muß aus dem Gesagten einem Jeden offenbar sein.

Nächst dieser Mannigfaltigkeit der Gestalten aber giebt es ein zwiefaches Verfahren, wodurch jeder Grundsaz sein Geschäft verrichtet, und wozu demnach auch jeder geschikkt sein muß, um sich in seiner Eigenschaft zu bewähren. Er muß nemlich so beschaffen sein, daß sich vermittelst desselben, so weit es in einer nur im allgemeinen gehaltenen Darstellung möglich ist, alles sittliche Thun oder Sein als ein solches aufzeigen lasse. Daß er sich dazu eines vermittelnden und leitenden Begriffes bedienen dürfe, ist schon oben gegen Einige eingeräumt worden, wie auch daß über diesen Begriff auf dem Gebiet unserer Untersuchung im voraus kein Urtheil statt finde. Denn obgleich er freilich mit dem Grundsaze selbst in einem und dem nemlichen gemeinschaftlichen höheren gegründet sein muß: so ist doch, ob sich dieses in einem einzelnen Falle also verhalte, eine außerhalb unserer Grenzen gelegene Frage. Auf dem Gebiete der Ethik selbst aber darf dieser Begriff unabhängig sein von dem Grundsaze; weil er, wenn dieser die Gestalt des Gesezes hat, das Gebiet seiner Anwendung, hat er aber die des höchsten Gutes, den Grund seiner Eintheilung enthalten soll. Nur soviel ist von selbst deutlich, daß, da beide in diesem Verhältniß zusammengehören sollen, auch einer den andern gänzlich erschöpfen muß; so daß in dem durch den Hülfsbegriff gezeichneten Umriß nichts übrig bliebe, was nicht durch den Grundsaz ethisch bestimmbar wäre, und auch keine Anwendung des Grundsazes, innerhalb der menschlichen Welt nemlich, gedacht werden könne, die nicht auch durch die Beziehung des Grundsazes auf jenen Begriff sollte zu finden sein. In wie fern nun, wenn dieses nicht geleistet wird, die Schuld nicht etwa auf eine verfehlte Wahl des Hülfsbegriffes zu werfen ist, als ob diese willkührlich wäre, sondern allemal auf den Grundsaz selbst, hierüber haben wir im allgemeinen nicht zu entscheiden, weil dieses zur Beurtheilung und Vollständigkeit des Systems gehört, welche nur der lezte Theil unserer Untersuchung sein kann. Sondern jezt haben wir nur zuzusehen, ob sich überhaupt an dem Grundsaz, er werde nun für sich allein betrachtet, wenn er so bestehen zu können glaubt, oder in Verbindung mit seinem Hülfsbegriff, eine Tauglichkeit zu diesem Behuf wahrnehmen läßt, oder nicht vielmehr eine Quelle von Verwirrungen, wo nicht gar eine gänzliche Unfähigkeit. Dieses Verfahren aber scheint selbst wieder ein zwiefaches zu enthalten. Denn nicht dieselbe ist die Art, wie eine Stelle im System ausgefüllt wird, und wie ein Zeittheil im wirklichen Leben. Erstere nemlich enthält das ganze des sittlichen Verfahrens in Beziehung auf einen bestimmten Gegenstand, welches ganze nur in einer Reihe von Momenten kann dargestellt werden; wird aber gefragt, was in jedem Moment zu thun ist, so zeigt sich ein mannigfaltiges von Aufforderungen, welche aus ganz verschiedenen Gegenden des Systems hergenommen sind, und entweder vereinigt, oder in Beziehung auf die Zeit einander untergeordnet werden müssen. Daher die wirkliche Anwendung des Grundsazes in der Ausübung aus zwei Factoren besteht, von denen der eine anzeigt, welcher Gegenstand eben jezt, der andere aber wie er überhaupt zu behandeln ist. Allein es ist dies scheinbar zwiefache, welches zu dem verkehrten Gedanken von einem Streit des sittlichen unter sich die Veranlassung gegeben, dennoch nur ein einfaches. Denn jeder sittliche Gegenstand hat auch als solcher eine bestimmte Größe, über welche hinaus er aufhört sittlich zu sein, so daß auch das System ihn nicht anders als mit der Bestimmung seiner Größe zugleich aufstellen kann, und es hat nur die Bedeutung, daß zur Tauglichkeit des Grundsazes für dieses Verfahren nothwendig gehöre, daß durch ihn mit jedem sittlichen zugleich auch die Art müsse gefunden werden, wie es durch das übrige begrenzt wird. Diesem aufbauenden Verfahren nun steht gegenüber ein anderes, welches das prüfende genannt werden kann, und dem ersten zur Bewährung dient. Der Grundsaz nemlich muß auch so beschaffen sein, daß von jeder gegebenen Handlung durch Vergleichung mit ihm sogleich bestimmt werden kann, ob sie, wenn der Grundsaz die Gestalt des höchsten Gutes hat, ein Theil desselben sein, oder ist er als Gesez aufgestellt, als durch ihn construirt kann gedacht werden. Eine solche Frage darf niemals weder unbeantwortet bleiben, noch eine doppelte Antwort zulassen, wenn der Grundsaz wirklich ist, was er sein soll. Denn das erste würde beweisen, daß der Grundsaz unzulänglich ist, und nicht sein ganzes Gebiet umfaßt; das andere aber, daß entweder er selbst vieldeutig ist, oder daß der Hülfsbegriff, vermittelst dessen das einzelne sittliche bestimmt ist, nicht in Beziehung auf den ethischen Zwekk und nach seinem Verhältniß zu dem Grundsaz gliedermäßig abgetheilt, sondern gewaltsam von einem fremden Punkte aus, wo nicht gar willkührlich aufs Ohngefähr hin, zerschnitten worden. Beides kann sich bei dem ersten Verfahren leichtlich verbergen, wo nur dasjenige in Betrachtung kommt, was eben gebaut wird, daher dieses zweite die nothwendige Bestätigung des ersten ist, ohne welche über den Grundsaz kein sicheres Urtheil kann gefällt werden. Wobei jedoch bemerkt werden muß, und aus dem obigen erhellt, daß die Handlung nur dann bestimmt gegeben ist, wenn auch ihr Verhältniß zu einem Moment ausgedrükkt worden, weil sonst nicht geurtheilt werden kann, ob der dabei angewendete sittliche Begriff auch in seinem wahren ethischen Umfang ohne eine fremde und scheinbare Vergrößerung aufgefaßt ist. Denn die Verabsäumung hievon hat mancherlei ungerechte Verläumdungen über einzelne ethische Systeme gebracht. Weiter ist noch zu beobachten, daß auch die Handlung als eine ganze muß gegeben werden, wenn sie nicht ohne Verschulden des Grundsazes entweder als ethisch unbestimmbar erscheinen oder, je nachdem das Fehlende ergänzt oder das Vielfache gegen einander in Verhältniß gesezt wird, auch so und anders soll beurtheilt werden können. Hieher nun gehören die Fragen von dem willkührlichen und unwillkührlichen, absichtlichen und zufälligen, und von Verbindung mehrerer Handlungen als vermittelnder zu einer als ihrem Zwekk. Diese haben schon von Anfang der Ethik an die Untersuchung beschäftigt, und, mit dialektischer Willkühr außer ihrem Zusammenhange behandelt, nicht wenig Schwierigkeiten verursacht; sie gehören aber alle zu der Frage von der ethischen Einheit, und so scheinen sie nicht schwer zu beantworten. In der sittlichen Bedeutung nämlich ist Handeln gleich dem Wollen; wo ein wirkliches Wollen ist, da ist auch gehandelt, keine That aber ist eine Handlung als nur durch das Wollen. Welche Handlung nun ihrer Natur nach mit keinem

Wollen verbunden sein kann, die ist auch nicht sittlich, und in so fern ist freilich das willkührliche die Grenze des sittlichen, aber nur das an sich unwillkührliche ist ausgeschlossen. Scheint aber, was an sich willkührlich ist, nur jezt und hier mit keinem Wollen verbunden: so ist ja auch das Nichtdasein eines aufgegebenen Wollens ethisch zu beurtheilen. Denn wenn das Nichtwollen schlechthin zufällig und unwillkührlich wäre: so wäre das Wollen, weil es ja in jedem einzelnen Falle eben auch hätte unterbleiben können, eben so zufällig und unwillkührlich, und es hörte alle ethische Beurtheilung des geschehenen auf. Aber es kann auch eine scheinbar unwillkührliche Handlung als Theil zusammenhängen mit einer andern, und das Wollen in dieser auch auf jene müssen bezogen werden. Dieses findet Statt bei allen sowol absichtlichen Gewöhnungen als unabsichtlich entstehenden Gewohnheiten; und so wie man Unrecht hat die lezteren zu entschuldigen, weil nichts in ihrer Ausübung gewollt wird, so hat man Unrecht die ersteren eben deshalb ihres gebührenden Lobes zu berauben. Denn wer sich absichtlich gewöhnt, der will in diesem Entschluß auch die folgenden Handlungen mit, zu denen es hernach keines besonderen Willens mehr bedarf; und diese hangen mit jenem ersten Wollen sämmtlich eben so zusammen, wie jede gleichzeitige Ausführung mit dem sie verursachenden Willen. Wer aber sich etwas zur Gewohnheit werden läßt, indem er vielleicht nur ein anderes will, dem ist dennoch dieses als mitgewollt anzurechnen, weil es auf eine ihm bekannte Weise ein natürlicher Theil nemlich eine Folge seines Handelns werden mußte, und er also wenigstens jenes, auf die Gefahr daß dieses mit entstehen könnte, gewollt hat. Eben wie man von dem, welcher durch unbedachten Gebrauch seiner Kräfte Schaden anrichtet, nicht sagt, er habe diesen Schaden gewollt, wol aber habe er seinen Zwekk, was er auch gewesen, außerhalb seiner sittlichen Größe gewollt, weil er mit ihm zugleich eine verstandlose Anwendung eines physischen Vermögens, welche offenbar unsittlich ist, gewollt, oder um es genauer zu sagen, eine besonnene und den ethischen Zwekken angemessene nicht gewollt hat. Denn der unmittelbare Gehalt eines Wollens ist immer nur der Zwekkbegriff, der eines Nichtwollens aber das unterlassene ethische Bestimmen desjenigen, was ethisch bestimmbar gewesen wäre. Wie also, wenn das äußere Handeln von seinem Wollen abgetrennt oder dieses nicht bis zu dem Zwekkbegriff hinaufgeführt, und nicht mit dem Nichtwollen, welches in demselben gesezt ist, zusammengestellt wird, auch die Handlung zerrisen ist, und nur ein Bruchstükk derselben zur Beurtheilung kommt, dieses muß einleuchten aus dem gesagten. Die Gefahr aber, anstatt einer mehrere Handlungen in einander verwirrt zur Prüfung aufzustellen, entsteht nicht nur eben aus jener Zerreißung, indem natürlich die einzelnen Theile zu andern Handlungen hinangezogen werden, sondern noch weit mehr aus einem Gedanken von einer höheren Einheit der Handlung, welche nemlich auf der Verbindung von Mitteln und Zwekken beruht, und alle, wie viele es auch wären, so verbundene Handlungen zu einer machen soll. Daß dieses, sobald eine an sich ethisch bedeutende und also auch für sich nach Maaßgabe des Grundsazes zu bestimmende Handlung nur als Mittel einer andern gesezt wird, die Beurtheilung nothwendig verwirren muß, ist nicht schwer einzusehen. Denn jene hat ihrer Natur nach einen Anspruch für sich und um ihrer selbst willen verrichtet, und also auch so beurtheilt zu werden, welches beides aber nun von der andern verschlungen wird. Wie nun dieses keine Einheit hervorbringen kann, wenn die Mittelhandlung als solche anders und vielleicht auf entgegengesezte Art ist verrichtet worden, als, für sich selbst sie betrachtet, geschehen sein würde, leuchtet von selbst ein: denn jeder sieht, wie hier das besondere Urtheil über die Mittelhandlung nicht zu vermeiden ist, wiewol die Formel, daß das böse nicht um des guten willen geschehen solle, nur das gröbste davon ausdrükkt. Aber es ist ganz das nemliche, wenn sie auch gerade so verrichtet worden ist, wie an und für sich wäre gefordert worden: denn diese Willensbestimmung, sie so zu verrichten, ist doch nicht erfolgt, und es muß sich neben dem Urtheil über die Zwekkhandlung ein besonderes bilden über dieses Nichtwollen. Beispiele dieser Verwirrung liegen nicht fern. So ist es eine schrekkliche, wenn, als eine Handlung gedacht, daß einer seine Talente ausbildet um Lebensunterhalt zu erwerben, oder daß einer einem andern wohl thut um eines dritten Gunst zu erlangen, diese günstig beurtheilt wird, weil doch jenes ein erlaubtes Mittel gewesen. Und nicht etwa darin liegt das bedenkliche, daß hier ein Mensch als Mittel gebraucht ist, welches eine wunderliche und fast lächerliche Formel zu sein scheint, dort aber das größere geschehen ist um des kleineren willen, sondern unabhängig von dieser Messung in der Sache selbst. Denn beides als Mittel gedachte hätte sollen für sich gewählt oder verworfen werden, und das in dieser Wahl liegende sittliche Handeln ist durch jenes vernichtet. So daß eine Zwekkhandlung dieser Art erscheint wie Kain, der seinen Bruder Habel getödtet, und läugnet sein Hüter zu sein; aber jenes Blut schreiet doch aus der Erde, und verkündet, daß Zwei sein sollten, wo nur Einer ist. Nur also das ethische an sich unbedeutende und unbestimmbare darf sein ein Mittel für ein anderes, und nur unter dieser Bedingung kann der Grundsaz dafür haften, daß er ein einfaches Urtheil stellen wird. Dieses nun sind die Bedingungen der Tauglichkeit, welche sich für einen ethischen Grundsaz aus seinen wesentlichen Verrichtungen ergeben; und nun zur Prüfung derselben nach diesem Maaßstabe.

2.

Prüfung der Grundsäze nach den aufgestellten Bedingungen.

Was nun zunächst das Zusammenbestehen der drei Gestalten des ethischen Grundsazes betrift: so ist zuvörderst zu bemerken, daß das höchste Gut nicht bestimmt ausgebildet und abgeschlossen sein kann, wo es nur als ein Aggregat nicht aber als eine Reihe oder noch besser als eine die Reihe darstellende Gleichung gegeben ist. Denn in einer Reihe ist jedes Glied nicht nur durch seine Natur dem Ganzen gleichartig und angemessen, sondern auch durch seinen Coefficienten für seine Stelle ausschließend bestimmt. Ein Aggregat aber, welches aus dem Zusammenfügen einzelner unbestimmt verschiedener Größen entsteht, ist vielleicht überhaupt eher zu schließen, wenn sein Umfang gegeben ist als eine Reihe; hingegen kann über jedes Stükk desselben Zweifel entstehen, ob es recht zusammengefügt worden, weil für jedes Glied ein anderes und größeres hätte gesezt werden können, um die Summe entweder zu erhöhen oder zu beschleunigen. In den Systemen der Sittenlehre nun, welche auf Thätigkeit ausgehen, ist ein solches die Zusammensezung bestimmendes Princip möglich in der Art, wie es Fichte vielleicht zuerst ausdrükklich gefordert hat. Wie denn schon aus dem oben gesagten hervorgeht, daß, wenn eine Handlung, welche im allgemeinen gedacht sittlich ist, gar wol an einer Stelle unsittlich sein kann, auch eben so alle Handlungen an einer Stelle, bis auf eine einzige, unsittlich sein mögen; in welchem Falle denn kein Theil des höchsten Gutes durch eine andere wenn auch noch so große Thätigkeit ersezt werden könnte. Daher es auch unter diesen ethischen Darstellungen nur eine giebt, welche an diesem Mangel offenbar leidet, weil es ihr an einem Bestimmungsgrunde jener Art fehlt, nemlich die des Aristoteles, der nur die vollkommene Thätigkeit überhaupt im Auge hat, und dem also das höchste Gut nur als ein Aggregat erscheinen kann. Daher ihm auch die Bedenklichkeit entsteht, ob alle solche Handlungen oder nur die besten und vortrefflichsten demselben als Theile angehören. In den Systemen der Lust aber ist diese Unbestimmtheit natürlich und wesentlich. Zwar könnte man nach Aehnlichkeit jener Formel auch annehmen, es wären alle in einem Moment möglichen Befriedigungen, bis auf eine, es sei nun in Vergleich mit dieser oder durch ihre Folgen, eigentlich Unlust, wodurch denn das höchste Gut eines Jeden völlig bestimmt sein würde. Allein ei Jeder muß sehen, daß der Unterschied zwischen Handeln und Genießen ein solcher ist, daß sich diese Formel bei dem lzteren nicht anwenden läßt; schon deswegen, weil die Lust in veränderliches ist dem Grade nach, und jede solche Stigerung der einen das Verhältniß gegen alle übrigen ändet; dann aber auch, weil die Lust nicht wie die Handlung ihr natürliches Ende hat, wenige ausgenommen, und also selbst dieses willkührlich ist, wann ein Moment als beendigt ngesehen und eine neue Selbstbestimmung gefordert werden sll. Auf vielfache Art also wäre der Exponent einer Reihe ein unendliche und selbst nicht auszumittelnde Größe, und es beibt nichts übrig als das höchste Gut nur als ein Aggregat zu Stande zu bringen. Bei diesem tritt nun die obenbemekte Schwierigkeit ein in Absicht der Zusammensezung eines jeden Theiles; denn der Gesammtgenuß des Menschen, aus der Summe der einzelnen und ihrer Intension zusammengesezt kann nicht als ein bestimmtes endliches angesehen werden, viewol auch so die Frage entstände, ob es in gleiche oder ungleiche Theile zu zerfällen sei, sondern sowol wegen Unbestimnbarkeit des Lebens, als auch der äußeren und inneren hervorbringenden Ursachen selbst, als ein unbestimmtes. Sonach kann bei jeder einzelnen Lust gefragt werden, warum nicht eine andere und größere ihre Stelle eingenommen. Das ganze abr ist um so weniger zu fassen möglich, weil sowol die verschiedenen Verfahrungsarten bei Hervorbringung der Lust als auch ihre verschiedenen Dimensionen gegeneinander streiten. Die Verfahrungsarten nemlich, indem immer der Hang zu der einen Art von Lust dem zu einer andern entgegensteht, und also das Sezen eines Theiles des höchsten Gutes alemal einen andern, nicht nur der Zeit nach sondern auch für die Zukunft, ausschließt; die Dimensionen aber, indem die Ausdehnung einer Lust in die Länge der Stärke der Empfindung Eintrag thut, und beide wiederum die Lebhaftigkeit des Wechsels verhindern. Denn wenn einige Spät=

linge aus der Kyrenaischen Schule das leztere Moment für das entscheidende erklären wollen, indem sie behaupten, nichts sei von Natur oder an sich und für sich angenehn oder widrig, sondern es sei nur das neue und fremde auf der einen und die Uebersättigung auf der andern Seite, wodurch Lust und Unlust bestimmt werde: so dient dieses nur zum deutlicheren Erweise, wie wenig diese oder eine andere einseitige Behauptung bestehe, und der Streit also nicht aufgehoben werden könne. Was aber das Paradoxon des Aristippos selbst betrifft, daß alle Lust gleich ist und ohne Unterschied: so kann es unmöglich dem gegenüberstehenden aber bedeutenderen stoischen so ähnlich sein, daß seine Absicht wäre jeden Unterschied des Grades in der Empfindung aufzuheben. Denn auf der einen Seite würde dadurch eine Unentschiedenheit in der Wahl entstehen, welche den Grundsaz ganz untauglich machte, und auf der andern würde sich Aristippos dadurch zu der Negativität des Epikuros hinneigen, die ihm so offenbar zuwider ist; da ja bei einer gänzlichen Gleichheit aller Lust das einzige, was auf eine bestimmte Weise verrichtet werden muß, nur die Entfernung des Schmerzes sein kann, was aber hernach weiter zu thun ist, dem Ohngefähr überlassen werden darf. Vielmehr kann jener Saz nur den entgegengesezten Sinn haben, den nemlich, daß der Unterschied des Grades der einzige ist, und von diesem abgesehen an sich keine Lust einen größeren Werth hat als die andere. Denn am übelsten sind allerdings bei Feststellung des höchsten Gutes diejenigen berathen, welche wie die von der anglikanischen Schule einen solchen Unterschied des Werthes annehmen, und daher ein Verhältniß suchen müssen in den verschiedenen Befriedigungen und ein diesem Unterschied angemessenes Gleichgewicht, welches noch schwieriger zu finden sein möchte, und noch nichtiger seinem Wesen nach als das politische. So bedarf es zum Beispiel nur der Frage, warum nicht, wenn einmal die wohlwollenden Vergnügungen besser sind, als die selbstliebigen, jede Stelle, die diesen eingeräumt wird, mit

jenen

jenen besezt werde, zu denen es ja an Veranlassung niemals fehlen kann so daß die Selbsterhaltung ohne Lust getrieben würde, nicht als Theil sondern nur als Bedingung des höchsten Gutes, wie auch Hutcheson anfänglich ganz richtig gefunden hate. Nur springt das lächerlich in die Augen, daß doch dis Wohlwollen am Ende auf die Erhaltung und die selbstliebige Lust der Andern geht, und also das höchste Gut nur besteht in der Lust an dem, was geringer ist als das höchste Gut, und dieses untergeordnete jeder dem andern mit höflichen Eigennuz darbietet im Kreise herum; aus welchem Kreise keine andere Erlösung zu sein scheint, als durch eine kekke aber natürliche Erweiterung des Grundsazes, welche höchst friedlch die anglikanische Sittenlehre zu der gallikanischen hinüberleitet. Ist nemlich doch das Wohlwollen das höchste: warum soll es seine Befriedigung hernehmen aus der Lust an der unmittelbaren eigenliebigen Glükkseligkeit anderer, und nicht velmehr eine höhere Lust finden an ihrer höheren, nämlich auch wohlwollenden Lust? Diese nun kann ich nicht anders und sicherer befördern als durch Bewirkung meiner eignen ihnen zur Anschauung dargebotenen Glükkseligkeit, welche also als Pflicht geboten wird, nicht gegen sich sondern gegen andere, so daß die Sittlichkeit eines Menschen zulezt besteht aus seiner höheren Freude an Anderer Freude über seine niedere Freude. Auf diese Art würde am sichersten, wenn es überall möglich ist, der Forderung Genüge geleistet werden, daß das höchste Gut bestehe in der größten Summe der ächtesten und nach Art ales dort Landes gearbeiteten auch dauerhaftesten Naturbefriedigungen, verbunden mit so viel kleineren und geringeren als nur mit jenen bestehen könnten. Und es leuchtet ein, welche herrliche Vereinigung aller Neigungen selbst über jene Formel hinaus entstehen würde, wenn nur nicht das nemliche Gesez der Erweiterung uns wieder höher hinauftriebe; so daß ein höchstes Gut von diesem Grundsaze aus wol niemals kann zu Stande gebracht werden. Aber auch wer mit Aristippos alle Lust der Art nach an Werthe gleich sezt, kommt nicht hinweg über jene Schwierigkeit. Vermehrt wird dieselbe noch, wenn man, wie es doch sein soll, auch auf das zugleich mit bewirkte sieht. Denn hier ergiebt sich zuerst im allgemeinen, daß durch den Genuß überhaupt verändert wird die Capacität des Menschen für den Genuß; so daß jeder Genuß Ursach wird eines Nichtgenusses, und jeder Nichtgenuß Beförderung eines erhöhten Genusses, und also das höchste Gut, in seine Factoren aufgelöst, jeden einzelnen nur in der bekannten, aber nie zu realisirenden Formel des Entbehrens und Genießens darstellen kann. Ferner aber auch im besonderen zeigt sich, wie es bei entgegengeseztem zu sein pflegt, die Unlust oft als Ursach der Lust und die Lust wiederum als Ursach de. Unlust; also das zu verwerfende als Bedingung des zu wählenden, und dieses als nach sich ziehend jenes, welches nothwendig in der Lehre vom höchsten Gute große Verwirrungen verursachen muß. Zwar dem Aristippos weniger als allen späteren Lehrern der Glükkseligkeit; denn, wo die Unlust ein Mittel sein soll die Lust herbeizuführen, stellte sich ihm als das folgerechteste dar entweder die Aufgabe diese Verbindung, als welche nur zufällig sein kann, zu zerstören, oder die der nur so zu erwerbenden Lust eine andere unterzuschieben. Da aber, wo die Lust soll Unlust zur Folge haben, hilft er sich mit der schon der Lust gleichzeitig vorhandenen Furcht, um jene als unrein und nicht das Merkmal des wahren Guten an sich tragend zu verwerfen, weshalb eben er dem Weisen die Furcht übrig läßt, gleichsam als eine Geschikklichkeit die ächte Lust zu unterscheiden von der falschen. Gleichwohl aber bescheidet sich Aristippos mit Recht das höchste Gut als ein vollendetes und nicht zu übertreffendes Aggregat von Lust lieber gänzlich zu läugnen und die Realität ihm abzusprechen; auch sei, meint er, jenes Aggregat nicht das unmittelbar gewollte; sondern Jeder begehre allein die einzelne Lust, und hieraus nur entstehe jenes, wie es eben jedesmal könne. Wenn nun die Idee eines zusammenhängenden Lebens, wie es scheint bei diesem System ganz aufgehoben wird, und es nur dadurch gerettet werden kann, daß der nächste Moment allein in Betracht gezogen werde: so sieht man, wie, ohne aus dem System herauszugehen und ohne entscheidenden Einfluß einer eigenthümlichen Sinnesart, Hegesias behaupten durfte, daß der Tod zu wählen sei, wenn der Augenblikk keine Lust mehr gewähren könne. Und hier zuerst sehen wir dieses System seinen Kreislauf vollenden. Denn wenn ein ethischer Grundsaz das Leben aufgiebt, dieses ist ein sicheres Zeichen, daß er seine Ohnmacht anerkennt, es zu dem vorgesezten Ziele hinzuleiten. Das nämliche findet sich, wenn wir im Eudämonismus die Idee des Weisen aufsuchen; welche freilich gar nicht mehr angeknüpft werden kann, wenn wir nicht auch für jene des höchsten Gutes noch eine Art von Rettung finden. Die des Weisen aber erhält hier eine ganz eigne Bedeutung, wie folgt. Oben schon hatten wir den Eudämonismus gefunden, wie er mehr das besondere im Auge hat als das allgemeine; und nur eben hat sich bestätiget, daß er ein für Alle gültiges höchstes Gut nicht zu Stande bringen kann. Wohl aber kann der Streit zwischen den verschiedenen Arten der Zusammensezung und den verschiedenen Elementen, welcher dabei entsteht, geschlichtet werden durch Theilung. So nemlich, daß der eine sich für diese der andere sich für jene Unterordnung der Neigungen entscheide, und eben so der eine die Wiederholung, der andere den Wechsel, der dritte die Intension zur herrschenden Regel des Verfahrens mache, wobei denn auch, beiläufig zu bemerken, das angliikanische System, als ein solches besonderes für eine besondere Richtung des Gemüthes erscheint, in gleichem Range mit den verschiedenen Zweigen des gallikanischen, welche sich mehr im Leben ausgedrükkt haben als in Lehrschriften. Eben so demnach, wenn der Weise dargestellt werden soll, welcher das höchste Gut wirklich macht, kann dieses nicht geschehen nur unter einer Gestalt; sondern für jede bestimmte und eingeschränkte Gestalt des höchsten Gutes bedarf es auch einer eignen Richtung und Verfassung des Gemüthes. Wollte nun jemand meinen, es müsse doch eine von diesen besser sein als die andere und so auch von jenen, der bedenke, warum dieses im Eudämonismus nicht kann zugegeben werden. Denn zuerst müßte doch die beste auch die allgemeine werden, welches aber mit der Natur einer jeden streitet, da jede nur eine besondere ist, und wodurch auch das lezte verloren gehen würde, nemlich, daß, wenn auch von Jedem nur stükkweise, doch von allen insgesammt ganz und vollständig das höchste Gut erreicht werde. Ferner müßte auch dann der Mensch sich bilden zu dieser Gestalt, wie sehr er ihr sich auch entgegengesezt fände, zu der Zeit, wo er anfängt ein nach Grundsäzen geordnetes Leben zu führen. Dieses aber wäre Anstrengung, die Anstrengung ist Unlust, und so müßte also ein ethisch verneintes, nämlich eine Unlust angesehen werden als Mittel zu dem ethisch bejahten, welches, wie oben gezeigt worden, für sich hinreicht die Untauglichkeit eines Grundsazes zu beurkunden. Sonach besteht die Weisheit darin, daß ein Jeder gleichförmig dasjenige bleibe, was er ist, um ohne Abweichung desjenigen Theiles am höchsten Gute theilhaftig zu werden, welcher rein und unvermischt das größte ist, was seine Natur aufnehmen kann. Und dann ist die größte Vollendung des Menschen die höchste innere Unthätigkeit, die festest Verknöcherung in der Gewöhnung. Daß dieses wirklich dem System genau entspricht, erhellt auch daraus, daß ja überal das Handeln in demselben nur das reine Mittel das ethisch unbestimmbare ist, und es also mit Recht für keinen besonderen Gegenstand gehalten werden und für sich keine Zeit ausfüllen darf. Wie in andern Systemen diese Bewußtlosigkeit das Ziel ist für jedes mechanische Handeln, so in diesem für jedes überhaupt. Dieses nun ist nicht gesagt, als ob vorausgesezt würde, Jedermann solle es für unsittlich halten, nicht zu handeln sondern sich zu mechanisiren, welche Anmaßung wir einmal für immer entfernt haben; vielmehr nur deshalb ist es gesagt, weil durch solche Ansicht der Sache fast der Begriff der Ethik völlig aufgehoben wird, nichts zu sagen von ihren wissenschaftlichen Ansprüchen, welche zur bloßen Naturbeschreibung herabsinken und zwar zu einer ins unbestimmte zerfahrenden durch kein festen Punkte zusammengehaltenen. Aus dem Gesichtspunkt jener Thälung zeigt sich auch die negative Ansicht des Epikuros als ein solches Einzelne, welches für eine eigne Beschaffenheit des Gemüthes einen eignen Theil des höchsten Gutes abschneidet. In diesem eigenthümlichen Gebiet ist sein Grundsaz der der Folgsamkeit gegen die natürlichen Begierden, und sein höchstes Gut der ununterbrochene Kreislauf von deren Erregung und Befriedigung. Denn seine ruhige Schmerzlosigkeit sol nicht sein ein gänzlicher Mangel an Empfindung, sondern ein beruhigendes Gefühl in Beziehung auf einen vorgebildeten Schmerz. Woraus zugleich erhellt, daß, wie bereits gesagt, seine Sittlichkeit lediglich beschränkender Art ist, indem sie nicht aus sich selbst handeln kann, sondern nur der Thätigkeit des natürlichen Triebes folgen muß. Was nun der eigentliche Grund ist von der Eigenthümlichkeit seiner Ethik, grade darin findet sie auch ihre Vernichtung, nämlich in der Uebermacht der Furcht. Denn diese allein kann den, welcher die Lust sucht, dazu bewegen, daß er den bloß beruhigenden Genuß dem aufregenden und belebenden vorziehe. Gegen die Furcht nun hat er als ein Bezauberungsmittel ersonnen jene Seelenruhe, welche sich gründet auf die bekannten Behauptungen von der Kürze des heftigen und der Erträglichkeit des langen Schmerzes. Dieses aber ist ein Trost, welcher offenbar auf die Unzulänglichkeit des sittlichen Verfahrens gegründet ist; denn wovor hätte der sich wohl zu fürchten, welcher durch Achtsamkeit auf die natürlichen Begierden den Schmerz zu vertreiben weiß? und dagegen, was würde der thun um den Schmerz zu vertreiben, der seine Herrschaft so geringfügig vorstellt? Daher ist es auch nicht das sittliche, was ihn antreibt ihm thätig entgegen zu arbeiten, sondern nur der thierische Trieb; das sittliche aber würde auch hier zur völligen Unthätigkeit hinführen, so daß nun zum drittenmal die Glükkseligkeitslehre sich endiget in ein leidentliches Erwarten und Gewährenlassen, und also in ihrer eigenen Vernichtung als Ethik betrachtet.

Soll nun nach dem bisherigen noch die Anwendbarkeit der Grundsäze der Glükkseligkeitslehre, es sei nun in dieser oder jener Gestalt, besonders geprüft werden: so ist darüber nur weniges zu sagen nöthig. Denn was zuerst den Vorwurf betrift, welchen Kant als entscheidend gegen sie vorbringt, daß nemlich durch sie gar nichts specifisch bestimmt werden könne, indem zwar die Lust im allgemeinen gefordert sei, was aber für Jeden im Ganzen oder in einzelnen Fällen Lust sein werde, durch den Grundsaz gar nicht sondern nur empirisch jedesmal beurtheilt werden könne: so ist schon aus dem obigen deutlich, wie dieser Vorwurf müsse beschränkt und näher bestimmt werden. So nemlich, daß freilich der Grundsaz des Aristippos zum Beispiel, Suche eine gelinde Bewegung, welche sich als Gefühl zu Tage legt, nicht für sich allein bestimmen kann, was in einem gegebenen Falle zu wählen oder zu fliehen sei. Dieses aber werden auch viele andere mitnichten eudämonistische Grundsäze mit ihm gemein haben, und von einer Seite wenigstens betrachtet der Kantische ebenfalls, wovon weiter unten das nähere. Allein keinesweges ist unbedingt und von vorne herein zu läugnen, wenigstens ist dieses nicht, was Kant gesehen hat, daß auch mit dem leitenden Begriff, nämlich einem von den vielen Factoren, in welche die Gesammtheit menschlicher Neigungen und Genußweisen zerfällt worden, in Verbindung gesezt, jener Grundsaz oder andere ähnliche etwas genaues und festes zu bestimmen im Stande sei. Hierauf nun, als auf die einzige Art, wie diese Systeme das ihrige leisten können, wollen wir achten, sowohl in Beziehung auf das Auffinden eines gesuchten, als auf das Beurtheilen eines gegebenen. Was nun zuerst das lezte betrift, so ist offenbar, daß in dem System des Epikuros das Unterlassen desjenigen, was bei ihm das sittliche und gute ist, nicht kann gestraft werden, und also auch in fortgesezter Wiederholung dieses Urtheils die gänzliche Leerheit des Lebens, in ethischem Sinne nämlich, nur als ein gleichgültiges erscheint, weder zu lobendes noch zu tadelndes.

Denn wenn in einem Augenblikk keine beruhigende Lust hervorgebracht worden: so kann dieses zwar die Folge sein von einer Kraflosigkeit des sittlichen Verfahrens; eben so leicht aber auch daher entstanden, weil das natürliche überall keine Begierde aufgeregt, noch auch Anzeige gethan von einem bevorstehenden und abzuwendenden Schmerz. Das leztere nun liegt ganz außerhalb der sittlichen Beurtheilung, deren Gebiet erst mit und nach der erfolgten Aufregung anfängt; wonach denn in diesem Falle ein ethisches Urtheil nicht gefällt werden kann, und die Leerheit eines Augenblikks nur als ein Unfall erscheint. Weiter aber ist schon oben gezeigt, wie jedes Thun nur in Vergleich mit dem durch dasselbe bestimmten Unterlassen, jedes Wollen nur in Verbindung mit dem ausdrükklich mitgesezten Nichtwollen kann beurtheilt werden, weil nämlich nur nach Maaßgabe der begleitenden Anregungen und wirklich gegebenen Möglichkeiten des Handelns die sittliche Größe von dem Inhalt des Entschlusses sich abmessen läßt; so daß in diesem System die Angemessenheit des beurtheilenden Verfahrens überhaupt sich selbst zerstört. Dieser Fehler zeigt sich auch schon in der Bestimmung des höchsten Gutes, welches als ein stetiges Ganze nicht anders beschrieben werden kann, als daß es sei ein ununterbrochener Wechsel von Erregung und Befriedigung natürlicher Begierden, wo denn ein nicht ethischer Bestandtheil unvermeidlich eingewebt ist, nämlich die Erregung. So auch kann der Weise nur bezeichnet werden als unerschüttert am Gemüth und gesund am Leibe, welches leztere nicht etwa auf die Abwesenheit der körperlichen Schmerzen deutet, als die ja dem höchsten Gute unbeschadet Epikuros durch die Freuden der Seele zu vernichten verheißet, sondern auf die Lebendigkeit der körperlichen Reize und Aufforderungen. Diese Unfähigkeit nun ist denen um den Epikuros eigenthümlich, und ist nicht in der Lust gegründet sondern in der Abhängigkeit des sittlichen Verfahrens vom natürlichen; gemein aber ist ihnen mit allen eudämonistischen Sittenlehren die unvermeidliche Vielfachheit im Urtheil über einzelne Fälle.

Bei jenen nemlich entsteht diese aus der Uebung, welche erfordert wird, um zu jener Furchtlosigkeit zu gellangen, ohne welche den natürlichen Begierden nicht ungestört kann gehorcht werden. Denn thätige Uebung gehört dazu nothwendig, indem die Vorschriften nicht anders Bewährung finden können als in der Erfahrung. Diese Uebung aber kann in nichts anderem bestehen, als in Versuchen mit demselben Schmerz, welcher dem Grundsaz zufolge soll abgewehrt werden, und in Hinsicht auf welchen jedes Handeln für sich sittlich bestimmbar sein muß. Ja selbst abgesehen von der Uebung, wenn alles hiebei durch Belehrung zu erreichen wäre: so entstände doch in Beziehung auf die Zeit, welche dieser gewidmet werden muß, die Frage, ob nicht in derselbigen auch etwas den höchsten Zwekk unmittelbar erfüllendes hätte können geleistet werden; so daß auf jede Weise der Streit unvermeidlich ist zwischen dem was als Mittel geschehen soll, und dem was der Zwekk erfordert. Noch mehrere Beispiele hievon aus der Gedankenreihe dieser Schule herbeizuführen wäre überflüssig. Daß aber dasselbige in allen denen eudämonistischen Schulen statt finden muß, welche irgend ein nüzliches von dem unmittelbar angenehmen unterschiedenes zulassen, dieses ist einleuchtend. Denn zwischen beiden ist der Krieg immer lebhaft, und seiner Natur nach ein ewiger; und wie sie höchst gewaltsam und erkünstelt sind, so sind dennoch sehr unzureichend jene Ueberredungen, durch welche Aristippos beide zu versöhnen versuchen will. Betrachten wir demnächst das aufbauende und ableitende Verfahren: so offenbart sich hierin ohne Unterschied bei allen Systemen der Lust die Unzulänglichkeit des Grundsazes. Denn eines Theils werden in jedem Moment sowohl Aufforderungen zu einem mittelbaren zusammentreffen mit unmittelbarem, als auch wird jedem Gegenstande auf diese Art eine zwiefache Behandlungsweise zukommen; anderntheils aber ist das zufällig mitbewirkte, auch so wie es sich selbst andeutet und in Betrachtung gezogen werden muß, niemals zu berechnen, und eben so können auch noch nach dem Entschluß und während der Erfüllung, auf welcher doch bei diesen alles beruht und nicht auf dem Entschluß allein, die sittlichen Verhältnisse sich gänzlich umgestalten, so daß in vollem Maaße sich die Andeutung des Platon bewährt, daß die Sittenlehre auf diesem Fuß keine Wissenschaft sein könne noch eine andere feste Erkenntniß, sondern nur Wahrsagung und Eingebung. Auch gesteht Aristippos dieses unverholen, indem er zugiebt, daß nicht jeder Weise, obschon der Grundsaz in ihm sich immer thätig beweiset, sich jederzeit wohlbefinden, noch auch dem Thoren, wiewohl er nie die Lust auf eine vernünftige Weise hervorbringt, es immer übel ergehen werde. Ueberlegt nun Jemand weiter, wie alles dieses zusammenhängt mit dem Einfluß der äußerlichen Dinge und der demselben unterworfenen Ordnung des Bewußtseins: so dringt sich die Ueberzeugung auf, daß die höchste Wohlberathenheit des Menschen darin bestehen würde, wenn der angenehme Fluß seiner Empfindungen unabhängig wäre von der äußerlichen Welt, welches, da die sinnlichen Genüsse ein unentbehrlicher Bestandtheil der Glükkseligkeit sind, nicht anders zu erreichen ist als dadurch, daß sie alle verwandelt werden in Erinnerungen und Einbildungen, welche zusammenwachsen müssen in einen festen Wahn, der durch nichts äußerliches zu stören ist. Auch so betrachtet, endet demnach diese Weisheit in das aller Vernunft und Wissenschaft grade entgegengesezte, indem ihr zwar nicht willkührlich erreichbares aber doch gewünschtes und beneidetes Ziel kein anderes ist als ein froher und glükklicher Wahnsinn; welcher Saz in der wissenschaftlichen Belehrung zwar nirgends vorgetragen, wohl aber häufig genug von folgerechten Anhängern der Glükkseligkeit ist anerkannt worden. Alles dieses nun trift, wenn es auch dem ersten Anblikk nicht so erscheint, ebenfalls die anglikanische Schule, in so fern sie nemlich ihrem Grundsaze getreu bleibt, und auch für das wohlwollende Handeln, welches sie gebietet, die Lust als den Bestimmungsgrund angiebt. Denn diese hat, so wie ihre eignen Störungen und mit der Befriedigung zugleich bewirkten Widerwärtigkeiten, welche der Gegenstand empfindsamer Klagen sind, so auch ihren eignen schüzenden und heilenden Wahn, indem einen besseren Namen wohl schwerlich dasjenige verdienen möchte, was diese gemeinhin Enthusiasmus nennen. Auch ist ihr höchstes Gut nicht minder ein veränderliches Aggregat, bei dessen einzelnen Theilen, wenn sie das mannigfaltige erschöpfen, und also untereinander ungleich sein sollen, auch die unbequeme Frage nach dem intensiv stärkeren nicht zu vermeiden ist. Denn es hat unter ihnen noch keinen gegeben, welcher dem Aristippos nach behauptet hätte, daß alle Gefühle von Handlungen, bei denen die beiden Triebe in dem geforderten Gleichgewicht stehen, einander gleich wären, weil etwa jenes Gleichgewicht als eine chemische Sättigung angesehen werden müßte, für die es, anders als bei den körperlichen Dingen, nur Eine Stufe der Verbindung gäbe, und Ein Erzeugniß; oder als ein Verhältniß, in welchem die Größe der Glieder gleichgültig wäre. Was aber die Ableitung und Bestimmung des einzelnen nach ihrem Grundsaze betrifft: so erliegt diese noch unter besonderen Schwierigkeiten. Denn bei ihnen hat der Wahrheit nach das sittliche die Eigenschaft, welche man fälschlich dem des Aristoteles zugeschrieben hat, daß es nemlich im Uebergang liegt von einem unsittlichen zum andern, und ein Mittelmaaß ist zwischen zwei äußersten, auch, weil diese nicht bestimmt werden können, selbst unbestimmbar. Denn jede Neigung, welche zu schwach ist um den Gleichgewichtspunkt zu erreichen, ist unsittlich, und über denselben hinaus verstärkt wiederum. Will man nun hieraus die angedeutete Folgerung nicht einräumen: so muß man behaupten, das sittliche entstände auch hier nicht durch das Wachsen derselben Neigung, sondern durch die Gegenwirkung der andern; wodurch denn offenbar alles sittliche eine nur beziehungsmäßige Bedeutung erhält, indem jeder Trieb für den andern der sittliche wird, keiner aber es für sich selbst ist. Wie aber auf diese Art, indem einem Uebel ausgewichen werden soll, das andere gewählt wird, leuchtet ein; denn es kann niemanden entgehen, daß der Fehler des Epikuros unvermeidlich ist, sobald das sittliche nur als Beschränkung erscheint. Oder wie sollte es unsittlich gefunden werden, wenn einer der beiden Triebe nicht stark genug gewesen, um von dem andern, der dann keinen Stoff wahrgenommen, an der rechten Stelle beschränkt zu werden? Ferner scheint auch hier eine doppelte Beurtheilung zu entstehen, indem jede Veranlassung sowohl auf die selbstische als auf die wohlwollende Neigung zunächst kann bezogen werden. Hier aber ist es das eigentliche Kunststükk jenes Gleichgewichts, daß, von welcher Seite auch jemand ausgehe, der Durchschnittspunkt immer der nemliche sein muß. Nur findet es freilich schon die gemeine Beurtheilung wunderbar, daß beides soll für dieselbe Handlung gehalten werden, eine die von der Selbstliebe und eine die vom Wohlwollen ausgegangen; und wissenschaftlich betrachtet würde, wie leicht zu zeigen wäre, die gänzliche Verwerfung einer Allen gemeinschaftlichen Sittlichkeit daraus folgen. Wie es ihnen aber ergeht, in so fern sie schwankend von der Seite der Lust sich auch an die der Thätigkeit anschließen wollen, davon zu reden wird bald weiter unten der Ort sich finden.

Gehen wir nun überhaupt zu denen über, deren sittliches reine Thätigkeit ist: so zeigt sich zuerst, daß, was bei Jenen der gemeinschaftliche und größte Fehler war, diesen nicht kann beigelegt werden; denn bei ihnen ist das höchste Gut nicht, würde auch, hätte er sich recht verstanden, nicht beim Aristoteles gewesen sein, ein gesezlos zusammengefügtes und veränderliches, indem ja nicht die bloße Thätigkeit als Element desselben genannt wird, sondern eine nach einem Gesez so bestimmte, daß eine Wahl zwischen Wechsel und Wiederholung, oder zwischen einer stärkeren und schwächeren Thätigkeit nicht gedacht werden kann, und sonach als ein Ganzes betrachtet das höchste Gut überall nur eines ist und ein bestimmtes. Oder würde es vielleicht nicht Jeder für Unsinn erklären, wenn jemand Bedenken äußern wollte, ob nicht das höchste Gut ein grösseres und vollendeteres sein würde, wenn es, anstatt auch einige tapfere Handlungen zu enthalten, aus lauter Uebungen der Gerechtigkeit oder umgekehrt zusammengefügt wäre? oder wenn, da einige nur auf sich selbst oder eine geringe Anzahl gerichtet ist, alle Thätigkeit gesellig und bürgerlich wäre? Auch verfehlen die Schulen dieser Art nicht, einen so wichtigen und ihnen günstigen Unterschied diese so jene anders zu bezeichnen. So Fichte, gleichsam mit einem Strich, durch die geforderte gänzliche Bestimmtheit eines jeden Punktes in der Reihe; die Stoiker aber minder vollkommen auf eine doppelte Art, indem sie zuerst jeden Unterschied der Größe, in dem was sittlich ist, aufheben, und alle Tugenden einander gleich machen, dann aber indem sie läugnen, daß das höchste Gut wachsen könne durch die Länge der Zeit. Beides nun ist unmittelbar nur gerichtet gegen den Mißverstand des Aristoteles, welcher unterscheidet zwischen schönen Handlungen und den schönsten, und keine Eudämonie anerkennt ohne ein vollständiges Leben. Mithin ist aus dem lezteren nicht zu folgern, als ob sie wie Aristippos nur das Element anerkannt, das Ganze aber geläugnet hätten; sondern was damit in ihrem System gemeint ist, erhellt nur durch Vergleichung mit ihren Ausdrükken über das höchste Gut, welches sie sezten in der ununterbrochenen Thätigkeit dessen, was ihnen die Quelle des sittlichen ist, oder, wie sie es nennen, in dem ungehinderten Fluß des Lebens, wobei, wie weit es fließe, nicht in Betrachtung zu ziehen. So daß das höchste Gut einer Hyperbel zu vergleichen ist, welche gleich sehr eine solche bleibt, wie weit sie auch zu beiden Seiten des Scheitelpunktes fortgeführt worden. Daß aber auch eine solche Einheit und Vollständigkeit desselben in den Systemen der Lust nicht zu erreichen sei, ist genugsam gezeigt worden. Eben so wenig kann die Aehnlichkeit mit Gott, welche beim Platon das höchste Gut ausmacht, als ein veränderliches angesehen werden, da alles, was nur zur Größe des Maaßstabes gehört, in dem Begriff nicht eingeschlossen ist; noch auch des Spinoza Erkenntniß Gottes in allen Dingen, wobei freilich die Stelle, an welcher eine jede soll gegeben werden, als gleichgültig und unbestimmt erscheint, der Inhalt aber im Ganzen für die Welt eines Jeden völlig bestimmt ist, weil diese Erkenntniß als die einzige angemessene und wahre gewiß auch nur Eine sein kann. Daß dieses weniger von dem Begriff der Vollkommenheit gesagt werden könne, ist nur scheinbar. Denn freilich ist das Ganze hier ein unendliches, aber doch nicht in dem Sinne der Unbestimmbarkeit; sondern wie das Ganze der Form nach völlig bestimmt ist, so sind es auch alle Theile desselben in Beziehung auf ihr Ganzes, wenn gleich in Beziehung auf das wirkliche selbst unendlich. Soll aber von dem höchsten Gute der neueren Stoisirenden, des Kant nemlich und Fichte, die Rede sein: so muß diesen erst die Kritik zu Hülfe kommen, und aus ihren Grundsäzen das dazu gehörige höchste Gut bilden und aufstellen, weil sie selbst dessen für die Aufführung ihres Systems nicht zu bedürfen glaubten, und es daher unterlassen haben. Strenger ist von Fichte wenigstens nicht nöthig zu urtheilen, bei welchem auch das unterlassene leichter ist zu ergänzen. Nemlich dasjenige, was er bisweilen als das Höchste anführt, die gänzliche Unabhängigkeit des Ich, dieses zwar ist nicht in dem von uns aufgestellten Sinne für sein höchstes Gut zu halten. Denn mit demjenigen Ich, dafern es erlaubt ist seine Sprache zu reden, welches der Gegenstand der Ethik ist, steht die gänzliche Unabhängigkeit im Widerspruche sogar, und dieser Gedanke ist ein die Ethik weit übersteigender. Aber es ist leicht zu sehen, daß sein höchstes Gut kein anderes sein kann als die vollständige Erfüllung des Berufs in Beziehung auf alle Bedingungen der Ichheit; und es ist von selbst offenbar, daß diese ein unveränderliches und völlig abgeschlossenes Ganze ausmacht. Eben so ergiebt sich bei näherer Betrachtung des Kantischen Grundsazes für diesen als das Ganze seiner Wirkung die unbeschränkte Herrschaft aller Maximen, welche, in die Potenz der allgemeinen Gesezgebung erhoben, eine mögliche Größe darstellen. Dieses nun scheint freilich nur ein Zusammengefügtes zu sein, weil aus dem Ausdrukk selbst nicht hervorgeht, wie diese Maximen unter einander zusammenhängen: wird aber erwogen, daß eine Maxime nichts anders ist, als der Ausdrukk eines Vorzuges, welcher einem praktisch möglichen vor dem andern beigelegt wird, so zeigt sich bald, wie hierin allerdings ein systematischer Keim verborgen liegt. Nicht so günstig aber kann man davon urtheilen, wie Kant den Begriff des höchsten Gutes angesehen hat. Denn er läßt ihn nicht etwa, wie Fichte, bei Seite liegen, sondern stellt unter seinem Namen etwas auf, was diesem Namen gar nicht entspricht; so daß es das Ansehn gewinnt, als habe er die wahre Bedeutung desselben auch bei Andern nicht verstanden, welches auch durch die Art, wie er andere Formeln auslegt und beurtheilt, leider noch bestätiget wird. Hätte er nemlich das höchste Gut vorgestellt als das Ganze, welches durch das Sittengesez in seiner Thätigkeit gedacht möglich wird: so hätte er weder vom Epikuros sagen können, sein höchstes Gut sei die Tugend als Bewußtsein der Glükkseligkeit gedacht, noch von den Stoikern, das ihrige bestehe in der Glükkseligkeit, sofern sie als Bewußtsein und Gefühl der Tugend vorgestellt werde. Denn dieses wären Erzeugnisse, welche, ungerechnet daß beide Schulen gar nicht darnach streben, aus den von ihnen aufgestellten Grundsäzen auch nicht hervorgehen können. Eben so nun ist jene Vereinigung von Vollkommenheit und Glükkseligkeit, welche Kant als höchstes Gut des Menschen aufstellt, durch menschliche Thätigkeit dem Grundsaz gemäß gar nicht zu erreichen, und in so fern ebenfalls eine kosmische und das Gebiet der Ethik weit hinter sich lassende Idee. Wie aber gerechtfertiget werden kann, daß eine solche unter der Form eines Wunsches aufgestellt wird, welches doch ein wenn gleich nur leerer Wille ist, der also aus Gründen innerhalb der Ethik muß vertheidigt werden können: dieses mag wohl noch niemand, eingeschlossen den Urheber selbst, begriffen haben; sondern nur die Ursach des Irrthums kann verstanden werden, so wie sie oben ist verständlich gemacht worden.

Sieht man ferner bei diesen Systemen auf die Art, wie aus dem Grundsaze das einzele sowol im Leben hervorgebracht und im System gefunden und dargestellt, als auch, wo es gegeben ist, auf den Grundsaz bezogen werden kann: so ist zu bemerken, daß die beiden leztgenannten und ihre Vorgänger die Stoiker wie den Grund, daß nemlich die sittliche Thätigkeit bei ihnen von einer andern vorhergehenden abhängt, und diese nur beschränkt und bestimmt, so auch die Folge mit einander gemein haben, daß sie nemlich die Unterlassung nicht als widersittlich bezeichnen können, und was, wie bereits erwähnt, hievon weiter abhängt. Denn bei den Stoikern hat, wenn keine erste Aufregung und Forderung der Natur ergangen ist, auch die Vernunft nichts zu verbessern und zu regieren. Nun deuten sie zwar an, daß auch dieses solle sittlich bestimmt werden, indem sie zum Beispiel sagen, der Weise mache alles wohl, was er thue sowohl, als was er nicht thue; aber eben dadurch, daß sie nur an die Idee des Weisen dieses anzuknüpfen wissen, gestehen sie, daß in ihrem System keine Stelle dafür zu finden ist. Auch muß auf diese Art der Beschreibung des Weisen, wie auch beim Epikuros geschah, ein Merkmal einverleibt werden, welches in der Beschreibung des sittlichen Grundsazes sowol als des höchsten Gutes nichts entsprechendes hat. Eben so findet bei Fichte, wenn das Gewissen nicht gebietend gesprochen hat, weil der Naturtrieb nicht auf dasjenige ging, was es als der Form des sittlichen empfänglich hätte billigen können, hierüber keine ethische Verurtheilung statt. Denn jedes Handeln ohne Ausspruch des Gewissens ist zwar widersittlich und verdammlich; hat aber der Mensch sich des Handelns ohne einen solchen begeben, und mit Freiheit inne gehalten, damit mehr Naturtrieb sich entwikkeln möge: so ist es lediglich die Sache der Natur in ihm, und außer dem Gebiete der sittlichen Kraft, ob sich auch zu jeder Zeit alles entwikkelt, worüber das Gewissen bejahend zu sprechen hätte, oder ob manches unangeregt vorbeigeht; und weder auf die Verlezung irgend einer einzelnen bestimmten Pflicht noch auf eines von jenen allgemeinen Grundlastern der menschlichen Natur läßt dieser Mangel sich zurükkführen. Daher auch dem Weisen des Fichte, wenn er nicht nur ohne Abweichung sondern auch ohne jemals zu versagen, wie ein schlechter Griffel thut, die Reihe seines Berufs als ein stetiges vollenden soll, außer der sittlichen Kraft noch eine Bestimmung der Natur muß beigelegt werden, und jene nicht minder hülflos und unzureichend ist, als sie beim Epikuros sich zeigte. So wird auch bei Kant ohne Tadel eine leere Stelle entstehn, so oft diejenige Maxime, welche der Form der allgemeinen Gesezgebung entsprochen hätte, nicht ist ins Bewußtsein gekommen. Welchen Einfluß nun dieses auf das wirkliche Thun haben muß, ist ebenfalls schon bei Gelegenheit des Epikuros bemerkt worden; es zeigt sich aber auf dem Gebiete der Thätigkeit nirgends besser als an den Kantischen Formeln. So ist es, ein Beispiel statt aller, eine ungesezmäßige Maxime, daß einer der sinnlichen Vergnügungen pflege, indeß er bei irgend einer allgemeinen Noth zu Aufrechthaltung öffentlicher Ordnung und Wohlergehens thätig sein könnte; wohl aber ist es, so spricht Kant, erlaubt sich der Glükkseligkeit zu befleißigen, als eines Mittels um den Versuchungen zu Vernachläßigung des öffentlichen Wohls zu entgehen. Wenn nun Jemand jenes Stükk seiner Pflicht nicht wahrgenommen: so ist dieses Nichtwahrnehmen gar kein Handeln nach einer Maxime, also kein Gegenstand ethischer Beurtheilung, indem der Thäter nur nach der erlaubten Maxime gehandelt hat, und dennoch ist die Pflicht wirklich versäumt und eine sittliche Lükke entstanden. Die Nachfrage aber nach der Verschuldung jenes Nichtwahrnehmens findet weder in Kants Ethik einen Ort, noch auch in Fichte's, wenn, was in der sittlichen Handlung äußerlich und materiel gewesen wäre, sich nicht unter den wirklichen Forderungen des Naturtriebes gefunden hat; sondern es müßte die Antwort genügen, daß sich ihm

ihm jene Tugendübung nicht dargeboten. Wogegen in einem System, nach welchem die sittliche Kraft nicht erst eine andere Thätigkeit um die ihrige zu erwekken erfordert, sondern als ursprünglich und selbsthandelnd gesezt wird, eben dieses Nichtwahrnehmen als eine Wirkung ihrer Schwäche und unterdrükkten Reizbarkeit wäre getadelt worden. Betrachten wir aber nächst diesem beurtheilenden und prüfenden nun auch das Verfahren der Ableitung und Bestimmung des einzelnen: so ist zuerst zu bemerken, wie eben diese drei, welche sich immer wieder zusammenfinden, Kant nemlich die Stoiker und Fichte, auch darin übereinstimmen, daß sie aus ihrem Grundsaz allein, weil er bloß ein Verhältniß ausdrükkt, nichts bestimmen und aufbauen können ohne Dazwischenkunft eines anderen Begrifs, welcher erst diesem Verhältniß seinen Gehalt giebt. Denn es betrachte Jemand von allen Seiten alle drei Kantischen Formeln von der Schikklichkeit zur Gesezgebung, oder von Behandlung der Menschheit als Zwekk, oder auch vom Reich der Zwekke: so wird es sich als unmöglich zeigen, hieraus allein irgend ein reales Gesez oder eine Tugend oder Pflicht abzuleiten; sondern für sich, in dieser Gestalt, kann der Grundsaz nur zur Prüfung eines gegebenen dienen, wenn anders auch dieses ihm kann zugestanden werden. Denn überall, wo er selbst Beispiele anführt um ihn auch nur in dieser Hinsicht zu bewähren, zeigen sich merkliche Mängel. Zuerst überall, wo die Frage so gestellt werden muß, ob wol Jemand wollen könne, daß diese und jene Maxime ein allgemeines Gesez werde, und das heißt nichts geringeres als bei allem eigentlich sittlichen im Gegensaze des rechtlichen, zeigt sich der Grundsaz als unzureichend, weil jenem prüfenden Willen doch auch ein Bestimmungsgrund erst müßte untergelegt werden, der also außerhalb des Grundsazes liegen würde. Aber auch selbst da, wo ein Widerspruch gradezu sich ergiebt, können Zweifel entstehen. Beim niedergelegten Gute zum Beispiel, könnte leicht Jemand den Widerspruch von dem Verfahren auf die Bedingung zurükkwerfen und sagen, es dürfe wol ein Erlaubnißgesez sein, ähnlich dem Lykurgischen des Stehlens, dasjenige unterzuschlagen, was auf solche Weise niedergelegt worden, damit nicht die Trägheit, auf ein trügliches Vertrauen gestüzt, sich immer mit einer schlechten Form begnüge, vielmehr eine bessere desto eher erfunden werde. So daß auf der einen Seite zwar die Kantische Ethik dem Gehalt und der Größe nach ganz bürgerlich und rechtlich zu sein scheint, auf der andern aber durch die noch übrigen geringen ethischen Ansprüche auch des rechtlichen Zustandes gründliche Verbesserung nur verzögert. Doch dieses, da es mit einem Fehler zusammenhängt, von welchem hier nicht die Rede ist, nur im Vorbeigehen. Die Unfähigkeit dieses Grundsazes aber aus sich allein das einzelne abzuleiten, wird jeder eingestehen, weil auch eine Art wie es anzufangen wäre, nicht aufzufinden ist. Eben so offenbar ist dies an den Stoikern. Denn die Naturgemäßheit für sich ist ein reiner Verhältnißbegrif, und kann nichts bestimmen, bevor nicht die Natur bestimmt worden. Daß aber auch Fichte, wiewol er den Anspruch macht, von dem höchsten Begriff der Selbstthätigkeit aus durch regelmäßiges allmähliges Fortschreiten zu einer reellen und anwendbaren Sittenlehre zu gelangen, sich dennoch in dem nemlichen Falle befinde, ist nicht schwer zu sehen. Denn alle jene verschiedenen Ausdrükke, welche bei ihm wie bei Kant einen solchen Uebergang von dem bloß formellen zu dem realen bilden sollen, vermögen diese Aufgabe nicht zu lösen; auch nicht der lezte, daß nur dasjenige im Naturtriebe mit den Forderungen des reinen Triebes übereinstimme, worin ein Behandeln der Objecte nach ihren Endzwekken enthalten sei. Von hieraus zwar kommt er unmittelbar auf die wesentlichen Bedingungen der Ichheit, welche ihm wirklich das Mittel werden den formalen Grundsaz in reale Gebote umzusezen. Aber der Schein, als ob er seinen Endzwekk erreicht habe, verschwindet bald, wenn man erwägt, daß die wesentlichste unter diesen Bedingungen, auf welcher am Ende die ganze Ethik beruht, gerade diejenige ist, welche nicht als nothwendig sondern nur als eine bloße Möglichkeit abgeleitet und eingesehen werden konnte, nemlich die Mehrheit der Individuen. Merkwürdig und wahrhaft magisch, nichts weniger aber als allmählig und regelmäßig, ist in der That die Art, wie die als nothwendig geforderte einmalige Aufforderung des Ich sich verwandelt in die Gemeinheit der Vernunftwesen. Denn, möchte einer fragen, wäre es nicht hinreichend und warlich ein kleineres Wunder gewesen, wenn, worauf doch als auf ein mögliches Fichte anderwärts hindeutet, ein höheres Wesen sich des Ichs mitleidig erbarmt hätte, und ihm ein Geist, nach der Weise seiner Bestimmung, erschienen wäre? Und wäre, wenn einmal das mythische unentbehrlich ist, ein solches nicht besser? Oder woher ist denn das Ich gewiß, daß was als ein Kunstwerk erscheint, ein solches auch wirklich ist? und sollte diese Meinung einen andern Ursprung haben, als jene Furcht, welche vom verstümmelten Daumen den Namen führt, weil sie geneigt ist, sich selbst übles zuzufügen, wie sie denn auch hier ohne Grund sich die Freiheit verstümmelt? Denn eine solche Furcht vor dem eignen Schatten tönt auch gewaltig laut in dem von Fichte angeführten prächtigen Ausspruch eines andern, welcher schaudernd still steht, wo es ihm zuruft, hier ist Menschheit. Ja könnte wol selbst das Annehmen eines Geistes der ganzen Lehre des Fichte so nachtheilig sein, als wenn etwa einer aus allem diesen die Folgerung zöge, das als unentbehrlich gesuchte Supplement der Vernunft um die Ichheit zu ergänzen, sei doch vielleicht am Ende nirgends anders zu finden, als in jenen, aus ihr so nachdrükklich verwiesenen Kräften, in der Liebe nemlich und der Fantasie? Nun ist freilich wahr, daß Fichte selbst gesteht, von hier an, nemlich von der Mehrheit der Individuen, werde die Sittenlehre eine bedingte Wissenschaft, die auf einer Voraussezung beruht: aber nicht so ausdrükklich gesteht er, daß dieses von hier an ihr Alles ist, sondern gedenkt sich doch noch etwas zurükkzubehalten von dem falschen Ruhme, den er nur gar nicht hätte verkündigen sollen. Deshalb nun sind die

Stoiker vorzuziehen, welche denselben Verbindungsbegriff ganz frei und offen als eine willkührlich angenommene Erklärung hinstellen. Denn daß es bei beiden derselbige ist, kann niemand bezweifeln, es müßte einer in des Fichte Bedingungen der Ichheit, dem Leibe, der Intelligenz, und dem Zusammenhange mit mehreren, die stoischen Merkmale der menschlichen Natur verkennen wollen, nemlich das Thier, die Vernunft und die Geselligkeit. Wie aber Fichte mit den Stoikern zusammenstimmt, so ist wiederum in der Art, wie Kant die Vermittlung zwischen dem Grundsaz und dem einzelnen ethischen einrichtet, sein natürlicher Hang zur anglikanischen Schule, wie wenig auch er selbst sich dessen bewußt gewesen sei, auf keine Weise zu verkennen; und man kann sagen, seine Sittenlehre endige in dem Versuch jenem politischen Eudämonismus eine, wie es eben gehen will, wissenschaftliche Gestalt zu geben. Denn was eigentlich hätte sein Verbindungsbegriff sein sollen, eine reale Bezeichnung der Totalität menschlicher Maximen, aus welcher dann die einzelnen hätten hergeleitet und ihr Verhältniß zur allgemeinen Gesezgebung bestimmt werden können, das würde zulezt doch immer nur ein etwas anders gestalteter Begriff der menschlichen Natur geworden sein, eben wie bei jenen. Wie anders nun als vom Drange natürlicher Neigung geleitet, kann er dahin gediehen sein, den Umfang aller Maximen im voraus einzuschränken auf die beiden der eignen Vollkommenheit und fremden Glükkseligkeit? Denn was er darüber erläuternd und rechtfertigend beibringt, wird niemand für einen Erweis halten. Daß aber diese Neigung ganz anglikanisch ist, erhellt daraus, daß auch die Vollkommenheit ihm nur Zwekk ist als Mittel zu andern Zwekken, und daß sonach kein Zwekk, der zugleich Pflicht wäre, übrig bleibt als eben die fremde Glükkseligkeit, also auch keine sittliche Kraft als das Wohlwollen. Dieses beiläufig von dem Geist und der Ableitung der Verbindungsbegriffe in diesen Schulen. Worauf es aber hier bei Prüfung ihrer Tauglichkeit ankommt, ist nicht dieses, sondern eine Eigenschaft, welche allen dreien gemein ist, daß nemlich der Verbindungsbegriff eine unverbundene Mehrheit von Merkmalen enthält, welches eine sichere Ableitung unmöglich macht. Denn es läßt sich zwar im System darstellen, was nun sittlich sei in Beziehung auf den Leib oder die Intelligenz oder die Gemeinschaft mit den vorhandenen Individuen; aber das Verhältniß ist nicht bestimmt, in welchem diese einzelnen ethischen Realitäten gegen einander stehen, welche Unbestimmtheit denn die Anwendung im Leben gänzlich verhindert. Will nemlich angenommen werden, es dürften einzelne Handlungen ausschließend eine auf den Leib und eine andere auf den Geist oder die Gesellschaft bezogen werden: so ergiebt sich für jeden Moment eine Mehrheit, aus welcher gewählt werden muß, weil die Ansprüche dieser Gegenstände stetig fortlaufen, und in jedem Moment für jeden einiges zu thun bleibet, so daß zum Beispiel, einer sich ununterbrochen mit seinem Leibe beschäftigen könnte, ohne doch etwas anderes zu thun, als ihn zum Werkzeuge des Sittengesezes möglichst auszubilden. Daß also diese Methode nicht anzunehmen ist, leuchtet ein. Will man aber sagen, welches das einzige übrige wäre, es müßte jede Handlung sich auf alle diese Gegenstände zugleich beziehen: so fehlt jede Regel des Verfahrens bei dieser gegenseitigen Bestimmung und Begrenzung, kann auch aus dem Begriff, in welchem sie selbst nicht gesezmäßig verbunden sind, unmöglich hergenommen werden. Am ehesten wäre dieses zu erwarten gewesen von Fichte, der sich eine solche Methode der gegenseitigen Bestimmung und Begrenzung eines Gebietes durch das andere besonders zu eigen gemacht; und es ist merkwürdig für die Schäzung seiner ethischen Eigenthümlichkeit, daß er sich ihrer grade hier nicht bedient, sondern an dem unvollständigen Verfahren der Früheren Genüge gefunden. So lange aber dieses Hülfsmittel nicht gefunden ist, bleibt bei einer solchen Anlage der Streit einer Pflicht mit der andern nicht nur hie und da sondern für jeden Augenblikk unvermeidlich. Dem gleichen Tadel ist, so wenigstens wie sie bis jezt bearbeitet worden, diejenige Ethik unterworfen, welche von dem Begriff der Vollkommenheit ausgeht, in welchem nicht nur eine unbestimmte, und in diesem Sinne unendliche Größe der Kraft, sondern auch ein Verhältniß ihrer verschiedenen Aeußerungen gesezt ist. Denn da dieses zu bestimmen ebenfalls noch kein Gesez aufgestellt ist: so müßte entweder ganz willkührlich jenes schon erwähnte allgemeine Musterbild vorgezeichnet, oder eine unbestimmte Mehrheit solcher Verhältnisse angenommen, und nur von jedem Einzelnen die Gleicherhaltung irgend eines davon gefordert werden. Welches von beiden aber auch geschehe, so entsteht immer eine doppelte Aufgabe, theils das angenommene Verhältniß hervorzubringen, theils in den Bestimmungen desselben die Größe der einzelnen Factoren zu erhöhen. Nun kann freilich die lezterwähnte Behandlung, welche einem Jeden sein eignes Ideal anweiset, sich der ersten Aufgabe entziehen, und gleichmäßig mit der dieser Ansicht gegenüberstehenden folgerechten Behandlung der Glükkseligkeitslehre vorschreiben, es solle kein Verhältniß hervorgebracht, sondern nur dasjenige festgehalten und ausgebildet werden, in welchem ein jeder zuerst sich selbst findet. Allein auch dieses vorausgesezt, finden wir doch hier den obigen Streit wieder zwischen den Ansprüchen der einzelnen Factoren, indem jeder die seinigen auf jeden Zeittheil ohne Ausnahme richten kann. Daher wir hier nicht nur einen Streit zwischen zwei Partheien, sondern einen allgemeinen Aufruhr erblikken unter einer unbestimmten Menge, je nachdem die natürliche Seelenkunde, mehr oder minder mannigfaltiges in der menschlichen Natur annimmt; so daß man sagen kann, hier zeige sich die äußerste Höhe der Verwirrung, die aus einer solchen unverbundenen Mehrheit entsteht, und werde also auch hier am lautesten eine Einheit des Begriffs gefordert, welcher den Umfang alles ethisch bestimmbaren bezeichnen soll. Ehe wir aber dies System der Vollkommenheit verlassen, ist dasselbe noch zu betrachten in Beziehung auf die erste Frage von dem Zugleichsein und der Uebereinstimmung der verschiedenen Ausdrükke der höchsten ethischen Idee. Hier zeigt sich nun, daß so wie offenbar dieses System mit der Idee des höchsten Gutes anfängt; so im Gegentheil das Gesez nach demselben gar nicht auszudrükken ist. Denn die Vollkommenheit ist offenbar das Ganze des zu bewirkenden, und die Formel, Vervollkommne Dich selbst, heißt nur, dieses höchste Gut soll wirklich gemacht werden, und bezieht sich keinesweges auf das einzelne, da in keinem Falle aus ihr unmittelbar das unter gegebenen Umständen zu thuende kann bestimmt werden. Daß aber überall ein solches Gesez für diese Idee nicht zu finden ist, erhellt aus dem vorigen. Denn es müßte die Regel des Verfahrens für das Einzelne aus dem Ausdrukk des höchsten Gutes abgeleitet werden, vermöge desjenigen Begriffes, der den Eintheilungsgrund desselben enthält, diese Eintheilung aber ist dem obigen zufolge unbestimmt, und eigentlich ohne Grund. Ferner aber, wie sollte auch, so lange jene Einheit noch nicht gefunden ist, eine solche Regel möglich sein, da die eine Forderung dieses Systems, nemlich die intensive Erhöhung, mit der andern, wenn auch diese nur die Festhaltung eines bestimmten Normalverhältnisses, nicht erst die Hervorbringung desselben, sein sollte, im graden Widerspruche steht. Denn so lange noch das Subjekt der Vervollkommnung als ein mannigfaltiges gedacht wird, kann auch die Erhöhung nicht anders als theilweise geboten werden; eine jede solche aber verrükkt das Verhältniß unvermeidlich. Eben wie wann eine als Aggregat ausgedrükkte Größe potenzirt oder auch nur vervielfacht werden soll, wo auch bis zur Vollendung jedes Glied, mit welchem die Handlung vorgenommen wird, ein der Form und Absicht des Ganzen zuwiderlaufendes Uebergewicht erhält. So daß man sagen kann, dieses System endige, wiewol aus einer andern Ursache als das der Glükkseligkeit, ebenfalls in Unthätigkeit, weil nemlich das sittliche nicht anders als durch einen ununterbrochenen Wechsel des unsittlichen hervorgebracht werden kann. Aufs Höchste gebracht aber wird dieser Widerspruch, wenn noch mit der Vollkommenheit in Verbindung gebracht werden soll die Glükkseligkeit. Denn diese, wenn sie wirkliche Lust sein soll, entsteht vorzüglich aus einer theilweisem Thätigkeit, wie schon der Name zeigt, den jede von dem Theile erhält, auf welchen sie sich bezieht, und widerspricht allso dem Gleichgewicht, welches zur Vollkommenheit gehört; soll sie aber nur Schmerzlosigkeit sein dürfen, so mag sie wol diesem Gleichgewicht entsprechen, würde aber gestört werden durch die Vervollkommnung, und auch gegenseitig diese verhindern, indem sie vor der Zeit ein Gefühl von Selbstgenügen hervorbrächte. Aufs deutlichste also erhellt auch hieraus, wie keine andere Verbindung von Lust und Thätigkeit möglich ist, als diejenige, welche Spinoza aufstellt, wo nemlich die Thätigkeit nur eine ist, und die Lust nur eine, und beide zwar unzertrennlich verbunden, doch so, daß der Wille unmittelbar nur auf jene darf gerichtet werden. Wie denn überhaupt die jezt gerügten Fehler auf die Nothwendigkeit führen, eine solche Einheit des menschlichen Thuns und Strebens in der Ethik überall zum Grunde zu legen, wie Fichte sie zwar gefordert, nicht aber gefunden hat, und Spinoza sie zwar aufstellt, aber ohne sie durch die That, nemlich die vollständige Ausführung des Systems, erwiesen zu haben. Allein es endiget noch auf eine andere Weise die Sittenlehre der Vervollkommnung in Unthätigkeit, in so fern sie nemlich ein natürliches Streben ist nach jener Muße, deren sich die Götter des Epikuros und Aristoteles erfreuen. Denn ganz das Gegentheil von andern, welche ein Bilden des Menschen an sich selbst gebieten, als Mittel um so und so handeln zu können, wird hier alles Handeln eigentlich nur gefordert, als Mittel zum Werden, und genau genommen jede sogenannte Tugend aufgehoben, welche mehr unter als über der bereits erworbenen Fertigkeit liegt, als welche keine Uebung mehr sein kann, und die Zeit nur vergebens ausfüllt. Je mehr nun die Vollkommenheit wächst, um desto weniger bleibt über ihr zurükk, und wenn sie erreicht wäre, wäre auch der Grund des Handelns erschöpft, und in einer beschaulichen Ruhe alles sittliche geendigt. Vielleicht auch könnte jemand, einen noch schärferen Gegensaz der Ausführung gegen die Absicht suchend, noch lieber sagen wollen, ihr Bewirktes sei nur Rohheit, weil sie die allseitige Bildung nur in einem regellosen Wechsel absichtlicher Einseitigkeit darzustellen wisse. Von dieser Seite nun führt sie auf die Idee des Platon, als auf die Rettung deren sie benöthiget ist, welcher nemlich einen andern handelnden Gott, und die Ähnlichkeit mit diesem als den höchsten Zwekk einführt. Denn so ist eines Theils das Handeln in einem andern Sinne unentbehrlich, nemlich als das Bilden und Darstellen, welches Eins ist mit dem Sein und Bestehen des Geistes, und daher der höchsten Vollkommenheit nur am meisten eigen; anderntheils auch ist so der Streit über die Zeit zwischen dem einzelnen geschlichtet, weil ein göttliches Handeln mit einer ewigen Ordnung auch eine bestimmte Reihe alles dessen, was erfolgen soll, seiner Natur nach enthält. Wie also alle Fehler, welche in den Systemen der Thätigkeit aus der beschränkenden Natur der Sittlichkeit, und aus der ungünstigen Beschaffenheit des die Anwendung vermittelnden Begriffs entstehen, in den Darstellungen des Platon und des Spinoza am besten vermieden werden, dieses erhellt aus dem bisherigen zur Genüge.

Zwei Gegensäze von Bestimmungen der höchsten ethischen Idee sind aber noch zu betrachten übrig, welche, als der Wirkung nach zusammengehörig, auch hier neben einander sollen gestellt werden. Zuerst nemlich kann, auch wenn der sittliche Trieb nicht als abhängig und bloß beschränkend, sondern als selbstthätig und unabhängig gesezt wird, dennoch entweder er allein als im sittlichen Zustande alles bestimmend, und ausschließlich thätig angenommen werden, oder neben ihm noch ein anderer zugelassen, wäre es auch nur um dasjenige zu verrichten, was des ersteren unwürdig zu sein scheint. Offenbar nun ist, daß nur in dem ersten Falle alles menschliche Handeln einen bestimmten sittlichen Werth haben kann, in dem lezten aber dasjenige, was dem sittlichen Triebe zwar nicht widerspricht, aber was auch nicht durch ihn hervorgebracht worden, als außerhalb seines Gebietes gelegen und als ethisch gleichgültig erscheinen muß. Dieses nun ist der wahre Umkreis des Begriffs der sogenannten Mitteldinge. Denn was einige Neuere noch sonst so nennen, verdient nicht mit hieher gezogen zu werden, ist auch ethisch betrachtet nichts besonderes, sondern nur die Aussage, daß eine Frage nicht vollständig aufgeworfen worden ist, auf welche dann auch natürlich keine bestimmte Antwort erfolgen kann. Die Alten unterschieden beides sehr richtig, und bezeichneten das leztere als das nicht an sich sondern nur zufällig gute oder böse. Dieselbige Folge nun ergiebt sich auch da, wo der sittliche Trieb nur beschränkend ist, so daß er jedesmal durch den andern muß aufgeregt werden, und wo zugleich die Regel fehlt, um alles sittliche Handeln, als eine bestimmte Reihe ausmachend, vorzustellen. Denn in diesem Falle muß alles, was in dem natürlichen Triebe diesseits seines Durchschnittspunktes mit dem sittlichen liegt, als in gleichem Grade ethisch möglich, das heißt, als gleichgültig und nur erlaubt sich darstellen. Dagegen, wo eine bestimmte Reihe gesezt wird, nur dem Durchschnittspunkt selbst die ethische Möglichkeit, und eben deshalb mit ihr zugleich die Nothwendigkeit zukommt. Daher auch finden wir in dem System des Fichte, welches jene Bestimmtheit der Reihe so fest zu halten bestrebt ist, den Begriff der Mitteldinge nicht unvermeidlich, noch ausdrükklich gebilliget. Wol aber tritt er stark hervor bei den Stoikern und beim Epikuros. Denn die vorzuziehenden Dinge bei jenen, und bei diesem die positive, in der Bewegung sich erweisende Lust, so weit sie nemlich aus den natürlichen Begierden entsteht, nehmen die gleiche Stelle ein im System, und stehen sich genau gegenüber, als dasjenige, was, man bestimme es so oder anders, die Sittlichkeit weder vermehrt noch vermindert, sondern nur die Oberfläche ihrer Erscheinung gleichsam färbt und verändert. Bei Kant finden sich diese Mitteldinge nicht nur wegen der mangelhaften Natur der Sittlichkeit und der Unbestimmtheit der Reihe, sondern auch weil er selbst im sittlichen Zustande neben dem auf diesen gerichteten Triebe auch den die eigne Lust suchenden noch, wiewol nur im Dunkeln, fortwirken läßt, welches wol keinem mit seiner Darstellung bekannten erst erwiesen zu werden braucht. Jedoch gebraucht auch er zuweilen den Begriff, auch wohin er nicht gehört, als ein Hülfsmittel der faulen Vernunft. Nicht minder müßte er in der anglikanischen Schule bei denen angetroffen werden, welche den wohlwollenden Trieb vorzugsweise als den sittlichen ansehen. Daß nun diese Mitteldinge ein in der wissenschaftlichen Ethik ganz unstatthafter Begriff sind, dieses ist leicht zu sehen; denn offenbar begrenzt dieser Begriff den Umfang der sittlichen Bestimmbarkeit auf eine höchst willkührliche Art, indem er nur einen Schein des natürlichen hat, wenn man sieht auf die gegebene Entstehung einer That. Betrachtet man dagegen den Inhalt derselben, so wird man unter allen diesen Mitteldingen kein einziges finden, wie klein sie auch oft des Beispiels wegen ausgeprägt werden, welches nicht auch von dem sittlichen Triebe aus hätte können entweder gefordert oder auch verworfen werden. Daher stören sie sowol die Stetigkeit des sittlichen Handelns im Leben, als auch den Zusammenhang in der Darstellung, und machen die Wahrheit der ethischen Ideen überhaupt verdächtig, indem sie hindern, daß diese sich nicht durchgängig bewähren können. Auf alle Weise also wäre es eine Verbesserung gewesen in der Lehre seines Meisters, welche Ariston von Chios einführen wollte, indem er behauptete, es dürfe, wo das Gute sein solle, auch gar kein Trieb statt finden und keine Bewegung des Gemüthes auf dasjenige, was zwischen der Tugend liegt und dem Laster. Denn daß er dieses allein sollte als den höchsten Zwekk, und das erschöpfende Merkmal des sittlichen aufgestellt haben, ist gewiß nur ein thörigtes Mißverständniß der späteren Erzähler. Offenbar richtig aber ist der Grundsaz, daß Ethik als Wissenschaft nicht bestehen kann, wenn sie nicht das Recht sowol als die Pflicht hat, das Ganze des menschlichen Handelns zu umfassen, und daß in einem als vollständig gedachten sittlichen Leben alles Thun sich in ein sittliches und folglich ethisch zu beurtheilendes verwandeln, was aber noch auf eine andere Weise entsteht, als aufzuhebend und jener Vollständigkeit Abbruch thuend muß angesehen werden. Nur auf eine solche Art nun erscheint alles, was aus einem andern Triebe hervorgegangen ist, im Platon sowol als im Spinoza. Denn jener, wenn er auch den Grundsaz selbst nirgends ausdrükklich anerkannt hätte, stellt, so lange dergleichen vorhanden ist, auch die Sittlichkeit noch dar als im Streite begriffen, und also unvollkommen. Dieser aber, wenn gleich er die vollständige Sittlichkeit für unmöglich der menschlichen Natur erklärt, zeigt nur desto stärker die Reinheit seiner wissenschaftlichen Ansicht, wenn selbst die geglaubte Unvermeidlichkeit ihn nicht bewegen kann für gleichgültig zu erklären, was nicht unmittelbar aus der Thätigkeit des reinen in seiner Vollständigkeit aufgefaßten Triebes hervorgegangen ist. Was er aber bisweilen äußert, daß die nicht durch die Vernunft erzeugten Handlungen sowol gut sein könnten als böse, kann keinesweges als ein Gegenerweis gelten. Denn es ist nur theils in dem eingeschränkten Sinn zu verstehen, den er selbst von dem wissenschaftlichen unterscheidet, ja auch in diesem nur zufällig; theils ist es nur gesagt im Streit gegen die vielgehörte und mit seiner Voraussezung unverträgliche Behauptung, daß von dem bösen aus auch in ununterbrochener Reihe nur böses könne angeknüpft werden.

Derselbe Grundsaz der Beurtheilung nun entscheidet auch über den lezten Gegensaz, den nemlich, ob nur in dem gemeinschaftlichen der menschlichen Natur, oder in dem eigenthümlichen eines Jeden das sittliche soll anzutreffen sein, und ob eins das andere ausschließen darf, oder beides mit einander zu verknüpfen ist. Wie nun das eigenthümliche allein, wenn ihm das gemeinschaftliche untergeordnet, und also dieses als solches ausgeschlossen wird, in ein unbestimmtes und unbestimmbares mannigfaltiges nothwendig zerfährt, dieses hat sich schon oben an den eudämonistischen Sittenlehren gezeigt. Und daß auch in den praktischen nichts anderes zu erwarten ist, kann man ebenfalls aus jenen ersehen, wenn man denjenigen Theil, welcher dort freilich fälschlich nur als Mittel, dennoch bildend und thätig ist, betrachtet, so wie diese mit Verachtung aller Hinsicht auf das gemeinschaftliche geforderte Bildung und Vollendung irgend einer gleichviel welcher Gemüthsart, weniger in wissenschaftlichen Vorträgen als im Leben und dessen Vertheidigung, von denen der gallikanischen Schule ist als höchster Zwekk aufgestellt worden. Soll aber das sittliche nur in dem gemeinschaftlichen zu finden sein, alles eigenthümliche aber als aufzuhebend gänzlich ausgeschlossen: so ist offenbar, daß, wenn auch nicht ganze Gebiete von Handlungen doch in allen irgend etwas, nicht kann ethisch bestimmt werden; sondern überall wird in der Art und Weise, wie etwas kann verrichtet werden, noch vieles frei bleiben. Bestimmt aber muß doch durchgängig sein, was wirklich geschehen soll, und so tritt auf einmal entweder eine unbedingte Willkühr oder irgend ein Mechanismus, es sei nun ein äußerer der Gewohnheiten und Sitten, oder ein innerer der Neigungen in das ethische Gebiet ein. Man sehe nur wie Kant bisweilen unter dem lezteren seufzt, und sich dafür den ersteren herwünscht. Ein solcher Mechanismus aber kann nicht entstehen, wenn nicht die Geseze desselben schon eine Menge von Handlungen bestimmt haben, welches nicht ohne Vorübergehung des sittlichen Gesezes geschehen konnte, so daß auch hier das Zustandekommen des sittlichen abhängig wird von einem früheren unsittlichen. Aber auch ganze Handlungen selbst giebt es, welche bloß von dem gemeinschaftlichen aus nicht können bestimmt werden. Woher zum Beispiel sollte ein allgemeiner Bestimmungsgrund genommen werden, nach welchem der Mensch seinen Stand und Beruf wählen, oder festsezen könnte, ob er in eine gewisse Gesellschaf, die eheliche zum Beispiel, jezt treten sollte oder später odr gar nicht. Denn wo, wenn sie nicht in dem eigenthümliden eines jeden liegen sollen, wären die Momente jener besten Ueberzeugung, nach der und nicht nach Neigung wir uns, wie Fichte denkt, in diesen Dingen entscheiden sollen? Auch ist Fichte fast der einzige unter den Neueren, welcher dieser Gegenstände erwähnt. Die Alten aber fühlten die Unmöglichkeit sehr wol, sie gut begründet in das System hineinzubringen, und stellen daher die Frage immer so, ob wol der Weise deses oder jenes thun werde oder nicht, durch deren Beantwotung sie freilich die Sache, wie ja der Weise ein allgemeiner Musterbild sein sollte, auch allgemein entschieden, doch aber nit dem Bewußtsein, daß sie dies in der Ordnung und nach der Weise des Systems nicht bewerkstelligen könnten. Wie nun die Aufgabe, in welche dieses zu endigen scheint, die Verbindung nemlich des allgemeinen mit dem eigenthümlichen, und des einen Bestimmung durch das andere, noch am ersten gelöst werden kann nach den Ideen des Spinoza und Platon, ist auch schon erwähnt. Ja unmittelbar berührt, und von einer Seite nicht übel gelöst, kann man sagen, daß sie schon sei durch die gewiß nicht platonische und der Idee der Aehnlichkeit mit Gott angemessene Eintheilung des ganzen sittlichen Geschäfts in die Entwerfung der Lebensweise und die Führung des Lebens. Denn in jenem Theile wird das eigenthümliche festgestellt, und nur durch das gemeinschaftliche begrenzt, in diesem aber walten die allgemeinen Geseze vor, so jedoch, daß alles durch jenes Eigenthümliche bestimmt, und darauf bezogen wird.

Dieses nun sei genug von den bemerkten Verschiedenheiten der Grundsäze. Denn es reicht hin, sowol den wissenschaftlichen Werth der bisherigen Ethik in dieser Hinsicht zu prüfen, als auch die Aufgabe zu bezeichnen, welche derjenige sich vorzulegen hat, der einen genügenden Grundsaz der Sittenlehre aufstellen will. Und nun zur Prüfung der einzelnen sittlichen Begriffe, welche wir in den verschiedenen Systemen antreffen werden.

Anhang.

Erläuterungen zu dem, was von einigen Schulen gesagt worden.

I. Daß Aristoteles noch in einem besonderen Sinne vor Andern die Sittenlehre der Staatslehre untergeordnet, und jene vornemlich als Vorbereitung und Elementarlehre zu dieser bearbeitet hat, dies erhellt für diejenigen, welche alles mit ausdrükklichen Worten vernehmen müssen, aus der Einleitung und dem Ende der Nikomachischen Ethik. Diese aber demjenigen, von welchem sie den Namen trägt, als ihrem Urheber zuzuschreiben, weil doch nicht einzusehen sei, warum wol der Sohn nicht sollte dem Vater gleich haben denken und schreiben gekonnt, dieses, wenn es nicht etwa eine schielende Ermahnung sein soll an seinen Sohn Marcus, ist vielleicht das ärgste unter allem unkritischen, was Marcus Tullius ausgegesprochen. Denn wenn auch Jemand, eben wegen der Mehrheit derselben und dem Grade von Aehnlichkeit, geneigt sein sollte, die Abfassung aller drei ethischen Werke des Aristoteles eben so viel Schülern desselben beizulegen, welche jeder seine Erinnerungen aus den Vorträgen des Lehrers zusammengetragen: so widerspricht doch dieser Meinung in Hinsicht der Nikomachischen eben jenes Ende zu deutlich. Wenn man nemlich nicht entweder auch demselben auf gleiche Weise die Politik

litik verdanken wollte, wovon sich aber keine Spur eines Zeugnisses findet, oder den Sohn für unverständig genug halten, das abgesonderte Werk mit einer so ausdrükklichen Hinweisung zu beschließen; in welchem Falle jedoch diese Verknüpfung gleichmäßig auf den Vater müßte zurükkgeführt werden. Diejenigen aber, welche etwas tiefer eindringen, werden aus den Ansichten, von welchen Aristoteles ausgeht, schon nichts anderes erwarten. Denn indem er der Ethik nur das Gebiet anweiset, die Tugenden des unvernünftigen Theiles im Menschen zu verzeichnen: so kann sie schon deshalb ihren Zwekk nicht in sich selbst haben, welcher kein anderer sein könnte, als das rein genießende Leben; sondern muß demjenigen dienen, was ein Zwekk des vernünftigen Theiles ist, entweder also nach seiner Ansicht dem bloß beschaulichen und wissenschaftlichen, oder dem geselligen und den Staat bildenden. Von jenem finden sich mehrere Spuren in der Eudemischen Ethik, in welcher die Verbindung mit der Politik beinahe verwischt ist; das leztere aber ist die herrschende Beziehung in der Nikomachischen sowol als der großen.

Demohnerachtet aber ist Aristoteles, historisch betrachtet, der Mittelpunkt der alten Sittenlehre, aus welchem auf der einen Seite die Stoiker sich genährt und gebildet, auf der andern aber Epikuros, und zwar so, daß jene gleichsam die eine Hälfte seiner Darstellung mit dem Geist und Leben der Cyniker verbinden, dieser aber die andere mit dem der Kyrenaiker, und er also, ohne daß man ihn selbst dieser Eigenschaft beschuldigen könnte, dennoch die Quelle des negativen und beschränkenden Charakters der Ethik geworden zu sein scheint sowol in dem System der Lust als in dem der Thätigkeit. Denn die Naturgemäßheit der Stoiker besagt ganz das nemliche, was seine Formel, daß die Eudämonie darin bestehe, wenn für einen insbesondere dasjenige gut ist, was an sich und im allgemeinen muß dafür gehalten werden; und ihre Herrschaft der Vernunft über den natürlichen Trieb der Selbsterhaltung ist genau dasselbe mit seinem Gehorsam des unvernünftigen Theiles gegen den vernünftigen, so daß jener diesen nicht beeinträchtige in seinem eignen Werk und Leben. Ja auch ihre dem Streit gegen die Anhänger der Lust zum Grunde gelegte Ansicht von dieser, daß sie nur ein Mit- und Nacherzeugniß der Handlung sei, ist offenbar genug aus ihm entlehnt. Dagegen hat Epikuros gleichfalls von ihm den seine ganze Lehre umfassenden Unterschied, wodurch er die des Aristippos zu verbessern glaubte, den nemlich zwischen der beruhigenden Lust und der reizenden, und den natürlichen und unnatürlichen Begierden. Wie nun diese beiden mit einander entzweiet sind, und also seine verschiedenen Elemente in Widerstreit gesezt haben, ist bekannt. Wollte aber jemand aus dem Zusammenhange seiner Ideen, und auch ausdrükklich aus dem Schluß der Eudemischen Ethik, wenn dieser grade so von ihm sollte herrühren können, die Folgerung ziehn, daß wenn man seine Ethik in Verbindung seze mit dem beschaulichen Leben, sie in die Lehre und Ansicht des Spinoza hinüberspiele: so wäre auch dieses allerdings eine fruchtbare Betrachtung. Diese Theilbarkeit aber daraus vollständig zu begreifen, daß es ihm an Sinn gefehlt für den eigenthümlichen Weg des Platon, wird einem jeden aus dem bisherigen leicht genug sein.

II. Richtig ist demnach in dieser Hinsicht was den Stoikern so oft, und schon vor Alters vorgeworfen worden, daß sie nichts neues erfunden; und den Peripatetikern war nicht zu verargen, daß sie im Streite der Schulen diese Beschuldigung vorbrachten. Nicht zu rechtfertigen aber ist die Art, wie jener sonst preiswürdige Römer sie nachspricht, ohne weder auf das Verhältniß der Stoiker zu der Cynischen Schule die gebührende Rükksicht zu nehmen, noch auch, wie es von dem zu fordern ist, der über den Schulen zu stehen sich anmaaßt, den Geist des ganzen von den historischen Beziehungen des einzelnen zu unterscheiden. Doch wie wenig er überall von der Philosophie der Hellenen verstand, dieses zu beweisen sind gleichsam alle seine Werke dieser Art im Wettstreit begriffen. Man sehe nur, wie er alle die verschiedenen stoischen Formeln frühere und spätere durch einander wirft, ohne auch nur eine Ahndung weder von ihrer Verschiedenheit noch von der Art wie sie doch wieder eins sind, sondern als hätte er etwa mit schlechten Tautologien zu thun oder mit rednerischen Erklärungen, deren man, weil keine genau ist, mehrere zusammenstellt. Oder wie er selbst den Epikuros, so stolz er auch das Gegentheil betheuert, mißverstanden, und wie schlecht und gegen den Geist des Systems er seinen Torquatus den Ahnherrn vertheidigen läßt über die Hinrichtung des Sohnes; oder wie er in der Stoa sowol als in der Lehre des Platon und Aristoteles die ganz ausgearteten Nachfolger mit den ersten Meistern zusammenwirft, und über den Unterschied der Systeme ohne alle Einsicht in den Geist unbefangen hinredet. So daß jeder andere Bericht selbst aus den Sammlungen des unverständigen Diogenes, wenn sie nur mit Verstand gelesen werden, ein sicherer Wegweiser ist, und daß wer aus dem Cicero die Ethik der Aeltern wollte kennen lernen, gewiß nicht besser berathen wäre, als wer irgend ein System der Sittenlehre aus der neuesten allgemeinen und kritischen Geschichte dieser Wissenschaft beurtheilen wollte.

III. Ein Gegenstükk zu der erwähnten Vieldeutigkeit des Aristoteles ist die anglikanische Schule mit ihrem Hinüberspielen in die verschiedensten Ansichten. Niemand aber wird hoffentlich die sehr verschiedene Ursache dieser Erscheinung bei dieser und bei jenem mit einander verwechseln. Eher könnte es villeicht unbillig erscheinen, das, was von so verschiedenen Schriftstellern herrührt, geflissentlich zusammenzustellen, und wol gar erst dadurch den Schein der Unbestimmtheit und des Widerspruches hervorzubringen. Allein keinem, der sie genau kennt, wird die Gleichheit entgehen, wenn gleich Shaftesbury sich mehr dem Platon zu nähern scheint, Hume dagegen das Aristippische Element aufgefaßt hat, und Ferguson gar von vielen für einen Stoiker ist gehalten worden. Denn wie im Shaftesbury das Gleichgewicht beider Triebe die Hauptsache ist, leuchtet für sich ein. Vom Hutcheson aber kann man sagen, sein sittlicher Sinn sei nur für den Durchschnittspunkt beider dasselbe Gefühl, welches bei Fichte das Gewissen ist für die Uebereinstimmung des wirklichen Ich mit dem ursprünglichen. Smith hingegen hat mit seinem Grundsaz, welcher die Sympathie der Menschen zum Kennzeichen des Sittlichen macht, alles überboten, was oben gesagt worden ist über die Art, wie das Wohlwollen wieder in die Selbstliebe zurükkehrt; denn gewiß werden die Beobachtenden nicht sympathisiren mit demjenigen, dessen selbstliebige Triebe zu schwach sind, weil sonst auch seine wohlwollenden sich selbst zerstören, und seine Erhaltung dann ihnen vergeblich zur Last fiele. Ja auch andere, die gewöhnlich von diesen getrennt werden, wie Clarke und Wollaston, gehören nicht minder zu derselbigen Schule. Denn des ersteren angemessene Behandlung der Dinge ist nichts als eine über den Menschen hinaus erweiterte Sympathie. Wollaston aber sezt bei den Säzen, welche er aus den Handlungen zieht, überall das Wohlwollen voraus, und einer Voraussezung von der Ansicht, nach welcher gehandelt worden, bedarf er, weil sonst aus einer Handlung unzählige Säze könnten gezogen werden. Und auch nur in Absicht auf diese Einrichtung und Form des prüfenden Verfahrens kann man sagen, daß er dem Kant vorangegangen. Wie wenig Werth auch daher das den Engländern gemeinschaftliche haben mag, wie denn, wer einigen wissenschaftlichen Sinn in sich hat, noch die gallikanische Darstellung vorziehen muß: so bleibt ihnen doch der Ruhm fast ausschließend unter den Neueren, eine Art von Schule zu bilden, welche sich noch mehr durch die Angemessenheit zur ganzen Denkart des Volkes als ein in wissenschaftliche Form gebrachtes Erzeugniß ihres gemeinschaftlichen Verstandes bewährt.

IV. Um aber im Zusammenhange zu übersehen, wie jene drei verschiedenen Gestalten der obersten ethischen Idee auch von den Alten sind wahrgenommen und unterschieden worden, ist folgendes zu bemerken. Zuerst nemlich, daß das Wort, welches wir durch Glükseligkeit zu übertragen pflegen, wie es auch schon in der gewöhnlichen Rede, aus der es herüber genommen ist, halb gemein war und halb mystisch, so auch im Gebrauch der Schule leicht von jedem sich konnte angeeignet werden Daher keinesweges derselbe Inhalt überall unterzulegem ist, sondern das gleichförmige ist nur die Stelle des Begriffs in System. Wie denn offenbar der schwerscheinende Saz der Stoiker und des Epikuros, von der Eudaimonie des Weisen auch unter allen Martern, zwar der Form nach bei beiden dasselbe bedeutet, dem Inhalt nach aber etwas ganz verschiedenes. Weshalb auch Epikuros zwar dieses behaupten konnte, Aristippos aber es mit Aristoteles läugnen mußte. Hier nun sind die meisten, und unter ihnen auch Kant durch das Wort getäuscht worden, und haben die Stoiker beschuldigt, als hätten sie eine Summe von angenehmen Empfindungen in ihrem höchsten Gut. Dann erdichteten sie sich weiter, wol der Zusammenstimmung wegen, einen noch weniger veranlaßten Vorwurf gegen den Epikuros, als habe auch er eine Tugend, in praktischem Sinne nemlich, in dem seinigen. Ferner, was die Alten den Zwekk nannten, auf den alles bezogen und um deswillen alles gewählt wird, dieser Ausdrukk wird nur bisweilen uneigentlich für das höchste Gut gebraucht, und soll eigentlich dasjenige bezeichnen, was für alle Handlungen gemeinschaftlich der nächste Bestimmungsgrund ist bei der Wahl. Also dasselbe was in unsrer Sprache das Gesez genannt wird; nur daß die Alten selten den Inhalt dieser Formel unabhängig darstellen, sondern zurükkgeführt auf den Begriff der Güter oder der Tugend. Hieraus sind mehrere theils schwer zu vereinigende Aeußerungen, theils offenbare Mißverständnisse späterer Berichterstatter am besten zu verstehen. Wer aber aus der Uebertragung des Marcus Cicero dieses widerlegen wollte, der erinnere sich an mehrere solche Unschikklichkeiten, wie er zum Beispiel das, was die Stoiker die mittlere Pflicht nennen im Gegensaz der vollendeten, ganz ohne Sinn als die angefangene dollmetscht. Endlich indem die Alten die Frage aufwerfen und beantworten, was denn um sein selbst, und was um eines anderen willen gewählt werde, so übersehen sie den großen Unterschied zwischen dem Zusammenhange des Theils mit dem Ganzen, und dem des Mittels mit dem Zwekk, und sagen auch von dem Theil, in Beziehung auf sein Ganzes, er werde um eines andern willen gewählt, ohne zu bedenken, daß bei einer solchen Fortschreitung kein Uebergang des Willens Statt finde von einem Gegenstand zum andern, sondern vielmehr ein standhaftes Verharren bei einem und demselbigen. Daher so manche Säze, die uns wunderlich erscheinen, zum Beispiel, daß die Tugend um ihrer selbst, aber auch um des höchsten Gutes willen gewählt werde. Daß sie aber die Idee des Weisen ganz so gebrauchen, wie es der obigen Ableitung gemäß ist, dies erhellt fast aus allen Sprüchen, die in allen Systemen von ihm vorkommen, und wäre unnöthig ausführlicher zu beweisen.

Zweites Buch.

Kritik der ethischen Begriffe.

Einleitung.

Von der Methode die ethischen Begriffe zu bilden, und von der Art wie die vorhandenen erscheinen.

Die untergeordneten Begriffe, wie verschieden sie auch sein mögen, sowol dem Umfange nach als in der Gestalt, können in ihrer Beziehung auf das System nicht anders gedacht werden, als daß sie durch Ableitung hervorgegangen sind aus der höchsten Idee. Deshalb auch war es nothwendig, die Prüfung von dieser anzufangen, und dann erst zu den Begriffen, als dem niedrigeren, herabzusteigen. Da es jedoch eine Dialektik giebt, welche für alle Wissenschaften, und so auch für die Ethik das Gegentheil behaupten möchte: so ist diese zuvor mit wenigem zurecht zu weisen. Die Behauptung nemlich geht in Beziehung auf unsern Gegenstand dahin, daß die sittliche Idee selbst nur auf dem Wege der Absonderung gefunden worden, nachdem man an verschiedenen Arten der Handlungen den Gegensaz zwischen dem einige derselben begleitenden Beifall und dem den andern nachfolgenden Mißfallen beobachtet. Dieses aber selbst vorausgesezt, da es eines Theils eine lediglich geschichtliche Frage ist, und als solche in unsern Zwekk nicht eingreift, in einem andern Sinne aber genommen höher liegt als die jezige Untersuchung: so ergiebt sich doch daraus keinesweges das gefolgerte. Denn wenn auch die ethische Idee erst so hätte müssen gefunden werden, so entsteht daraus ein Schein freilich, als ob jene Begriffe müßten früher vorhanden sein, welcher jedoch selbst die Sache so weit erleuchtet, daß Jeder sieht, sie sind nicht ethische Begriffe gewesen, und ethische Begriffe vor der Idee müssen auch bei dieser Ansicht für Unsinn gehalten werden. Was nemlich jene Begriffe des Beifalls und der Mißbilligung anbetrifft, so können sie freilich, in so fern sie zur Entwikkelung der ethischen Idee hingeführt, ebenfalls ethische gewesen sein: allein eben insofern können sie auch nur angesehen werden als Anwendungen dieser Idee, und als, wenn gleich unentwikkelt, sie in sich enthaltend und sich auf sie beziehend. Was aber die Arten und Abtheilungen menschlicher Handlungen betrifft, welche vor Beobachtung jener Merkmale gemacht worden: so können diese nicht ethische gewesen sein, und es müssen vielmehr in ihnen sittliche und unsittliche Handlungen mit einander vermischt gefunden werden. Wenn man zum Beispiel abgetheilt hatte nach den Kräften, in Handlungen des Verstandes und Willens, oder nach der Anschaulichkeit, in innere und äußere, oder nach der Wirkung, in solche die nur den Handelnden selbst und solche die auch Andere angehn, oder wie irgend sonst vor Auffindung der sittlichen Begriffe: so ist weder einzusehn, wie diese Begriffe eher in jenen kleineren Haufen hätten gefunden werden können, als in der großen gesammten Masse, und wie also in Beziehung auf sie die Abtheilungen anders als ganz zufällig sein können, noch auch dem gemäß, wie bei dieser Zufälligkeit solche Abtheilungen übergetragen werden können in das System der Ethik, so daß es richtig wäre in dieser zu unterscheiden zwischen beifälligen und mißfälligen Handlungen des Verstandes und Willens, oder gegen sich selbst und andere. Vielmehr wäre von vorn herein das Gegentheil zu vermuthen, daß nemlich auf solche Art die sittliche Idee nicht gliedermäßig, wie sie gewachsen ist, zerlegt, sondern widernatürlich müßte zerhakkt und zerbrochen sein; indem ja das dialektische Verfahren mit

Bewußtsein gar nicht von ihr sondern von einem fremden Gebiet ausgegangen ist. Sollte es sich aber demohnerachtet entgegengesezt verhalten: so könnte doch dies nicht anders bewährt und anerkannt werden, als indem das Verhältniß dieser Begriffe zur höchsten Idee der Ethik dargelegt, und sie dadurch aufs neue und regelmäßig gebildet würden. Und nur dann wäre ihre Stelle im System keiner Anfechtung ausgesezt, wenn sich hieraus ergäbe, daß sie durch reine Ableitung ebenfalls hätten können gefunden werden. Welchen etwa dieses noch zweifelhaft sein sollte, die mögen bedenken, wie es selbst mit den natürlichen und sichtbaren Gegenständen sich nicht anders verhält. So möchte Jemand behaupten, man habe lange zuvor ehe die naturwissenschaftliche Idee eines thierischen Körperbaues vorhanden gewesen, schon einzelne darunter gehörige Begriffe gefunden, und unter mancherlei Abtheilungen die lebenden Wesen geordnet und zusammengestellt. Zweierlei aber wird dennoch müssen zugegeben werden, einmal daß auch die roheren Versuche dieser Art nicht im Geist einer ächten Naturbeschreibung gewesen, wie denn viele derselben, so wie die Behandlung sich näher an jene Idee angeschlossen hat, wieder haben zerstört werden müssen, und das gleiche Schikksal noch mehreren bevorsteht, je genauer in Zukunft die Naturkenntniß alles für die höhere Wissenschaft bearbeiten wird. Anderntheils aber, daß anderen, obgleich in unvollendeter Gestalt, jene Idee zum Grunde gelegen, und sie nur, indem dieses vollkommner dargestellt worden, in der Wissenschaft mit Recht ihren Plaz eingenommen haben. Eben so nun werden auch in der Ethik die Begriffe ihre wissenschaftlichen Ansprüche nur behaupten können, wenn sie als aus der Idee abgeleitet und ihr entsprechend anzusehen sind; und dieses also ist der Maaßstab, nach welchem sie in unserer Untersuchung müssen geprüft werden. Wenn nun bei Betrachtung der verschiedenen Systeme eine Mehrheit von Begriffen sich darstellt: so werden diese entweder alle gegen einander sich verhalten, wie obere und untere und gleichen untergeordnete;

oder es werden einige zu andern in diesem Verhältniß nicht stehen, so daß nicht nur von Begriffen, sondern auch von Reihen eine Mehrheit zu entdekken ist. Was zuerst diejenigen betrifft, welche untereinander eine Reihe bilden, so ist zuvörderst der Eintheilungsgrund zu betrachten, welcher Gehalt und Umfang eines jeden bestimmt, ob er aus der ethischen Idee oder dem mit ihr zugleich gegebenen Gebiet ihrer Anwendung hergenommen ist. Ferner aber ist zu bemerken, daß es in jeder Reihe zwei Arten von Begriffen geben muß, wenn sie als geschlossen soll angesehen werden, von welchen die einen möchten formale zu nennen sein, die anderen aber reale. Jene nämlich sagen bloß eine Beziehung aus auf die sittliche Idee, es sei nun allgemein oder mit Bezeichnung eines beschränkten Umfangs, und tragen eben in Hinsicht auf diesen Umfang das Merkmal der weiteren Theilbarkeit an sich. Soll nun diese nicht ins Unendliche fortgehn: so muß zulezt der Raum dieser Begriffe ausgefüllt werden durch reale, solche nemlich, welche nicht weiter als theilbar gedacht werden, und ein Princip der Einheit in sich selbst haben. Und dieses eben müßte bei ihnen besonders noch geprüft werden, ob es ein sittliches ist oder ein fremdartiges. So zum Beispiel wäre der Begriff der Tugend im allgemeinen sowol als auch besonders der geselligen Tugend, ein formaler und in Absicht auf seinen Umfang noch weiter hin theilbar. Als ein realer hingegen und untheilbar wird gedacht der Begriff der Wohlthätigkeit oder jeder andern bestimmten Tugend. Getheilt freilich kann auch dieser werden, wie man sich denn denken kann eine Wohlthätigkeit durch Mittheilung und eine durch Handlung, oder eine, welche sich auf das äußere, und eine andere, welche sich auf das innere bezieht. Indem er aber aufgestellt wird als ein realer Begriff: so wird behauptet, daß jede solche Theilung, wie nüzlich sie auch sein möge zu irgend einem Behuf, dennoch den Vorbehalt mit sich führe, daß das eigentlich sittliche durch sie nicht weiter getheilt werde. Denn es wird vorausgesezt, daß wer diese Tugend besizt, sie auch ganz besize, und daß nicht wieder Theile von ihr gedacht werden können, die als Tugenden in der Wirklichkeit können abgesondert erscheinen; welches zum Beispiel in dem obigen Begriff der geselligen Tugend, als einem formalen, nicht war gedacht worden. Demnächst aber ist offenbar, daß in einem System der Ethik mehrere Reihen von Begriffen können und vielleicht sollen gefunden werden, indem aus jeder von den verschiedenen Gestalten, unter denen die oberste Idee angetroffen wird, auch eine eigene Reihe von Begriffen muß abzuleiten sein. Weshalb auch darauf zu merken ist, auf welche von diesen Gestalten eine jede Reihe sich bezieht, und ob alles, was unter derselben enthalten ist, auch dieser Beziehung treu bleibt, ohne zu verwildern und durch Vermischung auszuarten. Wird nun dieses angewendet auf die verschiedenen Systeme, welche vorhanden sind: so ergiebt sich zuerst, daß die formelen Begriffe selbst, um so mehr, je weiter sie hinabsteigen, in einem jeden verschieden sein müssen von denen in allen übrigen, und so auch noch mehr die realen. Denn wie wäre es, was die lezten betrifft, möglich, daß aus Ideen, die im Inhalt ganz verschieden sind, das einzelne sollte gleich und ähnlich können entwikkelt werden. Was aber die ersten anbelangt, so ist ebenfalls klar genug, daß der verschiedene Inhalt der Idee auch einen ganz verschiedenen Eintheilungsgrund geben muß, und daß in verschiedenen Systemen nur etwa die allgemeinen Ausdrükke des sittlichen Bejahens und Verneinens können dieselbigen sein. Vielleicht möchte Jemand hiegegen einwenden, daß nicht die Idee selbst dürfte getheilt werden, sondern vielmehr das ihr angewiesene Gebiet, und dieses könnte ja in mehreren das nemliche sein, wie denn für dasselbe mehrere den allgemeinen Ausdruck menschliche Natur mit einander gemein haben. Aber auch diese wird ja, wenn die Idee anders ist, nach einem anderen Grunde müssen getheilt werden; und gewiß wird, dafern es folgerecht sein will, ein System, welches auf die bloße Empfindung ausgeht, eine andere Theilung vornehmen, als dasjenige, welches die

Thätigkeit selbst sich zum Ziel sezt. Noch weniger etwa würde der Einwurf besagen, es könne ja der allgemeine Begriff der Angemessenheit zur sittlichen Idee, ohne Hinsicht auf den Gehalt von dieser, getheilt werden nach einem logischen Princip, so wie etwa Kant uns aufstellt das Verzeichniß der Kategorien der Freiheit in Ansehung der Begriffe des guten und bösen, woraus denn offenbar formale Begriffe entstehen, welche in allen Systemen ohne Unterschied des Gehaltes ihrer Forderungen müßten zu brauchen sein. Denn die Tafel selbst zeigt genugsam das Gegentheil, indem darin bald unter einer Abtheilung vereinigt ist, was stattfinden kann in der Ethik, und was nicht; bald Theilungen gemacht sind, welche ethisch gar keine Bedeutung haben, bald durch einander geworfen, was getrennt sein sollte; so daß nicht Noth ist in Beziehung auf sie viel gegen diejenigen zu sagen, welche meinen, das Heil müsse überall zu finden sein bei einem solchen Verfahren. Ja Kant selbst erkläret wörtlich sowol als durch die That, daß seine Absicht damit mehr auf eine Annäherung der ethischen Begriffe von außen her gegangen, als auf derselben Erfindung und Anordnung. Ferner aber, was die von einander unabhängigen Begriffe betrifft, welche die verschiedenen Reihen anfangen: so wäre zu untersuchen, wie vollständig eine jede ausgeführt worden, noch mehr aber, ob auch wirklich eine richtige Beziehung auf die entsprechende Gestalt der höchsten Idee zum Grunde gelegen. Dem zu Folge also müßte jedes System seinen eignen geschlossenen Kreis ethischer Begriffe haben, durch welche der gesammte Umfang des sittlichen Gebietes anders als bei andern getheilt, und durch andre reale Einheiten ausgefüllt würde. Ja in der vollständigsten Ausführung müßte dieser Kreis ein dreifacher sein, und wenigstens müßte die Prüfung das unvollständige ergänzen, entweder darstellend oder nur divinirend; indem von dem Geist und Werth einzelner Bruchstükke einer unvollendeten Reihe auf das übrige geschlossen würde.

Daß aber dieses ausführliche und mühsame Verfahren

mit dem Werthe dessen, was bisher in diesem Theil der Sittenlehre geleistet worden ist, in keinem Verhältniß stehen würde, muß theils schon aus den Schlußsäzen, welche das erste Buch angedeutet, erhellen, theils wird jede auch nur flüchtige Betrachtung der eingeführten Begriffe selbst in ihrer Verbindung ohne Zweifel darauf hinführen. Denn jenes muß gezeigt haben, um wieviel weniger, als gewöhnlich gedacht wird, die ethischen Systeme in ihren Grundideen sich von einander scheiden, und wie fast keines ohne ein tadelnswerthes Hinschielen auf die andern zu finden ist; welcher Vorwurf noch zum Ueberfluß grade die ausgeführtesten auch am schärfsten zeichnet. Wer aber diese anstellen will, dem kann es nicht entgehen, wie in der That die Verwirrung noch größer ist, als sie im voraus sich erwarten ließ. Ueberall bis zum Widerwillen zeigen sich dieselben Eintheilungen und Begriffe; auch die Darstellungen, welche am meisten von einander abweichen sollten, borgen eine von der andern; und anstatt eignes zu entwikkeln, ist das systematische Bestreben so träge, daß es sich nur begnügt, gegen einiges von dem vorhandenen zu streiten, indem es das übrige sich aneignet. Kurz, alles ist Allen so gemein, daß, wenn die historischen Spuren verwischt werden, niemand mehr einen Grund haben kann, einiges mehr diesem anderes mehr einem andern System zuzuschreiben, und daß ganz von selbst der Verdacht entsteht, daß allen diesen Ansichten und Begriffen ein anderer als ethischer Ursprung zukommen möge. Da nun die Verwirrung weiter herabwärts immer zunimmt, und in den für real gehaltenen Begriffen so groß ist, daß nicht selten derselbe unter mehrere ganz verschiedene formale gezogen wird: so scheint die sicherste Art der Behandlung diese, daß beide Klassen gänzlich von einander gesondert, und zuerst die formalen Begriffe geprüft, dann aber mit dem Licht, welches von hier aus auf sie fallen muß, auch die realen beleuchtet werden.

Erster Abschnitt.

Von den formalen ethischen Begriffen.

Gehen wir nun über zur Prüfung der formalen Begriffe der Ethik, so treten deren drei heraus vor allen übrigen, jeder eine Reihe von andern unter sich, keiner aber dem andern untergeordnet; die Begriffe nemlich der Pflichten der Tugenden und der Güter, mit ihren Gegensäzen von Uebertretungen Lastern und Uebeln, und den sich auf sie und ihre Verhältnisse beziehenden Nebenbegriffen. So nemlich wie angedeutet ist, erscheinen sie im ganzen: denn im einzelnen fehlt es auch hier nicht an Abweichungen und an Verworrenheit. Wie zum Beispiel die Stoiker zwar im allgemeinen Tugenden und Güter unterscheiden, und als getrennte Abschnitte der Sittenlehre behandeln; dann aber doch auch die Güter eintheilen in Tugenden, und in solche die es nicht sind, so daß zu schließen ist, das nemliche Merkmal, wodurch etwas als Tugend gedacht wird, nöthige auch es zu denken als ein Gut. Oder wie die neueren mit den ihnen geläufigeren Begriffen der Tugend und der Pflicht verfahren, welche sie zwar unterscheiden in allgemeinen Erklärungen sowol als in der Art, wie sie ganz anders jeden zu theilen pflegen: geht man aber weiter ins einzelne hinab, so findet man nicht selten ganz das nemliche als Pflicht und auch als Tugend aufgeführt. Sonach schiene

schiene es wieviel Pflichten zu geben so viel auch Tugenden, in beiden Begriffen gleiches zusammengefaßt, und durch beide das sittliche auf gleiche und genau entsprechende Weise getheilt. Ja höchst seltsam und verworren werden oft beide durch einander geworfen, wenn zum Beispiel Garve, nachdem er gelehrt die Klugheit sei eine Tugend, dann zu vernehmen giebt, es sei die erste Pflicht des klugen Mannes, daß er zugleich tapfer sei und besonnen, welches doch selbst wieder andere Tugenden sind; so daß auf solche Art beide Begriffe ganz in einander geschoben werden. Doch diese Verwirrung zeigt sich erst in den realen Begriffen, und könnte also leicht nur ein Fehler der Ableitung sein, welche zur Ungebühr genähert hätte, was entfernt bleiben sollte. Allgemeiner aber und höher hinauf findet man dieses Ineinanderschieben bei Kant, welcher die Frage aufstellt, in wie fern einer dieser Begriffe vom andern könne ausgesagt werden, und sich darin mannigfaltig und höchst undialektisch verwikkelt. So hat er Pflichten, welche Tugendpflichten sind, und solche die es nicht sind doch aber ethische, dann auch allerlei was zu thun Tugend sei, aber nicht Tugendpflicht; und bald meint er, man könne sagen, der Mensch sei zur Tugend verpflichtet, bald wiederum, man könne nicht sagen, es sei Pflicht die Tugend zu besizen. Indeß wird weder diese Verwirrung noch die oben angeführte der Stoiker Jemanden bewegen, es müßte denn aus Trägheit zur Untersuchung geschehen, zu glauben, weder daß beide Begriffe gleich oder einer dem andern untergeordnet wären, noch auch daß einer oder beide, wie sie denn freilich aus dem gemeinen Redegebrauch herübergenommen sind, etwas gar nicht in die Wissenschaft gehöriges bezeichneten. Vielmehr wird Jeder überall, er gehe nun der Mehrheit der Andeutungen nach oder dem eignen Gefühl, von dem wesentlichen Unterschied sowol, als der gleichen Unentbehrlichkeit beider überzeugt bleiben, und den Fehler nur in einer sich selbst mißverstehenden Dialektik suchen, welche eben prüfend soll zurechtgewiesen werden. Ferner erhellt, daß keiner von ihnen dem andern untergeordnet ist, auch schon daraus, weil es Darstellungen der Sittenlehre giebt, in denen einer von beiden gänzlich fehlt, indem es undenkbar und der Natur zuwider ist, daß eine Wissenschaft mitten in der Reihe der ihr zugehörigen Begriffe sollte anfangen oder aufhören können. Ihren wesentlichen Unterschied nun und ihre gleiche Ursprünglichkeit vorausgesezt, entsteht um so mehr, da sich kein vierter Begriff findet, welcher den gleichen Rang behaupten wollte, der Gedanke, daß jeder von ihnen einer andern Form der ethischen Idee entspricht, und als oberster seiner Art das sittliche überhaupt bezeichne, insofern es auf jene Form sich bezieht. Demnach müßte in allen ethischen Systemen ihr Verhältniß gegen einander dieses sein, daß keiner dem andern mit Recht untergeordnet wäre; noch auch so beigeordnet, daß sie unter sich den Umfang des sittlichen Gebietes theilten, und auf diese Weise einer den andern ergänzte. Denn in diesem Falle müßten sie sämmtlich einem andern, nur nicht ausgesprochenen, als seine Theile untergeordnet sein. Sondern so vielmehr, daß jeder das sittliche überhaupt und im allgemeinen bezeichnet, und es in seinen Unterabtheilungen ganz aber nach einem andern Princip so theilt, daß, wie weit auch die Theilung fortgesezt werde, die Theile des einen nie zusammenfallen mit denen des andern. Wie etwa der Geometer eine Kreisfläche theilen kann, wenn er auf die Theilbarkeit des Halbmessers sieht, in concentrische Ringe, sieht er aber auf die Theilbarkeit der bildenden Bewegung, in Ausschnitte; und bei keiner von diesen Theilungen können jemals durch Construction nach ihrem Gesez dieselben Theile herauskommen als bei der andern. Ob nun jene Beziehung auf eine bestimmte Form der obersten Idee festgehalten worden, ob ferner dieses Verhältniß nicht verlezt ist, und ob die weiteren Theilungen der Begriffe ihrer ursprünglichen Bildung entsprechen, dieses sind die Gegenstände der mit ihnen vorzunehmenden Prüfung.

1.

Vom Pflichtbegriff.

Von dem Begriffe der Pflicht zuerst ergiebt sich aus allen Erklärungen, welche einigen Bestand haben, daß er das sittliche bezeichnet in Beziehung auf das Gesez. Das Gesez bezieht sich unmittelbar auf die That, und jede Frage nach der Pflicht ist eine Frage nach dem sittlichen in einer bestimmten That. Was also in diesem Sinn irgendwo vorkommt, das ist unter diesen Begriff gehörig und hier mit in Untersuchung zu ziehen. So erklärt Kant die Pflicht als die durch das Gesez bestimmte Nothwendigkeit einer Handlung. So auch wird Pflicht sein, was die Stoiker sehr verständig erklären als dasjenige, was, wie es im Zusammenhange des Lebens gehandelt wird, eine vernunftmäßige Vertheidigung zuläßt. Das vernunftmäßige nämlich ist, was durch Beziehung auf das Gesez gefunden wird; das erstere Merkmal aber deutet sehr vortrefflich die Art an, wie überall allein die Pflicht kann ans Licht gebracht und bestimmt werden. Eben so ist es eine Frage nach der Pflicht, wenn gefragt wird, ob in der Schlacht den Freund zu verlassen schön sei oder schändlich, wie die Alten sagten, recht aber oder unrecht, wie wir sagen würden, denn auch dieses Wort drükkt in unserm Gebrauch nicht eine rechtliche Beziehung aus, sondern eine sittliche. Daß nun dieser Begriff ein rein formaler ist, und seinen Inhalt erst erwartet, auf der einen Seite von dem Inhalt des Gesezes, auf der andern aber von dem Inhalte des Gebietes der Handlungen, worauf es soll angewendet werden, dieses ist deutlich. Und wenn Kant nur das für heilig hält, was dem Gesez, wie es von ihm aufgestellt und erkannt worden, entspricht: so hat er nicht Ursach, also begeistert, wie er thut, den Namen der heiligen Pflicht anzurufen. Denn wenn gleich in den Darstellungen der auf die Empfindung und den Genuß ausgehenden Sittenlehre wenig die Rede ist von der Pflicht: so hat dennoch dieser Begriff auch dort seine Stelle, weil ja der Gegenstand des Triebes auf eine auch der Idee jener Ethik angemessene oder widerstreitende Art kann behandelt, und jeder Augenblikk auf diese oder jene Art ausgefüllt werden. Weiter aber als diese möchte wol keine Sittenlehre von dem Begriff der Pflicht entfernt sein, so daß hieraus seine allgemeine Gültigkeit hinlänglich erhellt. Was aber das Verhältniß desselben zum Begriff der Tugend betrifft, dieses bezeichnen die Stoiker sehr bestimmt, indem sie sagen, daß in jeder pflichtmäßigen Handlung alle Tugenden müssen vereinigt sein, woraus auch umgekehrt folgt, daß dieselbe Tugend bei sehr verschiedenen Pflichten geschäftig ist; welches beides zusammen die Verschiedenheit der Beziehung und des Inhalts beider Begriffe in dem hellsten Lichte darstellt. Unter den Neueren hingegen pflegt dieser Unterschied dadurch bezeichnet zu werden, daß dem sittlichen, insofern es auf die Pflicht bezogen wird, Gesezmäßigkeit, insofern es aber der Tugend angehört, Sittlichkeit zugeschrieben wird in einem engeren Sinne. Welches bei weitem nicht so deutlich ist, sondern vielmehr eine verderbliche Mißdeutung zuläßt. Denn nicht wenige verstehen dieses so, als könnte eine Handlung gesezmäßig sein in ethischem Sinne, also entsprechend dem Begriff der Pflicht, dennoch aber nicht hervorgegangen aus der sittlichen Gesinnung; woraus folgen müßte, daß dem Pflichtbegriff noch ein außerhalb des sittlichen gelegenes Gebiet unterworfen wäre, und er also kein ethischer sein könnte. Vielmehr könnte eine solche Handlung nur durch einen falschen Schein mit dem Gesez zusammentreffend gefunden werden, welcher sogleich verschwinden müßte, wenn sie wirklich ethisch bezeichnet würde, nemlich nach den Maximen, welche dabei in Vergleichung gekommen. Sezet etwa, um eines von jenen abgetragenen Beispielen zu wählen, es habe einer ein anvertrautes Gut, so er ohne Gefahr hätte zurükkbehalten mögen, dennoch erstattet, um hernach durch Darlegung dessen, was in seiner Gewalt gestanden, sich im Besiz des Vertrauens zu befestigen: so ist diese Handlung ethisch nicht anders auszudrükken, als er habe den größeren, wenn gleich entfernteren Vortheil dem geringeren vorgezogen. Wo nun, wie in manchen eudämonistischen Sittenlehren, der Vortheil das Gesez ist, und die Enthaltsamkeit eine sittliche Gesinnung, da ist sie sowol gesezmäßig, als auch sittlich; wo aber wie in den reinthätigen Sittenlehren der Vortheil kein ethischer Zwekk ist, da wird sie auch nicht mehr gesezmäßig sein, als sie tugendhaft ist, denn es ist nach einer Regel gehandelt, welche gar keine Stelle einnimmt, und der scheinbar ethische Ausgang beruht nur auf einem veränderlichen Verhältniß. Daher ist offenbar, daß wenn dem Pflichtbegriff die Gesezmäßigkeit, dem Tugendbegriff aber die Sittlichkeit im engeren Sinne zur Seite gestellt wird, dieses kein Gegensaz sein soll, als ob beide in der Wirklichkeit könnten getrennt sein, sondern nur ein Hinwegsehen in der Betrachtung. Denn bei gleicher Beziehung auf das Gesez, welche nur sein kann Bejahung oder Verneinung, findet Statt eine verschiedene Beziehung auf die Kraft, welche kann größer gewesen sein oder geringer, um die entgegenstehenden Antriebe zu überwinden. Auch dieses bezeichnen die Stoiker, ohnerachtet sie keine Grade der sittlichen Kraft annehmen wollen, wie denn oftmals ihre Dialektik besser ist als ihre Grundsäze. Nemlich dieselbe Handlung, welche sie in Beziehung auf das Gesez Pflicht nennen, nennen sie in Beziehung auf die Kraft und Gesinnung, je nachdem der Weise sie verrichtet hat oder der andere, in jenem Falle eine richtige oder vollendete That, in diesem ein Schikkliches, im niedrigen oder zweideutigen Sinne. Daß dies der Sinn ist von den beiden hier gemeinten und oft mißverstandenen Ausdrükken, muß jedem einleuchten; wiewol der leztere von einigen noch in einer andern verwandten Bedeutung gebraucht worden, um nemlich Bestimmungen anzudeuten, welche gefaßt werden in Beziehung auf diejenigen Dinge, von denen die vollkommene sittliche Gesinnung ihrer Behauptung nach nicht soll bewegt werden. Wenn aber Garve hiemit die ehemaligen Tugenden der Heiden vergleicht, so ist ihm dieses zu verzeihen, da er dem Marcus Cicero folgt, welcher hier alles verwirrt hat, weil er, zur unglükklichen Stunde wie immer, vom Panaitios absizend sein eignes ungelerntes Roß bestiegen hat. Kant indeß hat offenbar von dem richtigen Wege weit abweichend und, wie es ihm leicht und oft begegnet, das juridische mit dem ethischen verwechselnd, die Gesezmäßigkeit und die Sittlichkeit als Gegensaz genommen, und sich dadurch, wovon auch die Spuren sich überall offenbaren, den ganzen Pflichtbegriff, den einzigen mit dem er noch umzugehen weiß, ebenfalls verdorben. So zum Beispiel wird es ihm nun zu einer besondern Pflicht, daß alles aus Pflicht geschehen müsse, und noch zu einer anderen besonderen, daß man sich auch die Erfüllung aller Pflichten zum Zwekk mache, und zwar um die Verwirrung recht groß zu machen, und die juridische Beschaffenheit seiner Ethik ganz aufzudekken, beide zu solchen, bei denen wir nur zur Maxime verbunden sind, jede wirkliche Ausübung aber verdienstlich ist, welches heißt, über die Nöthigung des Gesezes hinausgeht. Wie nun dieses, wenn anders die ethische Gesezmäßigkeit entsprechen muß der ethischen Gesezgebung, mit seinem Begriff von der lezteren zu vereinigen ist, daß sie nemlich die sei, welche die Pflicht zugleich zur Triebfeder macht, das mag er selbst rechtfertigen. Andern aber muß hieraus klar sein, wie der Begriff der Pflicht bei ihm ein solcher ist, welcher der Sittenlehre vorangeht, herüber genommen nemlich aus der ganz unbefugt abgesonderten Theorie des Rechtes. Eben so unnatürlich sondert Fichte beides ab, und scheint auf dem gleichen Irrwege zu sein, indem er sagt, es könne bei der freien, nemlich nicht nur formal sondern auch material freien Handlung gefragt werden nach dem Was und nach dem Wie oder nach der Form und nach der Materie, welches wechselnd ins Unendliche spielen zu wollen scheint. Unnatürlich aber ist es bei ihm; denn was nicht auf die rechte Art gehandelt worden ist, das liegt auch nicht in seiner Reihe der sittlichen Annäherung, und es kann nicht auf die rechte Art sein gehandelt worden, wenn nicht nach ihr gefragt worden ist. Eigentlich also ist, wie es auch sein muß, das Was und das Wie unzertrennlich verbunden, so daß, wenn nur das erste richtig bezeichnet ist, über das lezte keine Frage mehr Statt findet, und auch aus dem Wie, wenn nur die Momente der Handlung bekannt sind, das Was sich von selbst ergeben muß. Wie aber überhaupt bei Fichte der juridische Character nicht so stark und kenntlich ausgeprägt, und überall auf der Oberfläche verbreitet ist: so hat auch dieser falsche Zug bei ihm nicht so viel verwirrende Folgen.

Wenn nun der Pflichtbegriff ferner seine Stelle als erster seiner Art und als allgemeine Bezeichnung des sittlichen würdig behaupten soll: so muß er es auch ganz umfassen, und auf jede Handlung seine Anwendung finden. Denn daß diese Allgemeinheit gewiß der Idee zukommen muß, und ihr bald nichts übrig bleibt, wenn erst einiges ihr entzogen ist, dieses ist schon oben mit wenigem erwähnt; hier aber muß davon mit Beziehung auf den Begriff auf andere Weise gehandelt werden; indem der Fall sich denken läßt, daß der Grundsaz selbst in seinem Inhalt eine solche Beschränkung nicht bei sich führe, und sie ihm nur bei der Anwendung aus Schuld der Begriffe aufgelegt werde. Derjenige Begriff nun, welcher überall, wo er als ein wirklicher und positiver in die Ethik eingeführt wird, eine solche fehlerhafte Beschaffenheit des Pflichtbegriffs anzeigt, ist der Begriff des erlaubten. Daß dieser, so gedacht wie jezt bestimmt worden, ein widersprechender sei, ist nicht schwer einzusehen. Denn er geht in Absicht auf seinen Inhalt doch immer auf dasjenige, was innerhalb des sittlichen Gebietes liegt; — oder würde es etwa nicht lächerlich, und als eine falsche Anwendung des Begriffs erscheinen, wenn Jemand zum Beispiel fragen wollte, ob es erlaubt sei zu verdauen? — von diesem aber sagt er aus, daß es sittlich nicht bestimmbar sei, so daß offenbar die Bestimmung und das Bestimmte darin einander aufheben. Wie er nun dennoch in die meisten Darstellungen der Sittenlehre Eingang gefunden, dieses ist auf eine zwiefache Art zu erklären. Zuerst daraus, daß er allerdings in der Anwendung der Ethik im Leben seine Bedeutung hat; aber nicht als ein positiver, sondern nur als ein negativer Begriff. So nemlich daß er besagt, eine Handlung sei noch nicht so in ihrem Umfang und mit ihren Grenzen vollständig aufgefaßt, daß ihr sittlicher Werth könne bestimmt werden. Denn zu Folge des oben schon gesagten steht die ethische Idee, gleichviel welchen Gehalt man ihr unterlege, mit einer Handlung, insofern diese nur entweder eine Bewegung des Gemüthes oder eine Veränderung in der Sinnenwelt ist, unmittelbar in gar keinem Verhältniß; und von jeder Handlung, so lange sie nur so ausgedrükkt ist, muß gesagt werden, daß sie erlaubt ist, das heißt, daß es Bestimmungen geben könne, unter welchen sie dem Gesez gemäß, und andere unter denen sie denselben zuwider sein wird. Ja dieses gilt von dem Vernichten eines menschlichen Lebens nicht minder als von dem Essen einer Auster. Denn daß im gemeinen Leben auch solche noch nicht geschlossene Formeln bald erlaubt bald unerlaubt genannt werden, je nachdem sich dem Gemüth mehrere verneinende oder bejahende Bestimmungen darbieten, dieses hat auf den wissenschaftlichen Werth des Begriffs keinen Einfluß. Wogegen zum Beispiel in der Formel, der Lust nachgehn mit Versäumung des Berufs, eine für die praktische Ethik wenigstens hinreichende Bestimmung liegt, oder in der ganz einfach scheinenden des Stehlens schon enthalten ist die Vernichtung der vorhergegangenen Anerkennung des Eigenthums, und hier also ist der Begriff des erlaubten nicht mehr anwendbar. Woraus sich ergiebt, daß er in wissenschaftlichem Sinn nur besagt, die Bezeichnung einer Handlung sei, zum Behuf nemlich ihrer sittlichen Schäzung, noch nicht vollendet, und stehe also auf einem Punkt, auf welchem sie nicht könne stehen bleiben, so daß dieser Begriff keinesweges eine Bestimmung enthält, sondern nur eine Aufgabe. Wird er aber so verkannt, daß beides verwechselt, und geglaubt wird, er könne wirklich etwas ethisch bestimmen: so ist zu vermuthen, daß die Begriffe des rechten und unrechten, denen er fälschlich beigeordnet und zwischengeschoben wird, eben so verkannt sind, und daß sich in den Formeln, welche das pflichtmäßige angeben sollen, Vernachlässigungen der sittlichen Grenz- und Größen-Bestimmung finden, welche es rechtfertigen, daß neben diesem Begriff der ganz leere des erlaubten hingestellt werde. Wer zum Beispiel nicht nur wie jeder behauptet, es sei erlaubt Austern zu essen, sondern auch sich einbildet hiemit ethisch etwas bestimmt zu haben, so daß nun über die Frage nichts mehr zu sagen wäre, von dem ist zu glauben, daß auch seine Formeln zu Bezeichnung des pflichtmäßigen in der Ernährung des Körpers und im Gebrauch der Naturdinge müssen unzureichend sein. Denn wären sie bestimmt, so könnte ihm nicht entgehn, daß jene Handlung in jedem einzelnen Fall unter eine von diesen Bestimmungen fallen müsse, bald unter die bejahende, dann unter die verneinende, und daß sie demnach müsse weiter construirt werden. Wollte aber Jemand sagen, der Begriff des erlaubten sei einzuschränken auf diejenigen Gegenstände, welche zu geringfügig wären um jedesmal diese weitere Bestimmung vorzunehmen: so wäre dieses ja offenbar sehr unwissenschaftlich, weil vor dieser Bestimmung niemand über die sittliche Größe und Bedeutsamkeit der Handlung etwas behaupten kann. Dieses haben besonders die Stoiker, deren gleichgültige Dinge nicht an diesen Ort gehören, vortrefflich eingesehen, und jedes Mittel zwischen Pflicht und Uebertretung verworfen. Ja indem sie denselben Ausdrukk, durch welchen sie die vollkommenste sittliche Handlung bezeichnen, auch mit den unbedeutendsten Erfolgen zusammengesellen, und ein vollkommen sittliches Spazierengehen oder Fragen und Antworten und mehr solches annehmen: so bezeugen sie vortrefflich, daß die Anwendung des Gesezes auf eine Handlung mit der scheinbaren Größe derselben in keiner Verbindung stehe. Denn wenn doch auch sie sagen, es gebe Handlungen, die weder Pflichten wären noch Uebertretungen: so haben sie nur dialektisch die leere Stelle bezeichnen gewollt. Wie sie denn auch selbst sagen, daß sie sie nur mit dem unbestimmten ausfüllen; denn das einzelne, welches sie hinsezen, ist dasselbe, worin sie auch ein vollkommen sittliches annehmen, das Fragen nemlich, das Antworten und dergleichen. Daß also die erste Entstehung des mißverstandenen Begriffs des erlaubten von übler Vorbedeutung sei für den Pflichtbegriff überhaupt, ist deutlich aus dem gesagten. Die zweite aber ist die schon als verderblich anerkannte Verwechselung des sittlichen mit dem rechtlichen. Denn dieses leztere nimmt sich nicht heraus eine Sphäre des menschlichen Handelns auszufüllen, sondern vielmehr nur einiges aus derselben auszuschließen; und so muß natürlich dort, eben weil der Begriff der Pflicht ein negativer ist, der des erlaubten ein positiver sein. Wird nun dieses leztere auf das sittliche übergetragen, so wird auch das erste müssen mitgenommen werden; und wer, wie Kant unstreitig abermals aus Schuld dieser Verwechselung, sogar ein Erlaubnißgesez auf dem Gebiet der Ethik aufstelen will, von dem ist zu besorgen, daß er auch den Begriff der Pflicht seines wahren Gehaltes berauben, und ihn in einen beschränkenden und negativen verwandeln werde. Doch dieses schließt sich an die Art den Pflichtbegriff einzutheilen, welche jezt soll untersucht werden.

Zuerst fällt in Beziehung auf die geahndeten Mängel in die Augen die bei den Neueren fast allgemeine Eintheilung der Pflicht in die vollkommene und unvollkommene; welcher, wiewol sie von Verschiedenen verschieden erklärt wird, doch überall derselbe Begriff zum Grunde liegt, und dieselben Verfälschungen des Pflichtbegriffes nachfolgen. Denn einerseits wird die unvollkommene Pflicht erklärt als diejenige, welche sich durch andere einschränken läßt, die vollkommene aber als die, welche dies nicht erleidet; womit jene andere Erklärung in Verbindung zu sezen ist, die unvollkommene Pflicht sei die, in Ansehung deren ein jeder, nicht wie bei der vollkommnen unmittelbar zur Handlung, sondern nur die Maxime zu haben verbunden sei, offenbar jener möglichen Beschränkung wegen. Hier nun ist zuvörderst die Richtigkeit der Eintheilung leicht zu erkennen, wie auch das damit verbundene Mißverständniß des Pflichtbegriffs. Denn aus dem bisher gesagten muß jedem deutlich sein, daß jede Pflichtformel mit einem Handeln auch zugleich seine Grenzbestimmung ausdrükken muß. Pflicht nemlich ist Bezeichnung des sittlichen in einer That, in dieser aber ist es nicht unmittelbar, sondern nur durch Beziehung auf die Gesinnung zu erkennen, welche Beziehung wiederum nur erscheinen kann in der Beschränkung und Bedingung, die daraus entsteht, daß nicht das Thun selbst sondern das sittliche in demselben angestrebt ward. Wesentlich also ist jeder Pflichtbegriff Construction des sittlichen durch Grenzbestimmung des Handelns; und eine Formel, die ein bloßes Handeln ausdrükkt ohne solche Grenzbestimmung, ist keine Formel für eine Pflicht. Eine solche zum Beispiel ist die, wenn gesagt wird, es sei Pflicht das Leben zu erhalten; denn unter diese Formel läßt sich, wenn nicht das Wie, Wodurch und Wenn bestimmt ist, viel unsittliches unterbringen. Hiegegen freilich erhebt sich ein Schein aus den Rechtspflichten, bei denen dieses nicht Statt findet, und welche überall mehr als sonst irgend etwas die Abtheilung der vollkommenen Pflichten ausfüllen. Diese aber im ethischen Sinne besonders zu betrachten, und ihnen den Namen eigener Pflichten zuzugestehen, möchte sehr bedenklich sein, da nichts sittliches durch sie gesezt und bestimmt, sondern nur ein unsittliches bezeichnet wird. Ja sie sind ethisch angesehen gar nichts für sich bestehendes, sondern nur Theile der Analyse irgend einer ihnen in Hinsicht auf diesen Character unähnlichen Pflicht, so daß man sagen kann, sie haben nur den Werth von technischen Regeln für die richtige Ausführung eines anderweitig beschlossenen. So wenn die Pflicht erwiesen und anerkannt ist, ein Eigenthum zu stiften, ist es nur eine technische Bemerkung für den Unverständigen und Unbedachtsamen, daß er nicht durch einzelne Handlungen, ohne zu merken daß sie jener Pflicht angehören, die Einrichtung verleze, und das pflichtmäßig gehandelte wiederum aufhebe. Auf ähnliche Art nun weisen sie alle hin auf eine andere Pflicht, und zwar größtentheils auf die, einen Rechtszustand hervorzubringen, oder, welches gleichviel ist, durch fortgesezte Hervorbringung zu erhalten. Deshalb wird auch bei den Alten dieser Pflichten in der Ethik so gut als gar nicht erwähnt, weil bei ihrer mehr öffentlichen und thätig bürgerlichen Lebensweise das Bewußtsein von der fortgesezten Hervorbringung des gesellschaftlichen Zustandes zu lebhaft war, um solcher Vorsichtsregeln zu bedürfen. Diese Pflicht aber, den Rechtszustand wirklich zu machen, ist ebenfalls eine solche, die nur durch Grenzbestimmung als Pflicht auszudrükken ist, indem es auch in Beziehung auf sie ein Wenn giebt, und Wie, und mit Wem. Und nach eben der Regel müßte eine große Menge anderer Handlungen abgesondert werden, welche Aristoteles zusammenfaßt unter dem Titel solcher, über welche nicht mehr berathschlagt wird, weil sie nicht ein neues und frei beginnendes Thun sind, sondern nur ein nothwendiges Fortsezen eines andern, in welchem die Seele noch begriffen ist. So, sagt er, wird keiner, der sich einmal als Arzt gesezt hat, noch darüber berathschlagen, ob er einen Kranken heilen solle; denn dieses ist mit gesezt in jener That. Auch haben hierauf einige Alte, wie der Peripatetische Eudoros, eine Eintheilung gegründet in zusammengesezte und nicht zusammengesezte Pflichten, und den ganzen Ort vom Beruf und der Lebensweise unter die ersten gebracht. Diese Eintheilung nun ist freilich folgerechter als die der Neueren: dennoch aber ist es ethisch genommen kein wesentlicher Unterschied, ob die Vollbringung einer Handlung in einem ungetheilten Moment geschieht oder nicht, und ob sie sich in gleiche Theile zerfällen läßt oder nicht, sondern nur ein willkührlich angenommener zwischen Anfang und Fortsezung. Wenn also, was von der Einschränkung gesagt wird, welche die unvollkommenen Pflichten erleiden, sich hierauf beziehen soll, und andeuten, daß es ihnen, wie sie im System aufgestellt sind, an dieser Grenzbestimmung fehle, welche erst für jeden einzelnen Fall besonders müsse gefunden und hinzugethan werden, gleichsam wie ein flüchtiger Bestandtheil, welcher einer Zusammensezung besser erst im Augenblikk des Gebrauches beigemischt wird: so ist nach dem obigen grade dieser Bestandtheil der eigentlich ethische, und Formeln, denen er fehlt, sind gar keine Pflichtformeln. Ja, da sich nun auch die sogenannten vollkommenen lassen auf jene zurükkführen, so würde durch die so verstandene und erklärte Eintheilung am Ende gesagt, daß gar keine Pflichtformel könne aufgestellt werden. Ist es damit aber anders und buchstäblich so gemeint, daß eine Pflicht durch die andere soll eingeschränkt werden: so ist ja klar, daß die Formel, welche die Einschränkung erleidet, keine Pflichtformel kann gewesen sein. Denn es wird der abgestoßene und ausgesonderte Theil ihres Gebietes gesezt als der einschränkenden Pflicht entgegen, und also als pflichtwidrig, und die Formel enthält demnach sittliches und unsittliches vermischt. Noch auffallender auf eine andere Art ist der Widerspruch, wenn Kant behauptet, daß dennoch nur die unvollkommnen Pflichten den eigentlichen Inhalt der Ethik ausmachen. Denn, sollen nun die einschränkenden Pflichten Rechtspflichten sein: so geräth er auf eine im Kreise herumgehende Unterordnung der Ethik unter eine andere Disciplin, wogegen jene sich immer sträubt; sollen sie aber auch unvollkommene sein: so entsteht ein Unbestimmtes, welches bestimmt werden soll, durch ein anderes in gleicher Hinsicht Unbestimmtes, auf welche Weise denn nichts möchte bestimmt werden. Es wäre auch dieses Beschränktsein einer Pflicht durch die andere nichts anders als ein Widerstreit der Pflichten gegen einander; wie denn auch fast ausschließend diejenigen, welche eine Eintheilung in vollkommene und unvollkommene Pflichten zulassen, einen solchen einführen in die Sittenlehre, andere aber nicht. Ein Widerstreit der Pflichten aber wäre widersinnig, und nur zu denken, wenn die Pflichtformeln auf jene Art unbestimmt ihrem Begriff nicht Genüge leisten. Denn es können zwar die rohen Stoffe des sittlichen, die Zwekke nemlich und Verhältnisse, in Streit gerathen, welche auch deshalb als ethisch veränderlich und bildsam gesezt werden; die Pflicht aber als die Formel der Anwendung einer und derselben Regel des Veränderns und Bildens kann auch nur eine sein und dieselbige. Wird nun dieses Beschränken der Pflichten hinweggenommen: so kann es auch nicht ferner Pflichten geben, in Ansehung deren jeder nur zur Maxime verbunden wäre, nicht aber zu irgend einer bestimmten That. Denn eben dieses wird alsdann das Merkmal der Pflicht, daß die Handlung an ihrer Stelle nicht kann übergangen werden ohne zugleich die Maxime aufzugeben. Auch wäre eine solche Behauptung ein Beispiel, an welchem sich zeigen ließe, wie in der Ethik ein Hauptbegriff dem andern und der Behandlung nach demselben kann zum Prüfstein dienen. Denn sezet eine solche beschränkbare Pflicht, und suchet die Gesinnung, welche das Bewußtsein der Verbindlichkeit dazu enthält. Diese, wenn sie der Maxime entspricht, wird nicht sittlich sein, weil sie mit derselben auch auf das jenseits der Schranken gelegene unsittliche gehen würde; wenn sie aber in den Schranken nothwendig fest gehalten wird, so bezieht sie sich auch eigentlich auf das Princip der Beschränkung, mit welchem ja sie anfängt und aufhört, auf die Maxime aber nur zufällig und nicht unbedingt. Und so muß allemal ein unrichtiger Pflichtbegriff auch den Tugendbegriff verderben, ein richtiger Tugendbegriff aber auch den Pflichtbegriff erretten und verbessern. Andererseits wird von vielen der Unterschied zwischen den vollkommenen und unvollkommenen Pflichten darin gesezt, daß bei den ersteren ein jeder die Verbindlichkeit zu beurtheilen im Stande sei, bei den lezteren aber nur der Handelnde selbst. Hiebei nun haben offenbar als vollkommene Pflichten ebenfalls die Rechtspflichten vorgeschwebt, bei welchen freilich einem jeden die Handlung vor Augen liegt, welche widersprochen und aufgehoben wird durch deren Verlezung. Bei den unvollkommenen aber ebenfalls die Unbestimmtheit der Formeln. Denn wenn eine dem andern nur eine solche vorlegt, die Angaben aber, welche sich auf den vorliegenden Fall beziehen, zurükkhält: so ist dieser nicht im Stande die Beschränkung nach dem ethischen Princip wirklich zu vollziehen. Wogegen, wenn diese mit vorgelegt werden, ein jeder eben so gut als der Handelnde selbst muß entscheiden können, wenn nicht etwa, wie Kant bisweilen zu wollen scheint, ein Erlaubnißgesez angenommen wird, welchem zufolge auch andern der ethischen Idee fremden Beweggründen ein Spielraum vergönnt wird. Woraus aber nur erhellt, wie wenig dieser Sittenlehrer sich auf dem von ihm selbst als ethisch abgestekkten Gebiet, dem rein praktischen nemlich, zu behaupten weiß, sondern sich fast nur abwechselnd bald auf dem mechanischen des bloßen Rechts, bald auf dem, in seinem Sinne nur pragmatischen der Glükkseligkeit und Klugheit befindet. Garve aber, welcher logischen Sinn genug hatte, um sich da, wo überall nichts bestimmtes und gesundes kann gesagt werden, wenigstens nicht mit einem Merkmal zu begnügen, und so eben durch das Anhäufen die Verwirrung kund thut, dieser fügt dem angeführten Merkmal noch ein anderes als unterscheidend bei, nemlich die Nüzlichkeit der Maxime für die Gesellschaft. Wie nun dieses im Kreise herumgehe, und den Eintheilungsgrund auf eine einzelne Pflicht zurükführe, ist nicht Noth zu erwähnen. Ueberdies aber verwandelt sich auf diese Art der Unterschied nur in einen des Grades, so daß es willkührlich sein muß, welche Pflichten vollkommene sein sollen und welche nicht, wodurch gleichfalls der wissenschaftliche Werth der Eintheilung gänzlich aufgehoben wird. Denn das willkührliche darf in der Wissenschaft keinen Raum finden. Daß also diese Eintheilung sich mit dem richtig aufgefaßten Pflichtbegriff nicht vereinigen läßt, und theils auf einer nicht ethischen Ansicht des rechtlichen, theils auf einer gänzlichen Unbestimmtheit des sittlichen beruht, muß aus dem gesagten genugsam erhellen.

Ob es nun besser beschaffen sei mit einer andern unter

den Neueren nicht minder allgemeinen Eintheilung der Pflichten, nemlich in solche gegen sich selbst, und in solche gegen Andere, dieses wäre demnächst zu untersuchen. Um aber diese recht zu verstehen, muß auch das ehemalige jezt fast nicht mehr genannte dritte Glied derselben, nemlich die Pflicht gegen Gott, mit in Betrachtung gezogen werden. Diese nemlich ist neuerlich ihres Ranges beraubt worden, zuerst aus andern Gründen von anderen, von Kant aber, weil der Wille Gottes, auf welchem doch die Pflichten gegen ihn beruhen müßten, nicht könne in der Erfahrung gegeben werden. Dieser Grund nun konnte die Aelteren von Einführung eines solchen Abschnittes nicht zurükkhalten, weil sie allerdings vermeinten, der Wille Gottes sei als ein wahrnehmbares gegeben, und er vor allen als verpflichtende Person sich offenbarend und erkennbar. Es führt aber dieses auf die Frage, was es denn heiße, eine Pflicht gegen Jemand? Von welcher nicht leicht verständlichen Redensart die strengste Bedeutung unstreitig die ist, es sei diejenige, welche zur Pflicht werde vermittelst einer Nöthigung durch den Willen eines Andern, nemlich des verpflichtenden. Wird nun diese Bedeutung angenommen, so ist von denen, welche Pflichten gegen Gott zulassen, offenbar, daß, da der göttliche Wille nothwendig auf alles gerichtet ist, was die Menschen sich selbst sowol als andern lobenswürdiges leisten können, und da er das sittliche vollkommen erschöpft, sie unrecht handeln, und dem Meere noch den Eimer voll zugießen, wenn sie neben dem höchsten und unendlichen Willen noch einen andern, sei es nun der eigne oder fremde, als nöthigend annehmen. Sonach würde die Pflicht gegen Gott in diesem Sinne die beiden andern Abtheilungen der Pflichten gegen sich und gegen andere verschlingen, so daß nichts getheilt wäre. Diejenigen aber, welche Pflichten gegen Gott in einem solchen Sinne läugnen, werden auch nicht leicht dahin gelangen, die Pflichten gegen Andere sich zu erhalten. Denn thun sie jenes, weil Gott als verpflichtende Person nicht kann gegeben werden: so begehren sie als Grund

der

der Verpflichtung nicht einen Willen, wie er in der Idee construirt wird, sondern einen wirklich gegebenen; wonach, wenn dies auf die Menschen angewendet wird, auch von den Pflichten gegen Andere nichts übrig bleiben dürfte, als die wirklich geforderten des geschriebenen Rechtes. Läugnen sie aber die Pflichten gegen Gott, weil es unnöthig wäre und den Gesezen der Sparsamkeit zuwider, einen entfernteren Willen herbeizuholen, um durch dessen Nöthigung zu bewirken, was auch ein näherer schon ausrichtet, indem dem Inhalt nach die Pflichten gegen Gott nichts andres wären, als die gegen sich selbst und die Anderen: dann würde dasselbe auch von dem Willen der Anderen gelten im Vergleich mit dem eignen. Denn welcher ethischen Idee auch jemand folge, er kann nichts aufnehmen als Pflicht gegen Andere, wozu nicht schon der eigne Wille ihn nöthige, es sei nun unter der Form der Vernunftmäßigkeit oder der Glükkseligkeit oder welcher sonst. Woraus denn zulezt sich ergiebt, daß der Begriff dieser Nöthigung durch einen fremden Willen nichts ist als eine leere Erscheinung. Und woher käme wol auch dem Willen eines Andern die verpflichtende Kraft, wenn sie ihm nicht eingeräumt wird zufolge einer Idee, deren Anwendung und Herrschaft immer wiederum von dem eignen Willen abhängt? Kant jedoch hat eine schlaue Erfindung gemacht um darzuthun, wie diese verpflichtende Kraft sich erwerben lasse, nemlich durch Ausübung solcher Pflichten, welche den Andern verpflichten; bei welcher Verwirrung von Verpflichtungen man in Versuchung wäre, in einem ganz andern als er nemlich dem altrömischen Sinne, die Pflicht als einen heiligen Namen zu verrufen. So könnte gefragt werden, ob diese verpflichtenden Pflichten auch Pflichten gegen Andere wären, und derjenige hart beschuldigt, der zuerst das bedenkliche Spiel angefangen, durch seine Pflichterfüllung Andere zu verpflichten zu Pflichten, durch welche er wieder verpflichtet wird. Ja, man könnte darin einen tiefen Grund finden zu der Höflichkeit des gemeinen Lebens, welche, wenn sie dem Andern eine Dienstleistung erweisen will, denn

Dienstleistungen sind doch die verpflichtenden Pflichten, erst die Erlaubniß dazu nachsucht. Doch es ist zu wunderlich und leer, um mehr darüber zu sagen. Sonach müßte, dieses abgemacht, den Pflichten gegen Andere die gelindere Bedeutung beigelegt werden, daß sie sind Pflichten in Ansehung Anderer. In diesem Sinne nun will auch Kant Pflichten gegen Gott zulassen, findet aber als solche bloß die Pflicht, die sittlichen Gebote als göttliche anzuerkennen. Insofern zwar ist der Versuch mit diesen Pflichten verunglükkt: denn es kann keine Pflicht geben etwas einzusehen, weil dieses, so für sich betrachtet, weder etwas sittliches ist noch der Willkühr unterworfen. Nothwendig aber ist er immer: denn wenn Pflichten abgetheilt werden sollen, nach dem was dabei der Gegenstand ist, so kann nichts davon ausgeschlossen sein, weil ja alles ein Gegenstand des sittlichen Handelns sein soll. Eben deshalb aber möchte es unmöglich sein, den Gegenstand zu bestimmen, weil dieser jedesmal mannigfaltig könnte angegeben werden. Und zwar am wenigsten möchten zu unterscheiden sein Pflichten gegen sich selbst und gegen Andere. Denn sind aus der Idee der Glükkseligkeit diese Pflichten abgeleitet: so ist ja offenbar, wie der Handelnde selbst der Gegenstand ist. Steht ihnen aber die der Naturgemäßheit voran: so ist es ja ebenfalls des Handelnden Natur, welche würde verlezt werden. Nicht weniger auch ließe sich zeigen, wie die Pflichten gegen sich selbst zugleich erscheinen müssen als Pflichten gegen Andere, in jedem System der Sittenlehre in der Bedeutung worin es solche Pflichten zuläßt, welches weiter auszuführen eines jeden Belieben überlassen bleibt. Soviel aber wird jedem angemuthet aus dem vorigen einzugestehen, daß nichts wesentliches im Pflichtbegriff dieser Eintheilung zum Grunde liegt, und daß auch für sie, wie für die vorige, keine bessere Entstehung nachzuweisen ist, als aus dem falschen Schein, welchen die Rechtspflichten verbreiten.

Von solchem allgemeinen Urtheil ist jedoch einigermaßen auszunehmen die Art, wie dieselbige Eintheilung erscheint in

Sittenlehre von Fichte, wo sie ebenfalls, nicht zwar den orten wol aber der That nach, vorhanden ist, und verstekkt er einer andern, welche, da sie als eine neue Behandlung ankündigt, ohnedies näher geprüft werden muß. Hiebei nun t sich zuerst, daß von der doppelten sich durchschneidenden theilung, welche in diesem System die Pflichtenlehre um-, die eine, nemlich die in allgemeine Pflichten und beson-, als eine Haupeintheilung nicht bestehen kann, da der heilungsgrund, nemlich die Nothwendigkeit alle menschliche tigkeit in mehrere und immer kleinere Theile eigenthümlich schneiden, nur aus der Pflicht in Gemeinschaft die Natur eherrschen kann begriffen werden, welche Pflicht hier zwar Bedürfniß gemäß offenbar aber widernatürlich aus der he einzelner Pflichten herausgerükkt worden. Und auch einmal aus dem Wesen von dieser geht die Eintheilung or, sondern nur aus einer zu deren besseren Erfüllung ge-mmenen, wer weiß ob unter allen Umständen zu lobenden, ßregel. Unmöglich aber kann eine allgemeine Eintheilung Pflichten die richtige sein, welche sich auf einen nicht all-inen und durch den einzelnen nicht bewirkbaren Zustand iht. Daher auch auf der einen Seite die Willkührlichkeit ten Eintheilungen des Berufs, auf der andern die unna-iche Art wie zu diesem zufälligen und veränderlichen das ntliche und unveränderliche, nemlich die natürlichen Stände Menschen, hingestellt ist als ein gleichartiges Glied, die htigkeit hinlänglich bezeugt. Die andere Eintheilung aber, h die in bedingte und unbedingte Pflichten, ist unter andern Namen dem Inhalt nach ganz dieselbe mit je-alten in Pflichten gegen sich und Andere. Denn auf Weise scheidet sich unter beide Theile alles, was sonst be sein würde. Nun aber erhellt die Unstatthaftigkeit Eintheilung mehr als irgendwo her aus dem Grund-welchen Fichte bekennt, und zwar nicht voranstellt, wie es ebührt hätte, sondern fast beiläufig nachschikkt, daß nem-er eigentliche Gegenstand des Vernunftzwekkes und Gebotes immer die Gemeinheit der vernünftigen Wesen sein Denn so kann es keinen wesentlichen und das Gan lenden Unterschied machen, ob ich diesen an mir oder a dern erfülle; sondern höchstens nur kann dadurch ein fü beiden Fälle verschiedenes Maaß gesezt werden desj was im Gebiete einer jeden Pflicht von jedem wird sten sein. Dem zufolge erscheint auch aus dem Gesicht jenes Grundsazes betrachtet, je eine bedingte und unb Pflicht immer als dieselbe, wie jeder gleich sehen wir die Vergleichung ausführlich anstellen will; denn w Verschiedenheit der Grenzbestimmung sich zeigt, ist auch eine Hälfte aus der andern zu berichtigen, und einzelne zungen, welche erst einzurichten sind, werden jedem Augen fallen. Der Vorzug aber, welcher diesem Sitt in Betracht jener Eintheilung zuzuschreiben ist, beste darin, daß bei ihm ihre Richtigkeit so deutlich aus de brauch selbst ans Licht kommt, und die Gebrechen unb aufgezeigt werden.

Daher findet sich auch, wie schon hieraus allein vermuthet werden, bei ihm der Keim einer andern und Eintheilung. Denn wer genauer auf das einzelne sie findet unter jeder Abtheilung Pflichten, welche sich die eine auf diese die andere auf jene von seinen sub Bedingungen der Ichheit; so daß alle seine allgemeiner als besondern, bedingten und unbedingten Pflichten ziehen theils auf den Leib, theils auf die Intelligenz auf das Bewußtsein der Individualität, welches bei die Anerkennung einer Mehrheit freier Wesen. Die Abtheilung ist freilich theils vernachläßigt, theils unn zerstükkt; welches aber lediglich daher rührt, weil ei derselben als Grund jener höchsten Eintheilung ist her rissen worden. Fallen nun jene oberen Eintheilun unstatthaft hinweg: so erhebt sich diese von selbst zu d sten. Und dieses möchte die einzige Spur des richtig welche in den bisherigen Eintheilungen der Pflicht anz

Denn hier wird doch dasjenige selbst, worin das Gesez äußern soll, getheilt nach den gleichviel für uns woher ndenen wesentlichen Merkmalen desselben. Diese folglich einen wesentlichen Grund, und kann nicht nur den Begriff Pflicht auf keine Weise vernichten oder verstümmeln, son n vorausgesezt, daß das gefundene richtig gefunden ist, h dereinst durch den Zusammenhang der Ethik mit der hsten Wissenschaft bewährt werden. Merkwürdig aber ist, auch hier die Aehnlichkeit mit der alten stoischen Schule Fichtesche Ethik nicht verläßt. Dürfen wir nemlich aus von dem Römer uns ziemlich entstellt wiedergegebenen naitios auf die Schule überhaupt schließen, wenigstens in m was mit dem Unterschiede zwischen den früheren und eren Stoikern nicht in Verbindung steht: so findet sich) bei ihnen der gleiche bessere Keim unter dem gleichen ler verstekkt. Denn wie es scheint, theilten sie die Pflicht ächst ein nach den vier Haupttugenden, in Pflichten der gheit und der Mäßigung, der Tapferkeit und der Gerech eit; eine unstreitig bösartige und schon oben bei einer ern Gelegenheit getadelte Verwirrung. Hinter dieser Ein lung aber findet sich bald eine andere, welche sich auf die Stükke bezieht, in denen, wie Cicero die Verwirrung ver rend sagt, alle Tugend, er hätte aber sagen sollen alle icht und Naturgemäßheit, besteht, nemlich die Ausbildung Erkenntniß, die Unterwerfung des Leibes und der Naturtrie unter die Vernunft, und die Aufrechthaltung der Gemein ft. Daß dieses nun, sowol was den Inhalt als was Verhältniß zum Pflichtbegriff anbetrifft, ganz dasselbe ist das eben bei Fichte gefundene, darf aus dem früher schon agten nicht erst wiederholt werden. Ist nun dieser Standort mal genommen: so kann endlich, wer gutmüthig und nach tig prüft, auch bei Kant eine ähnliche Spur finden der rm nach, jedoch in jeder Hinsicht weit unter jenen beiden. nn ihm, da er die menschliche Natur auf keine Weise will Betrachtung ziehen, bleibt, wie schon gezeigt ist, als das, was dem sittlichen zur Bearbeitung vorliegt, nichts übr als die Gesammtheit aller Maximen, und diese natürlich nic als wirklicher Inhalt, der nur dürfte getheilt werden, sondr vielmehr als roher Stoff, von welchem einiges ausgewähl anderes aber hinweggeworfen wird. Die Gesammtheit d Maximen aber weiß er nicht anders zu theilen, als nach d beiden Zwekken, welche er, sofern sie die Sittlichkeit ausdrü ken sollen, verwirft, zu Bezeichnung des rohen Stoffes dess ben aber ganz tauglich findet, nach Glükkseligkeit nemlich u Vollkommenheit. Jedoch ist freilich nichts darin zu lobe als die Spur eines richtigen Gedanken. Wie willkührli aber und unrichtig nun die eigne Glükkseligkeit und die frem Vollkommenheit ausgeschieden werden, muß jedem von sel deutlich sein. Denn wenn man aus dem Element das Ge construirt, so erscheint doch die gesammte Glükkseligkeit Vernunftzwekk und Gebot, und wendet man so die Ficht Vorschrift von Theilung der Geschäfte an, so möchte ni vortheilhafteres gefunden werden, als ein Tausch der alle die alte vorkantische Ordnung zurükkversezte. Eben so sich, zumal für Kant in seiner abspringenden Weise und Hülfe seiner eignen Ansicht von der menschlichen Natur, Absicht der Vollkommenheit das umgekehrte erweisen. zeigt sich in seinen Unterabtheilungen genug, sowol der fe lende Begriff der Vollkommenheit, als der innere Widers zwischen Zuneigung uud Abneigung gegen die Glükkselig welches alles in Verbindung mit dem bisher gesagten zu fenbar ist, um mehr als angedeutet zu werden.

Dieses nun sind die bisherigen Eintheilungen des Pfl begriffs, aus denen ein jeder, wie weit dieser Begriff bi verstanden worden sei, beurtheilen möge. Jezt aber ist so der Tugendbegriff, was er sei, und ob ihm ein bess Schikksal zu Theil worden, zu betrachten.

2.

Vom Tugendbegriff.

Daß dieser Begriff dem Begriff der Pflicht dem Range nach gleichzustellen ist, und auch in allen Darstellungen der Sittenlehre so erscheint, wird wol niemand läugnen. Denn in einigen Systemen ist er offenbar der gemeinschaftliche Ursprung mehrerer untergeordneter einzelner Begriffe; in allen aber erscheint er als unabhängig und ursprünglich, keinen neben sich habend, mit welchem er etwa zu gleichen Theilen die Sphäre eines andern höheren ausfüllte. Daß aber die Stoiker ihn als ein einzelnes, darunter befaßtes, dem Begriff des Gutes unterordnen, welches wol die einzige Ausnahme dieser Art sein mag, wird sich bei näherer Betrachtung, als wol verträglich mit dieser Behauptung zeigen. Alle Erklärungen der Tugend nun stimmen zuerst darin überein, daß das Wort etwas ganz innerliches bedeutet, eine Beschaffenheit der Seele, eine Bestimmtheit der Gesinnung. Ferner auch darin, daß diese Bestimmtheit die sittliche ist, von jedem auf dasjenige bezogen, was ihm den Inhalt der ethischen Idee ausmacht; wobei vorläufig mehr auf das allgemeine zu sehen ist, als auf das besondere. Denn dieser Begriff war allgemein im Umlauf, die besondere Form aber, welcher er zunächst angehört, nicht überall gleich anerkannt und geläufig. So ergiebt sich dieselbe Bedeutung, wenn nur im allgemeinen gesagt wird, die Tugend sei die beste Beschaffenheit der Seele; oder wenn es bestimmter heißt, diejenige, durch welche alle Pflichten erfüllt werden; oder aber, diejenige, welche das höchste Gut ihrer Natur nach hervorbringt. Denn deshalb gehört der Tugendbegriff im eigentlichsten Verstande weder zu der ersten noch zu der lezten besonderen Gestalt der ethischen Idee. Wie man eben so auch den Pflichtbegriff auf das Ideal des Weisen oder des höchsten Gutes, und den Begriff eines Gutes auf jenes und auf das Gesez beziehen könnte, ohne daß deshalb die näheren Beziehungen, wie sie aufgestellt worden sind, wieder aufgelöset würden. Bezeichnet nun der Tugendbegriff die Kraft und Gesinnung, und zwar ganz, durch welche die richtigen Thaten oder Werke hervorgebracht werden: so ist er also der allgemeinste sittliche Begriff, entsprechend dem Ideal des Weisen. Denn der Weise ist derjenige, in welchem die sittliche Kraft und Gesinnung ununterbrochen und ausschließend wirksan ist, und welcher alles hervorbringt, was durch sie kann gewirkt werden, anderes aber nichts. Daß aber auf der andern Seite die Tugend auch ein Gut genannt wird, kann mit Recht nicht anders geschehen, als insofern sie zugleich ein hervorgebrachtes ist, gestärkt und befestiget durch die Thätigkeit selbst, und ein anschauliches, welches sich durch Thaten oder Werke als durch Zeichen offenbart. Wovon jedoch erst bei dem Begriff der Güter und Uebel weiter kann gehandelt werden. Sonach verhält sich die Tugend zur Pflicht, oder die Gesinnung zur That, wie die Idee des Weisen zu der des Gesezes, das heißt, wie die Kraft zu der Formel, durch welche ihre Aeußerungen müssen bezeichnet werden. Wie nun oben, um die Pflicht von der Tugend zu unterscheiden, für das, was unter jenen Begriff gehört, das Merkmal der Gesezmäßigkeit aufgestellt wurde, für diesen aber das der Sittlichkeit, und gezeigt, wie meistentheils die wahre Bedeutung überschritten, und auch das getrennt werde, was vereinigt bleiben sollte; eben so ist auch hier ein ähnliches Mißverständniß aufzulösen. Viele nemlich haben, um die Innerlichkeit des Begriffs am stärksten anzudeuten, ihn der Aeußerung ganz entgegengesezt, und diese nicht nur für das Denken davon abgesondert, sondern auch beide als in der Wirklichkeit trennbar vorgestellt; als ob die Aeußerung nur ein zufälliges wäre für die Gesinnung und ein gleichgültiges, da doch beide unzertrennlich sind in der Wirklichkeit. Denn um die Gesinnung als ein inneres von der That als einem äußeren zu unterscheiden, kann zwar von jeder bestimmten Wirkung hinweggesehen und gesagt werden, die Gesinnung würde doch die nemliche gewesen sein und von gleichem Werthe, wenn auch der Fall nicht vorgekommen wäre, wo sie eine solche That hätte verrichten können. Niemals aber läßt sich von jeder Wirkung überhaupt hinwegsehen und annehmen, die Gesinnung könne wol innerlich vorhanden sein, doch aber, ohnerachtet sie wollte und strebte, nicht vermögend etwas zu wirken und hervorzubringen. Denn dieses behaupten, heißt den Begriff nicht etwa unterscheiden und auszeichnen, sondern vielmehr vernichten, indem ja eine Thätigkeit, welche nichts thut, auch gar nicht vorhanden ist. Wenigstens grade in diesem Falle, und von der sittlichen Gesinnung überhaupt kann dies mit Zuversicht gesagt werden. Denn sie soll ja nicht von einem bestimmten Gegenstande abhängen, welchem allein obläge sie aufzufordern; sondern auf die Idee soll sie sich beziehen, für welche alles ein Gegenstand ist. Ja nicht nur von der sittlichen Gesinnung als Einer im ganzen betrachtet, sondern auch von jeder einzelnen muß es gelten, und sogar das Zeichen sein, ob der Begriff richtig gebildet, und ein wahrer Theil des Ganzen dadurch bezeichnet wird oder nicht, daß jede Tugend in jedem Augenblikk etwas bewirken muß. Daher bewährt sich auch von diesem Orte aus als richtige Bezeichnung des Unterschiedes sowol als der Verbindung zwischen Pflicht und Tugend jener Spruch der Stoiker, daß in jeder vollkommenen Handlung alle Tugenden wirksam sind. Denn was von dem Weisen in jedem Augenblikk gethan sowol als nicht gethan und ausgeschlossen wird, das allein ist die Pflicht und die vollkommene Handlung dieses Augenblikks. Es giebt also für jeden Augenblikk eine solche, und also kann auch immer und muß jede Tugend wirksam sein, und hat nicht nöthig aus Mangel an Gegenstand und Gelegenheit sich unthätig zu verbergen und gleichsam zu verschwinden. Ferner, wenn der Begriff der Tugend das sittliche allgemein bezeichnen soll: so muß auch, wie in Beziehung auf die Pflicht jede wirkliche That ihr gemäß war oder zuwider, so auch hier jede Kraft und Gesinnung, aus welcher eine That hervorgeht, entweder gut sein oder böse, welches heißt, der Tugend entweder gemäß oder zuwider. Denn wie kein wirkliches Handeln, wenn nicht die Ethik als Wissenschaft soll zerstört werden, außerhalb des sittlichen Gebietes darf angenommen werden: so auch keine Quelle des Handelns. Hiegegen aber wird von den meisten zwiefach gefehlt, indem sie zuerst innere und handelnde Kräfte annehmen, welche doch weder gut sein sollen noch böse, weil sie nemlich in keiner Beziehung ständen mit dem sittlichen; dann aber auch sezen sie sittliches und auf das sittliche sich beziehendes in der Seele, welches doch weder Tugend sein soll noch Laster, weil es nemlich keine Kraft wäre und keine Gesinnung. Was nun das erste betrifft, so behaupten viele, es könne geben Lust und Liebe, Neigung oder Abneigung, welche Bewegungen des Gemüthes doch allerdings und überall auf den Willen bezogen werden, die deshalb nicht sittlich sein könnten, weil ihre Gegenstände zu unbedeutend wären. Wie aber oben bei der Pflicht gesagt wurde, daß kein unmittelbares Verhältniß Statt findet zwischen der sittlichen Idee und einer äußeren That: so auch nicht zwischen ihr und einem äußeren Gegenstande; sondern nur vermittelst eines inneren, worauf dieser bezogen wird. Daher überall von der Größe des Gegenstandes nicht kann die Rede sein; sondern die sittliche Bedeutsamkeit der Neigung zu ihm oder Abneigung von ihm hängt ab von dem inneren, worauf er bezogen wird, welches innere immer nur kann gedacht werden entweder in Einstimmung oder in Abweichung von der ethischen Idee. Andere aber wollen handelnde Kräfte von der sittlichen Beurtheilung ausschließen, weil sie nicht Kräfte des Willens wären, sondern des Verstandes oder eines anderen Vermögens. Dieses nun ist ein Mißverstand, welcher die Frage über das sittliche wiederum hinüber zu spielen scheint in die von unserer Untersuchung ausgeschlossene Frage von der Freiheit; indem nämlich der Grund darin vorzüglich gesezt wird, daß diese Kräfte angeborne wären oder Naturgaben, und wie es sonst ausgedrükkt wird, kurz unabhängig vom Willen. Es ist aber sehr leicht ihn aufzulösen, und jenem verschlossenen

Gebiet auszuweichen, wenn nur erwogen wird, daß der Ursprung des größeren oder geringeren Umfangs und der so oder anders bestimmten Richtung eines Vermögens hier unmittelbar gar nicht in Betrachtung kommt. Denn es ist hier gar nicht vom Vermögen die Rede, sondern von der thätigen Kraft. Diese aber ist der Wille allein. Denn jedes Vermögen wird nur in Uebung und Thätigkeit gesezt durch den Willen, und der Art, wie dieses geschieht, liegt zum Grunde eine Richtung und Bestimmung des Willens. Auf diese nur wird gesehen, ob sie mit der ethischen Idee übereinstimmt oder nicht; denn nur die Richtung des Willens ist das ethische reale. Denn der Umfang des ausführenden Vermögens bestimmt nur den Erfolg, nach welchem zunächst nicht gefragt wird: die Richtung aber desselben ist nichts für sich, sondern nur abhängig von der des Willens. Was etwa hiegegen noch zu sagen wäre, widerlegt sich durch die Rükkweisung auf das, was im vorigen Buche gesagt ist, von den Gewöhnungen und Gewohnheiten, wie auch von dem an sich und von dem nur beziehungsweise unwillkührlichen; woraus die einfachen hieher gehörigen Folgerungen ein jeder selbst ziehen möge. Dieselbe Bewandtniß nun hat es, nur daß sie noch deutlicher hervortritt, mit der zweiten Ansicht, daß nemlich einiges unmittelbar auf das sittliche sich beziehend sein könne im Gemüth, ohne doch Tugend zu sein oder Untugend. Denn hieher gehört, was Kant wunderbar genug die ästhetischen Vorbegriffe der Sittlichkeit nennt, und was, auf ein gemeinschaftliches zurükkgeführt, nichts anders ist als die größere oder geringere Uebung des Verstandes das sittliche zum Gegenstande zu machen, und eben so die Lebhaftigkeit oder Stumpfheit des Gefühls im Unterscheiden desselben und im Bewegtwerden davon. Hiezu nun muß ein Vermögen überhaupt jedem zugeschrieben werden, welcher der sittlichen Beurtheilung soll unterworfen sein. Denn kein sittliches kann zu Stande kommen, weder ein inneres noch äußeres, wenn nicht Verstand und Gefühl dabei geschäftig sind und darauf gerichtet;

welche Meinung eben zum Grunde liegt, wenn gesagt wird, die Tugend sei eine Erkenntniß. Ist aber von einem Grade, das heißt einer Kraft, die Rede und von einer Thätigkeit: so ist ja deutlich, wie diese, es sei nun zunächst und unmittelbar, oder zufolge des vorigen mittelbar und im ganzen von der Richtung des Willens abhängt. Denn wenn gesagt wird, daß der Wille einer Idee entspreche: was ist damit anders gesagt, als daß diese die immer gegenwärtige und vorwaltende sei, und die, auf welche alles bezogen wird? Und wenn eine Idee diese Gewalt ausübt: so heißt eben dieses, der Wille entspricht ihr, und ist auf sie gerichtet. Sonach ist deutlich, daß, ob Verstand und Gefühl in demjenigen, was der Wahrnehmung gegeben wird, das sittliche vornemlich aufsuchen und genau unterscheiden oder nicht, keinesweges abhängt von einer eigenthümlichen Beschaffenheit dieser Vermögen, sondern lediglich von dem Verhältniß des Willens zur ethischen Idee, und von der Gewalt, welche diese über ihn ausübt. Und dieses ist der gegenüberstehende und entsprechende Fall, in welchem gesagt werden kann, die Erkenntniß des sittlichen, nemlich gleichviel ob durch den Verstand oder durch das Gefühl, sei selbst Tugend.

Dieses also sind die Bestimmungen, unter welchen der Begriff der Tugend muß gedacht werden, wenn er die Stelle in der Sittenlehre einnehmen soll, welche für ihn allein die schikkliche ist. Daß er aber, nur unter diesen Bestimmungen gedacht, immer noch ein formaler bleibt, und seinen Inhalt erst erwartet von dem Inhalt der ethischen Idee, dies bedarf keines Beweises. Wie denn auch deshalb alles bisherige nur in nakten Worten hat können ausgeführt werden, ohne Beispiele. Da nun auf keinen Inhalt bis jezt ist Beziehung genommen worden: so folgt, daß jede Ethik, der ihrige sei welcher er wolle, etwas muß als Tugend aufstellen können. Denn daran hängt ihre Wahrheit und Anwendbarkeit, daß ein Wille kann gedacht werden als allein und durchaus der obersten Idee derselben entsprechend. Und dieser Idee wird ir jedem System etwas anderes unter der Formel des bloßen Naturtriebes entgegengesezt, auf welchen also, es sei nun auf einfache oder vielfache Art, ein anderer als der sittliche Wille sich beziehen kann. So wird dem Epikuros zufolge jeder Wille unsittlich sein, welcher die positive Lust anstrebt, und nur derjenige sittlich, welcher ausschließend auf die beruhigende gerichtet ist. Nach dem Aristippos aber unsittlich jeder, welcher fähig wäre, sich auch für die bloße Thätigkeit zu bestimmen, oder irgend einer Idee zu Liebe sich zu bewegen, ohne auf die leise Bewegung zu achten, oder auf die rükkehrende Empfindung; sittlich aber jeder, der nur die wahre Lust und diese immer und überall zu bilden und zu besizen strebt. Offenbar aber ist ohne weitere Erinnerung, daß in den wenigsten Darstellungen der Ethik auf diese Art der Begriff der Tugend der eigenthümlichen Idee angebildet ist, und so das sittliche einzeln ausführlich verzeichnet. Wie denn gleich die angeführten eudämonistischen Systeme sich damit begnügen, daß sie, anstatt die eigne Tugend vorzuzeigen, nur die fremden nach ihren Grundsäzen sichten. Dieses aber heißt den Begriff gar nicht aufstellen. Denn was so von anderwärts her aufgenommen wird, kann nur zufällig mit dem eigenen übereinstimmen; und nicht als ein vielfaches zufällig zusammengerafftes, sondern als eine und ein wesentliches soll die Gesinnung sich zeigen. Was nun die einfache und reine Darstellung des Aristippos betrifft: so liegt hievon die Schuld nicht an dem eigenthümlichen Inhalt seiner Idee, sondern nur an einem fast für ihn selbst lasterhaften Ueberrest unwissenschaftlicher Schaam, welche sich weigerte das so gefundene sittliche in Widerspruch zu sezen mit dem allgemein geltenden rechtlichen; wiewol hierin schon vor ihm nicht wenig geschehen war, und auch er im einzelnen deutlich genug seine Meinung offenbart hat. Epikuros aber hat nur die eine mittelbare Darstellung mit der andern verwechselt. Denn, wie schon erwähnt, gehört er zu denjenigen, deren Sittlichkeit nur beschränkender Art ist, und in diesen freilich ist es schwer den Begriff der Tugend unabhängig für sich darzustellen. Denn wenn die ethische Idee selbst nicht rein aus sich auf eigne Weise das Leben bildet, sondern nur einen negativen Charakter hat: so kann auch die ihr angemessene Gesinnung nicht für sich dargestellt werden als selbstthätig, sondern nur vermittelst desjenigen, was sie zurükkhalten und beherrschen soll. Daher auch jeder so beschaffenen Sittenlehre die Behandlung nach dem Tugendbegriff fremd, und vornehmlich nur die nach dem Pflichtbegriff natürlich ist, welches deutlich gefühlt und streng beobachtet zu haben von Fichte allein als ein großer Vorzug kann gerühmt werden. Kant hingegen hat seine Darstellung zur Ungebühr Tugendlehre genannt, da alles reale darin nur Pflichtbegriffe sind, und er von der Tugend nur den Gegensaz nemlich das Laster hat gebrauchen können: welches zwar den Pflichten gegenüber stehend sich wunderlich ausnimmt, doch aber, indem überall viele einer, oder eines vielen entspricht, Gelegenheit giebt die Ungleichartigkeit der Begriffe zu bemerken. Mit der Tugend selbst aber befindet er sich überall im Gedränge, und sie ist bei ihm und bei allen dieser Art im Kampf in jedem Sinne. Nicht nur so nemlich, daß dadurch eine Unvollkommenheit der sittlichen Gesinnung ausgedrükkt wird, oder das Vorhandensein anderer neben ihr, welche sie überwinden muß: sondern es ist ihr etwas wesentliches, daß sie gar nicht gedacht werden kann ohne andere Antriebe, welche theils ganz theils zum Theil zu zerstören, ihr einziges Geschäft ausmacht. Daß aber die Stoiker, welche sich doch, wie oben gezeigt worden, in demselben Falle befinden, fast am ausführlichsten unter allen Alten den Tugendbegriff abgehandelt haben, ist mehr ihrem philologischen und dialektischen Sinn zuzuschreiben, als der Natur ihrer Sittenlehre. Welches auch hinlänglich dadurch sich bestätiget, daß alles wahre und richtige, was bei ihnen gefunden wird, mehr in demjenigen liegt, was sie Andere bestreitend, als in dem, was sie selbst aufbauend vortragen. Schon, wenn sie die der Tugend entgegengesezte Gesinnung beschreiben als ein nicht im Gehorsam der Vernunft stehendes Begehren, die Tugend selbst aber als ein Erkennen, muß ohnerachtet dessen, was oben hierüber gesagt worden, Jeder einsehen, daß ihnen der eigentliche Gegensaz zwischen beiden Gesinnungen entgangen ist, und sie nur um ein und dasselbe Begehren wissen, bald mit, bald ohne Kenntniß, praktische freilich, der Regeln, welche die Vernunft darüber aufstellt. Daher auch sehr wol zu unterscheiden ist die Bedeutung, in welcher sie die Tugend Erkenntniß nennen, von der, in welcher Platon das nemliche behauptet. Denn dieser hat nach seiner mittelbaren Lehrweise dadurch nur anzeigen wollen, daß die sittliche Gesinnung auf eine Idee geht, und also von dem Bewußtsein derselben unzertrennlich ist, es sei nun unentwikkelt als richtige Meinung, oder entwikkelt als wirkliche Erkenntniß; jene aber wollen andeuten, daß die Gesinnung, um sich zu äußern, eines vorher gegebenen und ihr fremden Begehrens bedarf, welches sie einer Regel gemäß behandelt. Daher auch ihre Erklärungen der Tugend theils auf das zu wählende oder das Gute sich zurükkbeziehn, welches wiederum die Tugend ist oder doch nicht ohne sie, und also im Kreise herumgehn, theils aber ganz formal sind, und nur einen polemischen Werth haben, wie die von der Uebereinstimmung im ganzen Leben, oder die gegen den Aristoteles gerichtete, die sittliche Gesinnung sei eine solche, welche ihrer Natur nach kein Uebermaaß zuläßt. Denn die von diesem gegebene Erklärung, wenn sie auch nicht in dem Grade, wie Kant es gethan hat, und aus seinen Gründen zu verwerfen ist, kann doch nicht gelobt werden, weil sie ebenfalls nur eine mittelbare ist, auf die äußere Erscheinung gegründet. Nemlich jede Handlung, welche aus der sittlichen Gesinnung hervorgeht, hat einen Gegenstand, welcher zugleich auch Gegenstand ist irgend einer Neigung. Daher muß jene Gesinnung dem äußeren Erfolge nach zusammenstimmen mit dem, was ein bestimmter Grad von dieser Neigung würde hervorgebracht haben; und daß dieser Grad immer in der Mitte liegen wird, zwischen dem was zu beiden Seiten als das äußerste der

Neigung ins Auge fällt, dies zu bemerken, und für etwas zu achten, war eines Empirikers, wie Aristoteles, ganz würdig. Dasselbige besagt seine andere Erklärung von Uebereinstimmung der Vernunft und des unvernünftigen Triebes, welche ebenfalls das, was er in sich wol als Einheit erkannte, so darstellt, wie es in der Erscheinung als ein zwiefaches zerfällt. Welche Folgen nun diese ganz unwissenschaftliche Erklärung und Construction des Begriffes für die einzelnen Begriffe und ihre Bestimmtheit haben muß, dieses wird sich unten zeigen; denn formal getheilt hat Aristoteles die Tugend nicht, wenigstens nicht nach diesem Princip. Hier ist nur zu zeigen, wie er sich, wiewol kaum zu denen gehörig, welchen die Sittlichkeit überhaupt ein negatives ist, ihnen dennoch in seiner Erklärung der sittlichen Gesinnung annähert, weil nemlich das innere Wesen derselben ihm immer eine unbekannte Größe gewesen ist, worüber auch, wer ihn aufmerksam verfolgt, viel unschuldige Winke antreffen wird, ja deutliche Geständnisse. Sonach scheinen unter den vorhandenen nur diejenigen eines reinen und reellen Begriffs der Tugend fähig zu sein, welchen, gleichviel ob Lust oder Thätigkeit, das sittliche ein einfaches reales und für sich selbst begreifliches vorstellt; welche, da den gewöhnlichen neuen Bekennern der Vollkommenheit das einfache nicht zuzugestehen ist, sich auch hier auf Aristippos, Platon und Spinoza werden zurückführen lassen.

Was nun bisher von der Art den Begriff der Tugend zu bestimmen gesagt worden, dem fehlt noch Bestätigung durch nähere Ansicht der Art, wie er von verschiedenen pflegt eingetheilt zu werden. Sehen wir hiebei zuerst auf diejenigen, bei denen die Tugend sich auf ein anderes und vorher gegebenes Begehren bezieht: so ist deutlich, daß ihnen kaum etwas anderes übrig bleibt zur Regel, um die untergeordneten und einzelnen Begriffe zu bilden, als die Betrachtung desjenigen, worauf die Tugend sich bezieht; und sie müßte sonach getheilt werden, wie die rohen Begehrungen, welche erst durch das Hinzukommen der Tugend können sittlich werden oder unsittlich auch erst werden durch ihr Ausbleiben. Auch hier zwar kann schon nicht gesagt werden, daß auf solche Weise die Tugend eingetheilt ist; denn nur das beschränkte wäre so als ein vielfaches dargestellt, nicht aber das beschränkende, und es kann nicht gezeigt werden, daß irgend eine Art oder auch ein Theil der Tugend dasselbe verrichtet in diesem, eine andere Art aber dasselbe in einem anderen Falle. Allein von dieser Eintheilung finden sich wenig Spuren bei denen, welchen sie angemessen wäre, sondern mehr bei Anderen, bei denen diese erträglichere Bestimmung nicht einmal angewendet werden kann, sondern es ganz das Ansehn gewinnt, als sollte die sittliche Gesinnung getheilt werden gemäß der unsittlichen, die ihr entgegengesezt wird, sei es nun unter dem Namen der Begierde, oder des Affektes, oder der Leidenschaft. Welches nur bei dem Verfahren des Aristoteles nicht ganz widersinnig ist; jedoch auch dieses genugsam in seiner Blöße darstellt. Werden nun jene Neigungen selbst nicht getheilt nach der verschiedenen Art, wie überhaupt das Begehren oder Verabscheuen auf einen Gegenstand kann bezogen werden, wozu Spinoza weit mehr noch und regelmäßiger als die Stoiker wiewol ihnen ähnlich, einen lobenswerthen Versuch gemacht hat, sondern nach bestimmten Gegenständen, wie zum Beispiel die drei bekannten und gemeinen, Vergnügen, Reichthum und Ehre: so sind diese schon für die Neigungen selbst nicht jedes eins und ein bestimmtes; und das, wodurch sie sich unterscheiden, steht gar nicht in Verbindung mit dem Begehren und Verabscheuen. Nicht anders als ob jemand, nachdem ein prismatischer Körper erklärt worden als durch gleichmäßige Bewegung einer Fläche längst einer Linie entstanden, nun diese Körper eintheilen wollte, je nachdem die Fläche ein Dreiekk wäre oder Vierekk, oder sonst eine Gestalt hätte, welches für die Eigenschaften des entstandenen in der wissenschaftlichen Betrachtung auch nicht im mindesten wesentlich wäre; ebenso würden auch hier Verschiedenheiten aufgestellt, die schon für eine wissenschaftliche Betrachtung der natürlichen Neigungen nicht wesentliche wären, sondern nur zufällige;

wieviel mehr noch zufällig für die Betrachtung der Tugend. Denn selbst wenn die Neigungen auf eine vernünftigere Art getheilt würden, könnte doch nicht die Tugend ihnen gemäß auch getheilt werden. Nemlich betrachtet man sie zunächst als die Abwesenheit der Neigungen, welche auf etwas anderes, als die sittliche Idee, gerichtet sind: so kann sie insofern unmöglich getheilt werden nach dem mannigfaltigen und eigenthümlichen, worauf diese gerichtet sind. Oder möchte es Beifall finden, die Finsterniß, sofern sie eine Abwesenheit des Lichtes ist, deshalb weil das Licht in der Erscheinung nicht dasselbige ist, einzutheilen in Beraubung des rothes Lichtes oder des blauen und wie sonst die prismatischen Strahlen geschieden werden? Betrachtet man aber die Tugend als im Kampf mit den entgegenstehenden Neigungen: so ist theils auch dieses nicht ihr Wesen sondern vielmehr ein vorübergehender Zustand, denn in ihrer Vollkommenheit im Weisen gedacht muß sie vorgestellt werden ohne Kampf; theils aber sind auch so die verschiedenen Neigungen für sie nicht der Art nach verschieden, sondern nur der Größe nach. Denn daß in dem einen Gemüth die sittliche Gesinnung leichter und stärker diese Neigung überwindet, in einem andern aber jene, dieses ist nicht daher abzuleiten, weil etwa jenes diejenige Art oder Gestalt der Tugend besäße, welche dem Streit mit der einen, das andere aber die, welche dem Streit mit der andern entspräche, sondern nur daher, weil in jenem die eine, in diesem die andere die schwächere ist. Dieses ist so deutlich, daß es verschwenderisch wäre, es daraus zu erweisen, weil sonst nicht nur jeder Neigung, sondern auch jedem Gegenstande derselben eine eigne Art der Tugend entsprechen müßte, so daß nicht nnr eine gemeinschaftliche Tugend entgegengesezt wäre der Neigung zum Wohlgeschmakk, sondern jedem reizenden, genießbaren eine besondere, und so in allen übrigen. Wird dieses immer weiter fortgesezt, so ergiebt sich gewiß ein Punkt, wo es jedem ungereimt erscheint; und willigt er dann in die Vernichtung des Verfahrens, so wird durch denselben Ausspruch auch jedes vorige Glied vernichtet, bis die Tugend nur als Eine dasteht im Verhältniß gegen alle Neigungen, wie mannigfaltig diese auch sein mögen. Auch ergiebt sich im großen betrachtet die Unstatthaftigkeit dieser Eintheilung daraus, daß, ohnerachtet sie keinesweges auf irgend einem besonderen Inhalt der ethischen Idee beruht, sie dennoch, von jedem entgegengesezten System aus betrachtet, ungereimt erscheint für das andere. Denn sezet, es sei im Eudämonismus die Consequenz des Aristippos auf die mehrmals erwähnte Weise vollendet: so ist dann in diesem System und dem rein thätigen sittliches und unsittliches mit vertauschter Ueberschrift ganz dasselbe. Soll nun die Tugend nicht anders können eingetheilt werden, als nach der Art, wie die Untugend sich von selbst eintheilt: so muß in dem einen die thätige Gesinnung ihre Eintheilung borgen von der Lust, in dem andern aber gegenseitig die Lust von der thätigen Gesinnung. So daß entweder keine von beiden getheilt werden kann durch die andere, oder, wenn dieses, auch jede muß fähig sein, sich selbst nach einem inneren Grunde zu theilen. Kein Ethiker aber ist wegen der Reinheit von diesem Fehler so sehr zu loben, als Spinoza, welcher, wiewol er die sittliche Kraft und die andere nur als Vollkommenheit und Unvollkommenheit unterscheidet und besser als irgend ein anderer die unsittlichen Neigungen getheilt hatte, dennoch sich verständig enthielt, dieselbe Theilung auch auf das sittliche zu verpflanzen, und so sittliches und unsittliches einzeln gegenüber zu stellen. Sehen wir ferner auf diejenigen Eintheilungen, welchen ein vorausgesezter Gehalt des sittlichen zum Grunde liegt, und zwar, weil die anderen nichts eigenthümlich und vollständig ausgeführt haben, auf die, welche das sittliche in das Handeln und Sein sezen im Gegensaz des habens und genießens: so zeigt sich weit verbreitet bei allen, welche die Vollkommenheit zu ihrer Formel gewählt haben, eine Eintheilung der Tugend, nach der Art wie überhaupt die geistige Kraft eingetheilt wird, in Tugenden des Verstandes und des Willens, oder des Vorstellungs- und Begehrungsvermögens, oder wie sonst in der Lehre von der Seele dieser Unterschied pflegt angedeutet zu werden. Was nun diese betrifft, so ist Beziehung zu nehmen auf das bereits gesagte von dem Verhältniß des Willens zu allem übrigen in der Seele, was von ihm unterschieden wird, und wie in der Ethik alles nur kann auf den Willen bezogen werden und als dessen Tugend erscheinen. Daher haben auch mit Recht Aristoteles und andere Alte den besseren oder schlechteren Zustand des Erkenntnißvermögens, sofern er sich abgesondert vom Willen betrachten ließ, außerhalb der Sittenlehre gestellt. Wenn nun, dem obigen gemäß, die Gesinnung es ist, die sittliche oder unsittliche, welche, was wir Vermögen der Seele nennen, in Thätigkeit sezt, und ihnen Umfang und Richtung bestimmt: so wäre nicht nur zuerst der Name der Eintheilung widersinnig gewählt, sondern auch der Grund derselben wäre nichtig, als ob jemand das Licht eintheilen wollte nach den leitenden Stoffen, durch welche es sich bewegt, oder eine Kunst nach den Werkzeugen, deren sie sich bedient. Wird aber jene Zurükführung alles andern auf die Einheit des Willens verabsäumt, und auf die Gesinnung nicht gesehen, welche irgend ein Vermögen des Geistes so bestimmt hat, wie es bestimmt ist: so entstehen dann Tugenden, welche mit Lastern zusammenhängen und aus einem Grunde mit ihnen herrühren, welches, wenn die Sittlichkeit und ihr Gegenstand überall etwas sein soll, wo möglich noch ärger ist, als der oben gerügte Widerstreit der Pflichten, und auf jede Weise ein Zeichen einer tiefgehenden Verwirrung der Begriffe. So hört man bisweilen reden von einem vollkommnen Verstande, der sich mit boshaften Gesinnungen verträgt, und von einer Güte des Herzens, welche mit Schwachheit des Verstandes verbunden ist. Wenn aber die sittliche Gesinnung den Verstand nicht treiben kann, wo sie ihn braucht: so muß sie schwach sein, und sich auch so zeigen in der sogenannten Güte des Herzens, welche sich also nicht als sittlich bewähren wird. Und wenn im unmittelbaren Handeln die unsittliche Gesinnung sich herrschend zeigt: so wird sie auch diejenige Reihe von Wollungen beherrscht haben, welche der Uebung und Thätigkeit des Verstandes zum Grunde lag, so daß die sogenannte Vollkommenheit, ethisch betrachtet, nichts anders ist, als eine Stärke und Vollkommenheit der unsittlichen Gesinnung. Und es ist nichts gesagt, wenn jemand einwendet, derselbe Verstand werde doch auch um so beser das sittliche vollbringen, und der Tugend dienen können: denn er vollbringt ja nichts, als durch den Willen und für den Willen, durch welchen, und für welchen er ist. Ja, es ließe sich als ein schwerscheinender Saz behaupten, daß, angenommen die Gesinnung könne sich umkehren, dann auch eine neue Uebung und Gestaltung des Erkenntnißvermögens vorangehen müsse, ehe es der neuen Gesinnung mit gleichem Geschikk werde dienen können, welches jedoch nicht hieher gehört. Die Sache selbst aber haben die Stoiker, wiewol selbst von dem Fehler nicht frei, sehr gut ausgedrükkt durch die Behauptung, daß nur der Weise in Wahrheit Freund und Meister sein könne irgend einer Kunst oder Wissenschaft; welches sagen will, daß diese Vollkommenheiten, ethisch betrachtet nur in so fern des Namens genießen, als sie durch die sittliche Gesinnung in ihrem wahren Umfange aufgegeben und hervorgebracht und also auch innerhalb derselben beschlossen sind. Weiter auch wird in denselben Darstellungen die Tugend eingetheilt, wie die Pflicht, sowol nach den Zwekken, als nach den Gegenständen. Das erste behauptet, ohne es jedoch genau auszuführen, Kant mit einer Verwirrung, in der jede Spur seines dialektischen Verstandes verschwindet, indem er sagt, es sei zwar nur Eine Tugend, man könne aber mehrere Tugenden unterscheiden nach Maaßgabe der Zwekke, welche die Vernunft vorschreibt. Denn soviel fehlt, daß jedem Zwekk eine andere und eigne Gesinnung müßte untergelegt werden, daß vielmehr nur durch die Mehrheit der Zwekke, indem vielem äußeren dasselbe innere als zum Grunde liegend sich offenbart, die Gesinnung kann erkannt werden. Nicht besser aber ist es mit dem zweiten, wenn die Tugenden, wie vorher die Pflichten, eingetheilt werden in gesellige und in auf sich selbst bedachte. Denn im sympathetischen System ist weder der wolwollende Trieb für sich sittlich noch der selbstische, sondern nur das Gleichgewicht, und also die Gesinnung nur insofern sittlich, als dieser Unterschied aufgehoben wird; im praktischen aber ist jede Person nur insofern Gegenstand des sittlichen, als sie ein Mitglied ist von der Gemeinheit der Vernunftwesen, also die Gesinnung nur insofern sittlich, als der Unterschied gar nicht gemacht wird. In beiden wäre daher diese Theilung nur der des Aristoteles ähnlich nach dem Schein, oder der andern nach dem Gegensaz: denn von Neigungen, welche selbstisch sind und gesellig, werden wol beide reden. Auch könnte jemand fragen, wie wol der Mensch dazu gelange, die Mehrheit von Menschen zu finden und anzuerkennen, wenn nicht durch einen Trieb welcher sie sucht, und ob es also eine gesellige Tugend gebe vor den Gegenständen der Geselligkeit, wodurch ebenfalls beide sich wieder in eine und dieselbe verwandeln würden. Daß aber auch Spinoza diesen Unterschied auffaßt und seine Tugend eintheilt in Starkmüthigkeit und Edelmüthigkeit, geschieht wenigstens mit deutlichem Bewußtsein, daß die Eintheilung nur eine äußere ist, und daß die Tugend nicht auf diese Weise in zwei an sich unterschiedene Gesinnungen zerfällt, so daß man von ihm nicht sagen kann, er werde durch einen Mangel an ethischem Sinn dazu getrieben, sondern nur durch eine rhetorische Absicht. Diese jedoch würde er nicht nöthig gehabt haben zu verfolgen, wenn er die zulezt aufgeworfene Frage beantwortet, und der Wurzel der ethischen Gesinnung bis dahin nachgegraben hätte, wo auch der Trieb gleiche Wesen zu suchen in sie eingewachsen ist, wozu sein System einen gar nicht beschwerlichen Weg deutlich anzeigte. Platon hingegen hat überall so stark als möglich gegen diese Unterscheidung sich erklärt, indem er sogar in der Gerechtigkeit, welche doch immer an die Spize der geselligen Tugenden gestellt wird, die gleiche auf den Handelnden selbst sich beziehende Gesinnung aufsucht. Zu welchem Versuch, um die Untheilbarkeit der Tugend auf diesem Wege anschaulich genug zu zeigen, noch die andere Hälfte mangelt, nemlich, auch die am meisten auf den Handelnden selbst sich beziehende Gesinnung zu einer geselligen und zwar in der größten Allgemeinheit zu erweitern. Endlich noch haben einige, an den neueren Eintheilungen verzweifelnd, denjenigen Theilungsgrund zu erforschen gesucht, auf welchem die vier Haupttugenden der gemeinen hellenischen Sittenlehre beruhten, welches doch nur dann von Nuzen für die Wissenschaft sein könnte, wenn zuvor die Bedeutung dieser Tugenden selbst genauer als bisher wäre geprüft worden. So meint Garve zuerst, es habe dabei die Wahrnehmung der vier natürlichen Gemüthsarten zum Grunde gelegen, welches denn auf die bereits betrachtete Eintheilung der Tugend nach den rohen Begehrungen und Antrieben zurükkwiese. Dann wieder, sie bezögen sich auf die verschiedenen Stufen des Daseins, welche der Mensch als die höchste Potenz in sich vereinigte, welches zwar gar nicht hellenisch, in gewisser Hinsicht aber spinozistischer ist, als man von diesem vermuthen sollte. Ethisch indessen ist es wol gar nicht. Denn unmöglich könnten diejenigen Gesinnungen, welche den niedrigeren Stufen des Daseins entsprechen, als für sich allein thätig gedacht, den Charakter der Vollkommenheit an sich tragen; und wer jemals nur einer solchen gemäß handelte, könnte nicht der Weise sein. So daß alle übrigen nicht für sich Tugenden sein würden, sondern nur entweder Theile der höchsten Tugend wären, oder dieser untergeordnete und an sich gar nicht sittliche Eigenschaften.

Was also den Begriff der Tugend anbetrifft: so ergiebt sich aus dem gesagten, daß auch dieser meistentheils weder gehörig entwikkelt, noch auch immer auf die rechte Weise gebraucht ist; besonders aber, daß er sich bis jezt jeder Eintheilung zu verweigern scheint, welches im voraus von den vielen überall vorkommenden einzelnen und besondern Tugenden keine günstige Meinung erregt.

3.

Vom Begriff der Güter und Uebel.

Am schwierigsten aber unter allen ethischen Begriffen ist für die Untersuchung der Begriff der Güter und Uebel, weil nicht nur die neuere Sittenlehre ihn gänzlich vernachlässigt, und kaum hie und da, gleichsam nur weil er doch einmal vorhanden ist, seiner Erwähnung thut; sondern auch in der alten die Klarheit, worin er sich darstellt, gar nicht in Verhältniß steht zu den vielen Versuchen, welche damit sind gemacht worden. So viel indeß ist für sich deutlich, daß, wenn er weder ein leerer Name sein soll für dasselbe, was unter den vorigen Begriffen zusammengefaßt wurde, noch auch etwas außerhalb der Ethik gelegenes bedeuten, nemlich dasjenige, was nur ein Mittel ist, um das sittliche als seinen Zwekk hervorzubringen, oder zu erhalten; sondern wenn er in der Wissenschaft selbst seinen Ort, wie er ihn vor Alters angewiesen worden, behaupten soll, muß er sich, wie bei uns auch schon der Name andeutet, auf die noch übrige dritte Gestalt der ethischen Idee, nemlich das höchste Gut beziehn, und zwar eben so wie die beiden vorigen auf die ihrige, wie das Element auf das Ganze, oder wie das einzelne auf die Totalität, unter welcher es befaßt ist. Das höchste Gut aber hatte sich gezeigt als Gesammtheit dessen, was durch die ethische Idee kann hervorgebracht werden, welches Hervorbringen freilich nur eine allgemeine Bezeichnung ist und der näheren Bestimmung nach in jedem System verschieden sein kann, in dem einen sich verhaltend zum hervorbringenden wie die Welt zur Gottheit, in dem andern wie die Sprache zum Gedanken oder wie die Frucht zur Pflanze. Was also ein Gut sein soll, muß sich wie ein einzelnes auf jene Art hervorgebrachtes verhalten, und wiederum eine andere ethische Einheit sein, als die Pflicht war oder die Tugend. Und daß in diesem Sinn der Begriff der Güter gemeint war, ist nicht schwer zu sehen. Denn jener Fall, wo auch die Tugend ein Gut genannt wird, ist oben schon vorläufig erörtert, und der andere Begriff der Pflicht ist niemals mit diesem verwechselt worden. Wie aber nun zu jenen beiden diese neue Einheit sich verhalten soll, und ob noch eine dritte zu den vorigen statt haben kann, dies muß jezt näher betrachtet werden. Denn an sich zwar scheint überall das hervorgebrachte ein drittes zu sein zu der hervorbringenden Kraft und der Handlung des hervorbringens; und so wie einer Kraft viele Handlungen gehören, so auch können viele Handlungen erfordert werden, damit ein hervorgebrachtes entstehe. Oder auch, wie eine Handlung kann zurükgeführt werden müssen auf viele Kräfte, als zugleich und im Verein wirkend: so auch kann jede Handlung zu erklären sein aus einer zusammengesezten Abzwekkung auf mehreres hervorzubringende. In Beziehung aber auf das sittliche scheint dieses eignen Schwierigkeiten unterworfen zu sein und uns plözlich wieder zurükzuwerfen in den alten Streit über die Form des sittlichen und seine Materie. Um nun sogleich diesen Schein zu entfernen, ist zuerst im allgemeinen zu erinnern, daß keinesweges das Verhältniß der Pflicht zum Gut so gedacht werden solle, daß die That nur Mittel sei, das Werk aber oder das hervorgebrachte der Endzwekk, welches ja schon oben als nicht verträglich ist erklärt worden mit der Natur der Sittenlehre, als in der alles unmittelbar und um sein selbstwillen bestehen muß. Vielmehr ist dieses ein sicheres Merkmal, daß eine Ethik nicht frei ist von Widersprüchen, wenn sie nicht auf eine andere eigne Weise diese beiden Begriffe auf einander zu beziehen vermag; oder vermag sie es zwar, hat es aber nicht geleistet, so geht hervor, daß sie sich selbst nicht gehörig verstanden und ausgebildet habe. Welchergestalt also auch die formalistische Sittenlehre, wenigstens von diesem Punkt aus, den Begriff nicht bestreiten kann. Eben so wenig aber darf die Pflicht gedacht werden als unzureichend um das Gut hervorzubringen, wie grade die formalistische Sittenlehre hat behaupten wollen; denn durch ein solches Verhältniß würde eben so sehr, als durch jenes, einer von beiden Begriffen aufhörer, ethisch zu sein. Dieses nun sei im allgemeinen verwahrend vorausgesezt; die wahre Beschaffenheit dieses Verhältnisses aber und der Sinn des zu betrachtenden Begriffs läßt sich nur genauer betrachten in Beziehung auf die einzelnen von einander abweichenden Darstellungen der Sittenlehre.

Was nun zuerst die eudämonistische Ethik betrifft, so ist schon im vorigen Buche gezeigt worden, daß sie eines vorbereitenden und bloß vermittelnden Handelns kaum entbehren kann, und was für nicht zu hebende Nachtheile ihr hieraus entstehen. Ferner auch ist noch erinnerlich, wie für sie das höchste Gut nichts sein kann als nur ein Aggregat, so daß keinesweges nach dieser Ansicht die einzelnen Güter für jene Idee so organische Elemente sind, wie etwa für die Idee des Gesezes die Pflichten, und daß sie auch nicht vollständig, sondern nur durch Annäherung der Idee entsprechen, deren Möglichkeit daher auch in diesem Sinne von den besten eudämonistischen Schulen ist geläugnet worden. Hievon aber müssen wir eben deshalb hinwegsehn, wenn die Frage nur die ist, ob der Begriff der Güter in seinem wahren Sinne ist aufgestellt worden; denn seine Beziehung auf die Idee wird durch deren beschränkte Beschaffenheit nicht hinweggenommen. Wenn man nun nur dasjenige Handeln betrachtet, welches nicht erst Vorbereitungen trifft und Mittel herbeischafft, sondern unmittelbar mit dem Hervorbringen der Lust beschäftigt ist: so zeigt sich dieses, wie nahe es auch an seiner Vollendung beobachtet wird, immer unterscheidbar von der Lust selbst, als dem hervorgebrachten. Niemals aber erscheint es doch gegen sie als ein ganz fremdes, oder nur als Mittel; sondern es zeigt sich überall so mit ihr verbunden, daß eins ohne das andere nicht kann gedacht werden. Denn nicht nur wird die Lust hervorgebracht in einer Zeitfolge, durch ein in gleicher Zeitfolge fortlaufendes Handeln; sondern das Handeln selbst enthält schon seiner Natur nach die Lust im Vorbilde, welches, mit dem Fortgange von jenem sich steigernd, fast stetig in die Wirklichkeit übergeht. So daß das handeln und das als ein leiden gedachte entstehen der Lust, zwei in umgekehrter Ordnung, eine wachsend die andere abnehmend, verbundenen Reihen zu vergleichen sind. Womit auch die Verschiedenheit der Einheiten nicht streitet, sondern gar wol einer Lust ein mannigfaltiges handeln entsprechen, und ein und dasselbe handeln auff ein vielfaches der Lust kann gerichtet sein; denn nach einem andern Grunde wird das Handeln, nach einem andern das Genießen getheilt und zusammengefaßt. Sehen wir weiter auf die praktische Ethik, so entspricht hier noch weit offenbarer jedem handeln, als seine eigentliche Vollendung, ein Werk. Denn jedes sittliche handeln ist das hervorbringen, oder, welches gleichviel gilt, das erhalten eines Verhältnisses, entweder der Theile des Menschen untereinander, oder des einen zu den Andern, welches Verhältniß dann für sich betrachtet, das Werk ist, welches ein Gut müßte genannt werden. Und zwar ist es seiner Natur nach allezeit ein solches, welches nur im handeln und aus Handlungen besteht, indem ja von dem Standpunkt dieser Ethik nichts anders gesehen wird, als handeln. Sonach erscheint das handeln nicht als Mittel zu dem Werk als Zwekk, sondern es ist selbst ein Theil desselben; und wiederum ist in dem Werke nichts anderes als solches Handeln enthalten, so daß offenbar das pflichtmäßige Handeln zureichend sein muß zum hervorbringen des Werkes, und also genau dasjenige Verhältniß entsteht zwischen Pflicht und Gut, welches die Natur der Begriffe und ihr Ursprung erfordern. Weil nemlich demnach die Handlung nicht bloß als Theil dem Werk untergeordnet ist, sondern auch wieder das Werk der Handlung. Denn von dem handeln für sich ist der Entschluß das Wesen; und bei diesem ist nicht nur auf dasjenige Werk allein gesehen, welches unmittelbar durch die That gefördert wird, sondern auch auf alle übrigen, die als Güter und als Theile des höchsten Gutes aufgegeben sind;

wie dieses schon oben gezeigt worden. Vielleicht aber möchte jemand gegen die behauptete Zulänglichkeit der That zur Vollbringung des Werkes einwenden, daß doch in beiden, sowol der eudämonistischen Ethik als der praktischen, das Werk nicht rein aus der That hervorgehe, sondern in der ersteren auch abhange von der Natur, in der leztern aber meistentheils von den Handlungen Anderer, welche doch in Beziehung auf jeden einzelnen Fall ebenfalls Natur sind oder Zufall. Hier nun ist eine andere in Betrachtung zu ziehn von den Verschiedenheiten der Grundsäze, ob nemlich nur das gemeinschaftliche der menschlichen Natur gedacht ist als Gegenstand der Sittlichkeit, oder auch das besondere und eigenthümliche; denn von diesen Fällen führt jeder seine eigne Antwort herbei. Wird nemlich, wie in den Systemen der Thätigkeit fast durchgängig geschieht, der erste gesezt: so sind für diese Ansicht, bei welcher die Persönlichkeit nicht in Betracht kommt, die verschiedenen Handlungen des Einzelnen nicht besser verbunden und minder zufällig eine für die andere, als die einzelnen Handlungen Verschiedener. Und sonach würde entweder auch durch diese, oder auch nicht einmal durch jene, ein Werk können so hervorgebracht werden, daß man sagen dürfte, es sei das sittliche handeln ohne Zufall dazu hinreichend gewesen. Wer nun das lezte behaupten wollte, der müßte, wie mit den einzelnen Handlungen, so auch mit den Bruchstükken des Werkes sich genügen lassen, welche er dann rein sittlich finden würde, wie in der Lust so auch in der Thätigkeit. Wird aber, wie in der Sittenlehre des Genusses am allgemeinsten und auch am richtigsten geschieht, das besondere und eigenthümliche als Gegenstand der Sittlichkeit gesezt: so verschwindet, sie gehe nun auf Thätigkeit oder auf Lust, mit dem gemeinschaftlichen der Kraft oder des Stoffes auch der allgemeingültige Maaßstab für die Vollendung des Werkes sowol dem Begriff als dem Grade nach, und auch das wird müssen für ein Werk gelten, was ohne Beihülfe der Natur aus eigner Kraft ist vollbracht worden, wenn es gleich äußerlich nur als eün Bruchstükk erscheint oder als ein Theil, oder auch als eine Verminderung eines entgegengesezten.

Auf diese Art also scheint dem Begriff seine Stelle in allen Darstellungen der Sittenlehre gesichert, und seine Bedeutung für das Ganze außer Streit gesezt. Worauf nun zu unter'suchen ist, ob er auch diesem Sinne gemäß und an der rechten Stelle ist aufgestellt worden; welches hier, wie auch bei den vorigen geschehen, ohne durch Beispiele des einzelnen und realen dem folgenden Abschnitt vorzugreifen, vermittelst der dem Begriff anhangenden, gleichfalls formalen Nebenbegriffe sowol, als auch der Art ihn zu theilen, muß geprüft werden.

Und hier ist zuerst von der Ethik, welche sich die Lust zum Ziel gesezt hat, zu bemerken, daß sie sich diesen Begriff, ohnerachtet der erwähnten Schwierigkeiten, möglichst rein hat zu erhalten gewußt. Denn Aristippos wenigstens schließt davon alles dasjenige aus, was nur ein Erzeugniß des vermittelnden und vorbereitenden handelns ist, und nur erst durch den Gebrauch seinen bestimmten Werth erhält. Auch kommt der Mittelbegriff zwischen Gut und Uebel bei ihm nicht vor als etwas wirkliches und sittlich hervorgebrachtes, sondern nur als eine leere Stelle. Denn ein Zustand, welcher weder Lust noch Schmerz in sich enthält, ist entweder gar nicht möglich, oder nur dadurch, daß das Selbstbewußtsein aufgehoben ist, welches, wenn nicht ein Theil der Handlung für die ganze genommen wird, durch ein sittlich zu beurtheilendes, das heißt willkührliches handeln, diesem System zufolge unmöglich geschehen kann. Diese verhältnißmäßig größte Reinheit nun scheint zu beweisen, daß dieser Begriff mehr als einer von den vorigen geeignet ist, das Gerüst einer solchen Sittenlehre zu bilden. Zugleich aber offenbart sich doch auch in ihm die chaotische Natur derselben. Denn sie kann nicht füglich anders, als jede Eintheiluug dieses Begriffs verwerfen, weil entweder Güter und Uebel, das sittliche und unsittliche, auf gleiche Weise müßten getheilt werden, welches bisher allezeit falsch ist befunden worden, wenn nemlich die Theilung sich gründet auf die Merkmale, welche im Begriffe der Empfindung verbunden sind. Oder wenn nach den Gegenständen getheilt würde, deren Berührung und Behandlung die Lust hervorbringt, so bezöge sich die Theilung auf nichts wesentliches, welches Werth und Art des eingetheilten verschieden bestimmte. Denn die Ursachen der Lust sind bei dieser Ansicht ganz gleichgültig, wie auch Aristippos ausdrükklich behauptet; und sie erkennt, genau zu reden, keinen andern Unterschied zwischen einem Gut und dem andern, als den des Grades, wenigstens muß sie diesem alle andere unterordnen. Da nun aus diesem keine wissenschaftliche, sondern nur eine höchst willkührliche Eintheilung hervorgehen kann, so verschwindet zu jener jede Möglichkeit; so daß das einzelne reale, welches dem Begriff des Gutes angehört, nur eben so grob empirisch und regellos kann aneinander gereiht werden, wie hier die Idee des höchsten Gutes selbst nur als ein solches zusammengereihtes gedacht wird.

Was aber zweitens die Sittenlehre des Handelns betrifft, so hat der Begriff von Gütern, wenn gleich nirgends häufiger gebraucht, doch nirgends in größerer Verwirrung gelegen, und zwar größtentheils deswegen, weil sie das formale desselben nicht rein aufgefaßt, sondern was in der Sittenlehre der Lust seinen Inhalt bezeichnet, mit darin aufgenommen haben. Von Aristoteles zwar kann man das leztere weniger sagen, und muß davon, daß er diesen Begriff gänzlich verdorben, den Grund vielmehr suchen in der eigenthümlichen Art, wie er der Lust eine Stelle einräumt neben dem Handeln. Denn er begleitete die eigenthümliche Lust nicht durch das allmählige Fortschreiten einer jeden Handlung, sondern erblikkte sie nur am Ende, und bezog sie auf das wohlgerathen, auf die gänzliche Erreichung des äußerlichen Endzwekkes der That. Hiezu nun fand er mit Recht, um es jedesmal zu bewirken, die sittliche Kraft nicht hinreichend, sondern bedurfte ebenfalls eines vorbereitenden und vermittelnden handelns nicht nur, sondern auch einer unmittelbaren Hülfe und Beistimmung der Natur und des Zufalls; und hievon die Erzeugnisse Güter zu nennen, dieser Täuschung, gegen welche Aristippos sich zu verwahren gewußt, hat er unterlegen. Denn nun beziehen sich ein Theil seiner Güter nicht auf die Idee des höchsten Gutes, und er gesteht selbst, es gebe einige Güter, die kein Bestandtheil von dieser sein könnten; weil er nemlich, auf die Thätigkeit ausgehend, nur die Lebensweise, als ein innerliches betrachtet, für dasjenige erkannte, was rein sittlich kann hervorgebracht werden. Auch fehlt es an einem Vereinigungspunkt für seine verschiedenen Arten von Gütern, wie er sie dem Platon oder vielmehr einer alten und gemeinen Vorstellung nachsprechend, eintheilt; und es möchte schwer sein, den allgemeinen Begriff, unter welchem sie sollen befaßt sein, als einen ethischen aufzustellen und zu bestimmen. Denn einige, nemlich alle äußerliche, und auch von den körperlichen und geistigen ein Theil, sind nur Ergänzungen und Erleichterungen des handelns, andere aber, nemlich von den beiden lezteren Arten die übrigen, sind ordentlich ein bewirktes durch das handeln; beide also scheinen ethisch gänzlich von einander getrennt zu sein und die Einheit des Begriffes demnach außer den Grenzen dieser Wissenschaft zu liegen. Noch eigentlicher aber läßt sich das oben gesagte, daß nemlich eudämonistische Bestandtheile auch die bloß formale Ansicht des Begriffes verdarben, von den Stoikern behaupten. In der Sittenlehre der Lust nemlich kann natürlich nur das ein Gut sein, was sich auf den persönlichen Zustand eines Menschen bezieht; und der Begriff des Besizes ist mit dem Begriff des Gutes unzertrennlich verbunden. Dieses materiale Merkmal nun nahmen die Stoiker mit auf in den formalen Begriff, und weil sie mit Recht gegen die Eudämonisten sowol als gegen den Aristoteles, die Hinlänglichkeit der sittlichen Kraft zu Hervorbringung eines jeden Gutes behaupten wollten, welches der Sinn ist von jener Formel, daß nur das ein Gut sein könne, was von uns abhängt: so blieb ihnen, als zum persönlichen Zustande gehörig und als sittlicher Besiz, nichts übrig als die Tugenden. Daher kann man sagen, daß der Begriff von ihnen nur polemisch aufgenommen und angewendet ist, und nur so einen Werth hat. Denn sehr gut haben sie gegen die Peripatetiker geläugnet, daß äußerliche Begünstigungen zur Vollendung der Tugend nothwendig wären, oder daß irgend etwas ein Gut sein könne, was nicht als Bestandtheil zum höchsten Gut gehöre. Für sie selbst ist aber der Begriff ursprünglich ganz leer geblieben, und hat nur aus Furcht vor dieser Leere hernach, anstatt das System zu vollenden, zum Verderben desselben gereicht. Denn wegen jenes aufgenommenen Merkmals mußte ihnen der Begriff der Darstellung des sittlichen, als das unterscheidende Merkmal der Güter, entgehen, und mit diesem auch die verschiedene Beziehung der Tugend, insofern sie einen unabhängigen und ursprünglichen Begriff bildet, und wiederum insofern sie dem der Güter als ein reales untergeordnet ist. Da sie aber dennoch, durch ihre dialektische Neigung getrieben, beides unterscheiden wollten: so sind sie in jene dem Aristoteles ähnliche Verwirrung hineingerathen. Daß nun dieses wirklich die Geschichte des Begriffs der Güter in ihrem Lehrgebäude gewesen ist, muß die ganze Behandlung desselben einem jeden beweisen. Denn zuerst offenbart sich die Beziehung auf den persönlichen Zustand und den Besiz in dem Verfahren mit dem Begriff der gleichgültigen Dinge, der ganz darauf beruht, daß es etwas giebt, dessen Besiz aus sittlichen Gründen weder gesucht werden darf noch vermieden; keinesweges aber darauf, daß einiges überall kein Werk ist, und also weder die sittliche Gesinnung darstellt noch die entgegengesezte. Wie denn auch die große Ausdehnung des Begriffs der Güter überhaupt und die Eintheilung alles dessen, was ist, in Güter und Uebel und keines von beiden nur ein dialektisches Wagestükk sein mag, aus der Verlegenheit, den ihnen fremden Begriff irgendwo anzuknüpfen, entstanden; die Aufgabe aber, welche für denjenigen darin liegt, der die Güter

als

als Darstellungen ansieht, und als Werke, ist von ihnen gar nicht gedacht worden. Ferner erhellt das nemliche aus allen ihren Eintheilungen, welche genau betrachtet keine andern sind als die des Aristoteles, in ihrer mehr dialektischen Sprache ausgedrükkt. Nur daß in der einen, in Güter in der Seele und außer der Seele und keines von beiden, den Widersinn der Dreitheilung abgerechnet, der Gedanke des Besizes mehr hervorsticht: in der andern aber, in Güter, welche das sittliche in sich haben, und in solche, welche es hervorbringen, und solche, von denen beides gilt, die gänzliche Unbestimmtheit der sittlichen Beziehung. Nicht leicht aber zeigt sich irgendwo deutlicher als hier die Vortrefflichkeit der Dialektik, welche sie, wenn sie ihr treu geblieben wären, nothwendig auf das richtige hätte führen müssen. Denn was weder in der Seele ist noch außer ihr, welchen Sinn könnte diese Formel haben, wenn nicht dasjenige ihr entsprechen soll, was überall nicht in Beziehung auf Einen und als Besiz kann gedacht werden; und wenn nur irgend Güter sollen außer diese Abtheilungen gehören, müssen auch die vorigen hierauf zurükgeführt werden, und auch die in der Seele nur Güter sein, weil sie nicht außer ihr, und die außer ihr, weil sie nicht in ihr sind. Eben so müßte sich aus der ersten Abtheilung ergeben, daß, wenn es Güter giebt, die auf so verschiedene Weise sich auf das sittliche beziehen, das wesentliche des Begriffs nicht liegen kann in dem, wodurch diese Beziehungen einander entgegengesezt sind, sondern in einem gemeinschaftlichen, welches aber auch nicht bloße Unbestimmtheit sein darf, sondern ein bestimmtes. Dieses aber ist nichts anderes als der Begriff des Werkes und der Darstellung, welche aus der Gesinnung hervorgegangen auch wieder die Gesinnung erwekkt, indem sie sie verkündigt, und welche sittlich hervorgebracht auch wieder die Kraft hat in einer anderen Reihe sittlicher Thätigkeit mitzuwirken. Ferner hätte sich, wenn sie den Unterschied nicht vernachlässigt hätten, daß im Eudämonismus alles auf die Einzelheit, bei ihnen aber alles auf die gemeinschaftliche Natur bezieht, auch der Gedanke des Besizes erweitern müssen zu dem eines Gemeinbesizes, welcher in seiner größten Ausdehnung gedacht nichts übrig läßt, als dasjenige, was da ist für die Anschauung. Von selbst hätte sich dann nach derselben Regel erweitert die Formel der Zulänglichkeit der sittlichen Kraft, nemlich es müsse zureichen diejenige sittliche Kraft und Größe, für welche auch das Gut ein Gut ist, nemlich die gesammte. Und auch hier zeichnet sich wiederum aus Spinoza, welcher, obgleich er ebenfalls nicht viel Gebrauch macht von dem Begriff der Güter, doch bei gleichen ja stärkeren Veranlassungen, als die des Aristoteles und der Stoiker, dieselben Fehler vermeidet und den Fehler des Nichtgebrauchs nicht vermehrt durch den Mißbrauch. Denn bei der Art, wie er den Menschen abhängig macht von der Natur, wäre es keinem verzeihlicher gewesen als ihm, die Begünstigungen derselben als etwas sittliches unter dem Namen der Güter aufzunehmen. Hievon aber entfernt er sich gänzlich durch die Erklärung, daß alle wahren Güter der Wirklichkeit nach allen Weisen, der Natur nach aber allen Menschen müßten gemein sein; welches zugleich auch in der andern Hinsicht der Aufschluß ist und die Vermittlung für die den Andern gemeinsamen Irrthümer. Am reinsten aber nicht nur von Fehlern, sondern auch am vollständigsten findet sich dieser Begriff, wenn gleich auch nur unentwikkelt, in der Sittenlehre des Platon. Denn so dachte er sich die Gottähnlichkeit des Menschen als das höchste Gut, daß, so wie alles seiende ein Abbild ist und eine Darstellung des göttlichen Wesens, so auch der Mensch zuerst zwar innerlich sich selbst, dann aber auch äußerlich, was von der Welt seiner Gewalt übergeben ist, den Ideen gemäß gestalten solle, und so überall das sittliche darstellen. Hier also tritt das unterscheidende Merkmal des Begriffs deutlich heraus, und die Beziehung desselben sondert sich ab von der That sowol als der Gesinnung. Und wer kann beurtheilen, wie weit dieses ist ausgeführt gewesen in seinen Gedanken, und wieviel wir davon erblikken würden, wenn wir jenes große Werk ganz vor uns hätten, welches das göttliche Wesen, wiewol des Neides unfähig, entweder ihm auszuführen, oder uns zu besizen, nicht erlaubt hat.

Zweiter Abschnitt.

Von den einzelnen realen ethischen Begriffen.

Da nun von der Absonderung der einzelnen realen Begriffe von den allgemeinen formalen, unter welche sie dennoch gehören, die Ursach keine andere war, als die Nothwendigkeit, leztere so genau zu unterscheiden als möglich, worin die öfters zweifelhafte Beziehung eines realen Begriffes bald auf diesen bald auf jenen formalen ein sehr erschwerendes Hinderniß würde gewesen sein: so ist nun auch natürlich bei den realen der Anfang der Untersuchung von demjenigen Gebiete zu machen welches am meisten abgesondert und in jene Grenzstreitigkeiten nicht verwikkelt ist. Dieses aber ist das der Güter, theils aus andern Ursachen, theils schon wegen des weniger ausgebreiteten Gebrauches, der davon ist gemacht worden. Um nun nach einer von den gegebenen Abtheilungen, ohne daß sie jedoch dadurch für richtig sollte anerkannt werden, die Uebersicht zu ordnen: so mögen zuerst zur Betrachtung kommen die äußerlichen Güter, wie sie am zahlreichsten erscheinen in den Darstellungen der Nachfolger des Aristoteles; denn den größten Theil von ihnen haben sowol die Kyrenaiker verworfen als auch die Stoiker. So haben die Peripatetiker den Reichthum und die bürgerliche Gewalt ja sogar den fortdauernd günstigen Zufall als Güter aufge führt; im Verfolg nemlich jener unrichtigen Ansicht, dasjenige, was den glükklichen Erfolg der sittlichen That begünstigt, nicht aber das, was das natürliche und nothwendige Werk derselben ist, ein Gut zu nennen, und zwar jedes nur für denjenigen, welchem es dient. Daher auch offenbar ist, daß diesen Gütern das Merkmal der Allgemeinheit abgeht, welches allem ethischen beiwohnen muß: denn solchergestalt auf den Besizer bezogen haben sie auch für diesen einen Werth nur in dem Maaße, in welchem andere ihrer entbehren. Diejenigen nun, welche sich die Lust zum Endzwekk machten, haben sehr richtig diese Güter nicht als solche anerkennen gewollt, weil nemlich keinesweges in ihnen nur sittliches nemlich Lust gedacht wird, sondern vielmehr, wenn die Lust an ihnen, sofern sie Mittel sind, als nicht sittlich mit Recht ist ausgeschlossen worden, unmittelbar gar keine Lust in ihnen enthalten ist. Weniger aber haben diejenigen, deren sittliches Thätigkeit ist, ein Recht, diese Gegenstände aus dem Verzeichniß der Güter zu löschen. Denn wiewol dieses von den meisten mit allgemeinem Beifall ist behauptet worden, so ist doch dies nur eine unüberlegte Nachahmung der Stoiker, welche wie erwähnt nicht aus der Idee einer praktischen Ethik den Begriff der Güter gebildet, sondern ihn nur aus der genießenden mit Merkmalen, welche ihm dort eigen sind, aufgenommen haben, und also immer auf einen einzelnen Besizer und eines solchen Zulänglichkeit zum Hervorbringen zurükksehen. Sie hätten aber, wie doch ihre Sittenlehre ganz auf Gemeinschaft und gemeinschaftliche Natur gerichtet ist, auch diese Güter betrachten sollen in Beziehung auf ein gesammtes von Menschen, für welche sie gemeinschaftlich und ausschließend ihren Werth haben. Und dann wäre allerdings der Reichthum, zuerst zwar der unmittelbare, nemlich die Menge der Erzeugnisse und Verarbeitungen, dann aber auch mittelbar der bezeichnende, ein Gut, ein sittlich hervorgebrachtes und Darstellung eines sittlichen, nemlich der bildenden Herrschaft des Menschen über die Erde. Nicht aber in Beziehung auf den Besizer, denn der Besiz wäre hiebei nur ein zufälliges und vorübergehendes, sondern auf alle, soweit sich die Theilnahme daran ausdehnen läßt in der Idee. Eben so auch die bürgerliche Gewalt ist ein hervorgebrachtes durch alle die offenbar sittlichen Handlungen, aus welchen Erhaltung nicht minder als Stiftung der größten und zureichenden menschlichen Gesellschaft besteht, und eine Darstellung dieser Gemeinschaft selbst. Also ein Gut, nemlich wie es sich gebührt, ein gemeinschaftliches für Alle, durch deren Handeln es hervorgebracht worden. Denn da die bürgerliche Gewalt ein gemeinsamer und durch das gemeinsame bestimmter Wille sein soll: so hat sie nach der Idee dieser Sittenlehre auf denjenigen, der sie verwaltet, keine nähere und andere Beziehung als auf alle anderen. Ja, man kann sagen, daß in der praktischen Ethik selbst der günstige Zufall als ein Ideal gedacht unter den Gütern müßte aufgeführt werden, insofern aus der natürlichen Uebereinstimmung aller sittlichen Zwekke von selbst erfolgt, ohne Absicht oder Mitwissenschaft, eine Tauglichkeit und Angemessenheit der Handlungen des einen für die Endzwekke des andern, welche Uebereinstimmung darstellend dieses Zusammentreffen in seiner Regelmäßigkeit ein Gut ist. Dieses alles nun ist ohne Zweifel von den Peripatetikern nicht in solchem Sinne gemeint gewesen, sondern nur als Mittel zum Handeln, und deshalb im Streit gegen sie von den Stoikern mit Recht verworfen worden, welche nur ihre Dialektik nicht weit genug geführt hat, um den Begriffen die Beziehung auf ihre eigne Idee abzugewinnen, und der Vernichtung des falschen die Erfindung des für sie wenigstens richtigen beizufügen. Anders aber und leichter ist es mit der Freundschaft bewandt, welche auch die Stoiker mit Recht unter die Güter aufgenommen, indem anschaulicher in ihr jene Merkmale dessen zusammentreffen, was in der handelnden Sittenlehre ein Gut sein soll. Denn daß sie nur im Handeln und durch Handeln besteht, ist von allen anerkannt, so daß das bloße Wohlwollen den Namen der Freundschaft nicht erhielt. Und daß nur ein sittliches Handeln die Freundschaft erzeugen könne, für die unsittlichen sie aber gar nicht vorhanden wäre, war ein gemeiner Saz der alten Sittenlehre. Einige zwar von denen der Lust zugethanen haben die Freundschaft verworfen; aber nur sofern sie ein Mittel sein soll um Lust hervorzubringen. Denn in diesem Sinne gilt, was sie sagen, daß der Weise sich selbst müsse genug sein um das sittliche herbeizuschaffen. Sonst aber ist auch für sie die Freundschaft ein Gut, insofern sie selbst unmittelbar Lust ist, und zwar ein Zustand fortdauernder und sich von selbst immer wieder erzeugender Lust, in welchem, wenn er nur für sich betrachtet wird, nichts anderes gedacht werden kann, als Lust. Denn so muß und kann auch in jeder genießenden Sittenlehre nach Maaßgabe des Umfanges, welchen sie sich gestekkt hat, die Freundschaft gebildet werden. In dem nemlichen Sinne nun können auch andere Gegenstände, welche von anderen zum Reichthum gerechnet werden, in der eudämonistischen Ethik Güter sein, insofern sie nemlich ein festes auf die besonderen Bestimmungen des einzelnen berechnetes Verhältniß ausdrükken, in welchem eben deshalb gleichfalls an sich nur Lust kann enthalten sein. Welches auch leicht die Ursach sein mag, warum in der gemeinen Rede das reale, und der Voraussezung nach dem Besizer besonders angeeignete und angebildete Besizthum sein Gut genannt wird, das andere aber nur sein Vermögen. Steigen wir nun von der Freundschaft der engsten und festesten Verbindung einzelner Menschen als solcher herab zu ähnlichem wenn gleich geringerem: so müssen auch losere und weniger umfassende Verbindungen Güter sein. Für die einen als Erzeugnisse eines gemeinschaftlichen und zwar sittlichen Handelns, in denen sich ein sittliches vollendet darstellt und fortdauernd erzeugt. Für die anderen aber, insofern irgend eine der Verbindung eigenthümliche Lust in dem gestifteten Verhältniß gleichsam festgehalten und zur wechselseitigen Erneuerung voraus bestimmt ist. Selbst die Gastfreundschaft nahmen so die Stoiker unter die Güter auf, in welcher wir jezt nur die unvollkommenste Stufe eines Gutes erblikken, nemlich die theilweise Linderung eines von der Hinwegschaffung noch entfernten Uebels. Eben so, wenn sie sagen der weise allein verstehe sich im Gastmahl recht zu verhalten, geben sie zu erkennen, daß auch dieses, um seinem Begriff zu entsprechen, müsse aus sittlichen Handlungen gemeinschaftlich hervorgegangen sein und also auch das sittliche darstellen und den Namen eines Gutes verdienen. Welches freilich eine ganz andere Ansicht gewährt, als die Kant zu nehmen niemand weiß wodurch gezwungen wurde, welcher den Schmaus als eine förmliche Einladung zur Unmäßigkeit unter den streitigen Gegenständen in seinen casuistischen Fragen aufstellt und wie mit lüsternem Zweifel über dessen Zulässigkeit berathschlagt. Wie nun auch dieses, wenn gleich dem Anscheine nach eine Kleinigkeit, den Geist jeder Sittenlehre unterscheidend bezeichnet, sei als hieher nicht gehörig einem jeden zu untersuchen anheimgestellt. Aufwärts steigend aber zu denjenigen Verbindungen, welche die Menschen nicht mehr als einzelne zusammenfassen, sondern sie gleichsam von der Einzelheit hinwegsehend in Theile eines gemeinschaftlichen ganzen verwandeln: so wurden die bürgerliche sowol als die häusliche Gesellschaft von allen, welche eine thätige Sittenlehre bearbeiteten, unter die Güter gezählt. Denn die Frage, ob der weise den Staat würde verwalten helfen, kann dieses nicht widerlegen, sondern vielmehr nur beweisen, wenn man hinzunimmt, daß jede hieher gehörige Schule, wie wir selbst von der des Antisthenes wissen, das Ideal eines Staates aufzustellen pflegte. Woraus hinlänglich erhellt, daß jene Frage den Staat nur betraf, insofern er vielleicht ein Nothstaat, wie es ein neuerer genannt, oder wolgar ganz unsittlich entstanden und gebildet den Sittlichen zum Widerstreit gegen sich selbst und seine Ideen nöthigte. Denselben Unterschied haben die Stoiker in Beziehung auf die häusliche Gesellschaft auf die entgegengesezte Weise ausgedrükkt, indem sie sagen, nur der weise liebe die seinigen, nemlich nur er mit derjenigen Gesinnung, welche ein Hauswesen als ein sittliches oder ein Gut stiften könne und erhalten. Wie nun auch in einer eudämonistischen Ethik die Ehe ein Gut sein kann oder nicht, je nachdem darin den geselligen Empfindungen Raum gelassen wird, der Staat aber wol immer nur als ein nothwendiges Uebel erscheinen wird; imgleichen auf welche Seite sich dem zu Folge jede Behauptung neige, von der Art, daß der Staat streben müsse sich selbst entbehrlich zu machen, dies mag ein jeder für sich entscheiden. Für die thätige Sittenlehre aber müßte nach dem Beispiel des Staates und der häuslichen Gesellschaft auch die wissenschaftliche, wie sie damals bestand in Gestalt einer Schule, und wie wir sie jezt kennen in andern Gestalten, ein Gut sein; ja auch die Kirche, wie Fichte sie in seiner Sittenlehre ableitet, und, möchte vielleicht einer hinzusezen, die Freimaurerei, wie sie ihm immer gleichsam auf der Zunge schwebt, ohne ganz hervorzutreten, würden nach seinen Vorstellungen hieher gehören, schwerlich aber die Zünfte und geschlossenen Stände des von ihm vorgezeichneten Staates. Welches als Beispiel hier stehen mag von der noch nicht beantworteten ja wol nicht aufgeworfenen Frage, wie überhaupt die Einheit jedes ein Gut bezeichnenden Begriffs zu bestimmen ist. Denn nicht nur für dasjenige unter dem angeführten, was der neueren Sittenlehre angehört, dringt sie sich auf, sondern auch schon für das alte. So ist es eine gemeine Erklärung der alten, daß der Staat nicht eine Verbindung von einzelnen sei, sondern von Hauswesen, welche also eigentlich dessen Theile sind, und so ist zu fragen, ob, was Theil eines ganzen ist, neben diesem auch als ein eignes Gut könne angesehen werden. Eben so erklären sie den Staat für die zur Hervorbringung des höchsten Gutes hinreichende Verbindung, welche also in ihrer Vollkommenheit gedacht alle Güter müßte in sich schließen, wonach zu untersuchen wäre, ob auch die Freundschaft, die eigentlich ethische und die wissenschaftliche, anzusehen wären als Theile des Staates, in ihm und durch ihn hervorgebracht. Daß die Beantwortung dieser Fragen sich von selbst ergeben müßte in jeder Sittenlehre, welche ihre Vorstellungen von einzelnen Gütern nicht aus der Erfahrung herbeizöge, sondern systematisch erzeugte und ordnete, wie auch, daß sie einen großen Einfluß haben müßte auf die wichtigsten und bestrittensten Gegenstände der Ethik, dies leuchtet ein. Dieses wird noch deutlicher, wenn man erwägt, daß nach Maaßgabe des bisherigen eben so auch jedes Werk wenigstens der schönen und bildenden Kunst muß ein Gut sein. Auch für die Sittenlehre der Lust, als ein sich erneuernder Wechsel von Befriedigung und Erregung eines bestimmten Triebes, nicht nur im Anschaun, sondern auch in der Verfertigung, welche zu denken ist als annäherndes Herbeischaffen des Gegenstandes der vorgebildeten Lust. Noch mehr aber für die Sittenlehre der Thätigkeit, indem es auch entstanden ist aus sittlichen nemlich eine Idee darstellenden Handlungen, und selbst den Geist derselben nemlich die Regel und das Urbild im sinnlichen darstellt. So daß zwischen diesen Werken und jenen aus reinem Handeln bestehenden kein anderer Unterschied obwaltet, als der zwischen dem bloßen Handeln und dem Hervorbringen, welches doch auch ethisch angesehen immer ein Handeln ist. Wer nun überlegt, wie wunderlich in neueren nur nach dem Pflichtbegriff die Sittenlehre abhandelnden Darstellungen die meisten der hier als Güter aufgeführten sittlichen Gegenstände und Verhältnisse erscheinen, besonders aber der Staat sammt dem was ihm anhängt, und die Kunst mit ihren Werken, als um welche sich alles bewegt, ohne doch daß sie selbst ihren Plaz beurkunden und mit dem wissenschaftlichen Kleide angethan sind, der wird geneigt sein zu vermuthen, daß nur unter dem Begriff von Gütern alle diese recht können dargestellt werden. Was ferner die sogenannten Güter des Leibes anbetrifft, deren die alten vornemlich viere zählen, Gesundheit Schönheit Stärke und Wohlgebautheit: so ist leicht zu sehen, daß auch sie urspiüglich zwar nur als Mittel und Bedingungen, wenn auch nicht sowol der Lust als der vollbringenden Thätigkeit, also immer mit Unrecht, diesen Namen erhalten haben, dennoch aber in anderer Bedeutung, eben so wie die vorigen, wirklich Güter sind. Für die Eudämonisten nemlich, insofern sie nichts anders sind für den Menschen als ein im Körper gleichsam befestigtes angenehmes Bewußtsein, welches sich zu jeder andern vorübergehenden Lust als ein erhöhender Factor hinzugesellt. Für die thätige Sittenlehre aber, insofern sie gedacht werden nicht als Naturerzeugnisse vom Zufall gegeben oder versagt, sondern als hervorgebracht durch das gemeinschaftliche naturgemäße Leben, und darstellend die fortgesezte allseitige Sittlichkeit der Geschlechter und Völker, welchen sie einwohnen. Denn daß in einer auf Handeln und Bilden ausgehenden Sittenlehre auch die Schönheit und Wohlgebautheit, als auf diesem Wege erlangt, unter der Idee des höchsten Gutes mit begriffen sind, wird wol keiner bezweifeln. Nur aber möchte die Art sehr willkührlich sein, wie diese Güter vereinzelt sind. Denn wenn auch die Schönheit sich, worauf man auch sehe, von den übrigen leicht absondert: so möchten doch diese unter einander so genau zusammenhängen, daß nichts für die Sittenlehre wesentliches zu unterscheiden ist, weder wenn sie als Lust oder Unlust, noch wenn sie als Werk und Darstellung des sittlichen betrachtet werden. Dagegen haben die neueren, vielleicht vom Gefühl ihrer Mängel dazu getrieben, oder vom Neide gegen die besser begabten Stämme der Barbaren, richtiger von der Gesundheit abgesondert die Schärfe und Feinheit der Sinne, und dürften immer, bis sie dahin wieder gelangen, die Linderungen dieser Uebel, nemlich alle künstliche äußerliche Vorrichtungen und Werkzeuge, welche ethisch betrachtet als erweiternde Fortsezungen der Sinnglieder anzusehen sind, ingleichen die künstliche Stärke der Waffen und was dem ähnlich ist den Gütern dieser Art beigesellen. Es scheint aber jene vierfache Zahl nur gesucht zu sein, damit den vier Tugenden, als Hauptgütern der Seele, auch eben so viele Vollkommenheiten und Güter des Leibes entsprächen.

Daß nun jene vier Haupttugenden die erste Stelle einnehmen unter den Gütern der Seele bei den Peripatetikern sowol als Stoikern, und so die Begriffe von Tugenden und Gütern im einzelnen scheinen unter einander geworfen zu sein, davon ist schon oben Erwähnung geschehen. Die Ursache aber hievon ist eine zwiefache Ansicht desselben Gegenstandes, welche nicht deutlich genug unterschieden wurde. Daß nemlich die Gesinnung an sich zwar als das wirksame und hervorbringende betrachtet Tugend ist und unter die Idee des weisen gehört; wird sie aber als eine bestimmte Größe gedacht, hervorgegangen aus dem Handeln und durch die Uebung und wiederum sich offenbarend und der Anschauung hingebend durch Handeln und Ausübung, so erscheint sie auf der andern Seite als ein Werk, als die Darstellung des vorhergegangenen sie hervorbringenden Handelns, und also für die praktische Ethik als ein Theil dessen, was bewirkt werden soll, nemlich des höchsten Gutes. Und auch hier wiederum erfreuen sich die Stoiker einer richtigen wenn gleich nicht völlig verstandenen Ahndung. Denn die Peripatetiker verwischen diesen Unterschied gänzlich, und Schönheit und Stärke der Seele sind ihnen nur verschiedene Namen für Tapferkeit und Gerechtigkeit, so wie für Klugheit und Mäßigung, wie diese hellenischen Tugenden unrichtig genug übersezt werden, der Seele, Gesundheit und Wohlgebautheit; da doch die lezten Namen offenbar einen bestehenden und anschaulichen Zustand der Seele, die ersten hingegen eine auf bestimmte Weise hervorbringende Kraft anzudeuten sich eignen. So aber unterscheiden die Stoiker zwischen Tugenden, welche Künste sind, also jede ihr bestimmtes Werk zu vollbringen streben, unter welcher Abtheilung die vier bekannten Namen aufgestellt zu werden pflegen, und zwischen solchen, die gleichsam von selbst und nebenbei durch die Uebung entstehen, wie von jeder Gesinnung, als bestimmte Größe betrachtet, kann gesagt werden, daher auch hier die Gesinnungen unter jenen Namen vorkommen, welche Zustände und Beschaffenheiten der Seele anzeigen. Dieser richtigen Spur jedoch sind sie nicht bis zu Ende gefolgt, sondern haben auch die Tugenden in jener Hinsicht unter die Güter gerechnet. Ob aber die Gesinnungen, sofern sie Güter sind, eben so müßten geordnet und getheilt werden, wie jeder sie als Tugenden aufstellt, schon dies könnte im allgemeinen bezweifelt werden, noch mehr aber, ob jenen vier Tugenden überhaupt die genannten Eigenschaften der Seele entsprechen und wie viele von ihnen als wirklich verschieden und nach Gründen von einander getrennt möchten übrig bleiben. Allein es verlohnt nicht hierüber ein mehreres zu sagen, da solche bildliche Bezeichnungen des geistigen durch das körperliche der Wissenschaft überall nicht wohl anstehn, und diese durchaus nur schlecht und mangelhaft sind erklärt worden. Offenbar aber ist, und auch von den Stoikern anerkannt und bezeugt worden, daß nach derselben Regel nicht nur jene vier Tugenden und andre eigentlich so genannte für Güter zu halten sind, sondern jede andere ethisch bestimmte Vollkommenheit des Geistes, sowol die des Verstandes, welche ihm zu Wissenschaft und Einsicht werden, als auch die der andern Seelenkräfte, welche zu Fertigkeiten in bildenden oder geselligen Künsten gedeihen. Alle nemlich, in so fern sie das Werk sittlicher Thätigkeit sind, und nur, wie schon oben erwähnt, in und mit diesen Schranken gedacht werden; denn diese alle sind, so wie ihre Werke eine äußere, so sie selbst eine innere Darstellung eines bestimmten sittlichen. Vorzüglich aber sind hieher zu rechnen jene Eigenschaften, welche von vielen zwar als sittlicher Natur erkannt, doch aber nicht unter die Reihe der Tugenden zugelassen werden, wie zum Beispiel die Stärke und Feinheit des sittlichen Gefühles und was dem ähnlich ist. Denn diese sind ebenfalls als Anlagen überhaupt zwar von Natur vorhanden, bestimmt aber nach ihrer Stärke und Richtung sind sie ein Erzeugniß theils des einzelnen sittlichen Willens, theils des gesammten in Gemeinschaft und Wechselwirkung stehenden menschlichen Handelns, und also in ihren Fortschritten und Veränderungen ein gemeinsames und gemeinsam hervorgebrachtes Gut. Ja, wenn Kant meint, die theilnehmenden Empfindungen und ihre Werke wären nicht sowol für pflichtmäßig zu achten, als nur für Zierden der Welt und des Menschen, um erstere als ein schönes sittliches ganzes darzustellen: so hat er nur entgegengesezt, was füglich neben einander bestehen kann. In dieselbe Stelle würden auch dann noch gehören die Werke der von ihm sogenannten Pflichten gegen oder in Ansehung der leblosen Natur und zur Erhaltung des schönen überhaupt. Wie denn im ganzen bei ihm jene Formel, die Welt als ein sittliches ganzes darzustellen, einer ihres Namens würdigen Idee des höchsten Gutes noch am nächsten zu kommen scheint. Außer den Tugenden aber, wird auch noch gesagt, daß jeder tugendhafte und weise, als solcher an sich betrachtet, ein Gut ist, worin auch Spinoza mit den Stoikern zusammenstimmt. Zu läugnen nun ist dieses nach den allgemeinen Merkmalen des Begriffes für jede praktische Ethik freilich nicht. Denn der weise ist aus dem natürlichen Menschen hervorgegangen durch Handeln, und stellt der Voraussezung nach durch sein Dasein und Handeln das sittliche und sonst nichts, dieses aber im ganzen Umfange dar. Wie aber auch hier die Einheiten zu bestimmen und aus einander zu halten wären, da doch die einzelnen Gesinnungen sich im weisen befinden und gleichsam seine Theile sind, dies würde eine eigene Untersuchung erfordern und aus dem vorhandenen durch Vergleichung nicht können angegeben werden. Nächst dem weisen endlich und seinen Gesinnungen wird auch noch sein den Stoikern zufolge dreifaches sittliches Wohlbefinden zu den Gütern gerechnet. Nicht als Lust natürlich, sondern als ein durch sittliche Gesinnung und Handlung entstandenes inneres Verhältniß, in welchem sein Ursprung sich darstellt, und welches sich wiederum äußert nicht sowol durch ein bestimmtes Thun, als durch die Weise des Denkens und den Ton des

Handelns überhaupt. Nur die Scheu freilich, oder das besonnene Umsehn nach möglichen bevorstehenden Uebeln müßte ausgestrichen werden, welches auch Spinoza eingesehen und sie deshalb nicht mit aufgenommen hat, weil sie ja doch in Beziehung auf den weisen nur ein Uebel sein kann. Denn dieser Zustand kann nur aus der Erinnerung eines unsittlichen Handels entstehen, aus dem Bewußtsein des sittlichen aber muß Sicherheit hervorgehn. Wie aber beide Systeme, das der Thätigkeit und das der Lust, natürlich da am meisten sich nähern, wo das zurüksehende Bewußtsein mit in Rechnung zu bringen ist: so ist auch dieses das einzige unter den Gütern der Seele, welches mit der thätigen auch die genießende Sittenlehre gemein hat. Wiewol, was den Inhalt betrifft, ihrer Idee gemäß anders bestimmt, und auch in der entgegengesezten Beziehung, als Lust nemlich, welche mit dem vergangenen das künftige im Selbstbewußtsein weissagend zusammenknüpft. Dieses nemlich ist jene Unerschrokkenheit oder Furchtlosigkeit, insofern sie nicht als wirkende Kraft, sondern als Zustand und Gefühl betrachtet ein Gut kann genannt werden. Was aber sonst noch in Sittenlehren dieser Art als Tugend zu denken ist, kann nicht zugleich auch ein Gut sein. Denn die sittliche Kraft stellt für sich allein noch nicht das sittliche dar, sondern muß in Wechselwirkung gedacht werden mit den Aufforderungen von außen; und nichts, was neuere Eudämonisten hiegegen scheinbares vorgetragen haben, möchte eine strenge Prüfung bestehen. Doch dieses sei genug von einzelnen Gütern zur Bewährung dessen, was über den Werth und Gebrauch dieses Begriffes oben ist gesagt worden.

Von den Pflichten aber werde ebenfalls, um noch länger die Verwirrung zurükzuhalten, der Anfang mit denen gemacht, welche noch am wenigsten der Verwechselung mit Tugenden ausgesezt sind, vielmehr schon durch die Art der Benennung sich entschieden zu jenem Begriff bekennen; und zuerst zwar mit der, welche vielen als die vornehmste erscheint, von allen aber als die erste aufgeführt wird, nemlich der Pflicht der Selbsterhaltung. Daß nun diese schlechthin in keinem ethischen Systeme Pflicht sein könne, sondern überall durch irgend etwas müsse bedingt sein, leuchtet ein. Denn die Ethik beschreibt nur eine Weise des Lebens, und so kann in ihr keine Art vorkommen es zu erhalten außer jener Weise, weil dieses ein Hinausgehn wäre aus ihrem Inhalt. Noch auch ist es überhaupt möglich eine bestimmte Weise des Lebens im Handeln festzuhalten, wenn das Leben selbst um jeden Preis soll geschont werden, weil keine allgemeine Regel bestimmen könnte, wo nun die Gefahr anginge. So daß offenbar auch zur Erhaltung des Lebens keine Handlung vorkommen darf, welche nicht den sittlichen Charakter, wie er eben in jedem System ist, an sich trüge, und der entgegenstehende Saz, daß etwas unsittliches dürfe gethan werden, um das Leben zu erhalten, jede Ethik umstürzen muß. Dennoch sind die meisten neueren in diesen Widerspruch gerathen. Und zwar einige ganz grob, indem sie mit klaren Worten auch das verbotenste freistellen zu diesem Endzwekk. Kant aber stillschweigend, indem er sie zu einer vollkommnen Pflicht erhebt, welche also jedesmal zur Handlung selbst verbindet und nicht wegen irgend einer unvollkommnen darf verlezt werden. Eben so auch Fichte auf eine verstekktere Art, indem er doch das Leben überhaupt von dem sittlichen Leben trennt, und dann nur wieder auf eine künstliche Art das erste dem lezteren unterwirft. Denn wenn das sittliche Bestreben das Leben zu erhalten von Anfang an nur auf das sittliche Leben ist gerichtet gewesen, so giebt es nichts zu vergessen, und von nichts hinwegzusehen. Ist aber jenes pflichtmäßige Bestreben ursprünglich auf das Leben an sich gerichtet gewesen: so ist ja die Pflicht unbedingt, und hat ihre Grenzen nicht in sich selbst, sondern muß sie erst im Streit mit andern Pflichten erhalten, so daß jenes Vergessen und Hinwegsehen nur ein schlecht geführter Krieg ist, der mit der Flucht anfängt, ein Krieg aber doch auf alle Weise. Welches aber nun der eigentgentliche reale Inhalt der Pflicht der Selbsterhaltung sei, und die mit demselben zugleich gegebenen Grenzen, das haben selbst von denen, welche Grenzen derselben auf irgend eine Art anerkennen, die meisten gradezu zu bestimmen unterlassen, und nur mittelbar muß es daraus geschlossen werden, in wie fern sie eingestehen, daß irgend etwas gethan werden dürfe, um das Leben zu endigen, so daß das Sterbenwollen die eigentliche Formel der Handlung wäre. Dergleichen nun bestimmt nicht nur ein Zweig der kyrenaischen Schule, sondern auch die stoische; ja selbst Spinoza, wiewol Selbsterhaltung bei ihm die allgemeine Formel des sittlichen ist, scheint einen Fall anzunehmen, in welchem es natürlich wäre das Leben zu enden. Was also die ersten betrifft: so scheint ihre Formel eigentlich die zu sein, daß es recht ist das Leben zu endigen, wenn nicht anders als mit demselben zugleich die Unlust kann hinweggeschafft werden. Wonach also dieses das unbedingte sein würde, das Leben selbst aber bedingt durch seinen sittlichen Gehalt, nämlich die Lust; denn ein mittleres wollen sie nicht anerkennen als ein beharrlich reales, sondern nur als einen Uebergang. So bestimmt aber und richtig dieses zu sein scheint, so sehr ist es doch unbestimmt und unzureichend. Denn muß die Unlust, welche allein auf Kosten des Lebens darf hinweggeschafft werden, eine absolute sein, so daß kein Element von Lust zugleich mit aufgehoben und zerstört würde, und der Fall nur bei einer gänzlichen Beraubung aller Güter des Lebens einträte: so würden hier Lust und Unlust in einer andern Bedeutung genommen als im Gesez, und in einer solchen, aus welcher die übrigen Pflichten und Tugenden nicht könnten hergeleitet werden. Soll aber im Gegentheil auch die relative Unlust gemeint sein, die nur im Uebergewicht besteht, und also jeder Moment des heftigen Schmerzes gerechte Ursach geben zur Selbsttödtung: so ist jede Hinsicht auf die Güter aufgehoben, und der Begriff verliert seine Bedeutung. So daß hier ein ungelöster Widerspruch obwaltet zwischen dem, was aus dem Begriff der Güter, und dem, was aus dem Begriff der Pflicht hervorgeht. Bei den Stoikern hingegen scheint jeder ethisch reale Grund zu fehlen zur Selbsttödtung, und diese Erlaubniß nur die dialektische Spize zu sein zu dem polemischen Saz, daß das höchste Gut nicht durch die Länge der Zeit wächst und gewinnt. Denn es ist gar nicht die Unmöglichkeit eines sittlichen, oder die Unvermeidlichkeit eines unsittlichen, was dabei den Bestimmungsgrund ausmacht. So daß hienach zu urtheilen es gar keine Pflicht der Selbsterhaltung bei ihnen geben würde, wie sie denn auch das Leben und den Tod unter die gleichgültigen Dinge zählen, welches jedoch theils mit andern Aeußerungen der nämlichen Schule streitet, theils auch sonst schwer möchte durchzuführen sein. Fichte aber, welcher nicht durch einen solchen Grenzpunkt, jenseits dessen das Gegentheil Pflicht würde, welches er vielmehr läugnet, sondern gradezu den Inhalt dieser Pflicht bestimmt, ist dabei auf seine eigne Art in Widersprüche gerathen. Auf der einen Seite nemlich geht seine Absicht dahin, sie real zu bestimmen, so daß das Bestreben das Leben zu erhalten nicht etwa anders woher soll entstanden sein, und nur sittlich begrenzt, wie andere voraussezen, sondern unmittelbar ein sittliches sein, auf einem sittlichen Grunde beruhend; so aber bringt er sie nicht zu Stande. Denn da er jede bedingte Pflicht den unbedingten unterordnet, welche das einzige nothwendige enthalten: so kann der Mensch, so lange noch eine unbedingte Pflicht zu erfüllen übrig ist, auf rein sittlichem Wege niemals dazu kommen irgend etwas ausdrüklich zu thun, um der bedingten Pflicht der Selbsterhaltung Genüge zu leisten, wie sehr leicht ein jeder ganz nach der Methode dieses Systems finden wird, indem selbst, wenn die physischen Kräfte schon zu sehr geschwächt wären um die eine zu erfüllen, sie doch noch hinreichen würden zu einer andern, oder zu einem immer unvollkommneren Grade von jeder; bis durch ein unendlich kleines der Pflichterfüllung und der Existenz das natürliche und das sittliche Leben zugleich in Null überginge, wenn nicht vorher das Herz, oder wie es genannt wird, was in jedem Augenblikk aus den Forderungen des Naturtriebes das sittliche auswählt, einem rein natürlichen Triebe Raum gäbe, um das Leben zu erhalten. Auf der andern Seite aber will Fichte diese Pflicht auch ethisch bedingen, und sie geräth ihm dennoch in der That unbedingt, und ist also zugleich nichts und alles. Denn wenn, da der eigentliche lezte Zwekk im unendlichen liegt, jedes Handeln den seinigen nur in dem nächsten Handeln als Annäherung suchen muß: so darf ja wiederum das Herz oder die Einsicht oder wie vielfach dasjenige heißt, was in Ermangelung eines festen Princips und einer allgemeinen bestimmten Formel den Beruf jedes Moments bestimmt, unmöglich aus den verschiedenen an sich sittlichen grade dasjenige auswählen, welches als Leben zerstörend schon den nächsten Zwekk unmöglich macht. Sondern anstatt mit Gefahr des eigenen Lebens etwa ein fremdes zu retten, würde es ohne Zweifel sittlicher sein eiligst etwas zu produciren oder zu verarbeiten oder zu erforschen oder was sonst die besondere und unbedingte Pflicht dem Herzen ans Herz legte. Aus welchem Widerspruch nach diesem System wol schwerlich eine andere Erlösung möchte zu finden sein, als bis jedes mögliche Handeln, auf daß irgend einer keine Entschuldigung habe, in Beruf verwandelt, das Herz aber überall in Ruhestand versezt wird. In dieser Hinsicht nun ist dem Widerspruch und der Unbestimmtheit niemand besser ausgewichen als Spinoza. Denn dieser trennt auf der einen Seite das Leben gar nicht von seiner ethischen Bedeutung, und es ist ihm als Gegenstand der Erhaltung nichts anders, als theils das fortgesezte wahre Handeln, wiewol der Reinheit desselben nur kann angenähert werden, theils aber die Identität des Seins, welche absolut ist. Könnte nun diese nicht erhalten werden, so wäre das Leben in ethischer Bedeutung schon geendigt, und es findet keine Frage mehr statt über das, was im Zusammenhange mit dem vorigen zu thun ist. Auf der andern Seite können bei seiner Ansicht des Lebens sowol als der Sittlichkeit die spizigen Fragen, welche sich auf den Gegensaz eines Moments mit den übrigen beziehen, gar nicht statt finden. Was aber die Einheit des Begriffs der Selbsterhaltung betrifft, in so fern nämlich alles, was dazu gehört, nur eine einzige Pflicht ausmacht, und also ethisch als ein gleichartiges Handeln erscheinen soll: so löst auch sie sich in eine unbestimmte Vielheit auf. Denn wird sie nur auf das physische Leben bezogen: so hat dieses zwar seinen Siz im Leibe, der Leib selbst aber ist ein theilbares von der Art, daß seine verschiedenen Theile auch eine verschiedene Beziehung haben auf das Leben, weshalb denn nicht alles Handeln zu diesem Zwekk seinem ethischen Werthe nach gleich ist, sondern eins den andern untergeordnet, welches denn der Einheit der Pflicht widerstreitet. In diesem physischen und materiellen Sinne hat Kant den Begriff am weitesten verfolgt, und was gegen die Erhaltung einzelner das Leben nicht unmittelbar enthaltender Theile geschehen könnte als partiellen Selbstmord aufgestellt. Daß aber diese Pflicht einen ganz andern Rang hat, als jene, und also unter dem gemeinschaftlichen Namen zwei ganz verschiedene Dinge zusammengefaßt sind, ist offenbar. Denn bei dem partiellen Selbstmorde unterscheidet er sowol das ganz pflichtmäßige, als von dem abweichenden die verschiedenen Grade der Verschuldung nach Maaßgabe der Absicht, so daß hier die Pflicht der Erhaltung bedingt ist durch irgend eine Beziehung, die unmittelbare und gänzliche Erhaltung aber ist unbedingt. Eben so ließe sich eine andere Eintheilung denken, nicht nach den Theilen und Bedingungen des Lebens, sondern nach der Art und dem Grade der Gefahr, aus welcher sich ganz dasselbige ergeben würde. Nun aber ist weder der bedingende Grund aufgestellt, welcher die eine Pflicht von der andern trennt, noch der beide vereinigende Grund bestimmt, so daß sie weder ganz eins sind, noch ganz geschieden, und auch die erste in die Unbestimmtheit der lezteren mit hineingezogen wird. Dieses erhellt nicht nur aus den von Kant aufgestellten casuistischen Fragen, welche fast immer der Beweis von der Unklarheit und Unzulänglichkeit seiner Bestimmungen sind, sondern die gleiche Verwirrung hat auch die Stoiker getrieben, vorzüglich selbst die unbedeutendste Verlezung des Körpers zur Ursache des Selbstmordes zu machen, als ob das Leben und die Glieder gleich wären, oder wenigstens der Unterschied zwischen beiden nicht zu bestimmen. Wird aber im Gegentheil die Selbsterhaltung auf das ganze empirische Selbst bezogen, und auf dessen Qualität als Werkzeug des Sittengesezes: so gehört, was sehr ethisch zu sein scheint, das Entwikkeln aller Kräfte und Naturvollkommenheiten, welches bei Kant zum Beispiel eine besondere Pflicht ausmacht, und zwar eine unvollkommene, der Nährung des Leibes als einer vollkommenen weit nachstehend, dieses gehört dann hier als das eigentlich positive und reale, der Selbsterhaltung zu. Allein indem doch das positive vom negativen unterschieden wird, bleiben es zwei Elemente, die mit einander können in Widerstreit gerathen, ohne daß zu entscheiden wäre, wie weit alsdann das bloß körperlich erhaltende und ersezende Verfahren dürfe hintangesezt werden zum besten des geistig entwikkelnden, oder umgekehrt, so daß der Langschläfer und der Langwacher, oder was sonst für größere Gegensäze hier vorkommen mögen, lediglich ihrem Herzen überlassen sind. Ja es gilt nun, was oben von der Unmöglichkeit gesagt worden nach Fichte etwas besonderes zur Erhaltung zu thun, natürlich nicht minder von der mit darunter begriffenen Entwikkelung des Leibes sowol als des Geistes, indem beide wol immer zu unbedingten Pflichten werden zu gebrauchen sein. Ferner auch stößt sich diese Pflicht mit jener andern bedingten besonderen, daß jeder solle seinen Stand wählen. Denn dieses nach Einsicht zu vollbringende Geschäft sezt Entwikkelung und Ausbildung voraus, und es ist nicht zu sehen, wie weit diese schon müssen gediehen sein, ehe jene kann eintreten. Welches vielleicht Fichte geahndet zu haben scheint, wenn es anders mit Bewußtsein geschieht, daß er Ausbildung und Entwikkelung vornämlich in demjenigen sezt, was an Kindern zu geschehen pflegt, und dasjenige verbietet, was diese öfters erleiden müssen. Ueberdies aber ist bei Fichte sowol das negative des geistigen Theils der Selbsterhaltung, als auch das gesammte positive dieser Pflicht, gleichsam wie ein verächtlicher abgelegener Ort, ein unordentliches Behältniß alles dessen, was zwar sittlich zu sein schien, die folgenden Stellen des Systems aber hätte verunzieren mögen. Denn sie enthält ein höchst unbestimmtes mannigfaltiges von Vorschriften ohne Gesez und Ordnung, und die, was noch ärger ist, ein fast ins unendliche sich zerspaltendes mittelbares Verfahren bilden, welches, wie oben zur Genüge erwiesen worden, in der Ethik ganz unzulässig ist. So wird um den Leib zu nähren Sparsamkeit und Ordnung geboten, und um den Geist zu entwikkeln werden die schönen Künste enpfohlen, jede offenbare und geheime Unthätigkeit aber, wie die leere Beschäftigung mit Zeichen, und das leidentliche Aufnehmen fremder Gedanken wird verboten. Hier nun wird wol jedem unbegreiflich sein, theils warum dieses irgendwo ein Ende nimmt, und warum nicht auch Fichte, wie Spinoza, alle Pflichten und Tugenden aus der Selbsterhaltung ableitet. Wobei der Unterschied immer würde geblieben sein, daß sie bei Spinoza neben einander aus ihrem gemeinschaftlichen Grunde hervorgehn, wie es sich in der Ethik geziemt, bei Fichte aber gar nicht ethisch eine immer zum Behuf der andern als Mittel zu ihrem Zwekk würden erfunden werden. Theils auch, je unbestimmter alle diese Vorschriften hier sind, und, ihre Gegenstände aus der Erfahrung vorausgesezt, ohne jede Spur von Ableitung, desto lebhafter wird sich jedem aufdringen, daß sie entweder gar kein Ansehn haben in der Sittenlehre, oder daß sie auf andern Gründen beruhen müssen, und nur an einer andern Stelle ihre Gültigkeit erlangen können. Theilen wir daher das so wunderlich verbundene mannigfaltige, so ist zuerst in Betracht zu ziehen, wie als Theil oder Mittel der Selbsterhaltung geboten wird die Mäßigkeit im assimilirenden und ausleerenden Genuß, oder wie könnte jemand anders den Ernährungs- und Geschlechtstrieb in Beziehung auf die Selbsterhaltung zusammenfassen und sondern? Dieses findet sich bei Fichte und bei Kant, zwar bei dem lezteren nicht unter der Selbsterhaltung sondern neben ihr als eine andere Pflicht des Menschen gegen sich selbst in der Eigenschaft als animalisches Wesen, welche Absonderung aber seinen eignen Begriffen gemäß grundlos sein möchte. Daß nun die Mäßigkeit im Gebrauch der Nahrungsmittel als eine eigne Pflicht aufgeführt wird, ist in einer Hinsicht dem älteren dieser beiden noch eher zu verzeihen, weil er was zur Selbstliebe gehört, es sei nun in Beziehung auf Erhaltung oder Genuß, nicht sittlich hervorzubringen begehrt, sondern sich nur begnügt es sittlich zu beschränken, und also was ihm als ein eigner Trieb erscheint auch eine eigne Pflicht erfordert. Gar nicht aber auch in dieser Hinsicht dem jüngeren. Denn nach diesem soll, wie es auch recht wäre, was für die Selbsterhaltung gethan wird nicht nur durch seine Begrenzung, sondern auch an sich ein sittliches sein. Wenn nun also nur um das Leben zu erhalten die Nahrungsmittel genommen werden: so ist ja mit dem Zwekke zugleich die Grenze der Handlung gesezt; und so wie jenes als Gebot gegeben ist, bedarf es nicht mehr eines Verbots, daß nicht mehr geschehen solle, welches vielmehr einen andern unsittlichen Antrieb zur Handlung voraussezt, bei welchem auch das nicht zu viele schon unsittlich wäre. Dieses in seiner ganzen Ausdehnung gedacht giebt den Schluß, daß die Mäßigkeit als sittliche Bestimmung der Grenzen einer solchen Handlung, welche bis zu diesen Grenzen hin aus einem anderen Princip gelangt ist, gar kein Begriff einer einzelnen Tugend sein kann. Denn in einer realen und positiven Sittenlehre wäre auch das innerhalb dieser Grenzen beschlossene entweder nicht sittlich, oder die Grenzbestimmung beruhte auf einem Streite der Pflichten, oder hätte höchstens Einheit und Gültigkeit als Pflicht, nicht aber als Tugend. In einer negativen und beschränkenden aber ist dieses die ganze Tugend, und es giebt keine andere. Daher auch geht hieraus zugleich die Unmöglichkeit hervor, wie bei Fichte, denn Kant wird von diesem Vorwurf nicht getroffen, ein bestimmtes Verhalten in Ansehung des Ernährungstriebes und ein ähnliches in Ansehung des Geschlechtstriebes aus dem Grunde der Selbsterhaltung kann geboten werden. Denn soll um ihrentwillen nur was anderwärts her gegeben ist eingeschränkt werden: so hat das Gebot den Charakter verloren, unter welchem es aufgestellt ist. Soll es aber nur dasjenige begrenzen, was es auch selbst hervorgebracht hat, so kann vom Geschlechtstriebe an dieser Stelle gar nicht die Rede sein; abgerechnet noch, daß es ganz unwissenschaftlich wäre, zumal in der Ethik, daß die Grenze für eine Realität eher sollte gegeben werden, als die Realität selbst. Wir wollen indeß den Ort nicht achten, da von der Behandlung dieses Triebes unter den unbedingten Pflichten beim ehelichen Stande wieder die Rede ist, sondern aus allem zusammen genommen untersuchen, was in Absicht desselben Pflicht oder Tugend sein mag. Vorausgesezt nun, er habe dort diesen Trieb in einen sittlichen verwandelt oder mit einem sittlichen verbunden, so daß Handlungen, durch welche der natürliche Geschlechtstrieb befriediget wird, nicht sowol aus demselben, als vielmehr sittlich aus der gemeinschaftlichen Kraft hervorgehen, welche die Quelle aller sittlichen Handlungen ist: so ist gewiß, daß eben dort mit dem Grunde des Handelns auch die Grenze desselben müßte gegeben sein, weil sonst in der That keine Pflicht aufgestellt wäre. Dann aber müßte ferner alles innerhalb dieser Grenze gelegene als Pflicht geboten sein, und zwar dem Orte gemäß als unbedingte. So daß, wenn es etwa Pflicht erfunden würde, alles was der Natur nach zur Fortpflanzung des Geschlechtes zu thun möglich ist, es sei nun in dem engeren Umfang der einweibigen oder in dem weiteren der vielweibigen Ehe, sich zum Zwekk zu machen, alsdann auch bei der Erfüllung dieser Pflicht auf die Selbsterhaltung gar keine Rücksicht dürfte genommen werden. Allein es ist auch dort keinesweges bewerkstelligt worden, diesen Trieb eben so zu ethisiren, wie bei der Selbsterhaltung mit dem der Ernährung geschieht. Denn es wird zwar den Frauen zuerst und unmittelbar der Vorzug eingeräumt, diesen Trieb nur als einen sittlichen zu haben, so daß er fleischlich noch vor der Geburt, denn er darf nie zum Bewußtsein kommen, getödtet wird, und geistig als Liebe wieder aufersteht, ja sogar bei dem Manne verwandelt sich durch des Weibes Ergebung dieser Trieb in Gegenliebe, wobei er zur billigen Entschädigung für diese abgeleitete Sittlichkeit das Recht erhält, sich ihn auch vor dem und außer dem wol gestehen zu dürfen. Was für ein loses und nichtiges Spiel aber dieses alles ist, vornämlich nach den Grundsäzen des Systems, wird jeder einsehn. Denn höchstens wäre diese Ableitung eines Engländers würdig, da sie genau betrachtet nichts anders leistet, als zuerst den selbstischen Trieb des Weibes in einen sympathetischen zu verwandeln mit dem selbstischen des Mannes, und dann auch den selbstischen des Mannes in einen sympathetischen sowol mit dem selbstischen der Frau, als auch mit ihrem auf seinen selbstischen gerichteten sympathetischen. Aus welchem allen, ohnerachtet es der Gipfel dieser sympathetischen Ethik ist, und daher auch bei ihren Anhängern diese Tugend die symbolische und die Beglaubigung für alle übrigen, doch nichts sittliches im Sinne des Fichte entstehen kann. Alles übrige ganz unwissenschaftliche und mehr als verworrene, wie nämlich die Einwilligung der Frau, die für sich, aus allem angeführten nämlich, nichts anders sein würde als eine Handlung der Gefälligkeit eine wohlthätige Befriedigung eines fremden Bedürfnisses, vielmehr eine ganze und ewige Hingebung ist, aus welcher erfolgt eine gänzliche Verschmelzung zweier Individuen, und zwar solcher, welche nun eine ganz verschiedene Quelle ihrer Sittlichkeit haben, ferner wie dann doch auch die Sittlichkeit des Mannes gleichsam durchdrungen und gesättiget wird mit dem Wasser dieser fremden Quelle, und die Sittlichkeit überhaupt, welche vorher aus dem innersten der Intelligenz hervorging, nun am Ende in einer andern vielleicht noch schöneren Gestalt aus dem Geschlechtstriebe hervorsprießt, dieses alles ist zu sehr hervorspringend, um mehr als angedeutet zu werden. Daß also bei Fichte der Geschlechtstrieb noch keinesweges ethisirt ist, mag aus dem gesagten erhellen. Noch viel weniger aber ist er es anderswo. Denn Kant hat die Ehe nur in der Rechtslehre als einen rechtmäßig erlaubten, und wenn überhaupt der Geschlechtstrieb soll befriedigt werden, nothwendigen Vertrag aufgeführt, jenes Sollen selbst aber in der Ethik nirgends erwiesen. Fast alle anderen aber, die alten aus den praktischen Schulen an der Spize, ethisiren diesen Trieb nur in so fern, daß der Mensch den Endzwekk der Natur bei demselben, nämlich die Fortpflanzung adoptiren soll, woraus aber weder ein Maaß dieser Verpflichtung hervorgeht, noch auch die Ehe einen andern als untergeordneten Werth hat, indem jeder Ehegatte dem andern nur Nebensache ist und Mittel, die Kinder aber der Zwekk und die Hauptsache. Soll nun die Keuschheit als die auf diesen Gegenstand sich beziehende Tugend etwas von der Mäßigkeit unterschiedenes sein, und nicht nur in einem Maaße der Befriedigungen sich äußern, sondern in einem eignen Charakter derselben und einer Maxime, die ihnen zum Grunde liegt: so würde sie bei Fichte darin bestehen, daß die Befriedigungen allemal hervorgingen aus der Liebe und der Gegenliebe, dann aber müßten diese auch das Maaß derselben sein, und es könnte von einer Mäßigkeit darin außer der Keuschheit nicht geredet werden. Daß aber dasjenige, worauf sie nach dieser Erklärung beruht, in demselben System noch nicht als ein ethischer Begriff vorhanden ist, geht hervor aus dem vorigen. Bei den alten hingegen und denen, die ihnen folgen, würde sie darin bestehen, daß ihnen immer die Absicht zum Grunde läge den Naturzwekk zu erreichen. Warum aber nun diese Absicht den ganzen Trieb einnehmen soll, der mit dem Naturzwekk nicht von Natur gleichlaufend ist, zumal da das überschießende desselben als ein störender Reiz animalisch wirkt, dieses würde eines eignen Erweises bedürfen. Daher auch viele von den alten, ohnerachtet sie auf dem Naturzwekk die Ehe erbauen, theils diese nicht als einen sittlichen nothwendigen Zustand, oder wenigstens als ein solches Bestreben sezen, wie Fichte thut, theils auch außer derselben der zwekklosen und unnatürlichen Lust einen Raum lassen als dem leichtesten Mittel den physischen Reiz zu beseitigen. Ja, so scheint selbst im allgemeinen die Befriedigung des Triebes angesehen zu werden von denen, welche wie Epiktetos lehren, sie müsse nur im Vorbeigehn geschehn, gleichsam ohne wo möglich eine eigne Zeit auszufüllen und das Gemüth besonders zu beschäftigen. Das unsittliche aber in dem vom Naturzwekk abweichenden darin zu suchen, daß statt des belebten Gegenstandes nur ein Bild das Gemüth beschäftigt, dieses hängt an gar nichts und ist völlig unverständlich. Wie gänzlich also dieser für die Ethik höchst wichtige Gegenstand in den praktischen Systemen noch in der Verwirrung liegt und den ersten klaren Begriff erwartet, dies muß jedem einleuchten. Denn in der genießenden Sittenlehre ist er sehr leicht aufs reine gebracht. Für die nämlich, welche auf die beruhigende Lust ausgeht, besteht die Keuschheit darin, daß jede Befriedigung wirklich nur beruhigend sei, das heißt, der ungereizten Aufforderung der Natur folge, welche Regel von selbst auf dasjenige Maaß führt, bei dem der Trieb selbst immer erhalten wird. Auch ist es ganz der Sache angemessen, daß die so wie jezt geschehen bestimmte Keuschheit für dies System eben so die symbolische Tugend ist, wie die sympathetische Keuschheit für das anglikanische. Im reinen Eudämonismus aber würde die Keuschheit zu erklären sein durch die Bedingung, daß jede Befriedigung auch wirklich Genuß sein müsse, und um des Genusses willen unternommen, und so ebenfalls ihren Charakter haben und ihr Maaß. Auch kommt in der Sittenlehre der Lust nirgends vor der Begriff der der Keuschheit untergeordneten und auf sie sich beziehenden Tugend der Schaamhaftigkeit, welcher sonst in der neueren rein praktischen sowol als vermischten Sittenlehre sich eine Stelle mit Hülfe der Schaam wie es scheint erworben hat. Daß er aber leer und schwankend ist, ist leicht zu zeigen. Denn sein Gehalt soll sein das Nichtäußern gewisser auf jenen Trieb sich beziehender Gedanken und Empfindungen. Sind nun diese unsittlich: so ist nicht zu sehen, wie eine Tugend sich gründen soll gradezu auf das unsittliche, ohne daß, welches hier offenbar nicht mit gedacht wird, dessen Hinwegschaffung ihr Geschäft wäre. Sollen sie aber an sich nicht unsittlich sein, so ist überhaupt nicht einzusehn, daß eine solche Gemüthsbewegung, wie dennoch Kant vom Neide behauptet, dadurch nur könne unsittlich werden, daß sie ausbricht, am wenigsten aber hier, wo das Ausbrechen die bloße Mittheilung ist, durch welche in dem hörenden nichts anders könnte hervorgebracht werden, als was in dem mittheilenden selbst zuvor gewesen ist, nämlich das nicht unsittliche. Was aber nicht die Mittheilung der Gedanken betrifft, sondern das kundbare Verrichten der Handlungen des Triebes: so müßte sich, nach der Analogie des Ernährungstriebes zu urtheilen, auch von diesem die Verwerflichkeit auf eine andere Ansicht gründen, als auf die des Naturtriebes, also auf eine, wenn dem bisherigen zu glauben ist, ethisch noch nicht vorhandene. Aus welchem Gesichtspunkt betrachtet daher auch die freilich etwas rohe Polemik der Kyniker und älteren Stoiker gegen diesen Begriff sich möchte dem Wesen und der Absicht nach vertheidigen lassen. Soviel von diesen Pflichten und Tugenden und ihrem Orte. So wie nun die Selbsterhaltung und das ihr beigeordnete nach Kant die Pflicht war des Menschen gegen sich selbst als animalisches Wesen: so steht dieser gegenüber eine andere auch vollkommene gegen sich selbst als moralisches Wesen. Von dieser aber wird nirgends der Inhalt nach seinem ganzen Umfang und seiner Einheit bestimmt angegeben, sondern nur mittelbar bezeichnet auf eine dreifache Art. Zuerst nämlich durch den Zwekk, auf welchen sie gerichtet ist, welcher sein soll, daß der Mensch sich selbst erkenne. Dieser aber hängt mit dem größten Theile des Inhaltes, nämlich mit der Wahrhaftigkeit in Mittheilungen und der Vollständigkeit des nothwendigen Genusses, nicht sichtbar zusammen, wenigstens nicht genauer, als man von jedem unsittlichen sagen kann, daß es im Mangel der Erkenntniß seinen Grund habe. Zweitens aber durch das Princip ihrer Erfüllung, so wie drittens durch die Laster, welche der Uebertretung derselben zum Grunde liegen. Diese beiden Erkenntnißmittel nun sollten eigentlich nicht verschieden sein, sondern nur eins und dasselbe. Denn das Princip der Erfüllung einer Pflicht besonders betrachtet kann kein anderes sein, als die Tugend, welche dabei vorzugsweise wirksam ist; die Laster aber, welche die Erfüllung hindern, können für die Pflicht nicht anders ein Erkenntnißmittel werden, als durch die Zurükkführung auf die ihnen entgegengesezten Tugenden. Hier indeß ist das Princip viel zu weit angegeben, um die einzelne Pflicht daraus zu erkennen. Denn der Ehrliebe sind alle Laster gleich sehr entgegengesezt, wie die drei hier angeführten, und niemand wird einsehn, warum nicht die Trägheit zum Beispiel den Menschen eben so verächtlich mache, als die Falschheit oder die Selbstverachtung und das Selbstpeinigen. Ja, wenn die Ehrliebe darauf beruht, daß der Mensch sich des Vorzugs nach Principien zu handeln nicht begeben dürfe, und wenn dieses die höchste und gemeinschaftliche Formel für die hier behandelte Pflicht sein soll, so ist hier wieder eine vollkommene Pflicht, welche alle anderen in sich begreift, und namentlich den Begriff der unvollkommenen Pflichten seiner Realität gänzlich beraubt. Denn es stehen auf diese Art alle Handlungen unter der Maxime, daß sie nach Principien müssen bestimmt werden, also auch diejenigen, welche in den freien Spielraum der unvollkommenen Pflichtmaximen fallen würden, welches in die Widersinnigkeit dieser Eintheilung und ihrer Gründe eine neue Aussicht eröffnet. Lassen wir aber die Einheit und sehen auf die einzelnen sehr verschiedenen Bestandtheile dieser Pflicht, so wird sich gewiß zuerst jeder wundern, in diesem antieudämonistischen System den Genuß des Wohllebens, wenn gleich innerhalb des Maaßes des Bedürfnisses, als eine vollkommene Pflicht von dem moralischen Wesen gefordert zu finden, und zwar abgesondert von der Erhaltung. Denn als ein reizendes Mittel möchte der Gebrauch der Lust auch nach Fichte nicht zu verweigern sein. Nun wird sie freilich nicht um des Genusses willen gefordert, sondern um sich mit Sicherheit der liberalen Denkungsart bewußt zu werden, nämlich der Freiheit von der Anhänglichkeit an den bloßen Besiz. Dieses aber wäre dem Grundsaz und Geist des Systems weit angemessener zu erreichen durch Verwendung für die fremde Glükkseligkeit. So daß der besondere Grund dieser Pflicht nicht zu ersehen ist, und wenn sich sonst schon öfters eine Pflicht gegen sich selbst gezeigt hat als einerlei mit einer gegen andere: so scheint hier eine von der erstern Art sich vielmehr ganz verwandeln zu müssen in eine von der lezten. Als Gegensaz aber von dieser Pflicht und um sie zu begrenzen stellt Kant wenn gleich problematisch eine andere auf, nämlich die Pflicht oder Tugend der Sparsamkeit. So unbestimmt nun wie dieser Begriff aus seinen Händen kommt ohne Beziehung auf das Gesez als bloßes Versagen des Genusses ohne Beisaz einer Absicht, kann er kein ethischer sein. Ergänzt man aber diese Absicht, welches denn nur identisch geschehen kann, daß nämlich der Genuß solle versagt werden, in so fern er nur an sich selbst als Genuß gefordert wird: so ist er zwar ethisch, stimmt aber nicht mehr mit seiner Bezeichnung überein, welche ausschließend das Eigenthum zu seinem Gegenstande macht. Späterhin aber kommt dieser Begriff noch einmal vor als eine Maaßregel der Klugheit, um sich die zu Erhaltung der innern Würde nöthige Unabhängigkeit zu sichern, also als eine technische Regel, nicht aber unmittelbar als Pflicht. Eben so wird sie auch von andern zur Klugheit gerechnet. Allein soll diese gedacht werden als ein Voraussehen des bestimmten: so kann sie eben sowol das Gegentheil der Sparsamkeit gebieten, als diese selbst, welche also wiederum nur sittlich wäre, in so fern ihr Gegentheil es auch ist. Soll aber die Klugheit nur bestehen in dem Bewußtsein des Nichtvoraussehens: so würde die Sittlichkeit der Sparsamkeit beruhen auf der Frage, wie weit man einen gegebenen Zwekk aufopfern dürfe einem noch nicht bekannten, welche dann verneinend beantwortet wird durch denjenigen Theil der Klugheit, den die alten erklären als die Fertigkeit einen Ausweg zu finden, und der als wesentlich auch von den praktischen Systemen anerkannt ist, im kyrenaischen aber fast den ganzen Inhalt dieser Haupttugend ausmacht. Auch unter den Pflichten gegen andere oder den unbedingten allgemeinen kommt die Sparsamkeit bei Fichte vor als Mittel das Eigenthum allgemein zu machen, und würde in dieser Hinsicht als Tugend zur Gerechtigkeit gehören. Aus welcher Unbestimmtheit des Verpflichtungsgrundes sowol und des Ortes im System als des Umfangs hinlänglich erhellt, daß, wenn man die Bezeichnung des Begriffes fest hält, die Sparsamkeit nichts ist als eine gewisse Weise etwas zu verrichten, deren ethischer Werth ganz unbestimmt ist, und die also auch nicht ethisch dem Begriffe nach entstanden ist, dessen Einheit vielmehr auf einem andern Gebiete liegen muß. Wenn man aber das ethische aufsucht, an welches sie sich anschließen könnte: so muß man über die Bezeichnung hinaus gehen, und die Einheit des Begriffs verschwindet. So daß es kaum noch eines andern Beispiels bedürfte, um zu erweisen, daß unmöglich ein fester ethischer Begriff enthalten sein kann in einer Bezeichnung, welche auf einen äußeren Gegenstand gerichtet ist. Der zweite Theil aber jener vollkommnen Pflicht gegen sich selbst ist die Wahrhaftigkeit, unter welchem Namen aber Kant von allen andern abweichend vielleicht durch das Bedürfniß des Raums verführt, gewiß aber dem Systeme nicht nur sondern auch der Sprache Gewalt anthuend, zwei ganz verschiedene Begriffe zusammengefaßt hat. Oder wer könnte wol was er die innere Lüge nennt für einerlei halten mit der Unwahrheit in Aussagen? oder sie überhaupt erklären für eine vorsezliche Unwahrheit, welche jemand sich selbst sagt? Denn hiezu gehört nothwendig das wissentliche; und wie kann einer das eine zwar wissen, das Gegentheil aber glauben oder glauben wollen. Vielmehr muß entweder das Wissen kein

Wissen sein, oder das Glauben kein Glauben, oder beides. Und die lezteren beiden Fälle sind unstreitig dasjenige, was Kant gemeint hat. Denn der Mangel des Wissens mit einem wirklichen Glauben verbunden wäre wenigstens ein redlicher Besiz einer unvollkommnen oder unrichtigen Erkenntniß, und gar nicht mit dem Namen der Unwahrheit zu brandmarken, sondern der Fehler nur ein nicht genug fortgesetztes Forschen, der Grund desselben aber in der Gesinnung ein zu schwaches Wollen der Selbsterkenntniß. Was Kant aber andeutet ist ein unredlicher Besiz, so daß, wenn auch das Wissen mangelhaft ist, es angesehen werden muß als ein absichtlich abgebrochenes Nachforschen, um nicht handeln zu dürfen dem gemäß, was sich als Wahrheit ergeben würde. Die sittliche Gesinnung also wäre, wie es auch um das Wissen stehe, das nicht handeln wollen nach der Wahrheit, sie sei nun gesehen oder nur vorausgesehen. Und dieses ist eine, und zwar wie Kant sie nennen sollte, qualificirte Unlust die moralische Vollkommenheit zu erhöhn, gegen welche das Gebot unter der so überschriebenen Pflicht hätte müssen vorkommen. Was aber nun die äußere Wahrhaftigkeit betrifft: so ist zu fragen, zuerst ob wol die Aufrichtigkeit in Aussagen und die Treue in Versprechungen wirklich eins sind. Denn das Ausführen der Verträge ist, wie bereits oben ausgeführt worden, keine eigne Handlung, weil es dazu keines neuen Entschlusses bedarf, sondern dieser schon begriffen ist in demjenigen, welcher die Gemeinschaft des Rechtes und der Sprache gestiftet hat. Denn durch die erstere wird einmal für immer die Willenshandlung an ihre Ausführung gebunden, durch die leztere aber die Rede unter bestimmten Formen und Bedingungen in eine Willenshandlung verwandelt. Der Entschluß ist ethisch betrachtet die Handlung, und indem ich diesen einem andern übergebe mit seinem und meinem Wissen, habe ich ihm die Handlung übergeben, von welcher ich nun das äußere, was noch fehlt, nicht mehr trennen darf. Dieses nicht deutlich genug auffassend verdirbt sich auch Fichte gegen seine sonstige Tugend die

Klarheit dieses Begriffs, und muß einen unbestimmten Unterschied einführen zwischen dem, was der Sittlichkeit absolut widerspricht, und dem, was ihr zwar auch aber nicht absolut widerspricht, indem ich dieses zwar, nicht aber jenes, um seinetwillen thun müsse. So gründet sich nun freilich die Treue in Verträgen auf die Gemeinschaft der Sprache, nicht aber gilt dies von der Aufrichtigkeit in Aussagen. Denn wer sich hiebei hinter die Vieldeutigkeit der Worte verbirgt, will nur seinem Unrecht eine andere Gestalt geben, das eigentliche Unrecht aber ist allemal die Absicht den andern glauben zu machen, was nicht ist. Dieses aber kann von der Untreue in Versprechungen nur in dem besonderen Falle gesagt werden, wenn schon anfänglich der Wille nicht da ist sie zu halten, nicht aber wenn der Wille als wirklich vorausgesezt wird. Da nun die Pflicht oder Tugend der Treue beide Fälle umfaßt: so muß der Grund derselben ein anderer und gemeinschaftlicher sein. Ferner erhellt dasselbe daraus, weil Wahrheit in Aussagen und Treue in Versprechungen können in Widerstreit gerathen, da es ja Versprechungen giebt und geben kann etwas nicht auszusagen, welche oft, wenn gefragt wird, auch durch das bloße Nichtaussagen schon würden verlezt werden. Hieraus aber folgt von selbst, daß eine oder beide noch müssen bedingt werden, es müßte denn das Nichtaussagen als eine absolute Unsittlichkeit angesehen werden, so daß ein Vertrag darüber unsittlich wäre, was aber noch schwieriger sein möchte, indem jenes sich noch von andern Seiten als der Bedingung bedürftig einem jeden darstellen muß. Denn wie Fichte diese Pflicht bedingt hat, daß sie nur auf dasjenige gehe, was für den andern unmittelbar praktisch ist, ist die Bedingung weder bestimmt, weil die Regel der Beurtheilung erst seine Eröffnung voraussezt über etwas, was für mich auch nicht unmittelbar praktisch wäre; noch ist sie vollständig, weil Fichte dabei nur einen besonderen Fall nicht aber den hier angeführten und andere im Auge gehabt hat. Dann auch wäre zu fragen, ob die Wahrhaftigkeit, nachdem so auch die Treue in Versprechungen von ihr abgesondert worden, als Pflicht eins ist oder als Tugend. Denn als leztere scheint sie auf der einen Seite nur eine natürliche und zwar die niedrigste Aeußerung des Wohlwollens zu sein, indem allemal eine besondere eigne Absicht dazu gehört, um von der Wahrheit abzuweichen, oder doch, wo dieses eine für sich bestehende Handlungsweise wäre, wir sie immer auf das Uebelwollen zurükkführen würden, und auf die Absicht den wenn gleich unbekannten Zwekk des andern zu vernichten. Auf der andern Seite wird aber doch, wer um seines Vortheils willen die Wahrheit in Aussagen verlezt, ganz anders beurtheilt, als ein eigennüziger. Wäre sie hingegen das erstere, so müßte das Gebot, welches der Ausdrukk derselben sein sollte, einen Zwekk entweder ausdrükklich oder durch Voraussezung angeben, und nach demselben sich ihre Grenzen bestimmen, welche der Pflicht nothwendige Form sie bis jezt noch nirgends zu haben scheint. Ueberdies vermischt Kant auf eine wunderliche Art mit der Wahrhaftigkeit in Geschäften und ernsthaften Angelegenheiten die im Umgange, und kann die Frage pedantisch aufwerfen, ob dieser Tugend nicht zuwider wäre der Gebrauch solcher Redensarten, welche in der geselligen Sprache eine andere Bedeutung haben als in den Wörterbüchern, da doch jene Bedeutung gemeinschaftlich ist und keinen Irrthum veranlaßt. Daher auch keinesweges der Gebrauch dieser Sitten aus dem Grunde der Wahrhaftigkeit zu tadeln ist; eher vielleicht ihre Erfindung aus andern Gründen als ein vergebliches und sich selbst aufhebendes Unternehmen. Gewiß aber hat wegen dieser entschiedenen Ungleichheit der Beziehungen Aristoteles besser gethan, die Wahrhaftigkeit des Umganges, wiewol er sie in einem größeren Umfange verstand, ganz abzusondern von der Wahrhaftigkeit der Geschäfte. Bei Fichte findet sich für diese Absonderung freilich kein Grund, aber auch überall keine Veranlassung die Wahrhaftigkeit auch auf das bloß erheiternde Gespräch auszudehnen. Denn er gründet die Verpflichtung dazu nicht wie Kant auf ein Verhältniß des Menschen gegen sich selbst, sondern auf die Beförderung des Freiheitsgebrauches anderer. Welche Verschiedenheit des Verpflichtungsgrundes bei Systemen gleicher Art nicht geringen Verdacht erregt. Wenn aber Fichte die Wahrhaftigkeit auf denselben Grund baut wie die Wohlthätigkeit, und also als Gesinnung beide für eins erklärt: so hat dagegen Kant, als Pflicht betrachtet, die Wahrhaftigkeit in Streit gesezt mit der Wohlthätigkeit, wie er diese in ihrem eigentlich sittlichen Charakter beschreibt. Denn nachdem er die Pflichten gegen andere eingetheilt hat in solche, wodurch der ausübende andere verpflichtet, und solche, wo dies nicht geschieht, die Wohlthätigkeit aber unter die ersteren versezt, so will er doch, daß der Schein, als dächte der Wohlthäter den andern dadurch zu verpflichten, sorgfältig solle vermieden werden, welches doch offenbar heißt den andern glaubend machen, was nicht ist. Oder es müßte der Wohlthäter sich selbst, ohnerachtet er die Wahrheit jener Eintheilung eingesehen, dasselbe überreden wollen, und um die äußere zu vermeiden zur innern Lüge seine Zuflucht nehmen. Diese auch anderwärts gerühmte und beliebte Tugend oder Pflicht, den Werth sittlicher Handlungen, es sei nun nur äußerlich gegen andere, oder auch im eignen Bewußtsein, sofern dieses möglich ist, zu verringern, hängt auch zusammen mit dem dritten Theile der in Prüfung seienden kantischen Pflicht, welcher nämlich verbietet dem Anspruch auf eignen moralischen Werth zu entsagen. Kant fügt diesem noch den Bewegungsgrund hinzu, es solle nämlich nicht geschehen in der Meinung eben durch diese Entsagung einen andern Werth zu erwerben; als ob dieses eine eigne Pflicht wäre, eine andere aber wieder, das nämliche nicht zu thun um jemandes Gunst zu erwerben. Dieses nun ist schon in der Form falsch, denn die Festhaltung des moralischen Werthes ist schon eine sittliche Realität, und so ist es immer nur dieselbe Pflicht, diese festzuhalten gegen jeden unsittlichen Antrieb; die Verschiedenheit des unsittlichen aber kann nicht ein Grund sein zur Theilung des sittlichen. Ueberdies aber ist jener Bewegungsgrund eine schlechte Formel. Denn ist der vermeinte Werth als ein nicht sittlicher gemeint, so schließt sie ja alle übrigen in sich, und der Unterschied ist auch von dieser Seite betrachtet nichts; ist er aber gemeint als ein sittlicher, so würde sie sich auflösen in die, nicht etwas nicht sittliches zu halten für ein sittliches, welches, wenn es eben so für jeden besonderen Fall als eine eigne Pflicht aufgeführt würde, neben der eigentlichen Reihe der Pflichten noch eine andere gleichlaufende hervorbringen müßte, welche nur aussagte den Irrthum zu vermeiden über die Pflicht. Was aber die Sache selbst betrifft, so findet noch der Doppelsinn statt, ob der sittliche Werth des Subjects, welcher auf seinen wirklichen Gesinnungen und Thaten beruht, der Gegenstand der Schäzung sein soll, oder der allgemeine Werth der Menschheit in seiner Person, oder ob beides nicht zu unterscheiden ist. Wie dem aber auch sei, so ergiebt sich im folgenden eine andere Pflicht diese Selbstschäzung zu beschränken durch die Redlichkeit andere zu schäzen, so daß beide Pflichten einander aufzuheben trachten, und also, den aufgestellten Grundsäzen gemäß, noch keinesweges als Pflichten gesezt sind, sondern nur als sittlich unbestimmte Handlungsweisen, welche um Pflichten zu werden auf ein gemeinschaftliches Princip müßten bezogen, und durch dasselbe entweder jede in sich selbst mit Aufhebung alles Streites gegen die andere begrenzt und bestimmt, oder vielleicht mit Aufhebung der Rükksicht auf das eigne und fremde beide nur als eine und dieselbe dargestellt werden. Dieses aber fehlt nicht nur bei Kant, sondern überall; denn überall liegt die Bescheidenheit mit der Selbstschäzung im Streit, indem bald jener soviel eingeräumt wird, daß für diese kein Raum bleibt, bald diese so weit ausgedehnt, daß jene keine Anwendung behält, und so einigen die Bescheidenheit als Kriecherei, anderen aber die Selbstschäzung als Hochmuth erscheint. Und noch mehr ist der Inhalt ganz schwankend und verschwindet bei der genaueren Betrachtung. Denn das eigne Anerkennen der sittlichen Natur kann keine besondere

Pflicht sein, weil es überhaupt der Unterwerfung unter alle Pflichten zum Grunde liegt, und es würde in dieser Hinsicht nicht besser sein, als jene besondere Pflicht sich die Pflicht zur Triebfeder zu machen. Daß aber andere diese Natur anerkannten, ist vorauszusezen in Beziehung auf jeden, mit welchem sie in Gemeinschaft treten oder verharren, und was sie auch jener Voraussezung dem Anschein nach widerstreitendes thun könnten, kann niemals diese bleibende Bürgschaft überwiegen. Daher auch schwerlich irgend eine Aeußerung oder That eines Menschen gegen den andern so auszulegen ist, als entstände sie aus einem bleibenden Verkennen seiner sittlichen Natur. Denn was gewöhnlich als ein solches angeführt wird, wenn nämlich einer den andern als Sklaven hat oder als bloßes Werkzeug des Scherzes, welches zur Belustigung des andern jede beliebige Kraft des Gemüthes bewegen muß, auch diese Zustände sind doch weder von der Art, daß jede Spur von Gemeinschaft dabei verschwände, noch auch läßt sich läugnen, daß sie von andern, welche jeder als zulässig anerkennt, nur dem Grade nach verschieden sind. Soll aber die Schäzung nicht auf die gemeinschaftliche Natur gehen, sondern auf die besondere Sittlichkeit eines jeden, so kann diese richtig zu erkennen und zu würdigen nicht einmal für jeden selbst Pflicht sein, weil die unrichtige Angabe, wenn sie bloß aus einem Rechnungsfehler während der Geschäftigkeit des prüfenden Verstandes hervorgegangen ist, nicht kann als unsittlich angesehen werden. Sondern Pflicht könnte bloß sein die Untersuchung nach einer solchen Methode anzustellen, welcher keine unsittliche Voraussezung zum Grunde liegt, welches aber von keinem ist als die Hauptsache angesehen worden, und auch nur mit Unrecht eine Pflicht der Selbstschäzung konnte genannt werden. Daß es nun gar eine eigne Pflicht geben sollte, andere zu richtiger Anerkennung unserer eigentlichen Sittlichkeit zu bewegen, dieses ist, wenn nämlich die Freundschaft so ganz verkannt wird, wie Fichte, oder so enge eingeschränkt, wie Kant es thut, kaum zu denken. Denn eine

Pflicht uns Handlungen zu widersezen, die auf einem unrichtigen Urtheile zu beruhen scheinen, könnte sich dennoch auf diesen Bewegungsgrund nicht beziehen, sondern müßte in der Beschaffenheit jener Handlungen ihren Grund haben; für den Wunsch aber ihre Erkenntniß zu berichtigen müßte ihr Urtheil über andere eben sowol ein Gegenstand sein, als das über uns. So daß dieser Theil der vermeinten Pflicht zur erweiternden Wahrheitsliebe gehören würde, für jenen aber, wenn er anders etwas reales sein soll, ein anderer Ort müßte gesucht werden. Es scheint aber die Ursache der Verwirrung die zu sein, daß der sittliche Werth und dessen Anerkennung verwechselt worden ist mit dem bürgerlichen, welches auch überall auf die Behandlung des guten Rufes von nachtheiligem Einfluß gewesen ist. Dieses nun bezog sich auf die praktische Sittenlehre. In der eudämonistischen aber ist die Wahrheit gar nichts an sich, und nur die Wahrheit des natürlichen und zufälligen, sofern ihm noch ein Einfluß bevorsteht auf das Hervorbringen der Lust und Unlust, hat einen bestimmten Werth. Nach der Wahrheit des gegenwärtigen aber kann keine Frage entstehen, und noch weniger die des vergangenen einen Werth haben. Vielmehr muß die sittliche Selbstschäzung an Sittlichkeit nämlich an Lust gewinnen durch die natürliche Täuschung des Urtheils, welche oft als hervorgebracht angiebt, was nur zufällig erreicht war, und durch die Falschheit der Erinnerung, welche aus der Vergangenheit allemal mehr die Lust herausholet als den Schmerz, so daß es sogar zur Aufgabe würde diese Täuschung hervorzubringen und zur Gewohnheit zu machen. Noch weniger aber kann die Wahrheit in andern einen Werth haben, sondern oft ist aus ihrer nachtheiligen Meinung mehr Lust hervorzubringen, als aus der richtigeren und günstigen. Daher es auch von den wahren Meistern dieser Lebensweise für eine Tugend, das heißt eine Maaßregel der Klugheit gehalten wird, selbst wenn man der Wahrheit und der Ehre eine eigenthümliche Lust zuschreiben wollte, dieser doch ihrer Wandelbarkeit wegen keinen unbedingten Werth beizulegen. Dasselbe aber würde auch gelten von der sympathetischen Ethik, für welche unter andern jene Verringerung des Werthes eigner Handlungen zur Schonung des fremden Gefühls eine natürliche Grenze der Wahrhaftigkeit wäre, und von welcher alle Vorstellungen von wohlthätigen Täuschungen glükklichen Irrthümern und dergleichen ausgegangen sind. Diese nun nach ihrer Sittlichkeit zu beurtheilen, ist nicht dieses Ortes; daß aber die Wahrheit dabei gänzlich verschwindet, ist klar; und wenn einige unter diesen Sittenlehrern ihren Haß gegen die Gerechtigkeit so offenbar bekannt haben, so ist zu verwundern, warum sie nicht auch sagen, die Wahrheit anzuzeigen sei mehr die Eigenschaft einer Uhr als eines Menschen. Auch die Regel um die Selbstschäzung und die Bescheidenheit zu vereinigen, welches allerdings in diesem System gefordert wird, kann nicht die Wahrheit sein, sondern das Abwägen der gegenseitigen Lust und Unlust, deren Veränderlichkeit dann auch jenen Begriffen keine Sicherheit ihres Inhaltes zurükkläßt. Aus einem andern Grunde aber fehlt bei Fichte die Pflicht der Selbstschäzung sowol als der Selbsterkenntniß, weil er nämlich es sich zum Gesez scheint gemacht zu haben, keinem bloß innern Handeln eine Stelle einzuräumen in der eigentlichen Pflichtlehre. Daher auch die Berichtigung des Urtheils anderer über unsere Sittlichkeit keine eigne Pflicht sein kann: denn unmittelbar erfolgt sie aus Liebe zu ihrer Freiheit in jedem Falle, wo ihr Urtheil unmittelbar praktisch für sie sein würde; mittelbar aber kann nichts dazu geschehen, als daß jeder seine Sittlichkeit handelnd darstellt, wo denn die Beziehung auf jenen Zwekk nur ein begleitendes Bewußtsein wäre. Eben so ergeht es ferner der von Kant aufgeführten besondern Pflicht der Erhöhung der sittlichen Vollkommenheit. Denn so wie diese Maxime als höchste ethische Idee vorgestellt, welches schon im ersten Buche erwähnt worden, jeder bloß ausübenden Pflicht widerstreitet: so widerstreitet sie als einzelne Pflicht gedacht der Idee von einem für jeden Augenblikk bestimmten

Beruf. Nach dieser nämlich ist das eigentlich sittliche Bestreben nur dieses, die Pflicht in jedem Augenblikk ganz zu vollbringen, welches wenn es gelingt keiner weiteren Forderung einer Vervollkommnung Raum läßt. Daß aber dieses in Beziehung auf das vergangene jedesmal besser gelinge, sezt theils die Selbsterkenntniß voraus, welche ebenfalls aufgelöst ist und unnöthig gemacht durch die Pflichterkenntniß, theils kann es sich doch nicht in eignen Handlungen äußern, sondern bleibt ebenfalls nur ein inneres, ein die bestimmte Pflichterfüllung begleitendes reflectirendes Bewußtsein. Nur ist auf der andern Seite auch Fichte jenem Gesez das bloß innere Handeln gänzlich auszuschließen nicht treu geblieben. Denn er stellt doch auf eine Pflicht die Sittlichkeit im allgemeinen zu befördern, von welcher er ebenfalls einsieht, daß sie keine eigenen Handlungen veranlassen kann, sondern erfüllt wird, indem jeder das ihm obliegende gute vollbringt, welche Pflicht also entweder gar nichts ist, oder auch ein diese Vollbringung begleitendes Bewußtsein jener Absicht. Worin also ein Irrthum liegt, welcher Bedenken erregen muß auch über die formale Richtigkeit jener Auslassungen und überhaupt über seine Ansicht von dieser Sphäre der Pflichten. Nicht mindere Unbestimmtheit und Verwirrung findet sich auch in seinen unbedingten besonderen Pflichten, wenn man sie vergleicht mit den gleichen bedingten. Zuerst nämlich entsteht Zweifel, ob und wie die allgemeine Regel, seinen Stand nicht nach Neigung, sondern nach Einsicht zu wählen, sich auch erstrekke auf die natürlichen Stände, in welchen doch auch die Wahl nicht ganz kann ausgeschlossen werden. Denn wenn auch die Liebe nicht von der Freiheit abhängt, insofern ihr ein Naturtrieb beigemischt ist: so zeigt doch eben diese Erklärung, daß es noch etwas anders in ihr giebt, welches allerdings von der Freiheit abhängt. Sonach ist ganz unentschieden, ob dieses andere in Beziehung auf eine bestimmte Person mit dem Naturtriebe zu verbinden, oder nicht, eine Sache der Wahl sei; und ob bei dieser Wahl die Einsicht entscheiden dürfe oder was sonst. Eben so, wenn auch die Handlung, welche den Trieb befriedigt und die Fortpflanzung bewirkt, allemal aus dem Triebe hervorgehen muß: so ist doch nicht gesagt, daß sie jedes Mal geschehen müsse, wenn der Trieb sie fordert, und sonach unentschieden, ob die Beurtheilung, welche dabei Statt findet, sich auch beziehen dürfe auf eine freie Wahl in Absicht der Vervielfältigung des elterlichen Verhältnisses. In welcher Hinsicht denn die alten Sittenlehrer weit bestimmter sind, welche, indem sie die Ehe bloß um der Kinder willen sezen, für die Gattin die Gründe der Wahl, für die Anzahl der Kinder aber ein zuträgliches Maaß anzugeben nicht unterlassen, und vieles war bei ihnen schändlich in dieser Hinsicht, was bei uns überall nicht pflegt zur sittlichen Beurtheilung gezogen zu werden. Eine solche Bestimmtheit aber muß für die Wissenschaft gefordert werden, und kann weder durch die Selbstständigkeit der Ehe noch durch die Vermischung des freien und unfreien unmöglich gemacht sein. Ferner auch scheint die Bestimmung und Eintheilung des Berufs theils nicht nach Grundsäzen, sondern nach Maaßgabe des vorhandenen gemacht zu sein, und zwar so einseitig, daß kaum irgendwo von Verbindung der verschiedenen Einheiten in einer Person die Rede ist. Theils auch scheint sie jener Regel von der freien Wahl des Berufs nach besserer Einsicht zu widerstreiten. Denn die verschiedenen Arten sind hier so construirt, daß eine der andern in ethischem nicht etwa nur in bürgerlichem Verstande sich untergeordnet zeigt; zur Wahl nach Einsicht aber gehört vornämlich die Kenntniß des wesentlichen Unterschiedes, woraus denn hervorgeht, daß einer freiwillig seinem Anspruch zu den höher gebildeten Menschen zu gehören entsagen muß, welches, wenn nicht ein natürlicher und angeborner Unterschied an Geisteskräften sogar der Art nach angenommen wird, für jeden Fall eine unsittliche Handlungsweise entweder des wählenden selbst voraussezt, oder derer, welche ihn vorläufig zur Wahl nach Einsicht bilden sollten, oder endlich der Gemeinheit, welcher beide angehören; so daß, welcher auch gelten möge, die Möglichkeit einer solchen Eintheilung unter der Voraussezung jener Regel auf dem unsittlichen beruht. Deshalb auch hier über die einzelnen Begriffe, über die Art wie sie gefaßt sind, und wie ihnen durch die ertheilten Vorschriften Genüge geschieht, nichts weiter zu sagen ist.

Gehen wir nun zu den gewöhnlich sogenannten allgemeinen Pflichten gegen andere: so ist es eben hier, wo die Verwechselung des Pflicht- und Tugendbegriffes nicht mehr in einzelnen Fällen, sondern fast allgemein vorkommt. So daß diese Verwirrung der Form nicht mehr einzeln wird angemerkt werden, sondern nur hier wird noch, einmal für alle, zurükkgewiesen auf dasjenige, was vom Verhältniß dieser Begriffe ist gesagt worden, und wie eine Formel, welche als für die Pflicht berechnet unzulänglich und unbestimmt noch weniger eine Tugend bezeichnen kann, und umgekehrt. Nach dieser Erklärung nun knüpfe sich zunächst an das vorige an ein Verhältniß, in welchem gemeinhin ebenfalls eine freiwillige ethische Selbstunterwerfung gedacht wird, nämlich das der Wohlthätigkeit und Dankbarkeit. Bei Fichte zwar ist die Wohlthätigkeit am folgerechtesten für jede praktische Ethik gar nicht auf das Wohlbefinden des bedürftigen bezogen, sondern lediglich auf dasjenige, was für alle als die gemeinschaftliche Bedingung der Freiheit und des sittlichen Handelns in der Sinnenwelt aufgestellt ist. So daß auch der dürftige wenigstens von allen gemeinschaftlich, wenn auch nicht von jedem einzelnen die Ausübung der Wohlthätigkeit fordern kann als sein Recht, und daher die Dankbarkeit wenn nicht ganz verschwindet doch ihren Siz verändert und nicht mehr eine Pflicht wäre des bedürftigen gegen den Wohlthäter, sondern vielmehr der Gemeinheit gegen den einzelnen, welcher als ein sich selbst dazu aufwerfender Bevollmächtigter ihre Pflicht hat erfüllen wollen. Hiebei aber ist zu bemerken, eines Theils, daß auf diese Art auch die Wohlthätigkeit keine reine Pflicht sein kann, sondern nur auf einem Zustande beruht, und mit ihm selbst in einer besseren Zeit verschwinden muß, dessen Aufhebung als sittlich nothwendig angezeigt ist. Auf welche Weise denn grade in der Hinsicht, in welcher Kant sie zu wünschen scheint, die Verwandlung der Liebespflicht in Rechtspflicht eintreten würde, ohne doch die Darstellung der Welt als eines sittlich schönen ganzen zu behindern. Andern Theils aber, daß die Wohlthätigkeit, wie Fichte sie angiebt, den gewöhnlichen Begriff nicht ausfüllt, sondern in diesem auch mit enthalten ist seine Dienstfertigkeit. Und in diesen abgesonderten Begriff scheint sich bei ihm jene Unstatthaftigkeit zurükkgezogen zu haben, welche sonst dem ganzen einwohnt. Denn sobald ein Beruf gesezt ist, hat auch jeder in jedem Augenblikke für einen eignen Zwekk, welcher gewiß sittlich ist, etwas zu verrichten, und jeder Versuch die Zwekke anderer zu befördern wäre einerseits ein verbotenes abenteuerliches Aufsuchen einer Tugendübung, weil er nämlich ein Hinwegsehen ist von der aufgegebenen bestimmten und ununterbrochen fortgehenden Pflicht, andererseits aber eine Klügelei, oder die Anmaßung, etwas das ich nicht weiß demjenigen vorzuziehen, was ich weiß. Welchergestalt denn von der Dienstfertigkeit nichts übrig bleiben würde, als das natürliche Ineinandergreifen der verschiedenen Berufsarten, in dessen Bewußtsein und der daraus entstehenden Verehrung der niedern Stände gegen die höheren auch die Dankbarkeit ganz im kantischen Sinne als Verehrung des Wohlthäters und Bestreben nach Gegendiensten verborgen liegt, und auch ganz auf einem eingeschlichenen unsittlichen beruht. Dieses aber ist bei Kant selbst noch weit offenbarer der Fall mit der Dankbarkeit und Wohlthätigkeit, so wie beide zusammengehören, und überall, wo auf dem Grunde einer praktischen Idee eine auf Glükkseligkeit gleichviel ob eigne oder fremde sich beziehende Pflicht aufgebaut wird. Bei Kant besonders beruht die Wohlthätigkeit auf der Voraussezung, daß jeder wolle, ihm solle aus der Noth geholfen werden. Dieser Wille aber ist so unbedingt kein sittliches Wollen in der praktischen Ethik. Sondern, da auch in der Noth noch

Tugendübungen und Pflichterfüllungen möglich sind, und dieser Zustand das sittliche Dasein nicht schlechthin aufhebt: so wird der Wille ihn zu verändern sittlich oder unsittlich, je nachdem der Preis es ist, welcher gegeben werden soll. Ohnstreitig aber ist der Preis einer solchen Selbstunterwerfung, wie sie in der Dankbarkeit gesezt ist, durch welche eine immerwährende sittliche Ungleichheit gestiftet wird, welche noch überdies nur auf dem Zufall beruht, nämlich auf der Gelegenheit wohlzuthun, und nicht auf der Gesinnung, in Hinsicht auf welche gar wol der bedürftige dem Wohlthäter gleich sein kann und überlegen; ein solcher Preis ist auf jeden Fall unsittlich, und das Verhältniß eine Herabwürdigung des sittlichen Werthes wegen eines sinnlichen Zwekkes. Ja schon indem dem Wohlthäter Ansprüche auf wenigstens gleiche eigentlich aber auf unendliche Gegendienste zugestanden werden, müßte mit der Möglichkeit der Wohlthaten auch die Möglichkeit einer sittlichen Sclaverei ethisch gesezt werden, und die Erlösung aus der Noth wäre der Preis, um welchen die Freiheit gesezmäßig dürfte verkauft werden. So daß die Dankbarkeit vorausgesezt der Verpflichtungsgrund zur Wohlthätigkeit unmöglich wird, auf welcher doch wiederum die Dankbarkeit beruht, und das System von Pflichten in seiner Wechselbeziehung als ganz unzulässig erscheint. Wenn aber auch die Wohlthätigkeit auf einem andern Grunde beruhte und also für sich bestehen könnte: so bliebe doch die Dankbarkeit, wie man auch den Begriff einschränke, sobald sie sich nur auf selbstgenossene Wohlthaten beziehen sollte, für die praktische Ethik ganz unzulässig. Denn wenn auch über die Sittlichkeit in den Beweggründen einer genossenen Wohlthat die größte Gewißheit zu erlangen wäre, so könnte doch aus dieser persönlichen Beziehung keine Verehrung entstehen, sondern diese müßte sich ausdehnen auf alle auch gegen andere ausgeübte Wohlthaten, wie sie als sittlich einem jeden bekannt werden, ja auch auf die Gesinnung, welche nur durch äußere Umstände in den thätigen Erweisen ist gehindert worden. Die

Verpflichtung aber zu gleichen Diensten würde noch außerdem entweder auf dem Verpflichtungsgrunde zur Wohlthätigkeit überhaupt beruhen müssen, und also der vorhergegangenen empfangenen Wohlthat nicht bedürfen, oder mit dieser im Streit sein, und also noch eine neue und andere Bestimmung beider Begriffe nothwendig machen. Im Eudämonismus wiederum kann die Dankbarkeit keinen andern Sinn haben, als entweder, sofern sie Vergeltung ist, die Verbindung aufzulösen, welches voraussezt, daß diese Unlust macht, daß also der Wohlthäter entweder gar nicht in Beziehung auf den Empfänger gehandelt hat, welches ohnedies nicht gedacht werden kann, sondern nur dessen vorausgesehene Unlust als Mittel gebraucht, um für sich die Lust zu gewinnen, die ihm aus der Vergeltung entsteht; oder daß er, wenn sein Zwekk auf eine angenommene eigenthümliche Lust des Wohlthuns gerichtet war, diesen überschritten hat, wofür er eine Gegenlust gewiß nicht verdient. Oder es soll die Dankbarkeit ein Reizmittel sein, um zu neuen Wohlthaten aufzumuntern; dann aber verliert sie theils die Beziehung auf eine empfangene Wohlthat, und müßte aus gleichem Grunde gegen alle bewiesen werden, welche in dem Fall wohlthun zu können eines solchen Reizmittels empfänglich und bedürftig sind; in welcher Hinsicht sie dann ganz identisch wäre mit jener Wohlthätigkeit, und das wesentliche Merkmal des Begriffs, in wie fern er sittlich sein soll, anderwärts müßte aufgesucht werden; theils ließe sich doch kein sittlicher Grund aufstellen für die Erwartung, daß die Lust den Empfänger bewegen würde dem Urheber wieder Lust zu machen, außer wenn eine damit verbundene Unlust vorausgesehen wird, welche abgeschüttelt werden muß, in welchem Falle dann zwischen Wohlthat und Beleidigung so wie zwischen Dankbarkeit und Rache oder Schadenersazforderung eine wunderbare und höchst verwirrte Identität entstehen müßte. Ueberdies aber müßten doch beide Begriffe so begrenzt werden, daß nur das auf einen andern verwendet würde, was dem Besizer selbst in Beziehung auf die eigenthümlich damit verbundene Lust wieder brauchbar ist, wodurch beide Begriffe in den eines liberalen Tausches übergehn, und gar kein eigenthümliches Verhältniß übrig bleibt. Wie aber in der sympathetischen Ethik etwas ganz ähnliches erfolgt, darf wol kaum noch ausgeführt werden. Eben so wird jeder einsehn, daß auch die Wohlthätigkeit für sich betrachtet in der praktischen Ethik noch genauerer Bestimmungen bedürfte, um als Pflicht aufgestellt zu werden oder als Tugend, wie selbst nach der fichteschen Erklärung, welche doch die bestimmteste und begründetste ist, aus den unbestimmten Vorschriften erhellt, daß einerseits auch zur Wohlthätigkeit die Veranlassung sich darbieten müsse, andererseits aber jeder solle ihrentwegen haushälterisch sein und sparsam, und was sonst noch zu lesen ist. Was aber über diesen Gegenstand die alten und vornämlich die Stoiker in dem Abschnitte von den Pflichten genauer bestimmt gehabt, davon ist wenig übrig geblieben, welches, theils mehr in das Gebiet der Staatsverwaltung hinübergezogen als das sittliche Leben überhaupt umfassend, theils auch seiner Natur nach nicht besser als das bisher erwähnte, nur dasjenige berührt, was auch Kant unter seinen Gewissensfragen aufgeworfen, die Grenzen nämlich zwischen der Wohlthätigkeit und der Selbstliebe. So daß auch hier troz dem Grundsaz von der Unmöglichkeit eines Uebermaaßes im wahrhaft sittlichen nur ein unbestimmter Begriff geherrscht hat. Als Tugend betrachtet aber haben sie ebenfalls die Wohlthätigkeit unter die Gerechtigkeit gesezt und als eine Aeußerung derselben aufgestellt: so jedoch, daß in allen Abtheilungen der Gerechtigkeit, in der Widersezung gegen das Unrecht, in dem Bestreben jedem gleiche Vortheile aus der Gemeinschaft zuzusichern, in dem Wohlverhalten bei Verträgen, überall das rechtliche mit dem über die strenge Rechtspflicht hinausgehenden so vermischt ist, daß weder eine Absonderung sich zeigt, noch auch zu sehen ist, was wol als der Inhalt der eigentlich sogenannten Gütigkeit zurükbleibe. Außer der thätigen Hülfleistung aber ist auch fast überall geredet worden von einer Pflicht durch die Empfindung Theil zu nehmen an dem, was anidem begegnet. Welche Forderung wol auf dem gewöhnlichen Wege der praktischen Sittenlehre nicht ist wahrgenommen worden, sondern nur in der eudämonistischen Ethik theils, moch mehr aber in der sympathetischen scheint einheimisch zu sein. In der lezteren nun müßte die Theilnehmung als sittlich auch ein selbstisches Gefühl enthalten, und nirgends ist bestimmt, ob dieses sein sollte die Unlust, welche aus der Gleichheit der Individuen entsteht, und der Erwartung des ähnlichem, oder die Lust aus ihrem Gegensaz und aus der gegenwärtigen Befreiung. Im reinen Eudämonismus aber könnte sie nur sittlich sein entweder als unvermischte Lust, also ohne allen Charakter der Theilnehmung als Freude über das eigne verglichene Wohlergehen, oder als eigenthümliche überwiegende Lust, woher auch immer die Rede gewesen ist von dem besonderen Reiz der vermischten Empfindungen. So betrachtet indeß würde aus der Aufgabe diesen Genuß theils mehr in die Gewalt der Willkühr zu bringen, theils von allem, was über ihn hinausgeht und ihn verunreiniget, zu befreien die Vorschrift entstehn, seine Befriedigung nicht sowol aus der Wirklichkeit zu schöpfen, als vielmehr aus den Werken der nachahmenden Darstellung; wonach denn die Realität der Theilnehmung wieder verschwindet. Wird aber die Sache, dieses alles abgesondert, aus dem Standpunkt der praktischen Sittenlehre betrachtet, so erscheint fast noch größere Ungewißheit und Verwirrung. Denn was zuerst den stoischen Saz betrifft, daß das Mitgefühl müsse vermieden werden, damit nicht zweie leiden mögen statt eines, dieser ist schlecht begründet, weil eben wenn der Schmerz kein Uebel ist auch seine Verbreitung nicht dafür kann gehalten werden. Wiewol auf der andern Seite aus dieser Voraussezung auch keine Ursach entsteht Schmerz zu haben über den Schmerz, vielmehr wenn ja dieses Mitgefühl seinen Grund haben sollte in der geselligen Natur des Menschen, es doch ein sittlich unbestimmtes wäre, und nicht aus allgemeinen Gründen sondern aus der Sache fremden in jedem Fall zu suchen wäre oder zu vermeiden. Wird ferner auf das oben ausgeführte Bezug genommen, daß doch alles Leiden im allgemeinen betrachtet ein Uebel ist: so wird zwar ein Gefühl desselben entstehen, dieses aber wird keine Theilnehmung sein, weil in dieser Beziehung das fremde Leiden und das eigne auf ganz gleiche Weise müßte betrachtet und behandelt werden. Wollte endlich jemand dies alles bei Seite sezen, und für die praktische Ethik bloß die Frage übrig lassen, ob nicht Schmerz müsse empfunden werden über die Unsittlichkeit anderer als über ihr wahrstes und eigenstes Uebel: so scheint es zwar unsittlich das unsittliche nicht zu empfinden, bedenklich doch aber auch das Gefühl, als ob es willkührlich könne hervorgebracht werden, als eine Pflicht zu fordern. Den Spinoza aber, nach dessen Ansicht aus dem reinsittlichen Zustande mit jeder andern auch die theilnehmende Traurigkeit verbannt wird, weil die sittliche Betrachtung auf einer solchen Höhe steht, wo der Begriff des unvollkommenen und bösen überhaupt verschwindet, diesen möchte man fragen, wie denn bei seiner Identität des Gedankens und Gefühls von dem nachbildenden Gedanken an fremde Verschlimmerung sich trennen lasse ein nachbildendes Gefühl, und ob nicht die Aufgabe entstände ein solches anzunehmen nicht nur, sondern auch mit der dem System unentbehrlichen durchgängigen Freude des frommen zu vereinigen. Aristoteles endlich, wie er nichts weiß von der Wohlthätigkeit insbesondere; denn seine Freigebigkeit bezieht sich nicht auf eine bestimmte Beschaffenheit der Zwekke, sondern nur auf eine Art sie auszuführen: eben so wenig auch weiß er von Theilnehmung, sondern dem Neide und der Schadenfreude sezt er entgegen die Nemesis, welche nur auf die Einstimmung des Ergehens mit der Sittlichkeit sich bezieht, und sonst führt er kein Gefühl an weder für jene noch für diese allein. Wie unrichtig aber diese Nemesis gezeichnet ist, indem ja Neid und Schadenfreude einander nicht entgegengesezt sind, sondern eins und dasselbe, leuchtet ein. Dieses von der Wohlthätigkeit und Theilnehmung. Nun auch von der Uebelthätigkeit, wiefern sie sittlich sein kann, und von dem nicht schmerzhaften sondern unwilligen Gefühl über andere, beides nämlich in Beziehung auf unsittliche Thaten und Beleidigungen, ob vielleicht hierüber etwas gewisseres irgendwo zu finden ist. In der Sittenlehre der Lust nun ist offenbar weder die Rache an sich sittlich oder unsittlich, noch auch die Nachsicht; und eben so beides weder der Zorn noch auch die Sanftmuth; sondern wie jeder glaubt in jedem Falle am besten den Gegner unschädlich zu machen, sich selbst aber den Stachel aus der Wunde zu ziehen, so ist es ihm sittlich und recht. In der sympathetischen Ethik aber müßte die Sanftmuth eine Vermischung sein aus dem eignen Unwillen und aus der Sympathie mit dem Beleidiger. Dieser nun hat in dem Augenblikk der Beleidigung kein anderes Gefühl als ein selbstisches, also einen Mangel an Sympathie, mit welchem sonach zu sympathisiren eine Aufgabe wäre, welche das Princip mit sich selbst in Streit bringt. Soll aber nur sympathisirt werden mit dem vorausgesehenen Zustande der Reue: so wäre diese Regel theils ohne Grund, theils würde sie in ihrer weiteren Anwendung unausbleiblich die Theilnehmung aufheben. Die praktische Ethik endlich hat hierin dieselben Schwierigkeiten zu überwinden, wie oben bei der Theilnehmung. Und wie auch die Frage dem Inhalt nach möchte entschieden werden, so müßte hernach noch die besondere Prüfung angestellt werden, da die Gemüthsbewegungen an sich und ohne Beziehung auf ihre Ursachen oder Folgen einer Regel unterworfen sind, ob auch das auf jene Art gefundene übereinstimmte mit dem allgemeinen Gesez der Schikklichkeit in den Bewegungen, welches auch mit Recht der einzige Ort ist, unter welchem dieses alles bei den Stoikern angetroffen wird. Wie denn überhaupt die Vorschrift über das Gefühl für das unsittliche nicht nur ohne Unterschied das eigne und fremde betreffen muß, sondern auch dem Verpflichtungsgrunde nach eine und dieselbe sein muß, welche auch das Gefühl für das positiv sittliche bestimmt, worauf aber keiner gesehen hat. Was aber das Verfahren betrifft gegen Beleidigungen: so wird von einigen Sittenlehrern dieser Art die Nachsicht und die Versöhnlichkeit gelobt, von andern aber verworfen, und die Bewandniß wird ganz dieselbe sein, wie oben bei der Dankbarkeit in Beziehung auf die Wohlthaten. Denn auch hier müßte unterschieden werden die Gesinnung gegen den Thäter, und dann dessen Behandlung, und in der lezten wiederum was unmittelbar in Beziehung auf ihn geschieht von dem, was die That demjenigen, gegen welchen sie ausgeübt worden, in Beziehung auf sich selbst zur Pflicht machte, wovon lezteres auf Vertheidigung und Ersaz abzwekkt, ersteres aber auf Strafe und Belehrung. Die Vertheidigung nun kann sich nur beziehn auf die sittliche Wirksamkeit, und der Begriff ist unbestimmt, wenn nicht erklärt ist, welches denn eine wirkliche Behinderung derselben ist oder nur eine scheinbare. Eben dieses aber wird von den meisten ganz vernachlässigt, von andern aber, wie von Fichte, verfehlt. Denn daß die Gefahr des Lebens die Verlezung des Eigenthums und die Kränkung des guten Rufes, wie er ihn erklärt, den ganzen Umfang des zu vertheidigenden erschöpften, möchte keiner glauben, der das sittliche von dem rechtlichen unterscheidet, und auf der andern Seite möchte eine Verpflichtung den guten Ruf gegen falsche Gerüchte zu vertheidigen zu groß sein, welches schon daraus erhellt, weil sonst die unsittlichen es in ihrer Gewalt haben würden, den sittlichen immer auf dem Wege seines eigentlichen Berufes aufzuhalten und zu einem Handeln auf sie zu zwingen. Was aber die Strafe betrifft, so ist nicht nöthig die verworrenen Vorstellungen zu widerlegen, welche sich darüber zum Beispiel bei Kant vorfinden, welcher auf die Strafwürdigkeit des Menschen vor Gott das Verbot gründet, daß keiner dürfe Strafe verhängen über den andern. Sondern als zugestanden wird vorausgesezt, daß ethisch betrachtet Strafe und Belehrung eins und dasselbige sind, und nur der Methode nach unterschieden, und die Aufgabe wäre nur zu bestimmen die Anwendbarkeit einer jeden. Denn die Strafe überall auszuschließen, die Belehrung aber ins unendliche zu fordern, würde den unsittlichen eben wie das gerügte eine unbedingte Uebermacht geben, welches also mit der Vertheidigung der eignen nicht nur, sondern auch der gemeinschaftlichen Wirksamkeit stritte. Auf der andern Seite aber die Strafe überall zu handhaben, wie die Stoiker, welche dem weisen die Nachsicht verbieten, dieses wird entweder die Sache in den engeren Umkreis des bloß rechtlichen zurückweisen, oder unbedingt dem, welcher unrechtes gethan hat, die Empfänglichkeit für die Belehrung absprechen. Daß also beides muß vereiniget werden, ist eben so offenbar, als daß noch nirgends dieser Punkt aufgezeigt ist, sondern die Versöhnlichkeit und Gelindigkeit sowol, als die Strenge und Härte sämmtlich ethisch betrachtet ganz unbestimmte Begriffe sind, die zu der genaueren Bestimmung, welche gefordert wird, auch nicht die Elemente enthalten. An die Pflicht aber, die gemeinschaftliche Wirksamkeit der guten zu vertheidigen, schließt sich an die Frage von der Pflichtmäßigkeit oder Pflichtwidrigkeit der Bekanntmachung des unsittlichen, deren Entscheidung wo nicht abgeleitet doch in wesentliche Uebereinstimmung gebracht sein muß mit der Pflicht der Vermehrung fremder Erkenntniß, welches jedoch mit der von Fichte angegebenen Grenzbestimmung nach dem unmittelbar praktischen sehr zweifelhaft sein möchte. Bei Kant aber findet sich gar anstatt der Uebereinstimmung ein Widerspruch, indem es nicht schwer sein möchte von seiner Antwort zu zeigen, daß sie auf eine Lüge hinauslaufe. Eben derselbige deutet außer den sich auf Liebe und auf Achtung gründenden Pflichten noch auf besondere Pflichten oder Tugenden des Umgangs, jedoch nur unter dem verdächtigen Namen von Außenwerken, welche unmittelbar nur einen tugendhaften Schein hervorbringen. Wie nun dieses der ganzen Form der Ethik zuwiderlaufe, muß jedem einleuchten. Denn welches Verhältniß einen tugendhaften Schein anzunehmen vermag, das ist nothwendig auch der Tugend selbst fähig.

Daher auch die Stoiker diese Vollkommenheiten als Tugenden betrachtet dem weisen allein zuschreiben, und sie als einen Theil derjenigen ansehn, welche überhaupt die sittliche Richtung des Gefühls bezeichnet. Wie aber was hieher gehört als Pflicht von den andern ganz könne abgesondert werden, ist schwer zu begreifen. Denn eines Theils ist klar, daß die Behandlung aller freien geselligen Verhältnisse sich ebenfalls auf Liebe gründen müsse und auf Achtung; wo also was aus diesen Gesinnungen folgt vollständig aufgezeichnet ist, da müssen die Vorschriften für jene mit darin enthalten sein; theils auch ist jedes Geschäft zugleich Umgang und Gespräch, und jedes auch ernste und bestimmte Verhältniß zugleich ein freies geselliges, und steht unter den Gesezen von diesen, wenn nicht der vollständigen Sittlichkeit etwas in der Ausführung soll vergeben werden.

Wie nun überall die einzelnen Pflichtbegriffe entweder unbestimmt sind, und das Betragen nicht gehörig ordnen können, oder mit andern, mit denen sie zusammentreffen sollten, im Widerspruch, ferner von den bloß formalen Abtheilungsbegriffen nicht gehörig geschieden, daß oft zweifelhaft bleibt, wo verschiedene Pflichten oder nur einzelne Anwendungen derselben Pflicht aufgeführt werden; endlich auch, weil sie bald als Pflichten auf die Zwekke und hervorzubringenden Güter bezogen werden, bald wieder als Tugenden einer andern Einheit unterworfen, zerstükkt, und dann übel zusammenfügbar an verschiedenen Stellen des Systems angetroffen werden, dieses mag aus den durchgeführten Beispielen zur Genüge erhellen. Jezt aber wäre noch zu sehen, ob ein besseres Schikksal die Tugendbegriffe, sofern sie der Verwechselung mit den Pflichten weniger unterworfen sind, getroffen habe, welches vornämlich an den Darstellungen der alten zu untersuchen ist, wo sie am meisten in ihrer formellen Reinheit sich erhalten haben. Unter ihnen nun sei der erste Aristoteles mit seinen Haufen, denn anders verdienen sie nicht genannt zu werden, von Tugenden, weder nach irgend einer Regel geordnet, noch sonst eine Vermuthung für sich habend, als ob sie das ganze der sittlichen Gesinnung umfaßten, eben deshalb aber jedem, der die wissenschaftliche Genauigkeit sucht, auch im einzelnen schon verdächtig. Daher auch, was eben zur Vertheidigung seiner Art die Tugenden zu beschreiben ist gesagt worden, hier zwar wieder anerkannt wird, daß er nicht etwa die Tugenden in einem mittleren Grade sinnlicher, also in jedem andern unsittlicher Neigungen gesezt habe, sondern hiedurch nur die Erscheinung habe bezeichnen wollen, wie es seiner Weise die natürlichen Dinge zu betrachten gemäß ist: dennoch aber nicht soll geläugnet werden, daß er hiebei seines Endzwekkes, wenn dieser auf etwas besseres gestellt war, als auf eine dunkle Vorstellung, nothwendig verfehlen mußte. Denn eines Theils, wie bereits gelegentlich angeführt worden, ist die Bezeichnungsart nicht immer dieselbe, sondern die Tugend bald in die Mitte gesezt zwischen dem Uebermaaß und der Abwesenheit Einer Neigung, bald eben so in Beziehung auf zwei verschiedene Neigungen, bald wiederum in die Mitte zwischen zwei Erfolgen ohne allen Bezug auf Neigung. Wie zum Beispiel das gerechte die Mitte zwischen Schaden und Gewinn, welches auch nicht zutreffen wird, wenn nicht wieder im Kreise Schaden und Gewinn nach dem Begriff des gerechten bestimmt werden. Oder die Freigebigkeit das Mittel zwischen zu viel und zu wenig geben und nehmen; wonach sich nicht einsehen läßt, warum sie nicht das nämliche sein sollte mit der Gerechtigkeit. So daß es an einem Princip für die Anwendung der allgemeinen Formel gänzlich fehlt, und somit auch an jeder gegründeten Zuversicht, daß irgendwo das rechte getroffen sei. Ferner gesteht er selbst, daß nicht jede Mitte einer Neigung die Erscheinung einer Tugend gebe, wenn nämlich die Neigung schon an sich selbst das unsittliche enthalte, welches also um es zu bestimmen eine andere und tiefer gehende Erklärung voraussezt. Auch hat nicht mit Unrecht Garve ihm vorgeworfen, er selbst habe hier nicht Vorsicht genug gebraucht, und die Furcht zum Beispiel, in deren

Mittelmaaß die Tapferkeit sich zeigen solle, könne an sich schon als etwas unsittliches betrachtet werden; welches sich gewiß von mehreren Fällen behaupten ließe, wenn dies nicht besser jedem selbst überlassen würde, indem die anerkannte Untauglichkeit für die Wissenschaft und der beschränkte Zwekk der Formel hier keine genauere Betrachtung verdient. Ferner sind auch zu diesem beschränkten Zwekk die gegebenen Erklärungen nicht selten unbrauchbar, wie zum Beispiel bei der Tapferkeit selbst erhellt. Denn wird eine solche Aeußerung derselben gesezt, wo sie als Furcht erscheint, so ist nicht zu erkennen, ob dies in dem wie es sich gebührt und wovon es sich gebührt seinen Grund habe, oder in der Neigung, welcher dieses Maaß fremd ist, und eben so wenn sie als Zuversicht erscheint. Auch laufen vielfältig die Tugenden in einander, wenn man jener rechtfertigenden Voraussezung zufolge nicht annimmt, daß die Neigungen oder die Gegenstände den wesentlichen Unterschied bilden sollen. Denn wie sollte die Nemesis oder die Freude an der Gerechtigkeit des Glükks, und die Seelengröße, welche nach allem strebt, was sie werth ist, etwas anderes sein als Gerechtigkeit; ja selbst die Freundschaft, wenn anders das Wohlwollen als ein Gut angesehen wird, bei welchem Gewinn und Verlust statt findet, fiele zusammen mit der Gerechtigkeit, und was für andere Beispiele noch könnten angeführt werden. So daß hier auf bestimmte und richtige Begriffe gar nicht zu hoffen ist. Nächstdem aber ist zu sehen auf die von den meisten alten Sittenlehrern angenommene Darstellung aller sittlichen Gesinnungen unter den vier Tugenden der Klugheit der Mäßigung der Tapferkeit und der Gerechtigkeit. Wenn nur was der Inhalt und das Wesen einer jeden unter ihnen eigentlich sein soll bestimmt zu ersehen wäre, welches leider die allgemeinen Erklärungen der Stoiker nicht leisten, von welcher Schule unter allen, die nach dieser Anlage die Sittenlehre behandelt haben, nicht nur uns das meiste und am meisten zusammenhängende übrig geblieben ist, sondern auch überhaupt die größte dialektische Genauigkeit zu erwaren wäre. Ihnen zufolge nun ist zuerst weder die Mäßigung, welche sich auf das Wählen, noch die Gerechtigkeit, welche sich auf das Austheilen bezieht, vorausgesezt nämlich, daß der Ausdruck Erkenntniß bei allen die gleiche Bedeutung habe, zu unterscheiden von der Klugheit als der Erkenntniß dessen, was zu thun ist. Denn das Wählen ist ja das eigentliche Handeln, und jedes Austheilen wiederum ist ein Wählen. Wollte man aber die Klugheit nur auf das mittelbare Handeln beziehn, wodurch das gewählte zu Stande kommt, und das im Entschluß ausgetheilte wirklich eingehändigt wird: so widerstreitet dem nicht nur im allgemeinen der gleiche ja höhere Rang dieser Tugend, sondern auch die Beschreibung einzelner Theile derselben, wo sie offenbar auf die Pflicht bezogen wird. Eben so ist die Tapferkeit als Erkenntniß dessen, was zu erdulden ist, theils nur halb und einseitig beschrieben, theils aber auch nicht als eigne Tugend dargestellt, sondern nur als die hinreichende Stärke einer jeden andern. Denn zu erdulden giebt es im Wählen sowol als im Handeln und Vertheilen; und es würde gleichgültig sein, wenn nicht zur Wirklichkeit gelangt was eine jede beschlossen hat, dieses dem Mangel der Tapferkeit zuzuschreiben, oder auch dem Mangel an Stärke der jedesmal aufgeforderten Tugend. Welches also ein gänzliches Zusammenschmelzen in Eine Tugend ankündigt, so daß die verschieden benannten nicht nur in der Wirklichkeit nicht gänzlich getrennt sein können, welches allerdings nicht die richtige Forderung wäre, sondern daß sie auch nicht einmal in Gedanken abzusondern sind. Dasselbe ergiebt sich auch, wenn man die bei den Stoikern ihnen untergeordneten Tugenden betrachtet. Denn die Getrostheit, welche zur Tapferkeit gehört, als die Erkenntniß, daß wir in kein Uebel gerathen werden, was ist sie anders als das Bewußtsein der zur Klugheit gehörigen Gewandtheit, der Erkenntniß nämlich, welche in allen Handlungen einen Ausgang findet. Eben so die Wohlgemuthheit, das Bewußtsein von der Unüberwindlichkeit der Seele, und die Mühsamkeit, welche das vorliegende verrichtet ohne sich von den Beschwerden hindern zu lassen, sind nichts anders als die zur sogenannten Mäßigung gehörige Beharrlichkeit oder Wissenschaft bei dem zu bleiben, was einmal richtig geurtheilt ist, und Mäßigkeit, welche das was der Vernunft gemäß ist nicht überschreitet. Ferner die rechte Anordnung des Handelns, wann ein jedes zu verrichten ist, welche zu eben der Mäßigung gehört, wie sollte sie zu unterscheiden sein von der zur Klugheit gerechneten Wohlberathenheit, welche einsieht, wie jedes muß gethan werden, um nüzlich zu sein. Aber diese untergeordneten Tugenden erregen überdies den Zweifel, ob jene vier Haupttugenden reale Begriffe sind, oder nur formale, und dem gemäß, ob die untergeordneten real verschieden sind, oder nur als Anwendungen derselben Gesinnung und Fertigkeit auf verschiedene Fälle. Denn einiges begünstigt die eine Meinung, anderes die andere. So kann die Getrostheit von der Großherzigkeit, welche über das erhebt, was dem guten sowol als dem bösen begegnet, gar wohl getrennt gedacht werden als Fertigkeit, keinesweges aber die Mühsamkeit von der Geschikklichkeit, welche den jedesmal vorgesezten Endzwekk wirklich zu erreichen weiß. Und dergleichen widersprechende Anzeigen wird jeder noch mehrere finden, der das Verzeichniß der stoischen Tugenden zur Hand nimmt, besonders wenn noch damit verglichen werden diejenigen Gesinnungen und Vollkommenheiten, welche sie, weil sie in das Verzeichniß der Tugenden sich nicht fügen wollten, noch als einzelne Eigenschaften des weisen aufführen. Diese Ungewißheit aber, ob dies und jenes eine einzelne Tugend sei, das heißt, demselben Menschen auch unzertrennt ihrem ganzen Umfange nach als Fertigkeit in gleichem Grade und als wirklich Eine beiwohnen muß, oder umgekehrt, muß auf die Anwendung der Sittenlehre von entschiedenem Einfluß sein. Wenn nun dieselben Tugenden auch in der eudämonistischen Sittenlehre aufgeführt werden, so ist wol zu unterscheiden, ob sie dem Inhalt nach dieselben sind, oder nur dem Namen nach. Denn die Namen sind ihrer Natur nach nur formal, welches die Stoiker selbst anerkennen, und überall den Beisaz Gemäß der Natur eines vernünftigen und geselligen Wesens wollen verstanden haben, als welcher erst den ihrem System eigenthümlichen Inhalt hervorbringt. Nun sollte freilich auch schon die Eintheilung des gesammten Begriffs der Gesinnung für jede andere oberste ethische Idee anders ausfallen, und auch die niederen und abgeleiteten formalen Begriffe nicht zweien Systemen gemein sein; welcher Vorwurf aber hier zwischen beiden schwankt, da auch jene sich die Eintheilung nicht durch Verbindung mit ihrer höchsten Idee ausschließend angeeignet haben. Wenn aber nicht nur dem Namen sondern auch dem Inhalt nach praktische Tugenden sich einschleichen in eine Lehre der Glükkseligkeit, so ist die innere Unhaltbarkeit sogleich einleuchtend und entschieden. Daher eben der besondere Widerwille dieser Sittenlehrer gegen die Gerechtigkeit, welche ihnen überall zu viel sein muß und zu wenig, weil sie am wenigsten als ächte Tugend mit einem eudämonistischen Gehalt kann dargestellt werden. Denn die Ordnung, in welcher ein jeder wegen des Nebeneinanderstehens der Menschen seine Glükkseligkeit suchen darf, ist immer nur ein nothwendiges Uebel, auch die hervorbringende Eigenschaft derselben nicht eine eigne Tugend, sondern nur eine Anwendung der Klugheit. Worin ob der Eudämonismus folgerecht sei, sich am besten zeigen muß in der Bestimmung der Billigkeit als des einem jeden innerhalb seines Gebietes überlassenen Theils dieser Hervorbringung. Denn diese kann, ganz dem praktischen entgegengesezt, nichts anderes sein als die geschikkte Uebertretung des gemeinschaftlich festgestellten. Eben so darf zur Tapferkeit nur gehören der Widerstand gegen die Hindernisse der Lust, nicht aber unmittelbar gegen die des Handelns. Wo es aber anders ist, und es findet sich gewöhnlich anders, wie denn leicht Aristippos fast der einzige in dieser Hinsicht folgerechte unter denen seiner Art bleiben möchte, da sind die Eudämonisten in Absicht der Tugenden in denselben Fehler gerathen, wie die Stoiker gegen sie in Absicht der Güter, und zwar eben auch im Verwerfen sowol als im Uebertragen.

Gänzlich aber haben sich von diesen vier Formen unter allen, welche die Sittenlehre nach dem Begriff der Tugend behandelt haben, nur zweie losgemacht, Platon nämlich und Spinoza jeder auf seine eigne Art. Und zwar der erste, indem er wiederholt den Versuch macht zu zeigen, daß sich die ganze Tugend unter jeder dieser Formen darstellen lasse, welches ihm auch ohne andere Hülfsmittel als die dialektische Kunstfertigkeit, und ganz abgesondert von der kosmischen und mystischen Abzwekkung seiner Sittenlehre so vollkommen gelingt, daß diejenige Tugend, welche sich am meisten auf die Verhältnisse gegen andere zu beziehen scheint, sich als diejenige zeigt, welche der Mensch am meisten in und gegen sich selbst zu üben hat, und welche allein ihn in sich selbst zu erhalten vermag. Eben so die Mäßigung, welche für die innerlichste gehalten wird, als die, welche das ganze äußere Leben durchdringt nicht nur sondern auch hervorbringt. Endlich auch die Tapferkeit, welche sich auf den ersten Blikk am entschiedensten von den andern absondert, und in ein einzelnes beschränktes Gebiet zurükkzieht, als eine allgemeine jedem Verhältniß und jeder That unentbehrliche. Daher das Berufen auf diese Darstellungen aller weitern Prüfung über den wissenschaftlichen Werth der vier Begriffe überhebt. Denn was bisher zu ihrer näheren Bestimmung gethan worden, widersteht dieser so lange schon vorhandenen Polemik nicht; andere Unterschiede aber aufsuchen, oder die innere Veranlassung dieser Absonderung und das wahre, was derselben unbewußt zum Grunde liegt, darlegen, hieße die Grenzen einer Prüfung des vorhandenen überschreiten. Spinoza hingegen bewirkt das nämliche dadurch, daß er mit dem Namen einer einzigen von diesen, nämlich der Tapferkeit, die ganze Tugend bezeichnet; welches auch mit seinen Grundideen aufs genaueste zusammenhängt. Denn da die Tugend das möglichst reine Handeln ist, so läßt sich ihr unterscheidendes Wesen nicht besser bezeichnen als durch die Kraft des Widerstandes, welche den äußeren Einfluß zurücktreibend beherrscht, und so das Leiden abhält. Die einzige Eintheilung aber, welche er zuläßt, ist mit jener vierfachen nicht zu vergleichen; denn jede von diesen würde bald so bald anders unter jede von den seinigen fallen. Auch ist sie überhaupt nicht als eine solche zu betrachten, welche zwei verschiedene Tugenden festsezen sollte, welche auch nur dem Grade nach in der Wirklichkeit von einander könnten verschieden sein. Vielmehr giebt es bei ihm keine andere Trennung, als welche auf der Macht undeutlicher Vorstellungen beruht, deren keine ausschließend an eine von diesen Aeußerungen der Tugend gebunden ist; sondern dieselbe Ursach, welche jezt den Edelsinn in seiner Wirksamkeit schwächt, wird in einem andern auch der Beherztheit im Wege stehen. Vielmehr ist es nur eine verdeutlichende und vertheidigende Maaßregel, um desto auffallender zu zeigen, wie auch nach seinem System der Geist aus der Sphäre der Beschauung, welche ihn allein festzuhalten scheinen könnte, in die einer gemeinsamen bestimmten Thätigkeit heraustritt. Die Tugend selbst aber ist bei ihm nur eine, und untheilbar nicht nur der Wirklichkeit nach, sondern auch für den Gedanken und die Untersuchung, und kann als ein mannigfaltiges nicht anders beschrieben werden als im Gegensaz gegen die Mißverständnisse und Thorheiten, aus denen das seiner Natur nach unbestimmte und mannigfaltige Leiden der Menschen besteht, auf deren Verzeichniß daher auch mit Recht ein seltener Fleiß von ihm ist verwendet worden. Von einer Mehrheit einzelner Tugenden also ist in Beziehung auf ihn nichts weiter zu sagen.

Anhang.

I. Was Beispiels wegen nur von wenigen in den verschiedenen Systemen der Ethik aufgenommenen Tugenden ist gezeigt worden, dasselbe wäre leicht gewesen von allen zu erweisen, sowol welche überall, als welche nur irgendwo gelten, daß sie nämlich ethisch betrachtet theils ganz unbestimmte Bezeichnungen sind, theils von keinem Grundsaze aus, sobald man sie unter einander vergleicht, eine mit der andern bestehen können, sondern vielmehr jede irgend einer andern ihre Stelle als ergänzender und unentbehrlicher Theil des Systems bestreitet. Hieraus nun ergiebt sich als unvermeidliche Folgerung, wenn nämlich alle diese Fehler nicht überall bloß dialektisch sind, und auf unvollkommnen Erklärungen beruhen, an welche Uebereinstimmung und Vollständigkeit des Irrthums wol niemand glauben wird, daß jene Begriffe, so wie sie nicht durch die Ethik und in ihr entstanden, sondern nur aus dem Gebrauch des gemeinen Lebens in die Wissenschaft herübergenommen worden, so auch gewiß nicht kraft einer unentwikkelten nur dunkel gedachten ethischen Idee sind gebildet worden, sondern in anderer Hinsicht und in einem andern Geiste. Denn wäre jenes, so müßten sie auch leichter irgend einer deutlich gedachten ethischen Idee unterzuordnen sein, und die dialektische Ausbildung, welche dieser zu Theil geworden, auch leichter auf die einzelnen Begriffe übergehen. Liegt nun den im Geiste des gemeinen Lebens gedachten und gebildeten Begriffen auch nicht unentwikkelt eine ethische Idee zum Grunde: so folgt weiter, daß auch der Geist des gemeinen Lebens noch nirgends ein sittlicher gewesen, und zwar eudämonistisch so wenig als praktisch, weil sonst doch wenigstens in jene Darstellungen der Sittenlehre die insgemein dafür gehaltenen Tugenden sich fügen würden. Offenbar aber war bei den alten der Geist des Lebens zum größten Theile politisch, indem selbst die freieren auf den Genuß des Daseins unmittelbar berechneten gesellschaftlichen Verhältnisse jenem größeren untergeordnet waren, welches daher auch als hinreichend um das höchste Gut hervorzubringen von den meisten gedacht wurde. Ja selbst Aristippos, welcher mehr als irgend einer die hergebrachten Vorstellungen der Einstimmigkeit des Systems aufzuopfern geneigt war, konnte vom herrschenden Geiste hingerissen behaupten, daß auch nach dem Untergang aller Geseze und Verfassungen die Philosophen doch immerfort leben würden, als wären sie noch vorhanden. Dasselbe also wird auch bei ihnen der ursprüngliche Gehalt der für ethisch geltenden Begriffe sein müssen. Welches auch zunächst aus den vom Aristoteles aufgezählten Tugenden erhellt, in denen bis auf wenige, die sich auf die kleineren geselligen Verhältnisse beziehen, die politische Bedeutung nicht zu verkennen ist. Ja dieser, dem es auch am meisten ziemt dem gemeingeltenden zu dienen, hat einige bloß bürgerliche Eigenschaften, welche sittlich gedacht und bestimmt mit andern zusammengefallen wären, oder in weiterem Umfange gezeichnet worden, geradezu und ohne irgend einiges daran zu ändern und zu bessern in die Reihe der Tugenden aufgenommen. Eben so wenig aber ist auch dasselbe zu verkennen an den vier hellenischen Haupttugenden, sowol wie sie von den meisten dargestellt werden, als wie die Stoiker sie in ihre untergeordneten Theile genauer zerlegen. Wobei, wie man auch aus dem sieht, was von der gemeinen Bedeutung in der dialektischen Untersuchung des Platon vorkommt, alles was sich auf die kleineren Verhältnisse des Lebens bezieht nur einen kleinen Theil von derjenigen ausmacht, welche von den neueren gewöhnlich durch Mäßigung übersezt wird, und deren wahre Einheit auch nur aus diesem Gesichtspunkt möchte zu finden sein. Endlich kann auch keinem entgehen, wie in der neustoischen Behandlung der Pflichten nach dem zu urtheilen, was wir durch Cicero erhalten haben, das politische vorleuchtet. Schwerlich aber möchte diese ganze Neigung nur dem Dollmetscher zuzuschreiben sein, dessen Unfähigkeit so vieles zu verwischen sowol als hinzuzufügen niemand bezweifeln wird. Bei den neueren nun hat dieser politische Geist sich ganz aus dem Tugendbegriff herausgezogen und in den Pflichtbegriff geflüchtet. Offenbar nämlich weil jener zu sehr das selbstthätige Hervorbringen bezeichnet, das politische aber unter uns von der Selbstthätigkeit wenig Spuren trägt, daher auch auf die Tugend, welche ausschließend und gradezu diesem Verhältniß gewidmet ist, der Name der Gerechtigkeit nicht mehr allgemein sich schikkt, sondern nur für die Gesezgeber Richter oder für die herrschenden Theile in ungleichen Verbindungen, im allgemeinen aber der leidentlichere Name der Rechtlichkeit eine richtigere Bezeichnung gewährt. Sehr gut hingegen ist der Pflichtbegriff, der auch an ein aufgegebenes erinnert, jenem leidentlichen Nachbilden angemessen, und vielleicht daraus vornämlich der Vorzug zu erklären, der ihm überall vor den Begriffen der Tugenden und Güter in den neueren Darstellungen der Sittenlehre gegeben wird. Daher auch theils was im gemeinen Leben als Pflicht dargestellt wird über das Gebiet des Rechtes wenig hinausgeht, und nur mit dem Vorbehalt alles mit darunter zu begreifen, worüber vernünftiger Weise Geseze könnten gegeben werden, oder was schon irgendwo mit in das Gebiet derselben gezogen ist, wie etwa die Kindererziehung oder die Wohlthätigkeit, welchen Umfang schon Aristoteles der Gerechtigkeit angewiesen hat; theils suchen ja die Sittenlehrer selbst was dem politischen Verhältniß zu fremde ist wenigstens in die Gestalt desselben zu kleiden, als ob es sonst in die Versammlung der Pflichten nicht dürfte eingelassen werden. Denn dieses ist unstreitig der Grund, warum die Idee eines göttlichen Reiches, die doch als religiös und christlich dem Geiste des Zeitalters ganz fremd ist, so viel Eingang finden konnte in der Sittenlehre. Wie denn auch einzelnes noch vieles anzuführen wäre, um diese Ansicht zu bestätigen, wenn nicht schon das allgemeine jeden überzeugen müßte. Die sogenannten Tugenden aber beziehen sich bei den neueren eigentlich und fast allgemein auf die verschiedenen Gewerbe und Beschäftigungen in dem Leben eines jeden für sich, welche anstatt des fast verschwundenen öffentlichen Lebens zu Ehren gekommen, und ihre Bedeutung ist, um das rechte Wort zu sagen, kaufmännisch oder haushälterisch; hindeutend nämlich auf die verschiedene Brauchbarkeit der Menschen zu verschiedenen Endzwekken, auf den Kraftaufwand, durch den sie zu gewissen Thätigkeiten zu bewegen sind, und die Art wie gewisse Eindrükke auf sie erregend oder beruhigend zu wirken pflegen, kurz und überhaupt auf das, was Kant nicht unschikklich den Marktpreis der Menschen genannt hat. Nur so wird jeder in den Begriffen von Wohlthätigkeit Dankbarkeit Bescheidenheit Großmuth Gutmüthigkeit und den meisten andern die Einheit finden, die aus dem ethischen Standpunkt gar nicht zu entdekken ist. Daher auch so wie Garve die vollkommenen Pflichten und die unvollkommenen unterscheidet nach dem Grade der Nüzlichkeit der Maxime, so kann man sagen, daß bei der innern ethischen Gleichheit aller dieser Begriffe die Tugenden sich von den Lastern nur unterscheiden durch die sichere und vielseitige Brauchbarkeit der Eigenschaft, und daß auf der einen Seite nur diese Täuschung von der Einstimmigkeit zu eignem und fremdem Wohl den ethischen Schein hervorbringt, auf der andern aber auch der Gegensaz zwischen Tugenden und Lastern eben so unsicher ist, als jener zwischen Brauchbarkeit und Unbrauchbarkeit. Wem aber dieses alles noch nicht genügen wollte, der würde vielleicht die augenscheinlichste Ueberzeugung finden in den Erklärungen, welche

Spinoza von den Affecten gegeben. Denn indem er alles aus der Selbsterhaltung in dem sinnlichen gemeinen Sinne herleitet, und von dem Bestreben sich mit Gegenständen zu umgeben, welche das Gefühl des Daseins beleben, so findet er auf diesem Wege theils in dem was unmittelbar zur Begierde gehört, theils in dem was sich auf Freude und Traurigkeit bezieht, wenn man es auf bleibende Thätigkeiten oder Eigenschaften zurükkführt, alles Wohlwollen in seinen verschiedenen Stufen und Umkreisen, ohne es jedoch wie die gallikanischen Sittenlehrer thaten zu verunstalten oder gänzlich zu zerstören. Denn hier findet jeder die unentwikkelten Ideen, welche allen diesen Eigenschaften zum Grunde liegen, und sieht sich gezwungen zu gestehen, daß es nicht sittliche sind. Von denjenigen Begriffen aber, welche die neueren als Vollkommenheiten gewisser Theile oder Kräfte der Seele von den Tugenden abgesondert, welche Absonderung nach dem Sinn des neuen Begriffs von Tugend eben so folgerecht ist, als zufolge des alten Begriffs die Vereinigung beider, von diesen konnte der Ursprung gleichgültiger sein, weil jene Eintheilung der Seele in verschiedene Kräfte aus dem sittlichen Standpunkt schon im allgemeinen ist verworfen, und alles auf die eine Kraft des Willens zurükkgeführt worden. Auch hängt die Bildungsregel und der Eintheilungsgrund dieser Begriffe von keinem Interesse ab, sondern gehört der Seelenlehre an, in welcher zuerst die Eintheilung in Denken und Handeln höchst wunderbar ist, und nur etwa im ersten Unterricht für Kinder konnte entschuldigt werden, dann aber auch die weitere Eintheilung in oberes und unteres Vermögen, oder nach den logischen Potenzen der Vorstellung, noch wenig tüchtiges hat zu Tage fördern lassen. Es hat aber von jeher die Seelenlehre in einem Zusammenhange mit der Sittenlehre gestanden, über welchen an sich sowol als in Absicht auf die richtige Unterordnung beider hier nichts kann entschieden werden, indem die Frage davon abhängt, wie jeder beide Wissenschaften von der gemeinschaftlichen höchsten Erkenntniß ableitet. Jedoch muß soviel hier beiläufig zu äußern vergönnt sein, daß die Seelenlehre für sich betrachtet sich noch gar nicht in einem solchen Zustande befindet der Sittenlehre nüzlich sein zu können. Daher auch gewiß diejenige Ethik die beste ist, welche entweder so wenig als möglich aus ihr entlehnt, worin unstreitig Fichte bis jezt alle andern übertroffen hat, oder welche sich ihre eigne Art die Erscheinungen des Gemüths zu betrachten nach ihren eignen Grundsäzen erschafft, wovon Spinoza ein vortreffliches Beispiel gegeben. Denn zuerst muß die Aermlichkeit jeder bisherigen Seelenlehre jedem einleuchten, die große Mangelhaftigkeit und Gemeinheit ihres Fachwerkes, welche was nur irgend über das mechanische hinausgeht weder begreifen noch construiren kann. Dann aber erhellt auch die Unnatürlichkeit ihrer Begriffe daraus, daß sie weit entfernt bis zur verwikkelten Construction der Charaktere fortzuschreiten nicht im Stande ist ein Individuum zu begreifen, sondern gemeinhin in demselben Eigenschaften verknüpft findet, welche nach ihrer Construction einander widerstreiten. Liegt nun wie zu vermuthen das Princip ihrer Natürlichkeit in demjenigen Begriff, mit welchem sie sich an die höchste Wissenschaft anknüpft, so könnte vor der Hand das richtige in ihr nur zufällig gefunden werden, und nur nachdem sie weit vielseitiger als bisher nicht nur aus einem logischen Gesichtspunkt, sondern auch aus einem spekulativen und einem praktischen, aus einem physischen und einem poetischen bearbeitet würde. Welches abzuwarten, um dann einiges immer noch fremde und unsichere zu entlehnen, für die Ethik gewiß ein allzuweiter Weg wäre, da sie nahe genug daran ist ihre Begriffe aus ihrem eignen innern zu vervollkommnen.

II. Von den ethischen Reflexionsbegriffen aber, denn so wären wol Lob und Tadel, Selbstschäzung und Gewissen, und was ihnen ähnlich ist, am besten zu nennen, von diesen konnte in dem vorigen Abschnitt selbst nicht die Rede sein, weil sie nicht unentbehrliche Theile des Systems der Sittenlehre sind, sondern eigentlich außerhalb desselben liegen. Hier indeß muß ihrer erwähnt werden in Beziehung auf das eben gesagte. Denn um dieses in seinem ganzen Zusammenhange zu verstehen, und entweder zu bestätigen oder zu widerlegen, entsteht die Frage, worauf eigentlich diese Begriffe in der gewöhnlichen Anwendung bezogen werden, und ob die Urtheile und Gefühle, welche sie bezeichnen sollen, das wirklich sittliche anzeigen, oder nur dasjenige, wie man es auch nennen möge, was den Gehalt der für ethisch geltenden Begriffe ausmacht. Das erste nun zu behaupten wäre wunderlich von jedem, welcher der oben aufgestellten Erklärung dieser Begriffe seine Zustimmung gegeben. Denn wenn diese so wenig sittliches, und auch das wenige nur zufällig enthalten: so müßte entweder niemals und nur durch Irrthum Lob ausgetheilt werden, gewöhnlich aber, und dann auch besonders über das falsche Lob, nur Tadel, und das sittliche Gefühl also immer in einem widrig erregten Zustande sich befinden, oder es müßte von allen, die jene Begriffe noch anerkennen, gar nicht empfunden werden, welches heißen würde, in ihnen gar nicht vorhanden sein. Denn daß es bloß auf die Erscheinung seines wirklichen Gegenstandes warten, durch sein Gegentheil aber gar nicht erregt werden sollte, dieses widerspricht der Natur der Sache, und der Aehnlichkeit mit allem was der Mensch bildend hervorbringt. Auch erhellt es ohne auf einiges andere zu sehn aus der deutlichen Beziehung und häufigen Anwendung verwerfender Urtheile und Gefühle. Soll aber, um es beschränkend zu rechtfertigen, diese Erkenntniß des sittlichen und unsittlichen eine solche sein, welche Spinoza die Erkenntniß der zweiten Art nennt: so ist zu bemerken, daß in diesen Dingen, wo die Elemente sich vom zusammengesezten nicht so schneidend unterscheiden als etwa in der Größenlehre, auch das einfache und leichte, worauf eine solche Erkenntniß sich mit Untrüglichkeit bezieht, nur relativ ist. Bedenkt man nun theils überhaupt die sittlichen Verhältnisse, theils den Pflichtbegriff insbesondere, auf welchen unmittelbar die reflectirenden Begriffe am meisten angewendet werden, und der dem obigen zufolge immer ein zusammengeseztes ist: so möchte mit Recht bezweifelt werden können, ob überhaupt in der Wirklichkeit ein einfaches und leichtes sich dem Urtheil darbietet. Auch müßte gewiß von denjenigen, die das sittliche zum Gegenstand einer Erkenntniß der dritten Art zu erheben suchen, das eigentliche Wesen jener Begriffe und Gefühle in wissenschaftlichen Formeln längst zu Tage gefördert, und daraus die realen Begriffe berichtiget sein, wodurch denn auch das Gefühl selbst sich erweitern, und die Erkenntniß der zweiten Art zu mehrerer Vollkommenheit hätte gelangen müssen. So daß offenbar die bisher entwikkelte Vorstellung von dem Zustande der Ethik als Wissenschaft, wie auch jeder sonst und im allgemeinen vom Verhältniß der Theorie zur Praxis denken möge, mit der Annahme ächt ethischer reflectirender Begriffe und eines durch dieselben dargestellten untrüglichen Gefühls des sittlichen nicht bestehen kann. An sich aber und ohne Bezug auf die bisherigen Ergebnisse unserer Prüfung betrachtet sind zuerst die insgemein angeführten Gründe einer solchen Annahme zu verwerfen. Denn weit entfernt, daß die Würde der Sittlichkeit Gefahr liefe, wenn ein solches untrügliches Gefühl als wirklich und allgemein vorhanden geläugnet würde, als ob nämlich alsdann dieselbe als etwas in der Natur nicht gegründetes sondern willkührlich ausgedachtes erscheinen könnte: so sind ja alle darüber einig, daß auch das natürliche und wesentliche, wie es auch nach dem Begriff einer selbstthätigen Natur nicht anders sein kann, sich nur allmählich entwikkelt, und so, daß Gedanke und Gefühl einander wechselseitig ausbilden und erregen, nicht aber so, daß ein einfaches und untrügliches Gefühl für das vollkommene vorhanden ist, indem noch der Gedanke theils offenbar falsch ist, theils überall dem Streit unterworfen. Vielmehr würde es der menschlichen Natur zur Unehre gereichen, wenn ein solches

Gefühl den Gedanken noch nicht weiter gebracht, und auch seinen Gegenstand nicht so vielfach und kenntlich hervorgebracht hätte, um abweichende und widerstreitende Ansichten davon unmöglich zu machen. Und warum sollte auch das sittliche Gefühl ursprünglich vollkommner sein, als das logische oder mathematische? Doch von diesen fremdartigen Gründen hinweggesehen, müßte anderntheils, wenn ein solches Gefühl angenommen wird, durch ein verständiges versuchendes Verfahren mit demselben allein der Streit über die ethischen Grundsäze geschlichtet und die vollkommene Tonleiter gefunden werden können, in welche sich alle übrigen auflösen müssen Welches unter den wissenschaftlichen Behandlern der Ethik auch die losesten, und dem Gefühl am meisten einräumenden aus der anglikanischen Schule selbst nicht einräumen, noch weniger aber durch ihr Beispiel andere locken werden denselben Weg einzuschlagen. Ferner entstehen noch andere Zweifel über die Aechtheit dieser Begriffe als ethischer aus der Betrachtung ihres Verhältnisses gegen einander. Denn Lob und Tadel verbreiten sich ungleich weiter als das Gewissen auf Gegenstände, über welche dem lezteren weder Vorwürfe zugemuthet werden, noch Billigung, wovon erst Beispiele anzuführen nur überflüssig wäre; wogegen aber dem Lobe und Tadel dieselbe Untrüglichkeit nicht beigemessen wird, als dem Gewissen. Vergleicht man nun dieses mit dem was oben gesagt worden theils von der Befugniß auch das fremde sittliche zu beurtheilen, theils von der sittlichen Natur alles Handelns überhaupt, so ergiebt sich für jeden zuerst, wie wenig das ein ethischer Begriff sein kann, und also auch nicht das Gefühl, welches er bezeichnet, ein rein sittliches, der auf gleiche Weise ein ethisches Urtheil und ein anderes ausdrükkt, so das er mehr nur auf das Bejahen und Verneinen sich zu beziehen scheint, als auf die Grundsäze, nach denen es erfolgt. Dann auch noch, wie unzulässig ein so unbestimmter Uebergang sein muß aus dem gewissen in das ungewisse, und aus dem sittlichen in das nichtsittliche; welches die Stoiker richtig beur theilend das Lob und das sittlich gute zu unzertrennlichen Wechselbegriffen zu machen suchten. Wollte man aber Lob und Tadel und das übrige fahren lassend nur bei dem Gewissen stehen bleiben, wie es noch neuerlich Fichte als nothwendig und untrüglich will abgeleitet haben: so kann über diese mit dem gewohnten Scharfsinn ausgeführte Ableitung hier keine vollständige und gründliche Erörterung Raum finden, weil sie größtentheils außerhalb des ethischen Gebietes auf dem transcendentalen liegt, indem das abgeleitete auf eine Uebereinstimmung des wirklichen Ichs mit dem ursprünglichen hinausläuft. Was jedoch von dem ethischen Standpunkt aus hieher gehöriges darüber kann gesagt werden ist folgendes. Zuerst ist bei Fichte das Gewissen, in wiefern er ihm jene beiden Eigenschaften beilegt, keinesweges das Gefühl oder Bewußtsein des sittlichen, und seines Gegenstandes überhaupt, sondern nur ein Theil desjenigen, was die Stoiker die sittliche Geistesgegenwart oder Schnelligkeit nannten, des Vermögens nämlich die Pflicht in jedem Augenblikk zu finden. Auf diese Weise nun müßte erst bestimmt werden, was es heiße nach der Pflicht fragen, wenn nicht zur Vereinigung dieser Untrüglichkeit mit jener Falschheit der geltenden Begriffe der Ausweg offen bleiben soll zu sagen, daß alle jene nach der Pflicht nicht gefragt haben. Auf jeden Fall aber, wenn es etwa lächerlich scheinen sollte, daß derjenige nicht nach der Pflicht gefragt habe, der ein System von ethischen Begriffen aufstellen will, erhellt schon aus der Natur des Pflichtbegriffs, daß mit einem die Pflicht untrüglich für jeden bestimmten Moment anzeigenden Gefühl gar wol ein im ganzen sehr unvollkommnes Bewußtsein der Sittlichkeit könne verbunden sein. Denn die Pflicht zu erkennen ist jedesmal eine bestimmte und durch die vorhandenen Umstände und die gegebenen Möglichkeiten des Handelns bedingte Aufgabe, welche richtig gelöst werden kann, ohne daß dennoch die Unsittlichkeit oder unvollkommene Sittlichkeit wahrgenommen und gefühlt werde, welche schon in den Bedingungen liegt. Welches Nichtwahrnehmen dennoch nicht minder eine Unvollkommenheit und Fehlbarkeit des sittlichen Gefühls überhaupt anzeigt. Ferner könnte sich der Forderung eines solchen untrüglichen Gefühls als eines nothwendigen Zeichens, daß nun die Ueberlegung geschlossen sei und das Handeln angehn solle, an die Stelle sezen lassen die Forderung eines vollendeten Systems es sei nun der Pflicht oder der Tugend, in welchem jeder jeden ihm gegebenen Fall leicht auffinden könnte ohne dazu eines andern Gefühls zu bedürfen, als des Gefühls derjenigen Gewißheit, welche unter allen am leichtesten zu erlangen ist, und fast nur auf der Identität des Bewußtseins beruht, nämlich von der Gleichheit oder Verschiedenheit zweier Formeln. Daß nun demjenigen, der ein System der Pflichten aufstellen will, diese Forderung besser anstehe als jene, darüber kann kein Streit sein. Aber auch die Art der Ableitung selbst deutet mehr auf diese als jene. Denn die Uebereinstimmung des wirklichen Ichs mit dem ursprünglichen ist wol nicht als ein vorübergehendes und einzelnes zu denken, sondern als ein bleibendes und ganzes. Als ein solches aber müßte sie entstehen nicht aus der Erkenntniß des in einem bestimmten Augenblikk geforderten, sondern des gesammten sittlichen, und das aus jener entstehende Gefühl könnte nur dann Sicherheit und Wahrheit haben, wenn es zugleich aussagte, daß jene sich auf diese gründe. So daß die zweite Forderung vorausgesezt wird, welche doch sobald sie erfüllt ist die erste überflüssig machte. Daß es auch an Fichte nicht zu loben ist, daß er dem Gewissen einen ansehnlichen Theil von dem Geschäft der Wissenschaft überläßt, und diese im einzelnen überall von jenem soll vertreten werden, dies kann man ihm aus ihm selbst erweisen. Denn er gesteht ja, daß es für die Urtheilskraft theoretische Regeln geben muß, wie sie suchen soll, und diese muß ja wer an ein untrügliches Gewissen glaubt nur um so leichter finden und in ihrer ganzen Vollständigkeit aufstellen können, um so wie es sich geziemt vermittelst seines Gewissens gesezgebend zu werden für andere. Nicht aber durfte ein solcher miit Berufung auf das Gewissen die ganze Hälfte der Wissenschaft leer lassen, so daß auch entweder das übrige, weil es doch für sich nicht kann angewendet werden, nicht einmal prktisch gemeint zu sein scheint, oder die Principien um das g nze zu Ende zu führen nicht zugereicht haben.

III Wenn also die Nothwendigkeit eines in allen Menschen glleioen, und in jedem untrüglichen sittlichen Gefühls nicht kamn errwiesen werden, so ist es recht zu dem zurückzukehren, wa die Natur der Sache andeutet, daß nämlich das Gefühl und die Einsicht eines jeden sich unter einander bestimmen„ und in ihrer Fortschreitung sich gegenseitig zum Maaß dienen k'nnen. Hieraus nun würde für die unwissenschaftlichen Mensjhen zwar folgen, daß auch ihre Selbstschäzung und ihr Gewissen nur auf dasjenige können gerichtet sein, was den Gehalt ihrer für sittlich angenommenen Vorstellungen ausmaht, nämlich auf der einen Seite nur in den engen Kreis des rechtlichen beschränkt, auf der andern aber über das sittliche hiraus auf das kaufmännische und haushälterische. Welches sich auch dadurch hinlänglich bestätigt, daß ihre Art zu billigen sowol als zu tadeln und zu bereuen eben so genau mit dem übereinstimmt, was Spinoza als aus dem Affekt der Freude und Traurigkeit hervorgehend bezeichnet, wie gleichfalls ihre Tugenden mit dem zusammentrafen, was bei ihm in jeder Art dem Affect der Begierde zugehört. Was aber sol daraus geschlossen werden für die wissenschaftlichen Schüler sowol als Meister der Sittenlehre, deren sittlichem Gefühl noch das dialektische sollte zu Hülfe gekommen sein, und ihnen den Mangel innerer Wahrheit und Uebereinstimmung in ihren Begriffen angezeigt haben? Was aber anders, als daß, da beides zusammen nicht hingereicht hat sie über das gemeine zu erheben, in dem Maaß nämlich, in welchem sich dieses so verhält, auch ihr ethischer Sinn und Verstand nicht genugsam hervorrage, um eine höhere Stufe selbst zu ersteigen, und dann auch die andern zu sich heraufzuheben; sondern sie mehr den Merkzeichen gleichen, welche nur den

Stand der Wasserfläche anzeigen, als den künstlichen Vorrichtungen, welche ihn erhöhen. Wovon wiederum, was die einzelnen Begriffe betrifft, nur Platon und Spinoza durch ihre kräftige und durchgeführte Polemik gegen die eingeführte ethische Sprache sich als preiswürdige Ausnahmen sogleich ankündigen. Dem Fichte hingegen kann auf diesem Gebiet nur das indirekte Verdienst zugeschrieben werden, dadurch, daß er sich streng an den Pflichtbegriff gehalten hat, zur Verminderung der bisherigen Verworrenheit eine Anleitung gegeben zu haben. Was aber das ganze betrifft, so geht aus dem obigen hervor, welchen Mängeln er selbst bei einer vollkommnen Richtigkeit des Pflichtgefühls dennoch unterworfen sein kann, wenn auf der einen Seite nur dieses das Maaß seiner Sittlichkeit ist, und auf der andern nicht die Dialektik ihm besser, als bisher sich gelegentlich gezeigt hat, zu Hülfe kommt. Wieviel nun von ihm sowol als den andern in Absicht auf die Vollständigkeit des Systems ist geleistet worden, dieses ist was dem folgenden Buche noch übrig bleibt zu untersuchen.

Drittes Buch.

Kritik der ethischen Systeme.

Einleitung.

1.

Von der Anwendung der Idee eines Systems auf die Ethik.

Die Idee eines Systems, vielleicht überdies noch in Absicht auf ihren Inhalt streitig, ist in jedem Falle eine solche, die zwar als Forderung der Vernunft im allgemeinen von jedem, welcher über die Natur der menschlichen Erkenntniß nachdenkt, muß zugegeben werden, deren Anwendbarkeit für einen einzelnen Fall aber gegen die Einwendungen des Skeptikers nur entweder durch ihre unmittelbare wirkliche Ausführung kann sicher gestellt werden, oder mittelbar durch Beziehung auf eine ähnliche bereits gegebene, und als richtig anerkannte Anwendung. Daher freilich, wenn die Ethik als System vorhanden wäre, die Frage nur lächerlich sein würde, ob sie als ein solches existiren solle; dasselbige aber, da wir jenes müssen unentschieden lassen, nicht kann gesagt werden, vielmehr uns allerdings obliegt die Forderung zu rechtfertigen. Wäre nun auch nur das ganze der menschlichen Erkenntniß, sollte es gleich bloß im Umriß sein, als System gegeben, und dabei zugestanden, daß die Ethik einen wesentlichen Theil jenes ganzen ausmache: so würde dann leicht sein zu zeigen, daß auch sie schon deshalb systematisch müsse gebildet werden. Jezt hingegen wird dieses von einigen, jenes von anderen geläugnet, und auch wenn eine der Ethik ähnliche Erkenntniß als System vorgezeigt würde, möchte Streit entstehn über den Grund der Aehnlichkeit, indem man dabei entweder ausgehen müßte von irgend einer einzelnen also bestritteren Vorstellung der Ethik, oder von jener eigentlich noch gar nicht vorhandenen Idee eines Systems der ganzen Erkenntniß, worin denn freilich einzelne Theile andern entsprechen müßten. Weshalb die ganze Forderung nicht hinlänglichen Grund zu haben scheinen, und vielmehr aufgegeben werden müßte, wenn sich nicht der Gedanke ausdränge, daß sie nicht unmittelbar das ideale der Ethik betrifft, sondern vielmehr ihr reales, oder um es anders zu sagen nicht die Erkenntniß, sondern den Gegenstand. In zweierlei Fällen nämlich pflegt ein reales, es sei nun gegeben oder erst hervorzubringen, ein System genannt zu werden; zuerst in sofern es betrachtet wird als ein in sich beschlossenes ganzes, dessen Theile nur aus dem ganzen und durch dasselbe können verstanden werden, dann auch in sofern es betrachtet wird als die Gesammtheit es sei nun der Aeußerungen einer Kraft, die sich nur in einer Mannigfaltigkeit des einzelnen offenbart, oder sonst eines allgemeinen, welches sich vereinzelnd darstellt. So wird in dem ersten Sinne das ganze von Weltkörpern, welchem unsere Erde zunächst angehört, ein System genannt, mit dem Vorbehalt jedoch es noch aus einem andern Gesichtspunkt zu betrachten, auf welchem es selbst wiederum als Theil eines andern erscheint; und wiederum in dem andern Sinne heißt das Weltganze ein System als Gesammtheit der Aeußerungen eben jener physisch architektonischen Kraft, welche sich durch solche einzelne offenbart, die in ihrer Verschiedenheit den ganzen Umfang derselben erschöpfen, jedoch ebenfalls mit dem Eingeständniß, daß wir die Regel, nach welcher die Gesammtheit des einzelnen das ganze erschöpft, noch nicht gefunden haben. Eben so nennen wir in der ersten Bedeutung jeden organischen Körper ein System, in der andern aber auch zusammengenommen die gesammten Erscheinungen des Organismus, wiewol ebenfalls unter jenem Vorbehalt. Woraus zugleich am besten erhellt, wie der Unterschied zwischen einem schon vorhandenen und einem erst hervorzubringenden ganzen hier nicht in Betrachtung kommt. Denn niemand wird sich auch weigern zu gestehen, daß ein Kunstwerk ein System ist in dem ersten Sinne; und eben so auch daß alle Künste und ihre Productionen, in so fern jede von der andern wesentlich verschieden ist, ein System bilden sollen. Von einem solchen systematischen realen muß nun unfehlbar auch die ideale Darstellung systematisch ausfallen, wenn sie anders getreu sein, und die Idee nicht verlassen will, unter welcher das reale, worauf sie sich bezieht, wenn gleich nur problematisch ist angeschaut worden. Ob aber überall eine Wissenschaft oder Erkenntniß noch aus einem andern Grunde, als weil sie eines solchen Darstellung ist, als ein System müsse betrachtet werden, und den Forderungen, welche daraus entspringen, genügen, dies ist eine Frage, welche wol bezweifelt werden dürfte, ja vielleicht gar bis auf weiteres im voraus verneint, wenn einer auf das Beispiel der Größenlehre sehen will, oder der sogenannten Vernunftlehre. Denn diese beiden sind in dem ältesten und anerkanntesten Besiz des Namens der Wissenschaft; niemand aber hat eine von ihnen je ein System genannt, oder Forderungen der Art an sie gemacht. Weil nämlich die erste außerhalb sich immer mehr erweitert, und neue Zweige derselben erfunden werden, ohne daß in den früheren und ihrem Zusammenhange irgend eine Lükke wahrgenommen würde; die andere aber, wenn gleich sie keine Fortschritte der Art machen kann, dennoch weder Anfang und Ende noch irgend eine sichere Grenze aufzeigt, und der eigentlichen realen Wissenschaftslehre zwar zum Grunde liegend dennoch auf allen Seiten von ihr abhängig ist. Ja auch eine falsche Annäherung an die systematische Gestalt erlangen beide Wissenschaften alsdann nur, wenn sie auf ihr ungemessnes ideales Gebiet Verzicht leistend den Schein annehmen sich nur auf ein bestimmtes reales zu beziehn. So etwa wenn die Größenlehre die Säze irgend eines ihrer wesentlichen Zweige nur aufstellt als Bedingungen zur Auflösung einer einzelnen Aufgabe; oder die Vernunftlehre sich bescheidet nichts anders sein zu wollen als die Analyse des Syllogismus, der als ein ideales Kunstwerk kann betrachtet werden. Doch wie es sich auch mit dieser nur im Vorbeigehen aufgeworfenen Frage verhalten möge, die Forderung, welche an die Sittenlehre gemacht wird, daß sie ein System sein solle, ist von ihr nicht abhängig, sondern lediglich davon, daß schon das reale, auf welches die Ethik sich bezieht, von jedem als ein System muß vorgestellt werden.

Denn man gehe zuerst aus von dem Gesichtspunkt der praktischen Ethik, und betrachte das reale, was den Inhalt derselben ausmacht, so wie es in der gewöhnlichen Behandlung nach dem Pflichtbegriff vorkommt. Hier nun wird aus allem über diesen Begriff gesagten, besonders in Hinsicht dessen, daß die Pflicht immer nur durch Begrenzung kann gefunden werden, offenbar sein, daß, wie es einem System gebührt, das einzelne jedesmal nur kann aus dem ganzen verstanden werden. Denn wenn das pflichtmäßige in jedem Entschluß nur kann beurtheilt werden, indem das gewollte zusammen genommen wird mit dem nichtgewollten, nämlich nicht etwa dem unsittlichen, sondern nur das unmittelbar angestrebte sittliche mit dem nicht unmittelbar beförderten, vielmehr in seinen Ansprüchen zurükgesezten: so ist ja deutlich, daß das einzelne nicht abgeleitet wird als ein niederes von einem höheren allgemeinen, oder von einem andern einzelnen, sondern nur aus dem ganzen, und der Gesammtheit alles einzelnen. Nämlich in jedem Moment, oder auch so viel sich davon sagen läßt im allgemeinen, ist etwas nur pflichtmäßig, weil nur nach dieser Formel die Gesammtheit der sittlichen Zwekke kann befördert werden, durch jede andere aber ein Theil den andern stören, und also das gehandelte nur ein zum Theil unsittliches unter dem Schein eines sittlichen sein könnte. Wird nun hiebei noch dieses in Betrachtung gezogen, daß nach einer allgemein anerkannten Forderung die Darstellung der Ethik nach dem Pflichtbegriff auch so muß eingerichtet sein, daß nach derselben jede wenn nur vollständig gegebene Handlung muß können geprüft werden, ob sie für die angegebene Stelle sei eine sittliche gewesen, oder nicht: so sieht man, es wird gefordert, daß aus derselben Idee des ganzen, durch welche jedes einzelne bestimmt wird, auch solle folgen können die Erkenntniß dessen, was nicht ein solches einzelne ist, und nicht in der Annäherung zum Vollbringen der gesammten Aufgabe des Handelns liegen kann. Ein ganzes von dieser Art aber muß offenbar ein vollkommen in sich selbst beschlossenes sein, in welchem für gar kein zufälliges ein Raum übrig bleibt. Dieses nun kann die Größenlehre zum Beispiel, welche kein System ist in dem angegebenen Sinne, eben deshalb auch nicht leisten; sondern es können Fragen dieser Art aufgeworfen werden, für welche die Antwort noch gar nicht vorhanden ist, und erst durch Vergleichung mit mehrerem einzelnen gegebenen muß gesucht werden. Denn solche Fragen zum Beispiel, wie die nach einem gleichseitigen Vielekk im Kreise mit ungleichen Winkeln, sind freilich schon beantwortet, aber nur, weil das gefragte an sich unmöglich ist, und den ersten nothwendigen Säzen widerstreitet, zu vergleichen etwa in der Sittenlehre dem, was die sogenannten vollkommenen Pflichten verlezt, worüber auch keine Frage aufzustellen ist. Solche Fragen aber, die an sich eine bedingte Möglichkeit enthalten, wie zum Beispiel, unter welchen Bedingungen auch ein durch ungleiche Flächen begränzter Körper von einer Kugel könne umspannt werden, finden sich nicht durch nothwendige Säze der Wissenschaft beantwortet, sondern müssen jede durch Vergleichung mehreres einzelnen besonders untersucht werden. Betrachtet man demnächst das reale der praktischen Ethik, wie es in der Behandlung nach dem Begriff der Güter vorkommt, so soll, wie alle verlangen, der Inbegriff derselben oder das höchste Gut nicht so wirklich gemacht werden, daß nach einander jedes einzelne Gut, wie sie eben nach jedem System auf verschiedene Weise zerfallen, vollendet werde, sondern vielmehr durch allmählige Annäherung, so daß an allen zugleich gearbeitet wird. Denn nur so kann diese Behandlung mit der nach dem Pflichtbegriff in Uebereinstimmung sein. Indem nun jenes vereinzelnde Verfahren für ethisch unmöglich erklärt wird, so ist zugleich gesagt, daß jedes dieser Güter die übrigen bedingt, folglich auch daß sie unter einander ein ganzes ausmachen, und zwar so, daß in dem Bestreben nach ihnen sowol, als in der Aufzeichnung derselben keines fehlen darf, weil sonst auch die übrigen nicht könnten richtig zu Stande gebracht und dargestellt werden. Sonach muß auch von dieser Seite betrachtet die Ethik als ein System erscheinen. Daß aber die Handlungen eines Menschen, auch wenn sie alle als sittlich gedacht werden, weder in der natürlichen Ordnung der Zeit, noch auch nach der Ordnung der Zwekke betrachtet, ein ganzes ausmachen, sondern ihrer Folge nach zufällig erscheinen, und ihrer Wirkung nach fragmentarisch, dies kann demjenigen, der das obige im Sinne hat, keinen Einwand abgeben. Denn das eigentlich reale der Handlung ist nur der Entschluß, die verschiedenen Entschlüsse aber bilden allerdings unter einander ein ganzes, so gewiß als die Pflichtenlehre eins bildet, in welche sie sich ja fügen. In Absicht auf die Wirkung aber muß den aufgestellten Begriffen von Gütern gemäß, wie sie ihrer Natur nach gemeinschaftliche Werke sind in der Ethik, auch die Gesammtheit dessen, was der einzelne hervorbringt, als Element betrachtet werden, in welchem jedoch ebenfalls, wenn es integrirt wird, der systematische Zusammenhang der Güter nicht wird können verkannt werden.

Geht man aber zweitens aus von dem Gesichtspunkt der genießenden Ethik, so ist oben hinlänglich gezeigt, daß auch die Glükkseligkeit zu denken ist als ein ganzes, wenn gleich als ein solches, das niemals in seiner Vollständigkeit als eines erscheint, sondern nur in einer Mehrheit einzelner Gestalten

sich

sich ganz offenbart. Wie denn auch dieses alle ihre Vertheidiger mehr oder minder deutlich eingesehen. Denn keiner glaubt, daß irgend jemand die ganze Glükkseligkeit haben könne. Und nicht etwa nur der unvermeidlichen Unlust wegen, die in jedem Leben angetroffen wird, oder weil es zu jeder Art der Lust einigen an Gelegenheit fehlt; sondern weil es mehrere unvereinbare Arten giebt dieselbe Lust zu genießen, und dasselbe Verhältniß zu einem verschiedenen Element der Glükkseligkeit zu verarbeiten. Sind nun diese verschiedenen Gestalten, in denen zusammen genommen die Glükkseligkeit enthalten ist, nur willkührlich bestimmt: so ist für keinen ein Weg zu zeichnen zu seiner Glükkseligkeit, und keiner weiß nach einer Regel, was er suchen soll, und wessen sich enthalten. Wodurch offenbar die ganze Ethik aufgehoben würde. Sind sie aber wesentlich und der Natur nach von einander abgesondert, so daß es bestimmte Gründe giebt, warum jedes Element nur der einen, und nicht irgend einer andern eigen sein kann, unter welcher Bedingung allein diese Ethik besteht: dann müssen auch theils alle unter einander ein System der zweiten Art ausmachen, indem sie ein Inbegriff sind der Erscheinungen, unter denen sich ein allgemeines offenbart. Theils auch muß in jeder einzelnen das für sie mögliche durch ein gemeinschaftliches Merkmal verknüpft und unter einer Formel befaßt sein, welche es erschöpft, so daß wiederum jede auch ein System der ersten Art ausmacht. Da nun jede Sittenlehre zu einer von diesen Abtheilungen gehört, der thätigen oder genießenden, so ist offenbar, daß jede als ein System muß betrachtet und geprüft werden. Dasselbe hätte auch können gezeigt werden aus jeder andern von den oben bemerkten Verschiedenheiten der ethischen Grundideen; es reicht aber hin, daß es durch eine ist entwikkelt worden, zumal durch die leichteste und verständlichste.

2.

Von den Momenten der Prüfung nach dieser Idee.

Soll nun ferner untersucht werden, wie denn zu entscheiden ist, ob eine Darstellung der zu prüfenden Wissenschaft dieser Idee angemessen ist, oder nicht, so kann dieses ersehen werden theils aus dem Gehalte derselben, theils auch aus ihrer Gestalt. Denn beide stehen in einem so genauen Zusammenhange, daß die Vollkommenheit der Gestalt allemal Bürgschaft leistet für die Gleichartigkeit und Vollständigkeit des Inhaltes, und wiederum diese nicht vorhanden sein kann, ohne sich von selbst in eine schöne und genügende Gestalt zu ordnen, welches besonders zu erweisen überflüssig sein würde. Es ist aber dieser Zusammenhang nicht von der Art, daß wo Unvollkommenheit statt findet jedem Mangel des Inhaltes auch ein gleicher und ähnlicher der Gestalt, es sei nun als Ursach oder als Wirkung, entspreche und umgekehrt; in welchem Falle, der sich aber mit der Verschiedenheit beider Gegenstände nicht verträgt, es genug sein würde nur einen und gleichviel welchen prüfend zu betrachten. Vielmehr können als Wirkungen einer gemeinschaftlichen Ursach, nämlich eines Fehlers in der zum Grunde liegenden Idee, beide sich auf mannigfaltige Weise auf einander beziehen, und was im Gehalt als ein einzelner Mangel erscheint die ganze Gestalt verderben oder umgekehrt. So wie auch im menschlichen Körper die Mißgestalt eines Gefäßes mehrere ganz verschiedene Säfte verderben, und die schlechte Beschaffenheit oder der Mangel einer Flüssigkeit eine Verunstaltung des ganzen Gebildes verursachen kann. Und eben deshalb ist es nothwendig beides Gestaltung und Inhalt abgesondert zu betrachten, um theils desto sicherer an dem einen zu entdekken, was bei Betrachtung des andern vielleicht der Aufmerksamkeit entgeht, theils auch das Auffinden der Ursachen einem jeden zu erleichtern, so weit es die Grenzen des gegenwärtigen Geschäftes gestatten.

Was nun zuvörderst den Inhalt einer Ethik betrifft, so entsteht aus der Idee eines Systems an denselben die doppelte Forderung, daß alles einzelne, was darin aufgeführt ist, auch wesentlich hineingehöre, und das Merkmal an sich trage, wodurch das ganze verbunden ist. Dann auch ferner, daß alles, was dem ganzen angehört, wirklich darin zu finden sein muß, und jede Frage dieser Art aus demselben muß können entschieden werden, wenn sie nur mit Verstand und auf die rechte Weise ist aufgeworfen worden. Ueber die erste dieser Forderungen aber enthalten schon die Ergebnisse des zweiten Buches eine ungünstige Entscheidung. Denn wenn, wie dort gezeigt worden, in fast jeder Darstellung der Ethik die Elemente in solche Begriffe zusammengefaßt sind, welche nach keiner Idee sich als reinsittlich bewähren, sondern sittliches und unsittliches vermischt enthalten, und wenn ferner in den verschiedensten Darstellungen, deren Grundideen gänzlich von einander abweichen, dennoch dieselben Begriffe angetroffen werden: so ist offenbar genug, daß nirgends alles im System aufgeführte demselben angehört, sondern fremdartiges überall eingemischt ist. Und was hieraus folgt für den gegenwärtigen Zustand der Wissenschaft überhaupt, und für die ethische wie auch systematische Fähigkeit derjenigen, welche diese Darstellungen aufgeführt haben, und durch sie befriedigt werden, dies ist ebenfalls dort hinreichend angedeutet. Es trifft aber dieser Vorwurf nur die Darstellungen der Sittenlehre, wie sie gegenwärtig sind, nicht aber kann hiedurch entschieden werden, daß sie nicht besser sein könnten, und daß es unmöglich wäre auf demselben Grund, auf welchem sie aufgeführt sind, bessere und tadellose Grenzen zu erbauen. Denn um dieses zu erweisen müßte gezeigt werden, daß auch mit dem richtigsten sittlichen und wissenschaftlichen Sinn wegen Verkehrtheit der ersten Idee in Uebereinstimmung derselben richtige und in sich bestehende Begriffe nicht könnten gebildet werden. Eine solche Behauptung aber kann nur von einer polemischen Absicht aus entstehen, und auch schwerlich mit bloß kritischen Hülfsmitteln durchgeführt werden. Vielmehr muß die Kritik, welche sich durch keine vorgefaßte Meinung verunreinigen darf, sich hinneigen zu Versuchen solche zufällige Fehler zu verbessern, und muß ein Urtheil über das ganze, sofern es auf diesen Gründen beruhen soll, verschieben bis jedes auf die möglich beste Art ist vollendet worden. Deshalb nun ist die Aufmerksamkeit vorzüglich zu lenken auf die zweite Forderung, nämlich auf des Inhaltes Vollständigkeit. Diese aber ist nicht so zu verstehen, als ob in jeder Darstellung alles ihrer Idee zufolge ethisch mögliche auch ausdrükklich müßte aufgeführt sein. Vielmehr muß in dieser Hinsicht jede Darstellung eines Systems unvolkommen sein, schon weil das reale für das Geschäft der Absonderung immer ein unendliches darbietet, und also einzelnes kann herausgegriffen werden, welches in einer gegebenen Darstellung nur unter einem andern befaßt ist. Noch mehr aber, wenn das reale wie hier unmittelbar ein geistiges ist, für welches ja durch alles, was erfolgt, allmählig die Bedingungen sich ändern, und folglich mit ihnen auch die Gestalt des bedingten. So muß besonders in Absicht auf den Pflichtbegriff einleuchtend sein, wie unmöglich eine Vollständigkeit wäre, welche alles genau enthielte, was irgend einer aus dem ihm vorliegenden sich als Pflicht berechnet. Ueberhaupt aber muß es bei dem Fortschritt und der weiteren Bildung und Realisirung des sittlichen unmöglich erscheinen, daß eine Sittenlehre aus der alten Zeit alles ausdrükklich enthalten könnte, was von den Genossen der jezigen zu fordern ist, und eben so wenig in einer jezigen für eine ferne Zukunft. Sondern es ist nur gemeint, daß nichts sittliches so ganz fehlen darf, daß nicht der Ort aufzuzeigen wäre, an welchem es unter einem andern ausdrükklich benannten mit enthalten wäre; und eben so, daß für jedes geforderte Urtheil die Gründe in einem wirklich aufgestellten müssen zu finden sein. Auch in dieser Bedeutung nun sind bereits oben einige Mängel angeführt worden, welche aus der besondern Beschaffenheit dieser oder jener ethischen Idee nothwendig zu folgen scheinen. Wenn nun hier nicht nur aus Betrachtung des vorhandenen diese bestätigt, sondern eben so mehrere neue hinzugefügt werden, vielleicht ohne eine nothwendige Ursach davon in irgend einem Merkmal der zum Grunde liegenden Idee aufzuzeigen: so könnte es scheinen, als ob die lezteren ebenfalls nur den zufälligen veränderlichen Zustand eines jeden Systems anzeigten, nicht aber ein Urtheil über seine wesentliche Beschränktheit und Untauglichkeit begründen könnten. Es verhält sich aber hiemit anders, als mit dem, was an der Richtigkeit des einzelnen auszustellen war, und zwar aus diesen Gründen. Zuerst nämlich kann der wesentliche Grund solcher Mängel, wenn er nicht in der Hauptidee des Systems zu finden ist, in demjenigen Begriff der menschlichen Natur liegen, welcher dabei als Bezeichnung des Umfanges und als Grund der Eintheilung angenommen ist, und daß zwischen beiden wiederum ein nothwendiger Zusammenhang Statt findet, ist bereits anfänglich erinnert. Dann aber ist auch ein anderes selbst erfinden und aufbauen, ein anderes nur das vorhandene vergleichend bemerken und anreihen. Jenes nämlich kann auch bei einer richtigen Idee mißlingen, wenn der sittliche Sinn von dem wissenschaftlichen nicht gehörig geleitet wird, da denn die Darstellung zwar unrichtig sein wird, im Handeln aber vielleicht das Gefühl berichtigt, was die Begriffe verworren haben, ohne daß dieses auch sogleich auf die Darstellung vortheilhaft zurükkwirkt. Wenn aber ein im System gar nicht berührter und unstreitig ethischer Gegenstand in der Erfahrung wirklich vorkommt, gleichviel ob auf eine richtige oder unrichtige Art behandelt: so muß doch nothwendig der sittliche Sinn, wo er vorhanden ist, die in der Thatsache liegende Aufgabe wahrnehmen, und der Idee angemessen was recht ist über den Gegenstand bestimmen. Ja auch wenn jener schwiege, müßte doch der wissenschaftliche Sinn bemerken, daß ihm ein Ort entgangen ist, und ausfüllend auf die erste Quelle des Mangels zurükkgehn. Je weniger aber bei einer solchen Aufforderung die Lükke wahrgenommen wird, um desto sicher fehlt es auch der Idee an irgend einer nöthigen Eigenschaf um das ganze aus ihr abzuleiten. Ja überhaupt, wenn man gelhaft ist die sittliche sowol als die wissenschaftliche Fähig keit derer, welche eine Idee hervorgebracht und angenomme haben, was für ein Grund bleibt noch übrig, um sie für d richtige zu halten? Darum nun sind wesentliche Mäng dieser Art jederzeit entscheidend für die Untauglichkeit eine Systems.

Was aber auf der andern Seite die Gestalt des ganze betrifft: so ist hier ebenfalls die erste Forderung die der durch gängigen Richtigkeit und Uebereinstimmung des inneren Gli derbaues. Ueber diese jedoch ist ebenfalls zu dem im zweite Buche bereits abgehandelten nichts hinzuzusezen. Denn d unstatthafte Eintheilung der formalen Begriffe, welche si fast durchgängig offenbarte, und der Mißverstand in ihren er sten Verhältnissen zu einander giebt genugsam zu erkenne daß an eine richtige Gliederung noch nirgends am wenigste aber in den am weitesten ausgeführten Systemen zu denke ist, sondern sie meistentheils widernatürlich theils fremdartige verknüpfen, theils das zusammengehörige auseinander werfen Dennoch aber könnte durch geschikkte Auseinanderlegung vie leicht auch ein so verunstaltetes in ein wohlgeordnetes un richtiges System sich verwandeln lassen. So daß auch hi entscheidender ist die zweite Forderung, die der Vollständig keit. Welche jedoch auch nicht so zu verstehen ist, daß all verschiedenen Beziehungen der einzelnen Theile oder der Be handlungsarten auf einander müßten aufgezeichnet sein. Viel mehr ist natürlich, daß eben das wahrste und schönste gan hierin am unerschöpflichsten ist, und also in der Darstellun das meiste dem Betrachter selbst aufzusuchen überlassen muß nur daß mit den wichtigsten dieser Beziehungen auch die Re geln um die übrigen aufzufinden müssen gegeben sein. Di Vollständigkeit aber, welche in einem strengeren Sinne gefor dert wird, ist auf der einen Seite das Ebenmaaß der äuße ren Umrisse, auf der andern aber die Bestimmtheit und Verständlichkeit der Grenzen der Wissenschaft gegen die übrigen nahe gelegenen und verwandten, ohne welche die ursprüngliche Idee unmöglich eine richtige sein kann. Dies also ist es, was in Hinsicht auf den Inhalt und die Gestalt der bisher aufgestellten ethischen Systeme wird zu prüfen sein.

Erster Abschnitt.

Von der Vollständigkeit der ethischen Systeme in Absicht auf den Inhalt.

Das erste nun, was in Beziehung auf diese Frage untersucht wird, sei dieses, ob dasjenige, was in den bisherigen Darstellungen der Sittenlehre wirklich aufgeführt wird, auch so durchgängig bestimmt ist, daß es mit Recht als das treffende Bild eines der angenommenen Idee gemäßen menschlichen Handelns kann angesehen werden. Und hier wird jeder sogleich gestehen müssen, daß von allem fast, wovon das Was ist bestimmt worden, das Wie wenigstens fast überall hat unbestimmt bleiben müssen. Alle sittlichen Vorschriften nämlich sind so weit, daß ohne ihnen zuwiderzulaufen dieselbe Pflicht auf sehr verschiedene Arten kann ausgeübt werden, und zwar so, daß die Aehnlichkeit der Handlungen in ihrem innern Wesen ganz verschwindet, und nur die äußere des bewirkten übrig bleibt, oder die allgemeine des Endzwekks. So zum Beispiel können mehrere dieselbe Pflicht der vergeltenden Gerechtigkeit ausüben nach gleichen Grundsäzen mit gleicher Hinsicht auf das gemeine Wohl oder das persönliche Verdienst und gleichen Vorstellungen von dem zu beobachtenden Maaß, dennoch aber mit so verschiedenen Abstufungen des begleiten=

den Gefühls von der entschiedensten Kälte an bis zur bewegtesten Theilnehmung, daß die äußersten Enden mehr entgegengesezt erscheinen durch diese Verschiedenheit als gleich durch jene Uebereinstimmung mit der gleichen Vorschrift. Eben so können mehrere die Verbindlichkeit erfüllen ihre Ueberzeugung mitzutheilen gegen eine ihr zuwiderlaufende; der eine aber mit begeistertem Eifer, der andere mit bedachtsamer Gelassenheit, und der eine nur sich vertheidigend, und nicht mehr als unmittelbar zum Zwekk gehörig ist ausführend, der andere aber tiefer in den Zusammenhang eindringend, und mehr im großen um Bahn zu machen der künftigen Erörterung ähnlicher Verschiedenheiten. Andere Ungleichheiten gäbe es in der Art den Beruf auszuüben und zu vervollkommnen, und dabei das Nachdenken mit der Ausübung zu verbinden. Denn wie bei einem einzelnen Werk andere nach anderer Ordnung verfahren, der eine nämlich erst einen Theil vollendet, der andere gleichmäßig alle bearbeitet: so kann auch das ganze geschäftige oder bildende Leben verschieden eingerichtet sein. Und viele andere Beispiele könnten von allen Seiten an diese angeknüpft werden; es können aber auch die angeführten schon hinreichen, um jedem bemerklich zu machen, wie diese Unbestimmtheit über das ganze Gebiet der Pflicht sich verbreitet. Vielleicht nun könnte jemand hierauf vertheidigend anwenden, was Kant irgendwo sagt, daß in jeder Handlung mehrere Pflichten zusammenkommen, und daß also der Aufschluß über das Wie unter einem andern Abschnitt könne zu finden sein, als jener über das Was. Allein dieses ist zuvörderst zufolge desjenigen, was oben im Zusammenhange zur Erörterung des Pflichtbegriffs ist durchgeführt worden, eine gänzliche Verdrehung desselben, und auf solche Weise ließen sich die Mängel des Systems der Reihe nach einem Theile nach dem andern zuschieben, ohne irgendwo wirklich erlediget zu werden. Denn das Wesen des Pflichtbegriffs besteht eben darin zu bestimmen, was das ganze sittliche ist für ein gegebenes Handeln oder einen gegebenen Moment, und diese Bestimmung also muß vermittelst desselben an Einer Stelle ganz und ungetheilt können gefunden werden. Wie es mit dieser Entschuldigung beschaffen ist, erhellt aber auch daraus, wenn man nur auf den Gedanken achtend, und die unrichtige Bezeichnung übersehend, die richtigere stoische an die Stele sezt von der Gegenwart mehrerer oder aller Tugenden in einer Handlung. Denn alle jene Besonderheiten der Art und Weise kann man, wenn sie das Maaß nicht überschreiten, unter den Namen einer Tugend bringen. Nun aber kann es unmöglich gleichgültig sein, ob nur auf eine Weise oder auf verschiedene die verschiedenen Tugenden in jedem Falle dürfen verknüpft sein. Also wird die Forderung anerkannt nicht nur, sondern auch nothwendig auf den Pflichtbegriff zurükgeworfen. Und eben so würde sie auf ihn zurükkommen, wenn man die Frage ursprünglich aus dem Gesichtspunkt der Güter betrachten wollte. Es ist aber wohl zu merken, daß was die Kritik fordert, um dem Mangel abzuhelfen, nicht dieses ist, daß für jeden Fall eine einzig mögliche Handlungsweise als sittlich aufgestellt werde: denn sie kann im voraus nicht entscheiden, ob es nur eine giebt oder viele. Sondern nur, daß eben diese durch die Erfahrung aufgegebene Frage wissenschaftlich beantwortet, und im lezten Falle Umfang und Bedingungen der angenommenen Mehrheit bestimmt werde, damit jeder das sittliche unterscheiden könne von dem unsittlichen. Denn dieses in der Ethik vorüberzugehen ist nicht leichter zu entschuldigen, als wenn eine Anweisung zur bildenden Kunst mit allgemeinen Vorschriften sich begnügend den Umstand gar nicht wahrnehmen wollte, daß es und zwar für jeden Gegenstand sehr verschiedene Arten giebt ihn zu behandeln in der Darstellung, welche doch alle jenen allgemeinen Vorschriften nicht widerstreiten. So wie nun die Kunstlehre sich darüber entscheiden muß, ob alle diese bis auf eine jedesmal nur können fehlerhafte Manieren sein, oder welche und welche nicht; so auch die Sittenlehre. Wollte aber jemand sagen, es seien diese Verschiedenheiten weniger bedeutend als auf dem Gebiete der Kunst auf dem der Sittenlehre, wo sie daher willig und billig vernachlässigt würden, der hat die Aehnlichkeit des Beispiels nicht verstanden, noch bedenkt er, wie weit diese Abweichungen sich erstrekken, und in welcher Gestalt sie im großen betrachtet erscheinen. Denn sie beruhen am Ende auf der besondern Art, wie die Gedanken sich an einander reihen, und wie die Gefühle sich unter einander und gegen jene verhalten, worin fast jeder seine eigne Weise hat, durch alle Theile des Lebens hindurchgehend, und in allen Handlungen wieder zu erkennen. Welche natürliche Beständigkeit auch die Ursach sein mag; warum theils bei einzelnen Vorschriften hierüber nichts bestimmt ist, theils auch im ganzen dieses eigenthümliche einer wenn gleich nur stillschweigenden und eben darum unwissenschaftlichen Unverlezlichkeit genießt. Denn das gemeine Urtheil wenigstens erkennt diese an, indem es die Handlung, welche dem einen als aus seiner feststehenden Regel hervorgegangen ungetadelt hingeht, einem anderen in gleichem Falle als mit der seinigen nicht übereinstimmend zum Vorwurf rechnet. Im großen betrachtet also, wo sich doch über den Werth eines jeden sittlichen am besten urtheilen läßt, ist dieses der wichtige und schwierige Ort von der Verschiedenheit der Gemüthsstimmung, oder um es für den Fall, daß diese Verschiedenheit sittlich möglich ist, mit dem würdigsten Namen zu nennen, von der Verschiedenheit des Charakters. Welcher gewiß für die Sittenlehre nicht unbedeutender sein kann, als der von der Mannigfaltigkeit des Styls für die Kunstlehre; ihn aber dennoch dafür auszugeben, wäre das unverständigste und der deutlichste Beweis, daß das eigentliche Wesen der Sittlichkeit ganz ist verkannt worden. Denn nur derjenige, welchem es lediglich um die äußere That zu thun wäre, dürfte von dieser Mannigfaltigkeit keine Kenntniß nehmen; wer aber unter dem sittlichen versteht den ganzen Inbegriff dessen, was in einem gegebenen Falle im Gemüth vorgegangen ist, von dem muß sie wohl betrachtet und eine Entscheidung darüber gefaßt werden. Um nun das ganze in wenige Worte zu vereinigen, so ist die Frage diese, ob das Ideal des weisen ein einfaches ist, oder ein vielfaches, und gefordert wird, daß jede Ethik diese Frage, auf welche Weise es auch sei, entscheiden solle. Denn bei der Unbestimmtheit der sittlichen Vorschriften in allen Systemen können mehrere Menschen denselben fortschreitend in gleichem Maaße Genüge leisten; und werden also angesehen werden als dem Ideal des weisen gleichmäßig annähernd, dennoch aber können sie in ihrem Handeln und Sein sich wesentlich verschieden zeigen. Soll daher die Ethik ihren Gegenstand bestimmen, so muß sie auch entscheiden, ob mehrere solche ohne diesen Unterschied aufzuheben das Ideal erreichen könnten, in welchem Falle es für jeden in gewisser Hinsicht ein anderes sein würde, oder ob es schlechthin für alle durchaus dasselbe ist, und also der Unterschied bei allen entweder allmählig verschwinden, oder einer in die Weise des andern übergehen müsse. Es ist aber auch der Ausweg abgeschnitten, daß dieses zusammenhange mit einer unerklärlichen und jenseit des Gebietes der Ethik gelegenen natürlichen und angebornen Verschiedenheit der Menschen. Denn nichts, was das wirkliche menschliche Handeln betrifft, liegt jenseit des Gebietes der Ethik, weil alles angesehen wird als, wenn auch nicht der Anlage wenigstens der Kraft nach, durch die Uebung und das zufällige willkührliche Handeln selbst entstanden, und also auch sittlich zu beurtheilen. Ist also jene Verschiedenheit anzusehen als der einen und untheilbaren Gestalt des guten zuwider, so wird sie auch gesezt als sittlich zu vernichten, und dies muß eine Aufgabe der Ethik sein. Wo aber nicht: so muß sie anerkannt werden als ein sittlich hervorzubringendes oder auszubildendes, und also auf jeden Fall ihren Plaz finden in der Ethik, weil der Begriff des gleichgültigen für diese Wissenschaft gänzlich aufgehoben ist. Dieses nun ist es, worüber in den meisten Sittenlehren gar nichts, und in keiner etwas genügendes bestimmt wird. Denn wo das Ideal des weisen nicht ausdrükklich als Eins gesezt wird, da wird doch auch die Mannigfaltigkeit des sittlichen nicht gehörig anerkannt und bestimmt; noch, wo jenes geschieht, die Einförmigkeit ausdrükklich festgesezt und deutlich vorgezeichnet. Soviel aber wird jeder sehen, daß die Entscheidung der Frage selbst zunächst abhängt von jener bereits erwähnten Verschiedenheit der Ansicht, ob nämlich das sittliche nur ein allen gemeinschaftliches sein soll, oder auch ein besonderes und eigenthümliches, und es scheint aus diesem Erfolg, als ob jener Unterschied nicht wäre deutlich genug ins Bewußtsein gekommen. Wird nun auf dasjenige zurükgesehen, was oben schon hierüber beigebracht worden, daß nämlich, was zuerst die Sittenlehre des Genusses anbetrifft, diese um sich selbst zu erhalten nothwendig ein eigenthümliches der Sittlichkeit annehmen muß, weil die Glükseligkeit nicht anders als in vielfachen Gestalten ganz und wirklich vorhanden sein, und nur getheilt, beides in Beziehung auf die Gegenstände sowol, als auf die Art sie zu behandeln, von verschiedenen auf verschiedene Weise kann hervorgebracht werden: so ist von diesen Systemen die ausgebreitetste Behandlung des besonderen und vielfachen in der Sittlichkeit, und Aufzeichnung der verschiedenen Arten, wie die Menschen können weise werden, mit Recht zu erwarten. Dem ganz entgegen findet sich das wenige, was der Eudämonismus von dieser Art aufzuweisen hat, und was keinem anders als fragmentarisch und unzureichend erscheinen wird, fast nur in den nicht wissenschaftlichen Darstellungen zerstreut; die zusammenhängenden aber halten sich alle vornämlich nur an das gemeinschaftliche, welches, da es kein allgemeines sein kann, ein unbestimmtes sein muß. Schon dieses nun kann unmöglich ein vortheilhaftes Anzeichen sein für ein System, wenn das richtige und nothwendige mehr in anderer Gestalt vorhanden ist, als in der wissenschaftlichen, weil nämlich mit Recht die Vermuthung entsteht, daß der Inhalt der wissenschaftlichen Gestalt widerspricht, und eins das andere zerstört. Wie denn auch die Ursachen dieses Mangels darin vornämlich möchten zu finden sein, daß seinem Geiste treu bleibend das

System das gemeinschaftliche ganz müßte vernachlässigen, so daß es nicht einmal dem besonderen zur beschränkenden Bedingung dienen könnte, und dieses also gar nicht zu bändigen und zusammenzuhalten wäre, sondern ins unbestimmte und unendliche zerfahren müßte. Daher denn die furchtsame Unvollständigkeit und Ungründlichkeit, welche jedem in jeder Sittenlehre dieser Art auffallen muß. Was aber zweitens die Sittenlehre der Thätigkeit anbetrifft, so folgt aus dem gemeinschaftlichen Geiste derselben keinesweges eine solche vorzügliche Hinneigung zum Anerkennen und Darstellen eines besonderen und eigenthümlichen sittlichen. Denn wenn gleich oben gesagt worden, daß auch in diesen Systemen recht verstanden das höchste Gut ebenfalls nicht von jedem ganz sondern nur von allen gemeinschaftlich kann hervorgebracht werden: so bezieht sich doch diese Theilung nur auf das Bewirkte, nicht aber auf das innere Handeln, welches, wenn kein anderer Bestimmungsgrund eintritt, in allen das nämliche sein kann. Nirgends also liegt in dem, was allen Systemen dieser Art gemein ist, eine Nothwendigkeit, daß die der Weisheit sich annähernden nicht nur der Lage nach sondern auch an sich müßten verschieden sein. Daher zu erwarten wäre, daß andere Verschiedenheiten der Ansicht eine Mannigfaltigkeit der Denkart über diesen Gegenstand sollten hervorgebracht, und einige auf diese andere auf jene Seite sollten hingeneigt haben, bestimmt aber müßte ein jeder sein. Allein fast gänzlich ist von allen das eigenthümliche nicht sowol verworfen als übersehen worden, und die Unvollkommenheiten sind vielfach, welche man in dem ganzen erblikkt, wenn dieser Gesichtspunkt einmal gefaßt ist. Zuerst als Einwurf möchten manchem hier einfallen als ein Versuch die Schilderungen, welche die Peripatetiker zu machen pflegten, welche aber nicht hieher gehören, da sie nur auf die äußeren Erscheinungen einzelner vornämlich zu tadelnder Eigenschaften sich erstrekken. Dagegen ist der Mangel um so offenbarer, daß derselbe Beobachtungsgeist sie nicht auch auf jene größeren Eigenthümlichkeiten geführt hat, um so mehr da nach ihren Grundsäzen jede Abweichung von Einem gemeinschaftlichen Urbilde ihnen ebenfalls als verwerflich hätte erscheinen müssen. Denn da die Unbestimmtheit des einzelnen sittlichen und der gänzliche Mangel der Idee eines Berufs den Aristoteles veranlassen konnte, auch das unbestreitbar sittliche in Vergleich mit einander zu sezen, und die schönsten Handlungen den schönen vorzuziehen, wieviel mehr hätte ihm auch Eine bestimmte Gemüthsverfassung als die schönste, alle übrigen aber als Unvollkommenheiten erscheinen müssen. Von andern Schulen des Alterthums wäre aus andern Gründen die Annahme eines gleichförmig bestimmten sittlichen zu erwarten. Theils nämlich, weil der größere Werth, den sie auf das politische ganze legen, von dem der einzelne nur ein Theil ist, sie mehr auf die Ausbildung des gemeinschaftlichen als des besonderen führen mußte. Theils auch, weil sie selbst schon von einem besonderen ausgehend, und eigentlich nur Theile und Zweige eines größeren Systems, sich fälschlich für das ganze hielten. Denn dieses, wie es oben von den beiden eudämonistischen Systemen gesagt ist, könnte eben so auch von dem stoischen und kynischen in Vergleich mit dem platonischen gesagt werden. Bei den Stoikern muß dieser Mißverstand, einen besonderen Charakter für die ganze Sittlichkeit zu nehmen, jedem einleuchten, da hingegen den Kynikern vielleicht das Zeugniß gebührt ihn weniger gemacht zu haben. Demnach aber hätten die lezteren die Mannigfaltigkeit durchführen, und der ihrigen beigeordnete Gestalten aufzeigen sollen, wovon jedoch keine Spur sich findet. Eben so hätten die Stoiker nichts fester halten sollen, als das Eine Urbild des weisen, und die auf alle inneren Verhältnisse sich erstrekkende Einheit einer vollkommnen Handlung für jeden Fall. Dagegen finden sich im Panaitios, so wie im Epiktet und andern ähnlichen, Spuren genug von einer beim Handeln zu nehmenden Rükksicht auf die Eigenthümlichkeit des handelnden, und solche, daß es schwer ist dabei nur an die äußere Verschiedenheit der Lage zu denken. Ja, wenn auch diese als spätere und unreine sollten zurükkgewiesen werden, so ist schon genug an dem bekannten Spruch der Stoiker über die Kyniker. Denn wenn es einen abgekürzten und doch nicht allen gebotenen Weg zur Weisheit giebt, und zwar einen solchen, für oder gegen welchen äußere Veranlassungen uud Beruf nicht entscheiden können, so giebt es wol schwerlich hiezu einen andern Grund, obgleich er ein besonderer sein soll, als einen inneren. Unläugbar also und deutlich sind hier Spuren und Anfänge, welche nicht fortgesezt sind, und daher Unbestimmtheit des ganzen, welche wie nirgends so auch hier nicht ohne Widersprüche besteht. Unter den neueren stoisirenden schwankt Kant auf ähnliche Art. Denn er redet zwar ausdrükklich von einer bestimmten Gemüthsstimmung, nämlich der wakkern und fröhlichen, als von einem nicht etwa beliebigen sondern nothwendigen Mittel zur Sittlichkeit: allein eben daraus, daß sie nur ein Mittel ja das eine Element gar nur die Bedingung eines anderen Mittels ist, scheint hervorzugehn, daß sie dem beizugesellen ist, was bei vollendeter Sittlichkeit wieder kann aufgegeben werden, und also der Sittlichkeit nicht als Bestandtheil nothwendig angehört. Dies bestärkt sich noch, wenn man erwägt, wie Kant anderwärts als von einer natürlichen und gar nicht zu tadelnden Ansicht und Stimmung von der redet, die Menschen unliebenswürdig und widrig zu finden, welches doch weder wakker noch fröhlich lautet. Kann nun diese Stimmung, die ihrem Inhalt nach doch offenbar etwas sittliches ist, vorhanden sein ohne der Tugendübung zu schaden: so kann auch andern als der schwermüthigen und elegischen, und was für welche sich aus andern Gesichtspunkten darstellen möchten, das gleiche Recht nicht entgehn. Weder aber sind diese angedeutet und construirt, noch in Absicht auf ihren Einfluß gewürdigt. Mehr scheint Fichte der Idee eines ganz gleichförmig bestimmten sittlichen treu geblieben zu sein. Denn wenn man Acht giebt, wie bei ihm die sittlichen Handlungen zu Stande kommen, so ist alles der Ueberlegung eingeräumt, und es zegt sich auf den ersten Anblikk keine Verschiedenheit, als die der Angaben, nach denen die Rechnung angelegt wird, und höchstens unter diese, also unter das nach einer und derselben Regel für alle zu modificirende, könnte die Stimmung mitgerechnet werden. Allein auch er ist ein Beweis, daß diese Gleichförmigkeit sich leichter mit Worten aussprechen, als wirklich in ihrer Gestalt zeichnen und darstellen läßt. Denn steigt man etwas weiter hinauf zu der Art wie die Ueberzeugung oder das jedesmalige Pflichtgefühl zu Stande kommt, mit Zuziehung dessen, was oben von der Handlungsweise des Gewissens gesagt worden: so wird man finden, daß wenn dieses nicht ein ganz blindes ahndendes Vermögen sein soll, alsdann grade das, was der Grund des sittlich unbestimmt gelassenen mannigfaltigen ist, nämlich die besondere Art Gedanken und Gefühle an einander zu reihen und zu beziehen, den entschiedensten Einfluß haben muß zur Bestimmung dessen, was in jedem Falle als Pflicht gefunden wird. Nämlich nicht nur, da keiner wol das Gebiet des möglichen Handelns dem Umfang und Inhalt nach vollkommen übersieht, wird natürlich jeder nach Maaßgabe seiner Eigenthümlichkeit hierin auch einen andern Theil beachten und vernachlässigen, welches freilich allen für eine aufzuhebende Unvollkommenheit müßte angerechnet werden: sondern auch unter Voraussezung vollständiger Uebersicht hat gewiß jeder seine eigne Art im einzelnen eines dem andern der Zeit sowol als dem Werthe nach unterzuordnen, von welcher Verschiedenheit denn nicht dasselbe mit Zuversicht im allgemeinen kann gesagt werden. Auch findet sich bei Fichte ein Wort, welches unter dem Scheine gemeingeltender Verständlichkeit diese ganze Unbestimmtheit verbirgt, wenn er nämlich einen jeden an sein Herz verweiset. Offenbar ist dieses Herz der Siz des gerügten Uebels, und es hätte, um folgerecht zu sein, entweder ganz müssen ausgerissen werden in einer Sittenlehre, die den größten Theil seiner Functionen ohnedies aufhebt, so daß nur die Urtheilskraft und das gleich unbegreifliche Gewissen übrig geblieben wäre; oder es hätte müssen selbst weiter bestimmt werden, damit nicht mit dem Herzen überhaupt auch allerlei böse Herzen gesezt würden, oder solche, die der sittlichen Urtheilskraft das Gebiet verlezten. So aber wie jezt verfahren worden, ist mit dem Herzen unstreitig ein unbestimmtes ohne Princip der Bestimmbarkeit durch das ganze Gebiet des sittlichen Handelns hindurchgehendes gesezt. Auf eine andere Weise verfehlen ferner ihres Zwekks einige Lehrer der Vollkommenheit, welche auch einen einzig möglichen sittlichen Charakter behauptend sich mehr als andere bemühen ihn genau zu verzeichnen. Ihr Verfahren dabei besteht aber darin, daß sie etwas unfein die Verschiedenheiten nur da bemerken, wo sie durch Uebermaaß sich von der sittlichen Regel entfernen, und daß sie nun glauben sie durch Mäßigung gänzlich aufzuheben, wodurch sie ja vielmehr erst sittlich constituirt werden. Denn die Gleichförmigkeit ist auf diese Art nur die äußere der Erscheinung, das innere Princip aber bleibt immer verschieden, und wer zum Beispiel in einem sanftmüthigen Geiste handelt, welcher sittlich ist, und eben daher gemäßigt erscheint, weil sich nie eine stillschweigende Billigung des Unrechts oder etwas dem ähnliches darin zeigt, der hat doch anders gehandelt als der, welcher in einem eifrigen und auf dieselbe Art sittlichen Geiste handelte, sollten auch äußerlich beide nicht zu unterscheiden sein. So ergehet es also denen, welche ihrem Grundsaz nach von der Gleichförmigkeit alles sittlichen ausgehn, daß sie nämlich dennoch in der Ausführung dem indirecten Anerkennen einer Verschiedenheit nicht ausweichen, und so zwischen entgegengeseztem schwankend eben so wenig die Gleichförmigkeit wirklich zu behaupten vermögen, als die Verschiedenheit zu bestimmen. Derer aber, welche von einer Ausbildung des eigenthümlichen zur Sittlichkeit, und also von einem besonderen und vielgestalteten sittlichen ausgegangen sind, giebt es, abgesehen von den Eudämonisten, deren schon erwähnt worden, nur wenige, und zu nennen sind nur die beiden, Platon nämlich und Spinoza. Von dem lezten ist schon oben gesagt, wie ihm die Annahme eines solchen besonderen natürlich sein mußte, er befindet sich aber in demselben Falle, sich dessen nicht recht deutlich bewußt geworden zu sein, und nur der aufmerksame Leser desselben wird wenige Stellen finden, wo ihm so etwas vorgeschwebt hat. Wie denn auch nur, sofern der Mensch ein Gegenstand der Betrachtung und Behandlung ist nach seinen Grundsäzen, ein solches eigenthümliches als nothwendig erscheint; von der Seite des Handelns aber angesehen möchte auch wol sein Ideal des weisen nur ein einfaches sein, weil die durchgängige Erkenntniß Gottes in allen Dingen als reine Wissenschaft nur eine und durchaus dieselbe sein kann, und auch der daraus hervorgehende Affekt der Liebe zu Gott nur einer ist. So daß leicht dieses eine von den Stellen sein möchte, wo auch er weniger mit sich selbst übereinstimmt. Nur Platon ist offenbar und überall auf dieser Seite. Denn er unterscheidet sehr sorgfältig das Gebiet des gemeinschaftlichen von dem des besonderen, und sezt auch das lezte auf die Art, wie er bei allem zu thun pflegt, was über das Gebiet dialektischer Erweise hinausgeht, nämlich durch mythische und mystische Behandlung, als ein ursprüngliches und ewiges. Ja dem aufmerksamen wird auch das Bestreben einer kosmischen, und also gewiß systematischen Zusammenstellung dieses mannigfaltigen nicht entgehen. Woraus genugsam erhellt, wie weit er auch in Beziehung auf diesen Gegenstand an sicherer und übereinstimmender Anschauung allen denen vorangeht, welche, obschon zugleich von dem Bedürfniß ein ganzes der Form nach darzustellen getrieben, dennoch den Ausweg aus dem unbestimmten nicht zu finden gewußt, in welches sie sich verwikkelt hatten. Die Zusammenstellung dieser beiden aber wird auch demjenigen, der ihre Eigenthümlichkeiten kennt, am besten den entscheidenden Wink geben, welches eigentlich die Ursach ist von dieser ganzen Verwirrung, daß einige das besondere im sittlichen in ihrer ausdrükklichen Lehre laut verneinen, und es dann doch stillschweigend und verstekkt wieder annehmen, andere aber es zwar dialektisch auf ihrem Wege finden, es aber doch weder gründlich verstehen, noch gehörig herauszubringen vermögen. Denn wenn Platon sich eines Vorzuges rühmt, und denselben Spinoza entbehren muß: so ist die Ursach leicht zu finden, und vielleicht nirgends so deutlich als hier bestätigt sie sich durch Vergleichung der übrigen, von denen zu reden der Mühe verlohnt. Doch was so sehr an den Grenzen der Untersuchung liegt, weil es so genau mit der physischen Theorie der Ethiker zusammenhängt, kann für die, welche es noch nicht verstanden haben, nur mit wenigen Worten angedeutet werden. Dieses nämlich scheint der Grund des Uebels zu sein, daß alle fast das geistige Vermögen des Menschen nur ansehen als Vernunft, die andere Ansicht dieser Grundkraft aber als freies Verknüpfungs- und Hervorbringungsvermögen, oder als Fantasie, ganz vernachlässigen, welches doch die eigentlich ethische Ansicht sein müßte, und sich eben deshalb auch in der Ausführung nicht ganz übersehen läßt. Denn die Vernunft freilich ist in allen dieselbe, und das durchaus gemeinschaftliche und gleichförmige, so daß es eigentlich sinnlos ist, von einer individuellen Vernunft zu reden, wenn nämlich dieses mehr bedeuten soll, als die bloße numerische Verschiedenheit der Organisation und der äußeren Bedingungen von Raum und Zeit. Die Fantasie aber ist das eigentlich individuelle und besondere eines jeden, und zu ihr offenbar gehört auch, was sich oben als das gemeinschaftliche Merkmal des unbestimmt gelassenen gezeigt hat. Und wie würde sich Kant zum Beispiel, welcher so gern gesteht seine Sittenlehre sei nur für diejenigen gültig, welche vernünftig sein wollen, wie würde er sich verwundern und gar nicht vernehmen was gesagt wäre, wenn einer noch den zweiten Theil der Sittenlehre forderte für diejenigen, welche Vernunft freilich aber nicht nur sie haben wollten, sondern auch Fantasie, indem sie sonst glauben möchten nichts weder zu sein noch zu haben. Denn jener begreift nicht, daß er durch dieselbe Kraft, welcher er nur verstatten möchte aus dem umherziehenden Rauch Bilder zu dichten, auch alles andere bilden und gestalten muß, und daß eben diese nicht nur alle künftigen Handlungen vorbildet, welche die Vernunft bestätigt oder verwirft, sondern auch die gewählten erst belebend ausbilden muß. Niht anders ja ist es auch bei Fichte, welchem nur folgerechter als jenem auch das wenige noch verschwindet, und alle Funktonen der Fantasie, ausgenommen wenn sie wieder rükkwärts von der Vernunft gefordert werden, in die nicht genug zu beachtende Rubrik der Dinge gehören, zu denen die Zeit nicht vorhanden ist. Wie er denn auch außer dem ganz richtig in die Gemeinheit aus dem Individuo heraus versezten Sittengese nichts anerkennt als Verstand und Leib, welche Werkzeuge des Sittengesezes sein sollen, alles übrige aber ihm zu den äußeren gehören muß, durch welches der Punkt bestimmt wird, auf dem der Mensch sich findet, unter welchem zufälligen dann auch die Fantasie schläft zu großer Uebereinstimmung mit seiner Lehre vom Dasein. Indeß zeiget auch hier das Gleichniß vom Werkzeuge hinkend und verrätherisch auf die Wahrheit, und auf den Zusammenhang jenes Fehlers mit einem andern schon erwähnten, nämlich der Unbestimmtheit in der Methode den Stand und Beruf zu erwählen. Denn die eigenthümliche Art Gedanken und Gefühle hervorzubringen muß entweder von dem Augenblikk an, wo der Mensch sich findet, ganz unter eine gleichförmige und allgemein geltende Vorschrift gebracht werden, wozu jede Anweisung fehlt, oder sie muß als ein bleibendes nothwendigen Einfluß haben auf die Art, wie jeder Werkzeug ist, und auf die Regeln, nach welchen er die Gegenstände seiner Bearbeitung wählt, welche Regeln nicht nur gleichfalls fehlen, sondern auch im Widerspruch stehen würden mit dem der Gesellschaft eingeräumten Rechte des Verbotes.

Ob aus demselben Grunde entstehend, das bleibe eines jeden Beurtheilung anheimgestellt, offenbar aber im genauen Zusammenhange mit dem bisher gerügten steht der zweite Fehler, daß nämlich vieles, was ethisch bestimmt sein müßte, so gut als ganz übergangen ist in den Darstellungen der Sittenlehre. Und zuerst zwar zeigt sich dieses natürlich in demjenigen Theile des menschlichen Lebens, wo das bisher als eigenthümliche Art und Weise in pflichtmäßigen Handlungen beschriebene zugleich den eigentlichen Gehalt der Handlungen ausmacht. Daß es aber einen solchen giebt, und daß er von großer Wichtigkeit ist für das ganze, wird wol niemand läugnen. Denn offenbar beschäftiget einerseits bei den meisten Menschen ihr eigentliches Handeln gar nicht die ganze Kraft des Gemüthes, sondern wo die mechanische Ausführung angeht, da macht Uebung und Gewöhnung selbst einen hohen Grad von Vollkommenheit möglich, ohne die Aufmerksamkeit mehr als in einzelnen Augenblikken für den Gegenstand zu binden. Und eine solche Reihe von Gedanken und Gefühlen, welche mit der Handlung gar nicht anders als durch die Identität der Zeit verbunden sind, wird mit Recht als ein eigner Gegenstand der sittlichen Bestimmung und Beurtheilung angesehn. Daß aber hier alle Verschiedenheit beruht nicht etwa auf den äußern veranlassenden und auffordernden Gegenständen, sondern auf der eigenthümlichen Art die Gedanken anzuknüpfen und zu verbinden, dieses muß einleuchten, da ja bei Gelegenheit der nämlichen Gegenstände ganz verschiedene Betrachtungen entstehen können, und umgekehrt. So daß ein jeder gestehen muß, es gebe schon innerhalb dieses Gebietes eine große Masse inneren und idealen Handelns der angezeigten Art. Gewiß auch möchte es nicht angehn, dieses etwa unter dem Vorwande des unwillkührlichen oder geringfügigen auszuschließen aus dem Gebiete der Sittlichkeit. Denn über beides ist schon oben, und so auch über seine Anwendung auf das sogenannte ideale Handeln das nöthige gesagt: hier aber besonders ist nicht zu läugnen, daß es eines Theils denjenigen sittlichen Zustand, mit welchem es als Zeichen und Ausdrukk zusammenhängt, auch als Uebung und Gewöhnung befestigt, und daß es andern Theils bei einiger absichtlichen Leitung auch durch Prüfung und Betrachtung des gegenwärtigen vorbereitend und bessernd auf das künftige zu wirken vermag Wie denn auch offenbar nicht nur die Sittlichkeit des weiblichen Geschlechtes vorzüglich von diesem Theile ihres Lebens abhängt, sondern auch die mannigfaltigen besonderen sittlichen Erscheinungen unter der mechanisch arbeitenden Abtheilung der Gesellschaft hieraus zu erklären sind. Ja der traurigste und am meisten zu verbannende Zustand der menschlichen Seele, der Wahnsinn nämlich, kann unmöglich anders anfangen, als durch unbeherrschte Verkehrtheit dieses innern Spieles der Vorstellungen. Andererseits aber müssen eben so gewiß diejenigen, deren Handeln wenig oder nichts mechanisches beigemischt ist, einen abgesonderten Zustand der freien und inneren Thätigkeit haben nicht etwa nur aus Bedürfniß, von welchem ja erst müßte untersucht werden, ob es zu befriedigen ist oder abzuweisen, sondern schon weil alles vorhanden sein soll im menschlichen Leben, was darin gegeben ist, nur auf die rechte Art, und noch mehr, weil ein großer Theil der wesentlichsten sittlichen Endzwekke nicht etwa nach einem, sondern nach allen verschiedenen Systemen gar nicht anders kann erreicht werden als durch freie und innere Thätigkeit. Auch fühlt jeder wol, wie durch dieser Thätigkeit Gehalt Beschränkung und Ausdehnung Sittlichkeit oder Unsittlichkeit sich ausdrükkt und entsteht, und wie sowol in den Gegenständen derselben, als in der Art sie zu behandeln, schikkliches und unschikkliches liegt für andere auf andere Weise; Anweisungen aber hierüber wird keiner in irgend einer Darstellung der Sittenlehre aufzuzeigen haben, oder nur solche könnten es sein, über deren Leerheit und Dürftigkeit nicht erst nöthig ist etwas zu erinnern. Weiter verbreitet sich ferner dieser Fehler sehr natürlich über die Art eben dieses im innern vorgehende auch anderen mitzutheilen, worüber gleichfalls sittliche Vorstellungen von einiger Bedeutung an den meisten Orten vergeblich möchten gesucht werden. Denn die Geseze des Umganges überhaupt sind fast überall nur negativ in Beziehung auf irgend eine entweder angenommene, oder wenn es hoch kommt selbst construirte äußere Wohlanständigkeit. Sogar verbreitet sich nicht weiter die scheinbare aber nur aus dem dialektischen Interesse entstandene Vollständigkeit der Stoiker, welche mehr den leeren Titel einer sich hierauf beziehenden Tugend aufstellt als ihn wirklich ausfüllt, wozu auch in dem Geiste des Systems keine Veranlassung war. An die Benuzung der freien Mittheilung zur Beförderung wesentlicher ethischer Zwekke ist bei ihnen eben so wenig als bei andern zu denken, und die Tugenden der freien Geselligkeit, welche sie aufstellen, weisen auf nichts zurükk in dem Verzeichniß ihrer Güter. Und was vielleicht jemand sagen möchte, die Handlungsweise müsse in dieser Hinsicht beurtheilt werden nach den allgemeinen Vorschriften der Menschenliebe, wie sie eben in jedem System ist, und der Wahrhaftigkeit, dies heißt nur den Streitpunkt verschieben, und höchstens diesen Fehler in einen der vorigen Art verwandeln. Denn jene Vorschriften sind ja auch überall nur allgemein, in der freien Mittheilung aber beruht das meiste, wo nicht alles, nicht nur dem Inhalt sondern auch der Weise nach gleichfalls auf dem eigenthümlichen, so daß gewiß das Princip der Beurtheilung fehlte, wenn auch der Ort dazu da wäre, wiewol auch das lezte nur mit großer Einschränkung könnte zugestanden werden. Und wie wenig namentlich den neueren praktischen Ethikern der Gedanke gekommen ist, etwas über diese Gegenstände bestimmen und die Mittheilung dieser Art eigentlich sittlich construiren zu wollen, dies sieht jeder. Denn wie lässig ohne eigentlichen Ort und Zusammenhang steht bei Kant die Maxime, daß der Mensch sich nicht vereinzeln solle mit seinen Kenntnissen und Gedanken, und wie wenig kann sie auch zu sagen haben bei dem Grundsaz, daß der Sittlichkeit nicht zugehöre fremde Vollkommenheit zu befördern. Diesen nun hat Fichte zwar nicht in derselben Art aufgestellt, allein bei ihm bezieht sich jede Mittheilung, welche nicht streng wissenschaftlich ist, oder zum Geschäft des Berufs gehört, nur auf eine Aufforderung, und sittliches giebt es nur in Hinsicht derselben, wenn diese Aufforderung etwas unmittelbar praktisches zum Gegenstande hat. Vergleicht man nun hiemit gar jene denkwürdige Aeußerung, daß es dem Menschen gar nicht obliege Gesellschaft zu stiften, sondern er gar wohl in der Wüste bleiben dürfte, wenn er sich da fände: so sieht man, wie wenig auch er bedacht sein konnte diesen Theil des Lebens, wie es sein müßte, ethisch zu construiren. Besonders offenbart sich auch bei ihm, eben weil er folgerechter und genauer ist auch noch deutlicher als bei Kant, dieser Mangel an Bestimmtheit über die freie sittliche Einwirkung durch die schroffe und harte Art, wie die Erziehung sich absondern und begrenzen soll, ohne daß das Problem, den rechten Punkt zu finden, wirklich konnte gelöst werden. Doch dieses sei nur beiläufig angedeutet. Es gilt aber dieser Vorwurf, daß vernachlässiget wird die freie Mittheilung als ein sittlich gefordertes aufzustellen und auszubilden, nicht nur die praktischen Sittenlehren, sondern nicht minder auch die auf Lust und Genuß ausgehenden, für welche doch eben dieses, wofern sie sich nur einigermaßen über das organische ausdehnen wollen, das wichtigste und der Siz der größten Güter sein müßte. So daß zu verwundern ist, wie so viele sich dennoch länger bei der Gerechtigkeit verweilen, die ihnen doch eigentlich ein Uebel dünken muß, und lieber einen Staat aufbauen, als ein Gastmahl, oder sonst einen gemeinsamen Genuß löblicher und edlerer Vergnügungen. Vorzüglich nun wäre für sie wichtig den Scherz und den Wiz abzuleiten und zu bestimmen; aber auch für die praktischen Sittenlehrer ist es vieler Beziehungen wegen offenbar eine bedeutende Aufgabe, Umfang und eigenthümliche Grenzen des sittlichen dieser Art zu finden. Wie wenig aber hievon die Rede ist, weiß jeder. Denn selbst denen, welche sonst wohl zu scherzen wissen, geht der Scherz in der Sittenlehre ganz aus, und ist ihnen so fremd, daß er gar nicht zur Erinnerung kommt. Bei andern wird er zunächst nur als Erschütterungsmittel auf das Zwerchfell bezogen, oder als Reiz auf die Nerven, und gehört dem Körper an, so daß er eigentlich vom Arzt muß verordnet werden. Auch die Stoiker, wissen sie gleich dieses eine, daß der weise sich nicht betrinken werde, noch bestimmter als Kant, führen doch von seinem Verhalten in dieser Hinsicht gar wenig aus. Aristoteles möchte fast der einzige sein, der dem Scherz ganz ernsthaft einen eben so breiten Plaz einräumt, als jedem andern ethischen Element; wiewol auch nur aus Bedürfniß, der Ruhe wegen, also als Mittel. Davon aber, daß er, wenn er überhaupt sein soll, da er die Zeit ausfüllt, auch an sich selbst Zwekk und Bedeutung haben muß, und von der besonderen Ansicht der Welt, wovon er gleichsam die Wurzel ist, davon ist nirgends die Rede, obgleich die Kunst nicht weniger als das Leben sich bestrebt hat es zur Anschauung zu bringen. Und hier tritt freilich noch hinzu eine natürliche Wirkung von der beschränkenden Natur der meisten Sittenlehren, denen es gar nicht in den Sinn kommen kann, den Scherz zum Beispiel ursprünglich auf sittlichem Wege erzeugen zu wollen; sondern ihnen genügt, daß sie ihn annehmen, wie er gegeben ist, als eine natürliche unschuldige Neigung, und ihn nur durch irgend eine fremdartige sittliche Vorschrift begrenzen und im Zaum halten. Woraus freilich nichts festes und bestimmtes entstehen kann, so daß schon diese fast allgemeine Beschaffenheit die Nothwendigkeit von Mängeln dieser sowol als der vorigen Art verbürget. Ferner ist auch eben so wenig bestimmt über die ernsteren und wichtigeren menschlichen Verhältnisse, von denen Gemeinschaft des innern wo nicht das eigentliche Wesen doch eine unentbehrliche Bedingung ist. Denn wenn wir von diesen das beste zusammenfassen unter den beiden Namen der Liebe, im engeren Sinne des Wortes nämlich, und der Freundschaft, so wird gleich jeder wissen, wie unbestimmt beide überall gelassen werden. So sehr nämlich, daß sie auch noch nicht die Spur einer wissenschaftlichen Bearbeitung tragen, und daß, weil fast nirgends auszumitteln ist, ob und wie beide genau unterschieden werden, gar nicht würde davon zu reden sein, wenn es nicht erlaubt wäre sie nur problematisch dem gemeinen Gebrauch nach zu trennen, und darauf zu verweisen, daß die Sache selbst zeigen werde, sie sei noch nicht weiter gediehen. Daß nun diese beiden Verhältnisse für jede Ethik unter die wichtigsten Gegenstände gehören, ist offenbar. Denn für die Glükkseligkeit zuerst verursachen sie eine gänzliche Veränderung, indem sie die Lust sowol als den Schmerz vervielfachen, und zu einer höheren Potenz gleichsam erheben, überdies auch, sobald sie gesezt werden, eine ganz andere Unterordnung und Abwägung der Dinge entsteht, als sonst müßte Statt haben. Ferner auch für die praktische Sittenlehre sind die Aufgaben selbst seltsam und merkwürdig, und nicht minder groß ihr Einfluß auf das übrige. In beiden aber sind Liebe und Freundschaft immer der Siz eines blendenden und verführerischen Scheines gewesen, indem unter ihrem Vorwande gegen die mehrere Glükkseligkeit sowol als gegen das richtige Handeln von jeher vielfach ist gefehlt worden. So daß auf alle Weise für beide nothwendig ist, diese Verhältnisse zuerst in ihrem nothwendigen Zusammenhange, wenn es einen giebt, mit den wesentlichen sittlichen Zwekken aufzustellen, dann aber hieraus genau ihren Umfang und ihre Grenzen zu bestimmen. Hierin nun scheinen im ganzen die Sittenlehrer der Glükkseligkeit den Vorzug wenigstens des Bestrebens zu haben. Denn zu allen Zeiten haben sie sich bemüht durch genaue Bestimmung des Begriffs und Aussonderung alles desjenigen, was offenbar ihren Grundsäzen widerspricht, die Freundschaft als ein auch nach ihren Ideen sittliches Verhältniß darzustellen. Näher betrachtet aber ist deutlich genug, daß die Selbstvertheidigung gegen die praktischen Sittenlehrer, welche behaupten wollten, alles Wohlwollen werde aufgehoben durch das alles beherrschende Streben nach Lust, hieran den meisten Antheil gehabt, und daß auch sie den Begriff mehr als einen schon vorhandenen mit ihrem System zu vereinigen gesucht, als daß sie ihn aus den innersten Grundsäzen selbst erzeugt hätten. Wie denn auch an eine nur einigermaßen durchgeführte Lehre von der Freundschaft in keiner eudämonistischen Ethik zu denken ist. Sondern es wollen die einen immer zu viel beweisen, indem sie die Freundschaft auch zum Grunde der größeren bürgerlichen Vereinigung machen wollen, welches dem in dieser Ethik unvermeidlichen Vorrange des besonderen vor dem gemeinschaftlichen zuwiderläuft; die andern aber zu wenig, indem sie die Freundschaft nicht aufrichten als ein festes und selbstständiges Verhältniß, sondern nur als ein zufälliges Zusammentreffen des eignen Bestrebens und Gelingens mit dem fremden. Was nun gar die Liebe anbetrifft, so ist weder von denen, welche die Geschlechtslust allein für eines der größten Güter annehmen, die Absonderung derselben von jeder auf etwas anderes gerichteten Freundschaft als das bessere erwiesen, und die Art bezeichnet worden, wie jener Gegenstand in solcher Absonderung zu behandeln sei; noch auch von den unter den neueren nicht seltenen Vertheidigern einer höheren Liebe der Grund zu der Vereinigung zwei so verschiedener Elemente aufgezeigt und sie in ihrem Wesen und ihren Wirkungen dargestellt worden. Gewiß aber nicht besser stimmen die Sittenlehrer des Handelns mit sich selbst überein, oder lösen bis zur Vollendung die Aufgabe. Wobei für die älteren noch dieses den Vorwurf erschwert, daß sie sich der Fähigkeit Freundschaft hervorzubringen gegen die Eudämonisten so besonders gerühmt, und diesen Ort als die Haupt- und Prachtstelle ihres Gebäudes also auch vorzüglich hätten beleuchten und verzieren gesollt. Den neueren aber, welche mehr aus historischen als systematischen Gründen diesen Streitpunkt aufgegeben, ist dagegen nachzusagen, daß sie in der Sache selbst noch schlechter erfunden werden als jene. Denn was zuerst die Liebe betrifft als ein besonderes und zwar das allergenaueste auf Gemeinschaft des inneren angelegte Verhältniß, so wären die alten bei dem angenommenen und auch äußerlich dargestellten Verhältniß sittlicher Ungleichheit zwischen beiden Geschlechtern sehr zu entschuldigen, wenn dieses gänzlich bei ihnen übergangen wäre. Viel mehr also wird man sich begnügen müssen, wenn das, was dem ähnlich in dem Ort von der edleren Knabenliebe vorkommt, auch unvollständig dargestellt, und wie die Verkehrtheit der Sache selbst nicht anders erwarten läßt, sehr mangelhaft abgeleitet ist. Wie denn auch das Verhältniß, wie zum Beispiel die Stoiker es erklären, als das aus der Schönheit eines anderen entstandene Bestreben nach seiner Verbesserung sich nicht gehörig begreifen läßt. Denn da ihnen die Idee des symbolischen gänzlich fehlt, sind sie auch nicht im Stande einen Zusammenhang zwischen dem physischen und ethischen anzugeben, und der Vorzug, welcher der Schönheit ertheilt wird, erscheint rein willkührlich und unsittlich. Auf der andern Seite aber ist die ethische Aufgabe, selbst so beschränkt aufgefaßt, wenigstens klar und verständlich. Bei den neueren aber ist fast alles in diesem Gegenstande dunkel und unbestimmt, und sie scheinen nicht zu wissen, wie sie dieses Erzeugniß ihres Zustandes und ihrer Denkart verarbeiten sollen. Denn es ganz abzuläugnen hat fast Kant allein den Muth, welcher keine andere sittliche Liebe anerkennt, als die, welche er die praktische nennt, nämlich die Behandlung nach dem Gesez, welche sich jedoch weniger auf das behandelte Subjekt bezieht, als auf das Gesez, und also den Namen der Liebe kaum verdient. Etwas besonderes aber und höheres dieser Art anzuerkennen ist er so weit entfernt, daß er auch das eheliche und älterliche Verhältniß ganz ohne die Spur eines solchen behandelt. Wenn nun dieses als folgerecht und in sich zusammenhängend zu loben wäre aus unserm kritischen Standpunkte, so ist dagegen aus demselben zweierlei sehr zu tadeln. Einmal ist ihm doch, was er die pathologische Liebe nennt, als ein wirkliches von großem Einfluß auf das gesellige Verhalten gegeben; will er sie also nicht als ein sittliches anerkennen, so muß er sie als ein unsittliches verwerfen. Dieses nun dürfte freilich jeder andere nur stillschweigend thun, indem ja alles verworfen ist, was nicht mit aufgebaut wird, nur ihm gerade kann diese Hülfe nicht zu Statten kommen, da er den entgegengesezten Weg einschlägt, und die Tugenden am meisten durch die ihnen entgegenstehenden Laster beschreibt. Denn so müßte auch die pathologische Liebe als ein besonderes einer Tugend entgegenstehendes Laster erscheinen; nun aber sieht man vielmehr, wie ganz mit Unrecht durch eigne Feigherzigkeit geschlagen er sich quält mit der Ungewißheit, ob sie anzunehmen sei oder zu verwerfen. Hätte sich ihm aber aus diesen Zweifeln verrathen, daß sich unter jenem Namen noch etwas andres nicht so wie die eigentlich pathologische Liebe unbedenklich zu verwerfendes mit verbirgt, weil er eben weder Ort noch Namen dafür weiß: so hätte er weiter schließend auf die Vermuthung kommen können, daß diese sich auf ein wenigen gemeinschaftliches, nicht aber als Neigung unsittliches, sondern als reine Eigenthümlichkeit sittliches gründen, und daß es also ein solches geben müsse. Zweitens fehlt es nun, die Liebe hinweggenommen, dem ehelichen und älterlichen Verhältniß ganz an einem Entstehungsgrunde und an einem festhaltenden Bande. Denn der Gehorsam gegen die Natur, durch den er sie nun allein erklären muß, giebt weder einen Grund der Wahl noch eine längere Dauer und weitere Ausbildung, als bis die Absicht der Natur erreicht ist, und man kann sagen, daß diese Verhältnisse nun nicht sowol ein besonderes und geschlossenes ganze bilden, sondern nur eine Reihe zufällig verknüpfter gleichartiger Anwendungen des Gesezes, und daß die ethische Aufgabe vielmehr dahin gehen müsse, ihren Einfluß auf die übrigen Theile des Lebens, wie von allem was bloß die Natur auflegt, möglichst einzuschränken. Worin sich denn mehr als irgendwo die Härte und der Unzusammenhang dieser bloß das rechtliche abzirkelnden Sittenlehre offenbart. Bei Fichte hingegen fängt zum deutlichen Beweise, wie wenig die bessere Tendenz, die er im einzelnen verräth, in dem inneren des Systems gegründet ist, der Unzusammenhang noch früher an. Denn er sezt zwar eine höhere und sittliche Liebe als nothwendig; zuerst aber ist schon nicht klar, wie er sie unterscheidet von der Freundschaft, welche er eben wie jene auf die

Ehe einschränkt, und ob nicht eine von beiden nur ein leeres Wort ist, oder was eigentlich jeder zukommt in dem durch beide bestimmten Verhältniß. Ferner, insofern nun die Liebe dasjenige Gefühl ist, welches das wesentliche in dem Zustande der Ehe, nämlich die gänzliche Hingebung bezeichnet: so ist die hohe Aufgabe, welche er ihr anweiset, nämlich das Verschmelzen der Individuen, auch nicht im geringsten als wünschenswerth oder nothwendig erwiesen, und eben so wenig in ihren Grenzen bestimmt: so daß es scheint, als habe er über der Freude des ersten Findens zur klaren Einsicht nicht gelangen können. Denn wie aus dem körperlichen Hingeben, welches die Befriedigung des Geschlechtstriebes bezeichnet, ein so gänzliches geistiges erfolge, und grade diesem Theile des organischen Systems eine so viel größere Bedeutung zukomme als jedem andern, dies ist aus dem, was gesagt wird, ethisch gar nicht zu begreifen, und nicht zu sehen, wie der kynischen Gleichgültigkeit gegen dieses Geschäft zu entkommen ist; da ja der Untüchtigkeit des einen Grundes durch Hinzufügung eines andern abhelfen zu wollen, welcher sich mit jenem nicht vereinigt, und für sich das ganze doch auch nicht erklärt, ebenfalls ein ganz unwissenschaftliches und unbefriedigendes Verfahren sein würde. Was aber am meisten zu tadeln ist, besteht hierin. Erstlich, wenn wie Fichte annimmt der körperlichen Verschiedenheit der Geschlechter auch eine geistige ähnliche entspricht: so liegt ja die Aufgabe da, etwas über diese zu bestimmen, welche aber, als gehöre sie der Ethik nicht an, gänzlich vorbeigelassen ist. Denn theils mußte gesagt werden, wie sie vor der Ehe recht scharf ausgebildet werden müßte, damit die Ehe selbst das Geschäft der Vereinigung auch recht vollkommen vollbringen könne. Anderntheils auch, wie diejenigen damit zu verfahren hätten, denen nun ohne Schuld die Verschmelzung unmöglich gemacht worden ist. Und so müßte eine Grenze gezogen sein zwischen dem gemein menschlichen und dem geschlechtlich eigenthümlichen. Welche anerkannte Eigenthümlichkeit dann offenbar mehrere Arten und

Stufen derselben nach sich ziehen müßte; so daß entweder jene Anerkennung etwas fremdartiges und ungehöriges sein muß, oder diese Ethik hat sich bis auf eine kleine Spur um die ganze Hälfte fast ihres Stammes verkrüppelt. Zweitens, indem er auch den Bestimmungsgrund der Liebe nicht angeben oder nicht erweisen kann, und also etwas unfreies in derselben anerkennt, so verdirbt er sich den innersten Grund seiner Sittenlehre, nämlich die Lehre vom Gewissen. Denn ohne dessen Genehmigung darf doch nicht die Liebe, nachdem sie unwissend wie entstanden ist, handelnd weiter verfolgt, und die Ehe als die größte und sittlichste Angelegenheit des Lebens gestiftet werden: wie aber kann das Gewissen sprechen über das unfreie, und zwischen unfreien, nämlich einer richtigen und einer doch auch möglichen falschen Wahl, entscheiden, wohin doch die sittliche Urtheilskraft es nicht geführt hat? Auch erscheinen, wenn man auf diesem Punkt stehen bleibt, alle Maximen, nach welchen sonst in diesem System das sittliche in schwierigen Fällen construirt, oder vielmehr tumultuarisch ergriffen wird, das nicht Zeit haben, die scharfe und einzige Linie des Berufs, und was dem ähnlich ist, gleichsam auf den Kopf gestellt, und die Unfähigkeit der Idee ein wirkliches System zu begründen dem allgemeinen Anblikk bloß gegeben. Dasselbe zeigt sich auch, wenn man verbessernd untersuchen wollte, wie wol Fichte auf richtigem Wege von seiner Idee aus sowol zu derjenigen Liebe, welche sich auf die Geschlechtsverschiedenheit und die Eh: bezieht, als auch zu jeder andern genaueren und geistigen Verbindung hätte gelangen können. Nämlich davon ausgehend, daß die Individualität unter die wesentlichen Bedingungen der Ichheit gehört, wäre es der synthetischen Methode leicht ja sogar angemessen gewesen, einen Trieb aufzustellen, welcher darauf gerichtet wäre Individuen zu suchen. Dieser würde nicht nur, durch des reinen Triebes Durchdringung zu einem sittlichen gemacht, zu mannigfaltiger Freundschaft hingeführt haben, sondern hätte auch allein das nothwendige und jezt so wunderbare Auffinden

den der Kunstwerke erklären können. Ja es läßt sich denken, daß dies würde bis zu den Sternen, jenem größten Gegenstande des kritischen Enthusiasmus, hingewiesen haben. Indeß sieht ein jeder, daß, um auch auf diesem Wege zum vorgestekktem Zwekke zu gelangen, jenes Princip nicht müßte in Fichte gewesen sein, welches das Erlaubnißgesez begründet, gegebenen Falls in der Wüste zu bleiben, und daß auch Individualität ihm etwas mehr bedeuten mußte, als nur Persönlichkeit und numerische Verschiedenheit des Leibes nebst dem bloß materialen Unterschied des geistigen, der daraus folgt. So daß demnach ohne eine gänzliche Umwandlung des inneren dieses Systems dasjenige nicht zu vollbringen möglich ist, welches anzufangen und einzuführen doch ein unüberwindlicher Trieb vorhanden war. Bei noch mehreren neueren aber zu fragen, was ihnen die Liebe sei, scheint überflüssig. Denn wer auch nur den Hauptknoten der Aufgabe aufsuchen will, nämlich die Verbindung des natürlichen Geschlechtstriebes mit einem besonderen geistigen Bedürfniß, oder wo diese geläugnet wird, die Nachweisung es sei nun eines anderen Unterschiedes zwischen Freundschaft und Liebe, oder eines anderen Grundes, das aus dem Naturtriebe entstehende Verhältniß zugleich zu einem intellectuellen zu machen: der wird überall diesen Knoten noch ungelöst ja auch die Versuche dazu schwächer finden, und von selbst schließen, daß also in noch seichteren und unfähigeren Systemen auch die Unbestimmtheit noch häßlicher, und die Verwirrung der schlechteren Anlage des ganzen gemäß noch schreiender sein muß. Was daher, um weiter fortzugehen, die eigentliche Freundschaft anbetrifft, so mag von ihr besonders in der Kürze nur noch dieses hinzugefügt werden. Zuerst nämlich sezt schon der gemeine Begriff mehrere Arten derselben, worunter nicht etwa die alten Abtheilungen um des nüzlichen des angenehmen und des guten willen sollen verstanden werden, welches nur eine Bestimmung des Begriffs angemessen dem Geist eines jeden Systems wäre, sondern wie jede dieser Ideen ihre verschiedenen Theile hat, von denen bald der bald jener der Gegenstand der Verbindung und das gemeinschaftliche Streben ihrer Genossen sein kann. In den Darstellungen der Sittenlehre aber scheint weder das gemeinschaftliche Wesen, noch die Verschiedenheit der Arten der Freundschaft gehörig bemerkt zu sein. Denn wenn Kant hieran auch nur gedacht hätte: so würde er gefunden haben, daß die dialektische Freundschaft, welches doch wol der angemessenste Name sein möchte für das, was er von der Freundschaft übrig läßt, nur eine einzelne und untergeordnete Art sein könne. Oder wenn Fichte sich die Freundschaft auf die rechte Art getheilt hätte: so würde er nicht nöthig gehabt haben, indem er die ganze Freundschaft nur in der Ehe sucht, die theilweisen Verbindungen stillschweigend ganz zu verwerfen, sondern den Ort wol gefunden haben, wo auch er bei seiner lükkenhaften Darstellung menschlicher Verhältnisse die eine oder andere Art gar wohl hätte gebrauchen können, wie zum Beispiel bei der unbegreiflich vorausgesezten Ueberzeugung des Biedermannes von dem übereinstimmenden Willen der Gemeine, den Nothstaat umzustoßen. Was aber gegen die ganze und so gar nicht erwiesene Freundschaft in der Ehe zu sagen wäre, welche doch gewiß bei der Ausschließung des andern Geschlechts von so manchen Zweigen menschlicher Thätigkeit eines festen Grundes bedurft hätte, das mag als für sich einleuchtend übergangen werden. Ja auch vom Aristoteles, welcher diese Sache genauer nimmt als die meisten, und Fragen aufwirft und beantwortet, die andern auch nicht in den Sinn gekommen, kann man sagen, daß aus Ueberfluß seine Theorie mangelhaft geworden. Denn da er Freundschaft als den stiftenden Grund aller Verbindungen sezt, ja in allen häuslichen, ganz das Gegenstükk von Kant, gar kein Recht sondern nur Liebe sehen will: so ist ihm über dem Unterschiede, den er auf diese Art zwischen der häuslichen und der bürgerlichen Gesellschaft feststellt, der vielleicht größere zwischen der Freundschaft, welche von jener den Grund ausmacht, und der eigentlich sogenannten fast entgangen, so da man was er darüber noch sagt kaum auf etwas anderes als die politischen Freundschaften beziehen kann. Noch weiter zurükk aber kann man behaupten, daß auch die Freundschaft wie die Liebe noch nirgends aus den Grundsäzen eines Systems als nothwendig herfließend ist abgeleitet worden, daher sie auch wol unter dem Verzeichniß der Güter steht, in welches noch niemand einen nothwendigen Zusammenhang gebracht hat, von einer Pflicht aber Freunde zu haben nirgends die Rede ist. Sondern sie steht immer nur als aus einem fremden niemand weiß welchem Gebiet aufgenommen da, und muß eben deshalb von den Ansprüchen, mit welchen sie ursprünglich auftritt, vieles zurükknehmen, und sich auf mancherlei Weise einzwängen lassen, um in die Ordnung des Systems eingekleidet zu werden. Dergleichen aber in der Ethik zu dulden streitet gegen die ersten Grundsäze, und beweiset deutlich die Unfähigkeit des Systems den so behandelten Gegenstand sich anzueignen. So erscheint aber die Sache der Freundschaft gerade da am deutlichsten, wo am meisten von ihr die Rede ist. Denn worauf anders läuft es hinaus, wenn sie als ursprünglich im Streit mit andern Pflichten und Verhältnissen aufgeführt, und berathschlagt wird, wieviel jeder Theil nachlassen müsse? Wie denn Marcus Tullius meint, einiges dürfe um der Freundschaft willen schon vom strengen Rechte abgewichen werden, nur zu arg dürfe die Zumuthung nicht sein. Oder wenn sie im Aristoteles als sterblich vorgestellt, und Maaßregeln für den Fall vorgeschlagen werden; da doch nichts aus ethischen Principien entstandenes sich auflösen kann. Oder wenn die Stoiker, bei denen doch nichts wahrhaft sittliches sich auf die bloße Empfindung beziehen kann, fragen, ob zum Mitleiden oder zum Mitgenuß der Freund herbeizurufen sei, und durch ihre Entscheidung die schlecht herbeigerufene Freundschaft eben so schlecht wieder entfernen. Denn wollte man auch sagen, zu diesem Mißgriff hätte sie nur die Polemik ihrer Gegner verleitet, welche sie, von der Selbstgenügsamkeit des weisen ausgehend, in das

Geständniß hineinzwangen, daß er zu seinen wesentlichen Zwekken des Freundes nicht bedürfe: so ist doch gewiß, daß sie durch diesen Schein nicht hätten können geblendet werden, wenn die Freundschaft in ihrem System wirklich wäre gegründet gewesen. In allen diesen Beispielen also erscheint sie als etwas ursprünglich nicht sittliches, das erst durch Begrenzung sittlich soll gemacht werden, und so ist es natürlich, daß sie kein ganzes ausmachen, noch bestimmt in ihrem sittlichen Werth und Einfluß kann dargestellt werden. Weit allen andern voraus ist also auch hier wieder Platon, welcher von Freundschaft und Liebe, ob überall richtig und in jeder Hinsicht genügend, dies kann hier nicht erörtert werden, gewiß aber so zusammenhängend redet, daß es leicht wäre, aus allem was zerstreut darüber vorkommt in dialektischer und mythischer Form ein ganzes zu machen. Es darf nur erinnert werden, wie er symbolisirend den Geschlechtstrieb mit dem Bestreben nach gemeinsamer Ideenerzeugung verbindet, und auf die Unvollkommenheit des persönlichen Daseins und seine Unzulänglichkeit zur Hervorbringung eines höchsten Gutes diese Aufgaben gründet, so muß jeder einsehen, daß hier wenn auch nur durch leise Andeutungen Fragen beantwortet sind, an die andere nicht dachten, und daß hier Freundschaft und Liebe nicht von außen angeknüpft oder aufgeklebt, sondern durch die eignen Kräfte seiner ethischen Grundideen aus dem inneren seines Systems hervorgetrieben sind. Noch ein dritter ethischer Stoff aber, der überall fast gänzlich vernachlässigt wird, ist Wissenschaft und Kunst. Denn da beide nur durch willkührliche Handlungen entstehen können, welche der sittlichen Beurtheilung unterworfen sind: so muß auch über diese Handlungen und ihr hervorgebrachtes, dessen vorgefaßte Idee der Grund des Handelns war, die Ethik entscheiden, und aus dem Grunde, welcher diese Handlungen löblich macht oder verwerflich, muß sich ergeben der Geist, in welchem Wissenschaft und Kunst allein können sittlich geübt werden, auch ob und welche Grenzen derselben es giebt. Was nun zuerst die

Wissenschaft betrifft, so muß, um die hier gemachte Forderung zu verstehen, der Unterschied wohl betrachtet werden zwischen der Erkenntniß, welche Theil oder Bedingung irgend eines andern ethisch schon aufgegebenen Handelns ist, und derjenigen, welche für sich selbst und nicht in und mit einem andern Handeln gesucht und hervorgebracht wird. Denn jene bedarf natürlich keiner besondern Rechtfertigung und Ableitung, sobald das Handeln gerechtfertigt ist, dem sie angehört. So daß zum Beispiel das Erlernen der Sprache oder der natürlichen Mechanik körperlicher Bewegungen gerechtfertiget ist, sofern es immer zugleich Theil eines andern unmittelbaren Handelns ist, und an demselben erfolgt; eben so auch jedes nach der Wahl eines selbst gerechtfertigten Berufs erfolgende und auf ihn sich beziehende Lernen und Sammeln von Erkenntnissen. Das eigentliche Wissen aber, welches nur das Haben der Erkenntniß ist, und mit demselben sein Ziel erreicht hat, also ein besonderes Handeln für sich ausmacht, bedarf auch wie jedes andere seiner eignen Ableitung, und wo diese fehlt müßte man glauben, es sei in einem solchen System der Ethik stillschweigend ausgeschlossen aus dem Zusammenhange des sittlichen Lebens und verworfen. Welches dem gemäß fast in allen Sittenlehren müßte der Fall sein, weil eine ethische Construction des Wissens oder des wissenschaftlichen Bestrebens fast nirgends gefunden wird. Denn die Erkenntniß der zweiten Art oder die Wissenschaft auf jene der ersten zurückzuführen, damit würde dem Uebel nicht abgeholfen sein. Eines Theils nämlich giebt es ganze Wissenschaften, und zwar diejenigen am meisten, welche als solche den höchsten Rang einnehmen, denen gar kein Einfluß als Mittel auf das unmittelbare und eigentlich sogenannte Handeln zuzuschreiben ist, worunter derjenige, welcher den Saz bestreiten möchte, zunächst nur unentbehrliche Mittel denken mag, welches bei einer ethischen Frage hinreicht, es ließe sich aber gewiß noch mehr erweisen. Andern Theils aber gehört von denjenigen Wissenschaften, denen ein solcher Einfluß kann beigelegt werden, wenigstens die wissenschaftliche Form nicht dazu, sondern nur die einzelnen am meisten auch der Geschichte nach im Gebrauch selbst gefundenen Säze. Ferner auch, wenn auf diesem Zusammenhange die Sittlichkiit des Wissens beruhen sollte, so würde jeder, der sich einer wenn gleich nüzlichen Wissenschaft als Wissenschaft widmet, es werde nun dieses im großen als gewählter Beruf oder auch nur als einzelne That betrachtet, unsittlich handeln, weil er offenbar und selbstgeständig seine Handlung nicht auf diese Zwekke bezieht. Sonach ist deutlich, daß die Frage von der Nüzlichkeit der Wissenschaften, wenn sie auch in das Gebiet der Ethik gezogen würde, den bezeichneten Punkt nicht trifft, sondern es muß das Wissen selbst als ein sittlicher Zwekk oder als ein Gut aufgestellt werden, um hernach auch als Pflicht betrachtet gehörig bestimmt und begrenzt werden zu können. Wie viele einzelne Aufgaben nun hieraus besonders für die lezte Behandlung entspringen, sieht jeder, wie auch daß sie nirgends berührt sind. So wird auch jedem leicht sein die Verkehrtheit wahrzunehmen, welche in beiden entgegengesezten Stämmen der ethischen Systeme in dieser Hinsicht obwaltet. Denn die eudämonistischen neigen sich zu einer Verachtung des Wissens, da es ihnen doch am leichtesten wäre, nicht nur das Haben der Erkenntniß sondern auch schon das Hervorbringen derselben als einen Zustand eigenthümlicher Lust aufzustellen, so daß sie nicht einmal das leztere auf eine unwürdige Art bloß als Mittel durchschleichen dürften. Die praktischen hingegen, denen dies wegen der ihnen fast allen gemeinen so sehr beschränkten Ansicht des Handelns schwer sein müßte, lieben vielmehr das Wissen, und stellen sich an, als verstände es sich von selbst. Dieses unverständige sich von selbst verstehen, wobei immer nur etwa von den Pflichten dessen die Rede ist, der da weiß oder wissen will, verbinde man mit dem Gegenstükk, das Aristoteles dazu hergiebt, welcher, bis auf einen gewissen Punkt hin klarer in der Verwirrung, das gesammte Wissen mit allem was dazu gehört als ein eignes Gebiet von dem sittlichen gänzlich trennt, und so in einem umfassenderen Sinn und folgerechter freilich der Vorläufer derer ist, welche das Philosophiren eben so vom Leben absondern: so ergiebt sich der ganze Umfang der Unbestimmtheit, welche nicht auf einem Verkennen der Aufgabe beruht, sondern auf der Unfähigkeit sie zu lösen. Das beste Beispiel, wie in dieser Verlegenheit bald alles vorausgesezt bald alles hinweggenommen wird, giebt Fichte, welcher zuerst das Forschen als eine nur durch die Form zu bedingende Pflicht sezt, nämlich nur, daß es müsse geschehen um der Pflicht willen. Dann aber wird diese Pflicht eine übertragbare, so daß also nicht jeden obliegt wissend zu sein, wie sittlich zu sein, sondern daß nur im allgemeinen, damit das Sittengesez herrsche, gewußt werden muß, gleichviel wie bei jedem äußeren Geschäft, ob jeder es für sich selbst vollbringe, oder wenige für alle. Und da nun das lezte nach einer allgemeinen Maxime das bessere ist, so wissen nun nur die gelehrten. Was sie aber wissen, ist theils das sinnliche zum Behuf der Naturbearbeitung, wozu nach dem obigen das strenge Wissen keinesweges gehört; theils aber das übersinnliche, um das Meinen der Gemeine zum Behuf der Anerkennung des Sittengesezes zu verbessern, und um die Ethik als Wissenschaft hervorzubringen. Welcher Kreislauf auf das zierlichste vollendet wird, wenn man fragt, warum die Ethik müsse gewußt werden, da doch dieses zur Herrschaft des Gesezes gar nicht erfordert wird. Denn so ist die Ethik da für das Wissen und das Wissen für die Ethik, beide aber zu nichts, also zum Spiel, welches aber auch verboten ist, weil die Sittlichkeit beide die Ethik und das Wissen verschmäht. So daß auch hier wieder nur Platon und Spinoza mit einigen richtigen Andeutungen übrig bleiben. Der erste, indem er bei dem Bestreben in jeder einzelnen wahren Vollkommenheit die ganze Sittlichkeit darzustellen sie auch darstellt im Wissen; der lezte aber, indem bei ihm die Sittlichkeit überall im genauesten Verhältniß steht mit dem wahren Wissen, und zwar nicht etwa irgend eines einzelnen unmittelbar praktischen, sondern mit dem Wissen des ganzen. Daher es möglich sein muß, wiewol er selbst es vernachlässiget hat, das gesammte Wissen sowol als auch die rechte Art seiner Erwerbung und Gemeinschaft aus seinen Grundsäzen abzuleiten, und er hier noch den Vorzug vor Platon verdient. Wogegen in Absicht der Kunst das Verhältniß zwischen beiden ganz anders ist. Denn Platon ist fast der einzige, der die Kunst ohnerachtet des Hasses, dessen er im einzelnen gegen sie beschuldiget wird, im ganzen ordentlich ableitet, und als ein Glied in sein ethisches System verwebt, wenn gleich die Art und Weise etwas unförmlich ist, und nicht so hell und bündig, als seine ersten Grundsäze es wol zuließen. Beim Spinoza hingegen ist das vollkommenste Stillschweigen hierüber, und schwerlich möchte, wenn man ihn ergänzen wollte, die Kunst unter einer besseren Aufschrift geltend zu machen sein, als der eines doch nur zufälligen und unsichern Beförderungsmittels der Weisheit bei andern. So daß man sagen muß, sie werde von ihm herzhaft und im ganzen verworfen, und daß selbst das Leben des Spinoza als eine symbolische Andeutung erscheint, wie er den geringsten Dienst irgend einer Wissenschaft für wichtiger und sittlicher gehalten. Gegen eine solche Verwerfung nun, der nichts weder mittelbar noch gradehin widerspricht, hat auch die Kritik nichts einzuwenden, und muß selbst den Mangel aller Polemik gegen das verworfene nur als höhere Vollkommenheit achten. So aber ist es keinesweges bei den übrigen, welche im Gegentheil die Kunst fordern, jeder auf seine Art, alle aber ohne genügende Darlegung der Gründe, wodurch die Forderung bestimmt wird, und der Handlungen, welche sie selbst wiederum bestimmt. Der unstreitig am meisten dafür gethan hat, ist Fichte, und doch ist auch bei ihm nur Verwirrung zu suchen in dem vielerlei angefangenen und wieder aufgegebenen. Nämlich zunächst ist sie ihm ethisch betrachtet auch nur ein Mittel um der Sittlichkeit den Boden zu bereiten, selbst also kein Theil derselben. Woraus wenn weiter gefolgert wird eines Theils sich ergiebt, daß sie aufhören muß sobald auch nur die Empfänglichkeit für das eigentlich sittliche fest gegründet ist, und daß sie also in einer Ethik als Darstellung des wahrhaft sittlichen in seinem ganzen Umfange keinen Raum findet; andern Theils auch Zweifel entstehen könnten, zumal Unentbehrlichkeit des Mittels nicht mit erwiesen ist, über dessen Zwekkmäßigkeit und Zuläßigkeit, indem sich gar nicht abwägen läßt das Verhältniß des erreichten zu dem großen und der Sittlichkeit unmittelbar entzogenen Aufwand menschlicher Kräfte. Was aber Fichte weiter sagt von der Kunst, gleichsam um jenem Mangel abzuhelfen, davon möchte einiges wunderlich scheinen. Denn was bedeutet wol der Verband zwischen dem Verstand und dem Willen, und wie ist es mit dem ästhetischen Sinn, der zwar von selbst kommen muß, von dem aber nicht gesagt ist, daß er von selbst kommt? Oder wenn er ein eigenthümliches Vermögen des Geistes ist, und zwar von solcher Wichtigkeit, wie mag doch die Ausbildung desselben zur Vollkommenheit ein übertragbares Geschäft sein? Oder wenn der Genuß der Kunstwerke eine eben so vollkommene Ausbildung desselben ist, als deren Verfertigung, weshalb soll diese einen besondern Beruf bilden? Das andere aber, daß sie nämlich den transcendentalen Gesichtspunkt gemein mache, schwebt in einer solchen Dunkelheit, daß nun der Künstler entgegengesezt scheint dem Weisheitslehrer, und daß der, welcher keines von beiden ist, schwanken muß zwischen ihnen ohne ein Gesez, das ihn entweder ganz zu einem von beiden hintriebe, oder ihre Forderungen bestimmte. So daß hier alles unbestimmt ist und ohne Haltung. Von Kant aber, der nur wie von ohngefähr an der Kunst vorbeistreift, oder gar von andern zu reden, wäre unbelohnend, indem die Unbestimmtheit der Folgerungen die nämliche ist, die Flachheit und Dunkelheit der Gründe aber noch ärger. Die alten nun haben hier eine leidliche Entschuldigung, welche den Fehler mildert und zurükkwirft. Denn die nähere Bestimmung alles Wissens und Bildens, worauf es gehen und wie vertheilt sein soll, ist bei ihnen anheimgestellt dem Staate. Daß aber und wie das Wissen und die Kunst mit des Staates, der bei ihnen alles in allem war, Endzwekken zusammenhängt, dieses besonders abzuleiten unterließen sie als von selbst einleuchtend, indem die Verbindung der Staatskunst mit dem Wissen, und der Kunst mit der Ehrfurcht vor den Göttern von keinem System bestritten wurde. Welcher Mangel freilich auch bei ihnen unwissenschaftlich bleibt, doch aber mehr die Schuld der Ausführung sein kann, als der herrschenden Ideen. Die neueren hingegen können dergleichen nichts sagen; denn theils hängt die Kunst bei ihnen mit nichts besonderem besonders zusammen, und sie hätte nur können durch ihren allgemeinen Zusammenhang mit allem gerechtfertigt werden; theils kann bei ihnen der Staat weder solche Befugniß haben noch solche Dienste leisten wegen seiner in den meisten Darstellungen der Sittenlehre so höchst beschränkten Zwekke. Doch dieses ist ein neuer Gegenstand für die jezige Anklage, welcher für sich verdient betrachtet zu werden. Denn wunderlicheres giebt es nicht als die lose Art, wie die bürgerliche Verbindung gekittet und gehalten wird, zumal in den neueren Darstellungen der Sittenlehre. Bedenken wir nämlich nur die beiden Gründe, auf einem von welchen sie fast überall ruht, so sieht man leicht, daß die allgemeine Glükkseligkeit, welche der Staat beschaffen soll, nur in einer Sittenlehre des Genusses Statt finden kann. Oder wie könnte die entgegengesezte einem für sie gar nicht ethischen Zwekk eine Stelle einräumen, und zwar eine solche, auf welche bei jedem sittlichen Handeln fast muß hingesehen werden? Aber auch in der genießenden Ethik hat, wie hinlänglich gezeigt ist, das besondere den Vorrang vor dem allgemeinen, und es fehlt ganz an einer Rechtfertigung dieser Idee einer allgemeinen Glükkseligkeit, welche die besondere eines jeden überall zu beschränken, und die besten Hülfsmittel ihr zu entziehen scheint. Ja bei einer so künstlichen und verwikkelten Aufgabe würden sie sich vergeblich der Forderung entziehen, entweder Ein bestimmtes Ideal der Verfassung zu zeichnen, oder den wohlbegründeten Entwurf einer möglichen Mehrheit. Die gewöhnliche Ausflucht aber, als liege der Unterschied nur in der Verwaltung, mag wol hinreichen denjenigen abzuweisen, der keine andere Verschiedenheit sieht, als in der Zusammensezung der Gewaltzweige, muß aber dem nichtig erscheinen, der eben aus dem ethischen Standpunkt ganz andere wahrnimmt. Eben das läßt sich sagen, wenn etwa auch Sittenlehren dieser Art wollten den andern Grund des bürgerlichen Vereins geltend machen, nämlich den Schuz gegen das Unrecht. Oder giebt es etwa schon eine Ableitung des Rechts nach eudämonistischen Grundsäzen, und weiß nicht vielmehr jeder, wie sich die Lehrer der Glükkseligkeit von einer dieser Ideen in die andere zurükkziehen? Wie viel weniger also würden sie im Stande sein vollständig und zusammenhängend zu bestimmen, was nun aus dem Gebot den Staat zu stiften in dem ganzen Umfang der Sittlichkeit folgen muß, und wie nun die eigene Glükkseligkeit durch die Idee der allgemeinen oder des Rechtes genauer bestimmt, oder anders gewendet wird? Daher auch bei fast allen die ganz fremdartige Behandlung dieser Gegenstände. Legt man im Gegentheil diese Idee, der Staat sei da zu Abwehrung des Unrechts, der praktischen Sittenlehre bei: so ist offenbar, daß, da das Unrecht ein unsittliches ist, der Staat mit dem Anfang der allgemeinen Sittlichkeit aufhören müsse. Welches auch vielen neueren nicht entgangen ist, wie der merkwürdige Ausspruch bezeugt, ein guter Staat sei daran zu erkennen, daß er sich neige, und strebe sich selbst entbehrlich zu machen. Weniger aber ist die natürliche Folge bemerkt worden, daß auf diese Weise auch dem Staat nichts dürfe zugeschoben werden, was auch im Zustande der allgemeinen Sittlichkeit muß gedacht werden. Denn sofern die Sittenlehre eigentlich diesen seinem ganzen Umfang nach darstellen soll, ist schon der Staat ausgeschlossen, und es darf mit ihm nicht das Mittel fehlen zur Construction irgend eines wesentlichen Theiles jener Darstellung. So ist es auch zum Beispiel beim Spinoza, welcher den Staat ebenfalls nur als ein Verwahrungs- und Verbesserungsmittel aufstellt, dagegen aber auch, wenn man einzelne leicht zu bessernde Irrungen nicht rechnen will, nichts wahrhaft und vollkommen sittliches von ihm ausschließend ableitet. Beurtheilt man hingegen nach demselben Maaßstabe, um die andern mit Stillschweigen zu übergehen, den vorzüglichsten der heutigen Sittenlehrer, und fügt hinzu, wie seine Kirche und seine gelehrte Gemeinschaft nicht minder hinfällig sind: so ist zu verwundern, wie sehr er hiegegen gefehlt hat. Und von hieraus ist es am leichtesten über den Umfang der Ethik nach diesem System eine Musterung anzustellen. Denn wenn nun der Staat wegfällt als gesezgebende Macht, so bleibt allerdings die freie Einsicht in die Art, wie jeder will behandelt sein, und die freie Enthaltung aller dem zuwiderlaufenden Handlungen. Eben so, wenn die Kirche wegfällt, bleibt dennoch die Uebereinstimmung in Hinsicht der auf das übersinnliche gegründeten sittlichen Ueberzeugung. Aber fragt man nun weiter, was denn, nachdem alles was bloß Zurüstung war, hinweggenommen worden, als der eigentliche und lezte Gegenstand dieser einstimmigen Ueberzeugung und jener frei gesezlichen Behandlung übrig bleibt: dann möchte schwerlich etwas anderes aufzuzeigen sein, als die Beherrschung der Erde und die Verarbeitung ihrer Erzeugnisse. So daß eine gleichsam physiokratische Sittenlehre herauskommt, in welcher der Akkerbau das Eins und Alles ist dem Inhalt nach, die Form aber nicht besser beschrieben werden kann, als die freilich möglichst strenge und ausgedehnte Rechtlichkeit in Form der Formlosigkeit. Nur nicht zu vergessen, daß sich wiewol sehr schlecht hinzufügen zwei mystische Anhänge, die Kunst nämlich und die Ehe, in welchen beiden alles zusammengepreßt ist, was sich außer jenem großen Gegenstande und unmittelbarer auf den Menschen selbst bezieht, dergleichen Kleinigkeiten nämlich, wie die Erhöhung seines Gesichtspunktes für das ganze der Welt, die Ausbildung der liebenswürdigsten Eigenschaften seiner Natur, die endliche Verknüpfung seines Verstandes und Willens, und was sonst an diesen Orten zu lesen ist, auch wol selbst bezeichnet wird als das höhere der Sittlichkeit. Welch ein schlechtes ganzes nun dieses bildet, von jeder Seite angesehen, zu viel entweder oder zu wenig, das ist klar, und es deutet hin auf die Nothwendigkeit, die propädeutische Ethik, die es nur mit den Vorübungen zur Sittlichkeit zu thun hat, entweder ganz aufzugeben, wie denn die alten nichts davon wissen, oder ganz abzusondern, wie Spinoza gethan, oder auf eine andere Weise mit der wahren Ethik zu verbinden, und den Einrichtungen der ersten einen solchen Grund unterzulegen und solche Gestalt zu geben, daß sie auch dem wahren und vollendeten sittlichen zu dienen vermögen. Und wie die alten die ganze Stärke ihrer Ethik sezten in den Staat allein, in einen solchen aber, der nicht etwa wenn alle sittlich wären zu Ende ginge, sondern dann erst seine ganze Vortrefflichkeit anfinge zu entwikkeln, und den Endzwekk der größten gemeinschaftlichen Thätigkeit zu erreichen, in diesem Sinne sollten auch die neueren einen Staat nicht nur haben, sondern eine Kirche, und was sonst noch dieser Art sich darbietet. Denn ob die verschiedenen Güter, welche hievon der Zwekk sind, auch durch eine und dieselbe Verbindung zu erreichen wären, dieses erfordert eine eigne nicht hieher gehörige Untersuchung, daher sie besser problematisch als Mehrheit zu denken sind.

Einen dritten Fehler endlich hätte aus allem bisher einzeln angeführten jeder von selbst entdekken können, und er darf deshalb nur mit kurzem berührt werden. Es ist der nämlich, daß auch mit demjenigen, was sie bestimmen, die Sittenlehrer nicht weit genug zurükkgehn, sondern von solchen Bedingungen anfangen, welche doch kein Anfang sind, weil sie selbst nur können ethisch entstanden sein, so daß auch von ihnen erst muß gefragt werden, ob sie sittlich sind oder nicht. Oder um den nächsten und gemeinsten Fall zu bezeichnen, daß sie jedesmal den ihnen gegebenen Zustand der Dinge zum

Grunde legen, ohne ihn selbst der Prüfung zu unterwerfen. Beispiele sind aus allen Theilen des ethischen Gebietes nicht schwer zu finden. So dürfen wir nur bei dem stehen bleiben, wovon zulezt geredet worden, der Verfassung des Staates. Denn mehr oder minder geht jeder aus von den Formen, welche er kennt, ohne sie selbst ethisch entstehen zu lassen, oder zu fragen, ob nicht ganz andere eben so auf diesem Wege möglich sind. So beziehen sich die Ideale der Griechen überall auf ein kleines Gebiet, auf die Voraussezung der Sklaverei, und auch der Einfluß ihrer beschränkten Begriffe von Völkerverwandtschaft und ihres Gegensazes von Hellenen und Barbaren ist überall dem kundigen leicht zu spüren. Wäre eine Ethik vorhanden von einem Volke, bei welchem die Erblichkeit der Geschäfte und Zünfte eingeführt gewesen, so würde auch diese gewiß darin vorausgesezt sein, und die Frage von der Wahl des Berufs keinen Raum haben. Eben so ist bei den alten allgemein die Voraussezung eines untergeordneten und zurükkgezogenen Zustandes für das weibliche Geschlecht, bei den neueren hingegen die der Einheit und Unzertrennlichkeit der Ehe, ohne auch nur zu denken, es könne jemand einen Beweis davon verlangen, daß jede andere Gestaltung dieses Verhältnisses müßte unsittlich sein. Nicht anders aber würde der Morgenländer von der Vielweiberei ausgehn, und der nairische Sittenlehrer die Natürlichkeit und Sicherheit seiner Einrichtungen anpreisen. Denn wenn auch bisweilen die Fragen aufgeworfen wurden, ob wol der weise dürfe den Staat verwalten, oder Kinder erzeugen und ehelich werden, so hatten diese gar nicht den Sinn, ob solche Verhältnisse überhaupt dürften vorhanden sein, sondern sie bezogen sich nur auf diejenige Form derselben, von welcher allein konnte die Rede sein. Ferner, wenn von den Pflichten der verschiedenen Stände gehandelt wird, bringen die neueren jedesmal die eben vorhandene Einrichtung derselben mit. Und in dem Abschnitte von der sittlichen Ansicht der äußeren Güter wird fast immer vorausgesezt, daß sie dem Zufall unterworfen sind, ohnerachtet doch dieser Zufall beruht theils auf den willkührlichen Handlungen der Menschen, theils auf der Art wie sie gemeinschaftlich die Natur beherrschen, und also ebenfalls etisch müßte gebildet und berichtiget werden. Auch die Stoiker in ihren Trostgründen bei Unfällen und in ihren Vorschriften, um sich über das Unglükk zu erheben, sezen immer die damalige Ohnmacht des Menschen voraus, und denken an nichts anderes. Ja auch in der fichteschen Sittenlehre, welche weiter als andere zurükkgeht in ihren Ableitungen, sieht nicht jeder an dem Unzusammenhange der Folgerungen, daß sie das dem gegenwärtigen ähnliche nicht gefunden, sondern sich mit Gewalt einen Weg dahin gebahnt hat, weil sie eben nirgends anders anzukommen gewußt? Denn wie gewaltsam und durch welche Mißdeutungen ist nicht der Begriff des Symbols in das System gezogen, um die Kirche aufzurichten? Und das Prinzip der Theilung der Stände hätte es nicht eben so leicht auf eine Erblichkeit aller Geschäfte führen können, als auf jene Einrichtung, aus welcher dennoch kein vollständiger Bestimmungsgrund hervorgeht? Selbst von dem ersten Punkt an, wo die Ableitung der Ehe angeht, hätte gar leicht statt ihrer der Weg gefunden werden können zu einer vollkommnen Gemeinschaft der Weiber. Dieses jedoch mag jeder selbst herausfinden, dem Nachrechnungen solcher Art geläufig sind; so wie auch jedem überlassen bleibt, von hieher gehörigen Fehlern aller Systeme noch eine größere Anzahl aufzusuchen in allen Theilen des ethischen Gebietes, welches besonders in den bis jezt vorhandenen eudämonistischen Sittenlehren ein schwer zu beendigendes Geschäft sein würde. Die Folge aber von diesem Anfangen auf halbem Wege ist die, daß niemals das vollkommene sittliche dargestellt wird, welches der Grundidee eines jeden Systems angemessen wäre, sondern daß vielmehr das unsittliche festgehalten wird. Denn wenn ein Zustand, der den Keim desselben enthält, unbedingt gesezt wird als ein Moment, welches bei

Bestimmung des sittlichen muß in Anschlag gebracht werden: so muß ja alles auf diese Art bestimmte noch unsittlich sein, und kann nur sittlich werden, wenn zugleich die Aufgabe jenes zu berichtigen ein anderes Moment ist in derselben Berechnung. Sezet zum Beispiel die Tapferkeit, wie sie von vielen eingeschränkt wird, bloß als den pflichtmäßigen Kriegesmuth: so ist sie eine Tugend, welche lediglich auf der Voraussezung eines unsittlichen beruht, denn niemand wird läugnen, daß ein Krieg nur beginnen kann durch eine unsittliche Handlung. Wird ihr nun nicht beigelegt das Bewußtsein dieser Bedingtheit, sondern vielmehr ein solches Bestreben sich immerfort thätig zu erweisen, wie es in jeder wahren Tugend muß gedacht werden, so ist sie offenbar unsittlich. Kommt nun etwa anderwärts zum Ersaz eine Gesinnung vor, welche den Ausbruch der Gewalt hindern soll: so entsteht zwischen beiden, es sei nun offenbar oder verstekkt, unfehlbar eine Art von Widerstreit. Dasselbe wird sich auch ergeben bei solchen Mängeln, welche allgemeiner durch das Handeln eines jeden können und sollen hinweggenommen werden; wie wenn die Rede ist vom Verhalten gegen Vorurtheile, oder von dem Werthe, welcher zu legen ist auf eine herrschende aber ungegründete öffentliche Meinung. So daß überall dieses Anfangen auf halbem Wege und bei dem schon verdorbenen eine neue und reichliche Quelle sein muß von sogenannten Collisionen eines sittlichen mit dem anderen; und so lange noch irgend etwas selbst von menschlichem Handeln abhängiges als unbewegliche Bedingung des sittlichen gesezt wird, fehlt es in der Sittenlehre an Zuversicht des Inhaltes und an vollständiger Haltung. Ja wo ein offenbarer Widerspruch in einem ethischen System angetroffen wird, da ist gewiß auch in Verbindung damit ein Mangel dieser Art anzutreffen. Was zum Beispiel ist widersprechender, als daß Kant eine Pflicht annimmt für seine Glükkseligkeit zu sorgen? Hätte er aber nur den Grundsaz festgehalten, daß auf dem Gebiet der Ethik

nichts

nichts gegeben ist, sondern alles erst muß gemacht werden, welcher aber freilich demjenigen schwerlich recht klar sein kann, für den die Sittlichkeit nur eine beschränkende Natur hat: so würde er anstatt jener widersinnigen Pflicht nur die Aufgabe gefunden haben die gesezliche Geselligkeit so zu gestalten, daß das zur fortgesezten Thätigkeit nöthige Wohlbefinden aus der vorigen Thätigkeit regelmäßig erfolgt, welche Aufgabe, wenn sie vollständig gelöst wird, keine Nothwendigkeit mehr übrig läßt auf diesem Gebiet etwas Eignes und besonderes zu thun der Glükkseligkeit wegen. Auch von dem Selbstmorde der Stoiker möchte der Grund größtentheils in einem Mangel dieser Art zu suchen sein. Unter den neueren zwar hat Fichte in einer Stelle sehr deutlich gesagt, daß es für die Sittlichkeit nicht genug sei den vorhandenen Bedingungen zu genügen, sondern daß es auch darauf ankomme sie zu verbessern. Allein theils ist dieses bei ihm nur eine leere Formel, indem nichts in seinem System danach wirklich ausgeführt ist, vielmehr an den wenigen Stellen, wo er wirklich auf Verbesserung des vorhandenen ausgeht, wie zum Beispiel bei der Umstürzung des Nothstaates durch erstwelchen Biedermann und bei der Veränderung des Symbols, erlaubt er sich ein höchst tumultuarisches Verfahren, und an andern Stellen, wo die Verbesserung eben so dringend wäre, wie bei der Eintheilung der Stände, übersieht er sie gänzlich. Theils auch, wenn er diese Maxime überall richtig befolgt hätte, ist sie doch viel zu beschränkt, um der Ethik die Vollständigkeit ihres Inhaltes von dieser Seite zu sichern. Denn jeder sieht, daß die Sittenlehre, wenn sie bei ihren Bestimmungen von vorhandenen Bedingungen ausgeht, entweder ihre Anwendbarkeit beschränkt, sofern sie über den besonderen Fall das allgemeine verabsäumt, oder daß sie sich eine unendliche Aufgabe sezt, wenn sie durch die Aufzählung alles besonderen das allgemeine herbeischaffen will. Sondern, indem sie das vollendet sittliche darstellen will in seinem Sein, muß es in solchen Formeln geschehen, daß darin auch, wie sein annäherndes Werden für jede angenommene Bedingung zu construiren sei, muß können gefunden werden. Doch dieses hängt so genau zusammen mit dem, was den Gegenstand des zweiten Abschnittes ausmacht, daß es hier mag zur Seite gelegt werden, um es dort unter einer andern Gestalt wieder aufzunehmen.

Zweiter Abschnitt.

Von der Vollkommenheit der ethischen Systeme in Absicht auf deren Gestalt.

Der Anfang dieses lezten Theiles unserer Untersuchung möge gemacht werden von einer Mißgestaltung, welche sich dem ersten Anblikk nicht als ein Mangel ankündigt sondern als ein Ueberfluß, nämlich von dem Ansezen einer Casuistik und Asketik an die eigentliche und unmittelbare systematische Abhandlung der Ethik. Nicht mit Unrecht freilich könnte es manchem vielleicht scheinen, als ob zu wenige Sittenlehrer diese Fächer angebaut hätten, um ihrer zu erwähnen bei einer nur das große betreffenden Untersuchung. Denn unter den rein philosophischen Sittenlehrern, von welchen doch mit Ausschluß der religiösen hier allein geredet wird, möchte leicht Kant der einzige sein von Bedeutung, der beides ausdrükklich aufführt. Und auch, könnte einer hinzufügen, sein Beispiel hinreichend, um die Sache in ihrer Richtigkeit darzustellen. Denn die ganze Eintheilung in Elementarlehre und Methodenlehre, durch welche allein der Plaz ausgemittelt wird für die Asketik, ist ja der Sittenlehre gar nicht angemessen, und scheint nur aus Anhänglichkeit entstanden zu sein an die längstgewohnte Gestalt seiner kritischen Werke. So daß man sagen möchte, die Asketik sei mehr hingestellt, um den Plaz auszufüllen, als der Plaz ersonnen ihres Inhaltes wegen. Zumal auch diese Asketik eigentlich leer gelassen ist, weil ja nirgends Mittel und Wege aufgezeigt sind, um die wakkere und fröhliche Gemüthsstimmung zu erwerben, noch auch erwiesen, daß etwa jeder sie von selbst haben müsse, und sich nur erhalten dürfe. Nicht besser ist es mit der Didaktik bestellt, welche theils nur ein Abschnitt ist aus der Erziehungskunst, die doch, wenn sie zugegeben wird, eine besondere Wissenschaft sein müßte wenn gleich von der Ethik abgeleitet, theils aber bei Kant eigentlich gar nicht in Betracht kommen darf, dessen erster Grundsaz ja die Beförderung fremder Vollkommenheit läugnet. Seine Asketik ist also schon ihrer Nachbarschaft und ihres Ortes wegen verdächtig; seine Casuistik aber, welche keinen eignen Ort hat und keine Nachbarschaft, theilt wenigstens mit jener den Vorwurf der Leerheit: da sie sich fast ausschließend mit müßigen und kindischen Fragen beschäftiget, oder mit solchen, welche des Urhebers Abneigung beurkunden gegen sein eigenes Werk. Allein es mag Kant uns hier nur gelten als irgend ein gleich viel welches Beispiel, nur vorzüglich wegen der Ausführlichkeit, womit er diese Gegenstände vor Augen stellt, um ohne auf sein eigenthümliches dabei zu sehen durch genauere Betrachtung der Sache selbst zu zeigen, daß auch andere, wenn gleich weniger ausgeführt und noch gestaltloser, dasselbe mit ihm gemein haben. Denn wenn wir fragen, was die Casuistik eigentlich sei, so ist es nicht etwa, wie auf den ersten Anblikk scheinen möchte, eine Anweisung schwierige einzelne Fälle unter die ethischen Vorschriften oder die in der Ethik angegebenen Begriffe richtig zu befassen. Sondern vielmehr aus dem Gesichtspunkt muß man sie ansehn, daß sie durch Vergleichung mit solchen Fällen, welche gleichsam an der Grenze liegen, erst den Sinn und Umfang der Formeln genauer festzusezen sucht. Denn die aufgeworfenen Fragen sind immer darauf gestellt, als Versuche die Grenzen der ethischen Formeln zu bestimmen, es sei nun einer an sich oder mehrerer gegen einander, wie zum Beispiel bei Kant, in wie weit man müsse sich selbst abbrechen um wohlthätig zu sein, oder die Frage, wo nun im Gebrauch der Sprachzeichen die Unwahrheit angehe, ob bei dem buchstäblichen Sinn, oder bei der durch stillschweigende Uebereinkunft festgesezten Bedeutung; oder was eigentlich seine größte casuistische Frage ist, ob nicht etwa das Wohlwollen solle unter die gleichgültigen Dinge gezählt werden. Das nämliche würden alle Beispiele aus der religiösen Sittenlehre ausweisen, wo es auch immer darauf angelegt ist, den Umfang der Heiligkeit eines Gegenstandes zu bestimmen, oder die Grenzen eines göttlichen Gebotes. Auch die Vergleichung wie Marcus Cicero sie anstellt zwischen einem pflichtmäßigen und dem andern, welches das größere sei, ist in gleichem Sinne eine Casuistik, nur daß sie sich vor andern dem ersten Anblikk dadurch empfiehlt, daß sie nur das Verhältniß mehrerer Formeln gegen einander bestimmen soll. Welcher Vorzug jedoch nur ein Schein ist. Denn wenn nicht jedes kleinere pflichtmäßige gänzlich verschwinden soll gegen jedes größere: so entsteht hier die Frage, wo doch die Vergleichung anhebe, nämlich wie klein in jedem einzelnen Falle das wichtigere sein dürfe, um dem größeren unwichtigen voranzugehen, welches doch immer die Frage ist über den Sinn und die Grenzen jeder Formel für sich. Daß aber diese Bestimmung kein besonderer Theil der Wissenschaft sein könne, leuchtet ein. Denn wie sollte wol ein Theil das Sezen der Formeln in sich enthalten, ein anderer aber die Bestimmung ihrer Grenzen, da ja ohne diese auch im ersten nichts gesezt ist, und keine Ordnung kann gewesen sein, nach welcher dabei zu Werke gegangen worden. Allein auch wie Kant gethan hat sie gleich hie und dort oder auch überall dem Haupttheil einzustreuen, kann nicht für besser gelten: denn so wird doch die Grenze einer jeden nur nach einer Seite hin bestimmt in Beziehung auf das bereits festgestellte, jedes folgende aber muß auch wieder neue casuistische Fragen veranlassen im Gebiete des vorigen. Auch ist Kants rechtfertigende Ableitung der Casuistik der offenherzigste Fingerzeig über ihren eigentlichen Ursprung. Denn es erhellt daraus ganz deutlich, daß die Unbestimmtheit der Formeln das Bedürfniß derselben veranlaßt, dieselbe, welche oben von uns ist getadelt worden bei Uebersicht der gewöhnlichen Behandlung des Pflichtbegriffs. Daher auch bei jeder Behandlung der Ethik nach dem Pflichtbegriff bis jezt die Casuistik ist am deutlichsten ans Licht getreten. Wiewol wenn man bedenkt, wie im einzelnen Tugend und Pflicht fast überall verwechselt werden, und wie schlecht auch alle Eintheilungen des Tugendbegriffs uns erschienen sind, man nicht zweifeln kann, daß auch in einer solchen Behandlung dieser Auswuchs nicht fehlen werde. Am wenigsten scheint demselben ausgesezt zu sein diejenige Ethik, welche dem Begriff der Güter nachginge, bei welchem die Unbestimmtheit sich so groß und vielfach nicht gezeigt hat. Jedoch mag auch dieses leicht nur der sparsamen Bearbeitung nach dieser Methode zu verdanken sein; und der mangelhafte systematische sowol als ethische Sinn würde auch wol den klarsten und leichtesten Begriff, wenn er sich dessen bemächtiget hätte, verdunkelt und verdorben haben. Indeß geben die Begriffe der Güter und der Tugend noch eine andere entschuldigende Vorstellung von der Möglichkeit eines solchen Mißgriffs. Nämlich wenn nach diesen Begriffen und ihren abgeleiteten Formeln die That für einen gegebenen Fall soll bestimmt werden: so kann es, weil jene Begriffe diesem Geschäft nicht angemessen sind, nicht anders geschehen als vermittelst eines solchen Versuchmachens, wie es die Casuistik uns darstellt. Denn wie man auch die Frage löse, so wird immer scheinen nur Ein Gut befördert zu sein, und Eine Tugend geübt, die andere aber zurükgesezt, versteht sich in so fern die Sittlichkeit eines Systems jenen fast überall gefundenen Charakter des negativen an sich trägt, bei welchem sich an dem einzelnen durch Eine Beschränkung gebildeten die Fülle unmöglich wahrnehmen läßt, welche auch der Forderung von Verbindung aller Güter und aller Tugenden Genüge leistet. So daß unter jener Voraussezung die Casuistik allen Systemen der Ethik natürlich ist, in so fern darin entweder aus den Begriffen der Güter und Tugenden die einzelne That soll gefunden, oder die nach der Pflichtformel gefundene mit den Forderungen jener Begriffe verglichen werden. Eine ähnliche Bewandniß nun hat es mit der Asketik. Diese nämlich soll vorstellen eine Technik der Sittenlehre, eine Methode, gleichsam um sich sittlich zu machen oder sittlicher, oder um sich im einzelnen die Ausübung des pflichtmäßigen zu erleichtern. So daß auch sie zunächst nur in Beziehung auf den Pflicht- und Tugendbegriff statt findet, der Begriff der Güter aber weniger auf sie hinführt. Daß nun eine solche Uebung, sofern sie aus einer eignen Reihe bestimmter Handlungen bestehen soll, in der Ethik nicht kann gefordert und aufgestellt werden, davon sind schon oben die Gründe auseinander gesezt worden, da nämlich, wo gezeigt wurde, wie unstatthaft es wäre in der Ethik etwas als Mittel zu sezen. Denn bei einer Behandlung der Ethik nach dem Pflichtbegriff kann die Asketik nur angesehen werden als der Inbegriff aller inneren Mittel. Da nun dem obigen zufolge in jedem Augenblikk die schon erworbene Tugend soll in Thätigkeit gesezt werden, um die Pflichten des Berufes zu üben, eben so aber in jedem Augenblikk etwas zu thun wäre zu Erhöhung der Tugend, so würden diese Reihen in der Ausübung einander widerstreiten, und selbst wenn das geforderte jedesmal zusammenträfe, wäre ohne die Ueberzeugung von der Nothwendigkeit dieses Zusammentreffens doch eine von beiden Forderungen in der Absicht des handelnden unerfüllt geblieben. Wird aber die Ethik nach dem Tugendbegriff behandelt, so daß die Tugend als eine wachsende Fertigkeit dargestellt wird, welches das eigenthümliche ausmacht in dem System der Vervollkommnung: so entsteht der nämliche Gegensaz, nur umgekehrt. Hier nämlich wird die Asketik alles, und dagegen wird die eigentliche Ethik mit ihren Forderungen nur zufällig befriedigt. Nur aus dem Begriff der Güter angesehn können beide in dieser Hinsicht neben einander bestehen, indem die Tugend als Fertigkeit angesehen selbst ein Gut ist, und ihr Hervorbringen also ein Theil der allgemeinen Forderung. Doch dieses betrifft das reale der Sache, und sei nur beiläufig gesagt, da hier ja zunächst die Rede ist von dem formalen. Ueber dieses aber ist folgendes zu bemerken. Zuerst nämlich wenn man den leztgedachten Fall annimmt: so ist freilich nicht zu sehn, wie die Anweisung dieses Gut hervorzubringen mehr im Streit sein sollte mit dem ganzen der Ethik, als die über irgend ein anderes; eben so wenig aber, warum sie einen eignen Theil oder Anhang der Wissenschaft ausmachen sollte mehr als irgend eine, und nicht zum Beispiel die Kunst den Reichthum ethisch zu vermehren, oder die Oekonomik und tausend andere eben so müßten behandelt werden. Dann aber auch könnte unter allen diesen keine uns Vorschriften geben zu irgend einem bestimmten Handeln, weil ja in jedem alle Güter müssen befördert werden, so daß sie eben so wenig als die Casuistik die rechte Verbindung sein kann zwischen der Behandlung der Ethik nach einem andern und der nach dem Pflichtbegriff. Ferner aber wenn man von dieser lezten Behandlung ausgeht, und zwar so unvollkommen wie da, wo sie auch eine Casuistik hervorbringt, und wenn man sich die Asketik neben dieser Casuistik denkt, so verflechten sich beide wunderbarlich in einander. Nämlich die Casuistik in der Ausübung als Fertigkeit gedacht müßte eben so gut ihre besondere Asketik haben als die Ethik selbst, und so auch die Asketik auf jene unvollständigen und unbestimmten Begriffe von Pflichten und Tugenden bezogen ihre Casuistik. So daß beide als ein künstliches Nez die so gestaltete Ethik ohne Ausweg bestrikken und ihren verbotenen Umgang mit dem Unverstande offenbaren zur belachenswerthen Schau. Allein außerdem, wie sollte wol die Asketik irgend eine wissenschaftliche Gestalt haben können? Denn zweierlei läßt sich nur thun, um sie zu theilen und zu gliedern. Entweder die Tugend wird getheilt, und es wird gesezt, es fehle Dem an diesem, Jenem an einem andern. Dann aber kann Stärkungsmittel für den schwachen Theil nur sein entweder ein anderer, wodurch die Theilung wieder aufgehoben würde, indem was als Wirkung und Ursach verbunden ist nicht zugleich kann gedacht werden in der Verbindung, welche statt findet zwischen Theilen desselbigen ganzen. Oder für alle dasselbe, nämlich Uebung durch Handeln und Vorübung durch Denken. Dann aber bestände die Asketik aus zwei ganz ungleichartigen Theilen, deren jeder schon anders wohin gehört, nämlich die Theilung des Tugendbegriffs in die Behandlung der Ethik nach demselben, der allgemeine Saz aber, daß sie nur gestärkt wird durch sittliches Handeln und Denken, dahin, wo jeder die Uebereinstimmung jedes ersten Begriffs mit den übrigen und dem ganzen auseinander zu sezen gedenkt. Woraus genugsam erhellt, daß sie der Wahrheit nach nichts anderes ist als ein einzelnes Beispiel jener Uebereinstimmung, welches nur fragmentarisch und unwissenschaftlich zu einem eignen ausgedehnten ganzen kann verarbeitet werden. Daher bewährt sich sehr verständig die Eintheilung der alten in die wissenschaftliche Sittenlehre und die parainetische als eine auf die Ethik gemachte Anwendung von jener allgemeinen aller Erkenntniß in die esoterische und exoterische. Denn hierin liegt ja deutlich das Eingeständniß, daß nicht im Gegenstande etwas soll unterschieden werden, sondern nur in der Behandlung, also der Gegenstand ganz derselbe sein muß. Wenn nun gewiß keiner bezweifeln kann, daß die parainetische Ethik ganz gleich ist der Asketik, und daß auch diese nichts anders ist als die Ethik selbst, nur, wie es sich fürs Volk geziemt, vom einzelnen ausgehend und durch dargestellte Uebereinstimmung des einzelnen sich erst als ganzes bewährend: so hätte ja jene Eintheilung billig zur Warnungstafel dienen müssen für jeden späteren wissenschaftlichen Bearbeiter, nicht wie Kant grade der wissenschaftlichsten Form der Sittenlehre jene nicht etwa als Anhang beizufügen, sondern als einen wesentlichen Theil einzuverleiben. Auch von dieser Verirrung also ist ein subjectiver Grund aufzusuchen in dem Geist der verschiedenen Systeme, und wird gewiß gefunden werden in eben jener schon gerügten Vorstellung der Sittlichkeit als eines nur beschränkenden und nicht ursprünglichen. Und zwar in den praktischen besonders, sofern diese überall nur die Rechtlichkeit hervortreten lassen, und daher immer den Stachel des Bewußtseins fühlen, daß kein einzelnes der ganzen ethischen Forderung entspreche. In den eudämonistischen aber, in sofern das zu beschränkende gleichartig ist dem sittlichen und nur dem Maaße nach verschieden, so daß durch dieses immer auch jenes mit genährt wird, wogegen ein besonderes Hülfsmittel außer dem jedesmaligen sittlichen scheint erfordert zu werden. Diese Vorstellungen von dem Sinne der Casuistik und Asketik und ihren Ursachen festhaltend werden wir beide auch unangekündigt überall finden, wo jene Veranlassungen vorhanden sind. Bei Aristoteles zum Beispiel ist die Casuistik nur ein Ausbruch der Dialektik wegen der Unbestimmtheit der einzelnen Begriffe, die bei der Beschaffenheit seines Begriffes von Tugend unvermeidlich war, und er entschuldigt sie sich leicht nach seiner vorklagenden Ueberzeugung von der Unwissenschaftlichkeit der Ethik. Doch beziehen sich seine zerstreuten Fragen dieser Art weniger auf die rohe Unbestimmtheit der realen Begriffe, wodurch sie bei Kant hauptsächlich bewirkt werden, sondern mehr theils auf die Unbestimmtheit der metaphysischen Vorbegriffe, theils auf den Widerstreit des rein sittlichen mit den nicht selbst auch ethisch construirten Bedingungen, unter denen es soll wirklich gemacht werden. Epikuros bedarf einer ausgeführten Casuistik, um die Begriffe von der Lust der Beruhigung und der Lust des Reizes zu sondern, und sie würde ausführlicher sein müssen als jemals eine ist vorgetragen worden, wenn es nicht im Geiste des Eudämonismus überflüssig ja fast lächerlich wäre, die gebietende Darstellung des sittlichen zu derjenigen Schärfe zu treiben, welche doch die Wissenschaft fordert. Eben so bedarf er einer Asketik, um den Schmerz und die Furcht zu verhüten, unter welchen lezteren Titel, weil er den Trieb nach

Erkenntniß als eine natürliche Aufforderung nicht genug in Anschlag bringt, bei ihm fast alles gehört, was sich auf die Reinigung und Verbesserung des Verstandes bezieht. Und eben dieses ist eine sonderbare Mißbildung seiner Ethik, welche fast mit allem fehlerhaften derselben zusammenhängt, daß der Schmerz zwar, sofern er ein Erzeugniß des willkührlichen Handelns sein kann oder doch unter dessen Einfluß steht, durch das sittliche selbst ohne fremde Veranstaltung aufgehoben wird, die Furcht aber, welche immer aus der Thätigkeit der geistigen Kraft hervorgeht, einer andern an und für sich nicht sittlichen Hülfe bedarf, und also einer Asketik mit einem eignen der Ethik fremden Inhalte. Hiezu nun bildet Spinoza den vollkommensten Gegensaz. Denn man kann freilich sagen, daß auch bei ihm alles, was zur Verbesserung des Verstandes angerathen wird, asketisch sei: allein wie bei ihm die Tugend eigenthümlich erscheint als ein lebendiges Wissen, und als solches vollendet dargestellt wird in der Ethik, so ist auch jene Asketik nichts anders als dasselbige Wissen in seinem Werden dargestellt, als Lösung der Aufgabe des Verstandes. Daher sie auch keinesweges ein Anhang der Ethik ist, und in dieser nichts von jener vermißt wird; außer wenn jemand das in des Spinoza anschaulicher Darstellung verbundene erst trennen, und die sittliche Gesinnung oder das sittliche Handeln in Beziehung auf einzelne Fälle einseitig betrachten wollte, und so, daß er das was sich nicht unmittelbar auf den vorhandenen Gegenstand bezieht nicht abgesondert dächte, sondern vernichtet, welches eben die Quelle so vieler Fehler ist bei den andern. Eben so aber müßte auch bei denen, welche die Tugend als ein Handeln und Wirken darstellen, einleuchtend gemacht werden, wie sie durch sich selbst sich erweitert und vervollkommnet, und wie die Methode sie hervorzubringen nichts anders enthalten könne als was auch die Darstellung ihres Wesens enthält. Diesem Urbilde aber möchte unter allen, die es anerkennen müßten, nur Platon entsprechen, für den es leicht wäre eine solche Probe anzufertigen; wie denn bei ihm selbst von einer besonderen Asketik mit einem eignen Inhalt auch nicht die leisesten Spuren sich zeigen, nicht einmal, wo es am ehesten zu erwarten wäre, in seiner Politik und Erziehungslehre. Bei dem besten hingegen unter den neueren, bei Fichte, zeigen sich zerstreut gleichfalls Casuistik sowol als Asketik, sich ankündigend durch formlosen Troz und Verzagtheit. Aber nur zerstreut; und keiner bilde sich ein, daß etwa seine mittelbaren Pflichten ein asketisches System bildeten neben der Ethik, weil er nämlich sagt, sie bezögen sich auf die Zurüstung des Menschen zum Werkzeuge des Gesezes, welches bei ihm, der sich so streng an den Pflichtbegriff hält, dasselbe sei, wie bei andern die Vorübung zur Tugend. Denn diese gehn unmittelbar nicht darauf aus die Tüchtigkeit des Menschen zu erhöhen, und was von dieser Art vorkommt ist entweder nicht sittlich, nämlich die bloße Uebung, oder es beruht auf einem anderen nicht hieher gehörigen auch sonst schon gerügten Mißverstand. Sondern sie stellen nur dar die Besiznehmung und Erhaltung eines eigenen Raumes für sein bestimmtes Handeln, und ihre Absonderung ist nur jene schon gerügte gar nicht ethische Trennung des Anfangs der Handlung von ihrem natürlichen Fortschreiten. Vielmehr in der andern Abtheilung wird der suchende finden vieles, was nicht für sich als sittlich aufgestellt ist, dennoch gefordert als Mittel, um die Ausübung eines sittlichen zu erleichtern, und er wird eine ganze asketische Reihe entdekken vom kleineren zum größeren fortschreitend, von einzelnen Vorschriften, wie die der Sparsamkeit unbestimmt wie sie ist als Mittel zur gleichfalls unbestimmten Wohlthätigkeit, bis zu großen und zusammengesezten Anstalten wie die Kirche und das gelehrte Publikum, denn beide gehören doch bei ihm fast nur zum asketischen Getriebe. Casuistisch aber sind offenbar alle jene formalen Maximen vom nicht Zeit haben zu dem und jenem, vom Warten auf das Darbieten der Pflicht und Tugend, von dem Einfluß des ersten Punktes, auf welchem der Mensch sich findet. Denn was ist anders ihr Geschäft, als die Verwandlung der für sich unbestimmten realen Vorschriften in bestimmte anzuordnen und zu bewirken. So daß auch hier in dem fehlerhaften dennoch Fichte sich auszeichnet vor den andern durch eine höhere wissenschaftliche Würde, indem er nicht einzelne Fragen aufwirft und beantwortet, sondern Regeln giebt, um alle gleichartigen im allgemeinen zu entscheiden. Wie es aber diesen Regeln selbst an fester Begründung mangelt, wie sie keinen festen Ort haben noch auch haben können, wo ihre Rechte eingetragen wären, und wie sie ebenfalls mit jenen Fehlern zusammenhängen, aus denen anch anderwärts die Casuistik entspringt, dieses kann nun aus vielen bereits gegebenen Andeutungen jeder sich selbst wiederholend zusammenfügen.

Ferner indem in beiden jezt gerügten Fehlern sich das Bedürfniß offenbart, einer Darstellung der Ethik nach Einem der drei Hauptbegriffe etwas hinzuzufügen, das einer andern angehört: so entsteht die Frage, ob ein solches verdächtiges Bedürfniß jeder nicht alle jene Begriffe umfassenden Darstellung natürlich ist, oder welcher von ihnen der Vorzug gebührt sich hierin selbstgenügsamer zu beweisen. Diese nun zuerst in Beziehung auf das vorhandene beantwortet, so ist leicht zu entscheiden, daß so lange die Begriffe von Pflicht und Tugend nicht richtiger ins Auge gefaßt und fester gehalten werden, als dem obigen zufolge bisher geschehen ist, es unmöglich sein muß die Sittenlehre durch sie irgend befriedigend darzustellen. Denn wenn der Pflichtbegriff nur eine nie zu beendigende Theilbarkeit zeigt, und nichts reales für ihn sich darbietet, und der Tugendbegriff im Gegentheil nicht auseinander will, und troz aller Bemühungen eine Einfachheit bewährt, die jeder Analyse trozt, wie sollten sie zu irgend einer wissenschaftlichen Darstellung gedeihen? Und wie sollte nicht das unvermeidliche Gefühl des leeren und verfehlten jeden Schuz ergreifen, um sich dahinter zu verbergen? Welchen Schuz jeder von diesen Begriffen in dem Gebiete des andern suchen wird, oder des nur dunkel geahneten dritten. Auf die Sache selbst aber gesehen und die mögliche bessere Behandlung dieser Begriffe: so ist nicht minder einleuchtend, daß jeder für sich die Ethik nur einseitig darstellen kann, und nur so wie sie durch eine zufällige Wahrnehmung gefunden, oder durch ein besonderes Bedürfniß aufgegeben erscheint. Denn wer sich der Ethik nur nach Anleitung des Pflichtbegriffes bemächtigt hat, wird noch nicht im Stande sein im einzelnen das sittliche in die Formel der Gesinnungen umzusezen, und eben so umgekehrt; und da beides so genau zusammenhängt, so wird jeder auf irgend eine Art aus der andern Quelle ergänzen, was eine für sich nicht gewähren will. Ja schon die Bedürfnisse, sowol das, ein gültiges Gesez der Entscheidung zu finden im Streite menschlicher Neigungen, als auch jenes, das sittliche Gefühl als ein gegebenes zu erklären, und die Denkungsart genau zu unterscheiden, welcher es folgt, sind von der Art, daß in einer wissenschaftlichen Gestalt aufgelöst diese dem Gegenstande zu groß zu sein scheint, und niemand weiß, wohin sie eigentlich gehört. Denn jenes Gefühl als ein wahres und nothwendiges im voraus anzunehmen, ist schon voreilig und unwissenschaftlich. Hat sich aber die wissenschaftliche Erkenntniß der menschlichen Natur so weit entwikkelt, daß es sich als ein solches bewährt, so ist die Analyse desselben nur ein kleiner Theil von der Erkenntniß des Menschen als eines besonderen Naturwesens, und ein Vorwand muß gesucht werden ihr eine höhere Stelle anzuweisen. Welcher Vorwurf beide Behandlungen der Ethik trifft, die von der Pflicht ausgehende, und die von der Tugend. Hier nun zeigt sich keine andere Rettung, wo sie auch gesucht würde, als in dem Begriff der Güter, der allein kosmisch ist, und von einer Aufgabe ausgeht, welcher, wenn sie auch nicht aus der Idee eines Systems menschlicher Erkenntniß ausgegangen ist, doch ihre Stelle in derselben niemand bestreiten wird. Denn wenn die Lösung jener ganz subjectiven Aufgabe zusammentrifft mit der einer so durchaus objectiven, was nämlich der Mensch bilden und darstellen soll in sich wie außer sich, nur dann ist ein Ruhepunkt gefunden, und eine Rechtfertigung des wissenschaftlichen Bestrebens. Der Begriff der Güter aber und die Aufgabe, auf welche er sich zunächst bezieht, bedürfen selbst wieder jener beiden zur Bewährung ihrer Realität. Denn es muß aufgezeigt werden für das, was dargestellt werden soll, das Vermögen in der menschlichen Natur und die Regel für das dabei zu beobachtende Verfahren. Sonach scheint mit Beiseitsezung der höheren Ansprüche, welcher wir uns gleich anfänglich begaben, der wissenschaftlichen Gestalt der Ethik so nothwendig zu sein eine Vereinigung jener drei Begriffe, daß sie wenn nicht auf dem richtigen Wege gefunden wenigstens auf einem falschen von jedem muß gesucht werden. Offenbar aber kann diese Vereinigung nicht bestehen in dem bloßen Zusammenstellen jener drei Behandlungen der Ethik. Denn da allem obigen zufolge das sittliche im einzelnen jedesmal in einer andern Gestalt erscheint, je nachdem es unter einen andern von jenen drei Begriffen gebracht wird, und durch eine solche Zusammenstellung gerade nur das einzelne ins Licht gesezt würde: so könnte anstatt ihre Uebereinstimmung anschaulich zu machen auf diesem Wege nur der Schein ihrer Unabhängigkeit und Verschiedenheit noch verführerischer gemacht werden. Sondern das Wesen dieser Vereinigung liegt in der Reduction jener verschiedenen Gestalten des sittlichen, welche, wenn sie überzeugend sein soll und allgemein, nicht vom einzelnen darf aufs einzelne gehen, was auch schon die Natur der Sache verbietet, noch auch vom ganzen aufs einzelne, sondern nur vom ganzen aufs ganze. So daß alles ankommt auf die Reduction der Formeln, durch welche das Gesez bezeichnet wird, oder der weise, auf die des höchsten Gutes. Hiernach nun entsteht allerdings jeder Ethik ein formaler Theil, welcher unentbehrlich alle jene Formeln enthält, und ihre Uebereinstimmung darthut, dann ein realer, welcher freilich nur dann ganz vollständig sein wird, wenn er das sittliche nach allen drei Begriffen, der Pflichten der Tugenden und der

Güter darstellt. Ist jedoch auch nur eine dieser Darstellungen richtig geleistet, so wird durch jenen formalen Theil unnöthig jeder verunstaltete Zusaz, indem, die Reduction im ganzen vorangeschikkt, ihre Anwendung auf das einzelne nur ein Versuch ist, durch den jeder die Richtigkeit sich anschaulich machen kann, der aber in die Behandlung der Wissenschaft nicht mehr gehört. Ueber den Vorzug jener vollständigen Darstellung vor diesen einzelnen ist nicht nöthig etwas zu erwähnen; und wenn die Ethik erst als ein Glied eines allgemeinen Systems menschlicher Erkenntniß wird bearbeitet werden, möchte schwerlich eine andere als solche zu dulden sein. Wird aber gefragt nach etwanigen Vorzügen irgend einer von den einzelnen Darstellungsarten vor den übrigen, so ergiebt sich hierüber aus dem obigen das Gegentheil von der Meinung, welche fast allgemein angetroffen wird. Denn zu dem großen Vorzug, welchen die neueren dem Pflichtbegriff eingeräumt haben, entdekkt sich keine Ursach; vielmehr ist er nach allem obigen für jezt noch weiter entfernt eine taugliche Ethik zu gewähren, als der Begriff der Güter, wenn sich jemand dessen bedienen wollte. So daß eine Täuschung scheint hiebei zum Grunde zu liegen, daß er nämlich nur verglichen worden ist mit dem Begriff der Tugend, und zwar weniger in Hinsicht auf das Hervorbringen der Wissenschaft, als auf deren Anwendung im Leben. Denn weil unter dem Pflichtbegriff das sittliche als Theil erscheint: so scheint nach demselben leichter, das was in jedem Augenblikk geschehen soll zu finden. Sieht man aber auf das oben gesagte, daß nämlich auch die Pflichtformeln, wenn sie genügen sollen, und in Uebereinstimmung stehen mit den andern, so müssen eingerichtet sein, daß nur unter Voraussezung der sittlichen Gesinnung, und durch diese ihre Anwendung im einzelnen kann gefunden werden: so ist nicht zu sehen, warum nicht selbst die Tugendformeln das nämliche leisten sollten, und es scheint nur eine Erleichterung geträumt zu sein zum Auffinden der fälschlichen sogenannten Legalität, bei welcher nämlich

lich die Gesinnung fehlt. Eben so ist zwar der Tugendbegriff für jezt noch nicht so bearbeitet, daß eine Ethik daraus könnte erbaut werden, seine Unzulänglichkeit aber besteht doch auch nur in der schwierigeren Anwendung, und eine auf ihn sich beziehende vollständige Darstellung des sittlichen kann an sich nicht für unmöglich gehalten werden. Eines wesentlichen Vorzuges also möchte sich nur der Begriff der Güter rühmen können, und unter Voraussezung jenes formalen Theiles möchte auch er einer sichern Anwendung fähig sein, bei welcher, wenn anders die Gesinnung vorhanden ist, auch dem Irrthum am wenigsten Spielraum bliebe. Doch diese Vergleichung nur beiläufig, da von Seiten der Form bei richtiger Behandlung wol kein Unterschied möchte zu finden sein. Von hieraus aber, nämlich von der eingesehenen Nothwendigkeit die Uebereinstimmung der Formeln darzulegen, und erst auf diese das reale zu gründen, eröffnet sich die Ansicht auf viele Unförmlichkeiten der bisherigen Sittenlehren, auf große und allgemeine sowol als auf einzelne, welche jedoch hieher gehören, sofern sie eben aus dem Mangel an richtiger Form des ganzen entstanden sind, und denselben verdekken sollen. So ist zuerst verwirrt und unförmlich die Art, wie die Stoiker alle drei Behandlungen der Ethik zusammenfügen ohne sie zu vereinigen. Oder wie könnte eine irgend klare Einsicht in die Natur und den Zusammenhang dieser Begriffe ein so ganz schlechtes ganze hervorgebracht haben, als ihre bekannten Abschnitte oder Oerter uns darbieten? Die unwahrscheinlichen Säze nun vom weisen, welche wenn auch von den Kynikern entlehnt doch in das System aufgenommen eigentlich keinen Ort haben in allen diesen Oertern, können formal nicht anders verstanden werden, als daß sie ein Behelf sein sollen, um die verabsäumte Reduction der ethischen Ideen zu ergänzen. Nämlich sie laufen lediglich darauf hinaus im einzelnen zu zeigen, daß die unter der Idee des weisen dargestellte sittliche Gesinnung hinreiche, um das sittliche, wie es im Abschnitte von den Gütern dargestellt ist, vollkommen hervorzubringen. Denn umgedeutet wenigstens aus dem peripatetischen Sinn in den kynischen ist auch den Stoikern alles ein Gut, was jene Säze dem weisen nachrühmen, der Reichthum und das Königthum mit allem übrigen. Ferner bei Fichte muß es jedem als eine große Unförmlichkeit auffallen, daß zuerst die Frage nach der Pflicht abgetheilt wird in die zwei Fragen, was geschehen solle, und wie es geschehen solle, dann aber diese leztere auf eine von der ersten so ganz unterschiedene dem Pflichtbegriff nicht angemessene Art behandelt, und dabei zurükkgegangen wird bis in eine Gegend, welche eben so hoch oder höher liegt, als der Pflichtbegriff selbst, von welchem doch ist ausgegangen worden. Dies nun erklärt sich ebenfalls aus dem hier angeregten Bedürfniß. Es ist nämlich dieser Theil der Untersuchung gar nicht ein Theil der Behandlung des Pflichtbegriffs, sondern eine Behandlung des Tugendbegriffs und Anknüpfung desselben an die dieser Philosophie ersten Glieder der Erkenntniß. Die Art aber wie sie gestellt ist soll die durch die Natur der Sache geforderte Verknüpfung beider Begriffe scheinbar ergänzen. Eben so wenn Fichte und andere der Abhandlung des Pflichtbegriffes eine Uebersicht hinzufügen von dem was nun durch Erfüllung dieser Pflichten in der Welt geleistet wird und hervorgebracht: so ist auch dieses nichts anders, als eine unförmliche und tumultuarische Stellvertretung für die verabsäumte Reduction des Pflichtbegriffes auf den Begriff der Güter.

Anstatt jener hier geforderten Eintheilung nun in die vereinigende Auseinandersezung des formalen und die fortschreitende Darstellung des realen findet sich in manchen Sittenlehren der neueren theils wirklich ausgeführt theils wenigstens vorausgesezt und angedeutet eine andere Eintheilung, welche anders als jene und nicht bei allen auf gleiche Weise das reale absondert vom formalen, die Eintheilung nämlich in eine reine Sittenlehre und eine angewendete. Zwischen welchen beiden einige die Grenze so ziehen, daß die erste dasjenige enthalte, was gleichsam vor der menschlichen Natur und ohne Hinsicht auf ihre besondere Beschaffenheit kann ethisch gesezt werden, die andere aber alles, was sich nach erlangter Erkenntniß der besonderen Verhältnisse der menschlichen Natur genauer bestimmen läßt. Auf diese Weise aber kann jene nicht nur, wie Fichte ihr mit Recht vorwirft, nichts reales enthalten, sondern auch nicht einmal das formale umfassen. Denn sollen die Formeln des Gesezes oder des weisen oder des höchsten Gutes etwas so weit bestimmtes enthalten, daß sich dadurch ein System der Ethik von den andern unterscheiden läßt, und anders mögen sie doch ihre Stelle nicht erfüllen, so muß irgend etwas gesezt sein, worauf sich jedes System auf eigne Weise beziehen kann. Absolut aber vor der menschlichen Natur kann nichts gesezt sein, als die durch das bloße Denken geforderten und gegebenen Geseze desselben. Wonach in diesen Grenzen jenen Formeln kein Inhalt kann zugewiesen werden, sondern nur ihre Form ausgesprochen, nämlich die Allgemeinheit der Maximen, das Wechselverhältniß der Tugenden, die Compossibilität der Güter. Offenbar also muß in der angewendeten Sittenlehre ihr Inhalt erst anders woher begründet oder eingeschlichen werden, und auf dieses positive und reale Princip, welches es auch sei, kann dann jene formale Bedingung nicht anders angewendet werden als prüfend und beschränkend. Hieraus nun erhellt genugsam, daß diese Eintheilung in solchem Sinne nur da Statt finden wird, wo der Charakter der Sittlichkeit darin besteht die Natur zu beschränken. Welche Ansicht sich auch hier durch die schlechte Form, welche sie hervorbringt, als dem Erbauen der Wissenschaft ungünstig verräth. Denn solche Eintheilung muß jeden systematischen Sinn beleidigen, weil sie nicht etwa das fremde vom realen trennt, sondern jenes selbst in zwei Elemente zerfällt, und diese ganz von einander reißt, das negative noch dazu als das höchste obenan stellend. In diesem Sinne wäre bei Kant das eigentlich ethische in seiner Kritik der praktischen

Vernunft und seiner Grundlegung zur Metaphysik der Sitten die reine Ethik, diese Metaphysik selbst aber die angewendete; und es bedarf schwerlich noch eines andern Beispieles, um den erhobenen Tadel zu beurkunden, so deutlich zeigt sich hier die Trennung dessen, was vereinigt sein sollte, und die schlecht verkittete und übertünchte Verknüpfung dessen, was gesondert sein müßte. Andere im Gegentheil sondern durch eine gleichnamige Eintheilung das reale der Ethik in zwei verschiedene Theile, indem sie der reinen Sittenlehre diejenigen Vorschriften zuweisen, welche allgemeiner Art sind und aus der Natur des Menschen selbst oder was sonst zum Objekte der Pflicht gemacht wird zu verstehen. Die angewendete aber enthält solche, die sich auf ein besonderes beziehen, welches nur erkannt werden kann in der Erfahrung, auf bestimmte Zustände nämlich und Verhältnisse. Eine solche Eintheilung sezt auch Kant voraus in seiner Tugendlehre, vielleicht um einiges daraus verbannen zu können, weil sie in diesem Sinn genommen die reine Sittenlehre sein soll. Wiewol er am wenigsten berechtiget gewesen wäre das schwankende dieses Verfahrens nicht wahrzunehmen. Denn wenn wie bei ihm die menschliche Natur nicht irgendwoher abgeleitet, sondern auch nur aufgefaßt ist: so verschwindet jeder bestimmte Unterschied zwischen dem allgemeinen und besonderen. Daher ist nicht einzusehen, warum zum Beispiel das, was sich auf den Unterschied der Geschlechter bezieht, mehr der reinen Ethik angehören soll, als was von der Mannigfaltigkeit der Gemüthsarten ausgeht; oder warum auf den Unterschied der erwachsenen und der Kinder ein ganzer Abschnitt der Ethik sich gründet, dessen aber zwischen den kräftigen und den abgelebten auch gar nicht gedacht wird. Auf der andern Seite aber hat er sehr Unrecht gethan die Ausführung dieser angewendeten Ethik als eine Nebensache zu vernachlässigen, da er nicht im Stande war in der reinen die Gründe befriedigend aufzustellen zu den ethischen Bestimmungen, welche sich auf jenes besondere beziehen. Woraus zugleich erhellt, daß seine angewendete Ethik, ausgeführt, keinesweges nur Anwendungen enthalten dürfte, sondern auch für sich von vorn anfangen müßte; welches theils eine Folge ist von der Unstatthaftigkeit der Eintheilung, theils von der unrichtigen und verworrenen Art den Pflichtbegriff zu behandeln. Ist aber im Gegentheil die menschliche Natur wie es auch sei abgeleitet und construirt: so muß mit dem allgemeinen zugleich auch der Ort gefunden sein für das besondere, und eben deshalb auch die reine Ethik schon die Gründe enthalten zu den ethischen Bestimmungen aller Gestalten, in denen es vorkommen kann. Und da überdies das besondere seiner Natur nach unendlich ist und unerschöpflich, so fehlt es wiederum am Entscheidungsgrunde, welches nun den Vorzug erhalten soll wiederum als das allgemeine des besondern dargestellt zu werden, und so scheint die wissenschaftliche Behandlung, wie sie aus jenem Grunde nicht nothwendig ist, aus diesem auch nicht möglich zu sein. Ferner wird überlegt, daß das besondere und zufällige, womit die angewendete Ethik sich beschäftigen soll, nicht etwa ein solches ist, das durch Naturnothwendigkeit so und nicht anders gegeben ist, sondern immer durch willkührliches Handeln hervorgegangen, gleichviel ob durch eignes oder gemeinschaftliches; so sieht man leicht, wie diese Eintheilung zusammenhängt mit jenem Fehler irgend etwas als absolut gegeben anzusehn in der Ethik, welcher sich schon als ein solcher erwiesen hat, der die ersten Bedingungen ihrer Wissenschaftlichkeit aufhebt. Daher natürlich auch diese Form, welche er veranlaßt, nicht bestehen kann. Denn ist nach gewöhnlicher Weise die Ethik aus dem Pflichtbegriff dargestellt, und es wollte zur Beschüzung jener Eintheilung gesagt werden, es sei doch in Hinsicht auf einen unvollkommenen ethischen Zustand zweierlei erforderlich, einmal freilich ihn zu verbessern, dann aber auch ihm wie er ist Genüge zu leisten: so weiset grade jene Behandlung dieses Vorwort zurükk, weil in der pflichtmäßigen That beides jedesmal muß vereiniget sein. Ist aber die Ethik unter dem Begriff der Güter dargestellt, so enthält die Beschreibung eines jeden die Formel, in welcher die ganze Reihe der Veränderungen irgend eines ethischen Zustandes eingewikkelt enthalten ist von seiner ersten Bearbeitung an bis zu seiner Vollendung. Wie sollte es also zugestanden werden aus diesen Reihen einzelne Momente in einem besondern Theile der Ethik besonders zu entwikkeln? Ja selbst wenn diese Entwikklung als Gegenstükk einer im ganzen nach dem Begriff der Güter behandelten Ethik sollte dem Pflichtbegriff unterworfen werden, eben um jene häufig angedeutete aber nirgends ausgeführte Verknüpfung des Behandelns und Verbesserns endlich darzustellen, welches gewiß die verständigste Ansicht wäre: so eignet sich doch ein wirklicher bestimmter Zustand nicht zu einer solchen wissenschaftlichen Darstellung, sondern die richtige Behandlung desselben ist vielmehr die künstlerische und selbstbildende Anwendung, welche ein jeder zu machen hat von der ihm als Richtmaaß geltenden Ethik. Denn die Wissenschaft kann nur vereinzelt darstellen erst dieses Verhältniß, dann jenes; in einem wirklichen Zustande aber läßt sich nichts vereinzeln, sondern ein jedes Verhältniß hängt zusammen mit der Art, wie auch die übrigen bestimmt sind, ohne daß jedoch irgend die sämmtlichen Bedingungen eines wirklichen gegebenen Momentes ein ganzes ausmachen, welches durch bestimmte Formeln darzustellen wäre. Ueber keinen Gegenstand also würde etwas können ausgesagt werden, bis er seine Einzelheit verloren, und sich gleichsam unter den Händen verwandelt hätte in ein ganzes mit mehreren; und anstatt Regeln auf viele ähnliche Fälle anwendbar an die Hand zu geben könnte dieser Theil der Ethik mit Recht nur Entscheidungen enthalten über einzelne ganz bestimmte Fälle. Das scheinbare Bedürfniß aber nach einer solchen angewendeten Ethik ist unstreitig daher entstanden, weil durch Einwirkung eben jenes Fehlers auch das, was als reine Ethik gegeben wurde, größtentheils nicht allgemein gültig war und das ganze umfassend, sondern von Voraussezungen ausgehend, welche nur eine bedingte Gültigkeit übrig ließen, und also nur einer gewissen Zeit angemessen, wovon oben Beispiele genug angegeben worden. Denn dieses unzulängliche Verfahren einmal mit der Wirklichkeit befangen konnte eher bei dem herrschenden Geist zu dem noch bestimmteren herabgeführt werden, als zu dem höheren und unbedingten hinauf. Die wahre Darstellung der Ethik aber darf sich, wie bereits gesagt, auf keine weder eine ganz bestimmte noch eine längere und unbestimmte Zeit beschränken, sondern muß ganz allgemein sein; nicht so nämlich, daß sie von dem Inhalt irgend einer Zeit hinwegsieht, sondern so, daß sie den von einer jeden umfaßt. Ja in demselben Maaße als die Gegenwart sich durch sie bestimmen läßt, muß sie auch historisch die Vergangenheit und prophetisch die Zukunft bestimmen. Denn nur indem ihm seine Stelle bestimmt wird in der Reihe der ethischen Fortschritte, wird das vergangene eigentlich erkannt und gewürdigt; und was die Zukunft betrifft, so ist eben so alles Erfinden, in sofern es nicht etwa nur ein Entdekken ist wie in der Naturwissenschaft, eigentlich ethisch, und in der Ethik liegen die Principien der von vielen gesuchten Erfindungslehre. Hievon werden sich Beispiele einem jeden aufdrängen. Oder erscheint nicht vieles von dem, was jezt besseres anzutreffen ist in unsern geselligen und andern Verhältnissen, als Auflösung der Widersprüche, an welchen diese Verhältnisse sonst litten? Und kann man zweifeln, daß eben dieses auch durch Rechnung hätte können gefunden werden, wenn jemand den sittlichen Zustand verglichen hätte mit den ethischen Forderungen? Eben so, wie manches ist schon ehedem da gewesen, was unserer Ueberlegung besser erscheint als das jezige, und jeder wird einsehen, daß es schwerlich hätte verschwinden können, wenn es in seinem sittlichen Werth wäre erkannt und auch so aufgefaßt worden. Denn nur was zufällig da ist in menschlichen Dingen ist vergänglich. Nicht anders aber muß auch aus dem, was jezt noch ein Gegenstand ähnlicher Klagen ist, sich berechnen lassen, was die Zukunft wird erfinden müssen, um ihnen abzuhelfen. Nur daß die Ethik selbst nichts weiter als die Formeln enthält, nach denen diese Berechnungen anzulegen sind, ihre Anwendungen selbst aber liegen außerhalb ihres Gebietes.

Endlich haben noch andere sich desselben Namens bedient, um einen andern Unterschied zu bezeichnen, nämlich zwischen der Ethik selbst und einigen untergeordneten Wissenschaften, welche ihr auf eine besondere Art angehören, indem sie Zwekk und Grundsäze von ihr entlehnen, doch aber auch jede ein eignes ganzes für sich ausmachen, kurz auf eine Art, welche genau zu bestimmen nicht wenig schwer fällt. Jedoch auch ohne den Namen findet sich dieselbe Verbindung solcher Wissenschaften mit der Ethik auch anderwärts, so daß die Prüfung dieser Form um so weniger kann übergangen werden, da sie die Ethik durch den glänzenden Schein vergrößert, als werde in ihr wirklich ein ganzer wissenschaftlicher Cyclus dargestellt. Auf den ersten Anblikk nun könnte man Aehnlichkeit finden zwischen diesem Verhältniß und dem der reinen Größenlehre zu der angewendeten; der näheren Betrachtung aber muß die gänzliche Verschiedenheit bald einleuchten. Denn die Gegenstände, auf welche sich die Wissenschaften der angewendeten Größenlehre beziehen, sind keinesweges durch die reine gefunden, oder in ihr abgeleitet, sondern sie müssen anderwärts her gesezt werden, ja im Gegentheil ihre Wahrnehmung muß gewissermaßen vorausgesezt werden, damit nur die Aufgabe entstehe die reine Größenlehre zu suchen. So daß die Anwendung der Wahrheiten dieser leztern auf jene nur ist theils ein Zurükksehn auf dasjenige, wovon vorher ist hinweggesehen worden, theils ein Hinsehen auf ein fremdes und nicht etwa untergeordnetes, sondern höheres Gebiet, nämlich das der physischen Kräfte. Ganz das Gegentheil aber findet Statt in Hinsicht der Ethik und der ihr untergeordneten Wissenschaften. Denn die Staatskunst zum Beispiel die Erziehungslehre die Haushaltungskunst, als welche vorzüglich in diesem Sinne die angewendete Sittenlehre ausmachen, alle diese können in der Wissenschaft nur existiren in der Voraussezung einer ethischen Aufgabe, und können auf die Ethik nur bezogen werden nicht in wiefern sie durch ein besonderes von ihr unabhängiges Bedürfniß aufgegeben sind, indem sie so angesehen vielmehr im Widerspruch mit ihr stehen müßten, sondern lediglich in wiefern ihre Idee ist in der Ethik gefunden worden. Welches jedoch nur gilt von derjenigen Ethik, welche als ursprünglich und selbst hervorbringend gedacht wird; dagegen jene Aehnlichkeit mit der Größenlehre allerdings besteht für diejenige Ansicht, welcher das sittliche nur beschränkend ist, der Stoff zur Beschränkung aber ihm überall muß von außen gegeben sein, indem dann auch jene Aufgaben aus dem sinnlichen Bedürfniß entspringen, und nur verlangt wird ihre Behandlung übereinstimmend zu machen mit den Forderungen der Ethik. Und dieses giebt allerdings, wenn sonst keine Ursach sollte zu finden sein, eine Andeutung über den Ursprung einer sonst unerklärlichen Mißgestaltung. Doch nur beiläufig von dieser Vergleichung und mehr als genug, da die Sache an sich selbst betrachtet das eben gefundene so sehr bestätiget. Denn von dem Gesichtspunkt der selbstthätigen Sittlichkeit aus muß die Idee jeder Wissenschaft in der Ethik gefunden und ihre Ausführung aufgegeben sein, weil sonst das Streben danach keine Zeit ausfüllen und gar nicht dürfte vorhanden sein. Hiernach also wären alle Wissenschaften einander gleich, und keine entweder oder alle müßten der angewandten Ethik zugehören. Der Unterschied aber, welcher sich eröffnet, ist dieser, daß bei allen eigentlichen spekulativen Wissenschaften das einzelne keiner ethischen Beurtheilung weiter unterworfen ist, außer als That in der Zeit, nicht aber als Theorem in Beziehung auf seinen Inhalt, sondern so ist es nur den Gesezen der Erkenntniß unterworfen. Wodurch also die Behandlung dieser Wissenschaften als ein fremdartiges aus der Ethik gänzlich entfernt wird, und sie von der Ethik aus nur erscheint als die anderweitig zu bestimmende Technik des aufgegebenen Zwekkes. So wird, um nicht ganz kahl zu reden, in der Ethik auch gefordert die Sternkunde, und als That ist allerdings auch ethisch zu beurtheilen, ob grade dieser sich damit beschäftigen solle oder nicht, und ob grade jezt oder nicht: ob aber nach dieser oder einer andern Voraussezung die Bahn eines Gestirns zu suchen ist, und ob es richtig sei die Nebelflekke als Milchstraßen zu betrachten oder nicht: dieses wie alles, was den Inhalt betrifft, hat keine Berührung mehr mit der Sittenlehre. Praktische Wissenschaften dagegen, deren Inhalt aus Vorschriften besteht zu einem eigentlich sogenannten Handeln, welches auch einzeln und für sich mit den ethischen Zwekken zusammenhängt, sind nicht nur durch die Ethik aufgegeben, sondern auch alles einzelne in ihnen ist selbst wieder ethisch zu beurtheilen. So zum Beispiel von der Erziehungskunst ist nicht nur die allgemeine Aufgabe, auf die Belebung der geistigen Kräfte der Jugend richtig zu wirken, in der Ethik gegründet; sondern auch jede Vorschrift, welche dazu ertheilt wird, ob zum Beispiel durch willkührliche Verknüpfung mit fremdartigen angenehmen Folgen die Thätigkeit der geistigen Kraft dürfe unterstüzt und gelenkt werden, darf nicht technisch allein nach der Tauglichkeit zum Zwekk beurtheilt werden, sondern muß auch der ethischen Prüfung nach der Zusammenstimmung aller Zwekke gewachsen sein. Soll aber der allgemeine Zwekk gleich in dieser Beziehung so ausgedrükkt werden, daß jeder ethische Fehler auch ein technischer würde, so wird alsdann gewiß auch alles technische ethisch, und die Ursach geht ganz verloren, diese Theorie als eine besondere aus der Behandlung der Sittenlehre abzuscheiden. Nicht anders die Kunst des Haushaltes, oder um der dürftigen und mißverstandenen Benennung zu entfliehen, die Lehre von Vermehrung des Reichthums; denn sie ist ebenfalls nicht nur durch die Ethik aufgegeben, sondern auch jeder einzelne Fortschritt zum Zwekke kann an und für sich nichts anders sein als eine sittliche Handlung, die allen Gesezen der Ethik gemäß sein muß; so daß also bei Verfolgung dieser Aufgabe der ethische Standpunkt ununterbrochen der herrschende bleibt, ja der einzige. Das nämliche gilt auch von der Staatskunst, wie jedem von selbst einleuchten muß. Wie also können diese von dem angenommenen Standpunkte aus eigne und abgesonderte wissenschaftliche ganze bilden, da doch ihre Theile unter einander nicht genauer oder nach einem andern Gesez zusammenhängen, als jeder einzelne und alle zusammen mit dem größeren ganzen, von welchem sie sollen getrennt werden? Auch läßt sich leicht weissagen, daß wenn ein solcher, dem eine reale und selbsthervorbringende Ethik vorschwebt, eine von diesen abgeleiteten Wissenschaften einzeln bearbeiten wollte, wie jezt Schwarz angefangen hat mit der Erziehungslehre, er entweder von selbst, wenn gleich ohne deutlich zu wissen warum, nicht eine streng wissenschaftliche Form wählen wird, oder diese nicht wird festhalten können, sondern sich genöthiget sehn, bei jedem einzelnen Gegenstand und vielleicht öfter in die Ethik zurükkzugehn, und diese selbst zerstükkelt mit hervorzubringen. Füglicher aber, und vielleicht ausschließend, läßt sich eine solche Trennung denken aus dem Standpunkte der negativen Ethik, welche nicht alle jene Zwekke selbst aussinnt, sondern sie bereits findet, aufgegeben durch irgend ein anderes Bedürfniß. Daher sie nicht mit Unrecht diese Lehren der Ethik anhängt in der Gestalt, welche diese ihnen gegeben hat durch äußere Begrenzung sowol, als durch innere Bearbeitung. Denn hier ist offenbar, theils daß sie nicht Eins ausmachen können mit der Ethik, theils auch daß das ganze mit dieser auf eine sehr verschiedene Art zusammenhängt von der, welche die Theile desselben unter einander verbindet, und die Einheit der Wissenschaft bestimmt. Jedoch kann vor der Kritik dieser Ursprung, auch wenn er befriedigend erwiesen ist, die Sache nicht verdammen; sondern es muß gefragt werden, ob sie überhaupt bestehen kann oder nicht, und hier springt folgendes in die Augen. Zuerst ist diese Form überall nur höchst unvollständig ausgeführt, und so daß jedes wirklich vorhandene Glied aus dem rechten Gesichtspunkt betrachtet auf dies Bedürfniß von andern würde hingeführt haben. So zum Beispiel, wenn die Erziehungslehre ein eignes ganze sein soll von der oben beschriebenen Aufgabe ausgehend, so erscheint sie entweder nur als ein willkührlich abgesondertes Stükk einer allgemeinen Theorie des Umganges und der geistigen Einwirkung der Menschen auf einander; oder wenn das einseitige darin ein unterterscheidendes Merkmal ausmacht, so müßten wenigstens alle andern intellectual ungleichen Verhältnisse der Menschen mit diesem zu gleichen Rechten behandelt sein. Und warum sollten nicht diesen zusammen die gegenseitigen Einwirkungen und die gleichen Verhältnisse mit denselben Ansprüchen gegenüberstehen? Ferner in der Haushaltungskunst kann der Reichthum angesehen werden entweder als Mittel zur Darstellung sittlicher Ideen überhaupt, welches jedoch dem obigen zufolge weniger ethisch sein würde, oder auch selbst als Darstellung Einer solchen Idee, nämlich der bildenden Herrschaft des Menschen über das leblose. Weder aber ist das materiale im ersten Falle das einzige Darstellungsmittel überhaupt, noch auch in dem andern zeigt sich die Herrschaft des Menschen allein in der Vermehrung der beweglichen realen oder symbolischen Erzeugnisse: sondern es ist auch sowol das formale ein Darstellungsmittel überhaupt, als auch die Vermehrung und Verbesserung der Formen ein Produkt der bildenden Gewalt des Menschen. Daher müßte mit der Theorie des Reichthums entweder als Eins verbunden sein oder ihr als entsprechend gegenüberstehen die Theorie zur Erweiterung und Verbesserung der Sprache und der Kunst, sie mögen nun angesehen werden von Seiten der Darstellung oder von Seiten des Genusses. Beide Vernachlässigungen nun, die erste sowol als die lezte, scheinen ihren Grund nirgends anders zu haben, als in der Vernachlässigung des besonderen und dem Begnügen im allgemeinen. Denn wenn es mit der Erziehung auf nichts abgesehen ist, als auf das Hervorbringen der Rechtlichkeit und der gemeinnüzigen Cultur, so braucht ihr allerdings nichts anders gegenüber zu stehen als der Staat, in dessen Einrichtungen sich ja der Idee nach alle Mittel vereinigen sollen, dasselbe hervorzubringen in allen, die bereits in seinen Wirkungskreis eingetreten sind. Eben so wenn nur dasjenige soll dargestellt werden, was zum allgemeinen gehört, so reicht allerdings das materiale hin, und die Cultur des formalen wird übersehen, indem sich dieses nur zur Darstellung des besonderen eignet. Eben so endlich müßte der Theorie des Staates in der praktischen Ethik sowol, wo er einen unmittelbaren Werth hat, als auch in der genießenden, die ihn nur als Nothmittel gebraucht, gegenüberstehen die Theorie der wissenschaftlichen und der religiösen Gemeinschaft. Beide aber sind nirgends weder als eigne Wissenschaften noch als Veranstaltungen des Staates gehörig behandelt. Von der Religion nun ist nichts zu sagen, wenn man sich des ethischen Drukkes erinnert, unter welchem das freie Combinationsvermögen existirt: denn so wird sie natürlich dem einen nur ein Werkzeug des ethischen Wissens, dem andern aber ein untergeordnetes und zufälliges nur unter gewissen Umständen anwendbares Mittel. Das Uebersehen der wissenschaftlichen Verbindung aber gründet sich offenbar in der Negativität der Sittenlehre. Denn hier wäre die Vereinigung nicht beschränkend, wie beim Staat und zum Theil auch bei der Kirche, sondern erweiternd, und diese also durch die Sittenlehre zu fordern würde voraussezen, daß die Aufgabe des Wissens aus der ethischen unmittelbar hervorgegangen wäre. Ganz anders freilich ist es zu beurtheilen, wenn bei den alten die Staatskunst allein gleichsam die ganze angewendete Sittenlehre in dieser Hinsicht ausmacht. Denn weil alles bürgerliche bei ihnen so sehr als irgend etwas selbstthätig war, der Umfang der Religion mit dem des Staates von selbst zusammenfiel, und das Wissen noch viel zu wenig ausgebreitet und organisirt war, so fanden sie keine Ursach zu diesen für uns so einleuchtenden Absonderungen. Doch über das einzelne, wie es wirklich dasteht, genug, um die Widersprüche der Form anzudeuten, durch welche das Gebäude ganz das Ansehn des zufälligen erhält. Denn die lezte Entscheidung giebt nur das zweite, was in die Augen fällt. Dieses nämlich, daß wenn eine vollständige Behandlung solcher angewendeten Ethik die den gegebenen entsprechenden Theile überall hinzufügte, alsdann bald alle reale Vorschriften unter diesen Theil sich stellen würden, der reinen Ethik aber nichts übrig bleiben, als das formale in seiner gewöhnlichen Dürftigkeit. Sonach aber würde auch die vollständigste Behandlung des realen immer jenen Anschein des zufälligen behalten, weil ohne Ableitung aus dem rein ethischen kein Grund da sein kann sich von der Vollständigkeit zu überzeugen. Will man nun fragen, ob vielleicht auch diesen mißlungenen Formen wie jenen zuerst erwähnten etwas wahres den Beifall erschlichen hat, dessen sie sich erfreuen, so kann es folgendes sein. Zuvörderst das Bedürfniß, die ethischen Vorschriften auch nach Maaßgabe der Gegenstände, welche durch sie hervorgebracht worden, zusammen zu ordnen. Welches bei der gemeinen Behandlung nach dem Pflichtbegriff nicht möglich ist. Denn da müssen zum Beispiel die Vorschriften, welche die Theorie des Reichthums bilden, zusammengesucht werden unter mancherlei vollkommnen und unvollkommnen Pflichten gegen sich und andere; eben so die der Erziehung theils unter den Pflichten die Moralität unmittelbar zu befördern, theils unter denen in Ansehung der Freiheit anderer, und wo nicht sonst noch. Aus welchem Gesichtspunkt betrachtet diese verunglükkte Form eigentlich nichts anders wäre, als die natürliche Tendenz einer Darstellung der Sittenlehre unter dem Begriff der Güter, welche jedoch, weil es an dem deutlichen Bewußtsein des Begriffs fehlt, nicht anders ausfallen konnte als fragmentarisch und unvollkommen. Ferner aber kann auch dabei zum Grunde liegen ein Bestreben die verschiedenen Potenzen des Daseins bestimmter ins Auge zu fassen, als bei der gewöhnlichen Behandlung der Ethik nach dem Pflichtbegriff möglich ist, und diese Beziehung kann leicht den Schein der Vollständigkeit hervorgebracht haben. Denn wenn sich der Mensch außer der ersten Stufe seines Daseins als Person und Individuum noch betrachtet als Glied einer Familie, eines aus den natürlich ungleichartigen Theilen der Menschheit bestehenden ganzen, und dann noch als Glied eines Staates, aus gleichartig ungleichen zusammengesezt, so scheint der Umfang seiner Bestimmung ausgefüllt. So beziehen sich aber auf der Familie äußeres und inneres Dasein Erziehungskunst und Hauswirthschaft, Staatswirthschaft aber und Politik auf das des Staates. Von hier scheinen unter den alten mehrere ausgegangen zu sein bei ihrer Gestaltung der praktischen Philosophie. Nur daß sie sich bei der mittleren Potenz weniger aufhielten, und die Familie ganz als Element des Staates behandelten. Auch das gehört zu dieser Ansicht, daß weil im Staate zugleich der Mann in seiner ganzen Eigenheit könnte thätig sein, zulezt einigen von ihnen die Staatskunst alles wurde, die Ethik aber nur als formale Elementarlehre erschien, aber freilich der Idee nach in einem weit vollständigeren Sinne, als wo die neueren bis zu einer solchen Theilung gelangen, und vielmehr so, daß es eine große Annäherung ist zu der oben beiläufig gezeichneten richtigen Gestalt der Wissenschaft. Indeß geht schon aus den obigen Andeutungen hervor, daß jene Eintheilung auch diesem Gesichtspunkt nicht genügt. Denn die Staatswirthschaft kann nicht anders gedacht werden als abhängig von der Politik; die Hauswirthschaft aber und die Erziehungskunst, wie ihre Grenzen gewöhnlich gesezt werden, erschöpfen noch bei weitem nicht die ethische Theorie der Familien. Noch mehr aber möchte es daran fehlen, daß in der formalen Ethik der Grund aufgezeigt worden, warum nun in diesen beiden ganzen alle mögliche Constructionen eines zusammengesezten erschöpft wären, vielmehr finden sich Andeutungen genug zum Gegentheil. Negativ nämlich das bedingte und zufällige, dem die Familie unterworfen ist in ihrer Bildung sowol als Zerstörung; positiv aber die fast überall anerkannte Aufgabe der Freundschaft, mit der es von den mehrsten doch auch angesehen ist auf ein geschlossenes ganze. So daß zufälliges und unbewußtes in der Form auch hier aus der ungründlichen Auffassung des Inhaltes von selbst hervorgeht.

Ganz entgegengesezt dem bis jezt betrachteten Verhältniß der Staatskunst zur Sittenlehre ist jezt noch wenn gleich nur von einigen neueren aufgestellt das Naturrecht in Erwägung zu ziehen, welches die Ethik gewissermaßen von außen zu begrenzen sucht, sich als eine eigne beigeordnete Wissenschaft neben sie hinstellend. Hiebei aber ist nicht nöthig, auf einen andern Rükksicht zu nehmen, als nur auf Fichte. Denn zu tumultuarisch und oberflächlich ist die Art, wie Kant diese Beiordnung begründet, indem er die Gesezgebung der Vernunft eintheilt in diejenige, die nur eine innere ist, und diejenige, welche auch eine äußere sein kann. Schon durch die Formlosigkeit des Ausdrukks Sein und Seinkönnen wird sie verdammt. Noch mehr aber durch die Ueberlegung, daß der Umfang der äußeren Gesezgebung höchst veränderlich ist, und wenn man dabei auf das Seinkönnen sieht, auf das was durch Verträge und willkührliche Einrichtungen hereingezogen werden kann, der Ethik wenig übrig bleiben würde. Erwägt man ferner das Auch, welches feststellt, daß die äußere vorher schon eine innere sein muß: so sieht man, daß Kant nicht weniger als die früheren ungewiß ist über das Verhältniß der Sittenlehre zum Naturrecht, und über des lezteren Ableitung. Ja man weiß nicht, soll es enthalten eine Grenzbestimmung der Politik für die Ethik, oder soll es eine solche voraussezend nur den Inhalt des politisch möglichen analysiren. In beiden Fällen aber leuchtet ein, daß nichts reales durch diese Begründung ausgedrükkt worden, als jenes alte, daß nämlich das menschliche Handeln eine andere Quelle und ein anderes Ziel haben soll für sich, die Ethik aber nur die Grenzen desselben bestimmen. So daß auch das Naturrecht keinen andern Ursprung zu haben scheint, als die Negativität des Begriffs von der Sittlichkeit. Wie denn schon der Frage nach einem absoluten Dürfen außerhalb des Sollens kaum ein anderer Sinn kann untergelegt werden. Daher auch kaum zu bezweifeln ist, daß derselbe Geist auch Fichte bewogen im voraus anzunehmen, das Naturrecht solle doch wol eine besondere Wissenschaft sein, welches ja allerdings einer Untersuchung bedurft hätte. Doch da hievon auch die That den Beweis führen kann, so ist zu prüfen, wie er es denn als eine solche abgeleitet und hervorgebracht hat. Es ist aber hier dasselbige zu tadeln, was schon der Sittenlehre ist vorgeworfen worden, nämlich daß das wesentliche und das in Hinsicht desselben nur zufällige in gleichen Rang gestellt wird, als wäre es von dem gleichen Grunde auch gleich unmittelbar abgeleitet. Denn die Nothwendigkeit sich selbst als Individuum, oder, welches gleich ist, eine theilbare Welt und andere neben sich zu sezen, ist eine ganz andere, als die Nothwendigkeit die Welt wirklich zu theilen, und die Freiheit durch fortdauernde Anerkennung zu beschränken. So wie der jener ersten zum Grunde liegende Charakter der Vernünftigkeit, daß nämlich das handelnde und das behandelte eins sei, ein anderer und höherer ist als das Gesez der Consequenz, auf welchem diese lezte beruht. Auch muß es jedem einleuchten, daß unmöglich aus demselben Grunde wie die Sinnenwelt oder der Leib, und also zugleich mit diesem auch der Rechtsbegriff und der Gedanke eines Staats ja einer bestimmten einzig möglichen Verfassung desselben könne gesezt, und beides auf gleiche Weise des Selbstbewußtseyns Bedingung sein. Wovon den ersten Fehler in der Rechnung genauer aufzusuchen hier nicht her gehört, und je leichter es ist um so eher einem jeden selbst kann überlassen werden. Genau nun hat weder im Naturrecht noch in der Sittenlehre Fichte dargestellt, wie beide sich gegen einander verhalten sollen; im allgemeinen aber läßt sich zeigen, daß bei seiner Begründung und Ausführung ein unabhängiges Verhältniß nicht kann Statt haben. Denn sobald es zwei Geseze des Handelns giebt, wie hier das Sittengesez und das der Consequenz: so muß zwischen beiden, wenn es eine Wissenschaft des Handelns geben soll, aufgezeigt werden ein bestimmtes Verhältniß der Uebereinstimmung; indem es nicht genug ist zu zeigen, wie freilich Fichte thut, daß der Rechtsbegriff niemals dem Sittengesez widerstreiten könne wegen der jedem Recht beiwohnenden Clausul der Freiheit des Nichtgebrauchs. Er müßte denn wie er nicht thut zeigen können, daß, einmal angenommen jenes Gesez der Consequenz, dennoch nichts anderes sich je daraus ableiten lasse, als eben der Rechtsbegriff. Nun aber versperrt Fichte jeden Weg, um die geforderte Uebereinstimmung zu finden. Denn nicht nur soll keines abhängig sein vom andern, sondern es bleibt auch nicht übrig beide als Theile oder Folgerungen eines höheren anzusehn. Theils nämlich würde dieses den Rang beider Wissenschaften wie er ihn festgestellt hat schmälern, theils auch müßte dann jedes von beiden seine eigne Sphäre haben, ausschließend alles was das andere enthält. Wogegen bei ihm der Inhalt zum Theil zusammenfällt, indem die Ehe das Eigenthum der Staat und sonst einiges nothwendig ist aus Gründen der Sittenlehre sowol als des Naturrechts. Welches jedoch auch sonst kein günstiger Umstand ist für den, welcher behauptet, für alles wissenschaftlich nothwendige könne es nur Einen Grund geben und Einen Beweis. Zum Theil aber sind auch beide in Hinsicht dessen, was sie beide umfassen, gänzlich getrennt. Denn die Sittenlehre kann es durch die Gründe, aus welchen sie eine Ehe fordert und einen Staat, nicht zu einer solchen Constitution beider bringen, wie das Naturrecht zu bilden vermag, sondern jene sezt dieses gänzlich verläugnend einen Nothstaat voraus, der doch gar nicht möglich wäre, wenn das Consequenzgesez, aus dem der rechte Staat von selbst erfolgt, jene dem Sezen der Individualität gleiche Nothwendigkeit hätte, und die Sittenlehre um dieses Gesez wüßte. So daß nicht einmal eingetreten ist, was Fichte vermuthete, es könne nämlich wol die Sittenlehre eine neue Sanction herbeiführen für den Rechtsbegriff und was aus ihm folgt. Sehen wir nun noch einmal auf die Zusammensezung dieses sogenannten Naturrechts: so zeigt sich, daß es aus den ungleichartigsten Dingen besteht. So nämlich fortgesezt, wie Fichte es angefangen, wäre es gewesen eine Ableitung alles körperlichen und äußerlichen, auch der Vernunftwesen in ihrer körperlichen Darstellung als Bedingung des Selbstbewußtseins, also allerdings eine Hälfte der idealistischen Philosophie, nämlich die physische, und wohl wären wir berathen, hätte Fichte dies festgehalten, und uns nun weiter geschenkt die Ableitung der Verschiedenheit äußerer Objecte und ihrer natürlichen Classification. So aber angefangen, wie er es fortsezt, und wie andere es anfangen, ist es nichts anders als die nur durch ein ethisches Bedürfniß, nämlich das der Uebereinstimmung, entstehende Aufgabe zu dem, was in der Staatskunst als ein willkührliches und positives erscheint, das natürliche und nothwendige zu finden. Auf diese Art auch bezeichnet mit andern sich ähnlich ausdrükkenden alten Aristoteles diesen Theil von dem Inhalt des neueren Naturrechts als das, was in dem gesezlichen Rechte natürlich ist; aber wiewol er das hinzukommende, wodurch es sich in verschiedenen Gestalten offenbart, für ungöttlich und unvollkommen hielt, hatte er doch keinen Drang jenes reine als ein eignes ganze darzustellen, weil er nämlich überzeugt war von dessen ethischem Ursprung und Wesen. Was nun jenes Gesez der Consequenz in Beziehung auf das Handeln bedeutet, und wo es in der Ethik zu stehen kommt, dieses berechne sich jeder aus dem, was oben gesagt ist von der vollkommnen und unvollkommnen Pflicht. Denn das Recht, wie aus Fichte selbst hervorgeht, in sofern es ein Handeln bestimmt, ist nichts ursprüngliches und für sich bestehendes, sondern hängt ab von der vollkommnen Pflicht als eine andere Ansicht derselben, und erwartet, wie auch diese thut, seine Realität erst von der unvollkommnen. So viel aber ist ohne weiteres offenbar, daß ein so geartetes und gebautes ganze sich nicht eignet neben der Ethik zu stehen, ihr die Alleinherrschaft des Handelns beschränkend, und daß jener nicht weit entfernt gewesen ist von der Wahrheit, der es für nicht mehreres gelten ließ als für ein groteskes Spiel des wissenschaftlichen Strebens. Daß also eine rechte Ethik auch diese Unform zerstören, und das Wesen und praktische daraus in sich selbst aufnehmen muß, jede aber, die hiezu unfähig ist und jene Disciplin anerkennt im systematischen oder sittlichen, oder wie es zusammen zu hangen pflegt in beidem, muß vernachlässiget sein, dieses folgt unmittelbar.

Anhang.

Vom Styl der bisherigen Sittenlehre.

So wie nun die Wissenschaft selbst in den verschiedenen Formen erscheint, welche bis jezt sind in Erwägung gezogen worden, so giebt es auch noch besondere Unterschiede in der Form oder dem Styl der einzelnen Werke, welche sich als Darstellungen der Ethik ankündigen. Diese freilich sind nicht mit jenen von gleicher Wichtigkeit für die geführte Untersuchung selbst, und daher auch aus dem eigentlichen Umkreise derselben mit Recht ausgeschlossen: dennoch aber einer beiläufigen Betrachtung nicht unwerth. Denn so wie es freilich ein leeres Geschäft wäre hiebei ins einzelne zu gehen, und auch bei denjenigen nach der Form und Eigenthümlichkeit ihrer Darstellung und nach deren Gründen zu fragen, welchen von der Kunst der Zusammensezung jeder Begriff mangelt: so muß doch auf der andern Seite jeder mit dieser Einsicht begabte wohl wissen, daß bei denen, welche auf den Namen der Künstler in der Wissenschaft dürfen Anspruch machen, nichts ganz zufälliges statt findet, sondern jede Bestimmung auch der Form ihren Grund hat, es sei nun bewußt in einer Absicht, oder unbewußt in einer nicht verkannten Beschaffenheit des Gegenstandes oder des darstellenden. Aus diesem Gesichtspunkt nun sind besonders merkwürdig drei Verschiedenheiten des Styls in Darstellungen der Sittenlehre, welche sich bei verschiedenen nicht nur zu verschiedenen Zeiten wiederfinden, sondern auch unabhängig von der Beschaffenheit der Grundidee und dem Inhalt des Systems. So daß sie uns bei Erforschung ihrer Ursachen über die unmittelbaren Gegenstände unserer Untersuchung hinaus und wahrscheinlich zu demjenigen hinführen, worauf wir nur bei der Einleitung des ersten Buches vorbeigehend hingesehen haben, indem sie nämlich abzuhängen scheinen von der Art, wie jeder die Ethik gefunden hat, und wie er sie anknüpft, welches, ob es sich so verhalte, ein jeder aus folgendem ersehen mag.

Zuerst nun giebt es in der Ethik ein rhapsodisches und tumultuarisches Verfahren, welches sich begnügt unter der großen Masse alles dessen, was unter das Gebiet der Wissenschaft gehört, gleichsam herumzuwühlen, ohne gesunde Dialektik das einzelne vergleichend und unterordnend, ohne systematisches Verfahren seine Abschnitte wählend oder vielmehr ergreifend nach hergebrachter ungeprüfter Weise des gemeinen Lebens oder aufs Gerathewohl. So daß von einer so unvollkommenen Behandlung hier gar nicht Erwähnung geschehen könnte, wenn nicht ein Künstler, dessen Werke anderer Art, es seien nun physische oder technische und kritische, dem allgemeinen Urtheil nach einen weit höheren Charakter an sich tragen, Aristoteles nämlich, es in der Sittenlehre nicht weiter hätte bringen können, als bis hieher. Der Grund aber der Verdammniß scheint der zu sein, daß er die Wissenschaft nicht an sich gewollt hat, wie er denn ausdrükklich sagt, er sehe nicht die Möglichkeit sie zu Stande zu bringen; sondern er hat geklebt an einem materiellen Endzwekk. Er wollte nämlich nicht als Resultat der Wissenschaft oder als höchstes Kunstwerk, sondern wie es eben sein könnte als ein wirkliches Ding in der wirklichen Welt, ein gemeines Wesen. Daß dieses die ganze subjective Tendenz seiner Ethik ist, und er auch mit dem Staat nicht etwa höher hinaus will, wie Platon, sondern nur diesen Standpunkt hat, darüber wird gewiß kein Zweifel erhoben werden von denen, welche seine Sittenlehre kennen. Dieses vorausgesezt nun wird ein Blikk auf diejenigen, die ihm hierin ähnlich sind, hinreichen, um den Charakter solcher ethischen Darstellungen noch fester und vollständiger ins Auge zu fassen. Der nächste sei ihm der unter den Deutschen sonst vielgeachtete Garve, welcher mit seinen ethischen Bemühungen nie etwas anderes gewollt hat, als die Ordnung der guten Gesellschaft; ferner hängen sich hier an der große Haufe der anglikanischen und gallikanischen Sittenlehrer, von denen es den ersten zu thun ist um den Gemeingeist, den andern aber um die Ungebundenheit unter der Vormundschaft der Convenienz. Bei einer solchen Beschränkung nun auf einen ganz willkührlichen pragmatischen Zwekk ist ganz unvermeidlich jenes rhapsodische Verfahren. Nicht anders als diejenigen es zu machen pflegen, welche in Beziehung auf irgend ein Gewerbe die Kenntniß der natürlichen Dinge und ihrer Kräfte betreiben, ohne jedoch diesen Zwekk sich selbst oder öffentlich zu bekennen; da denn natürlich eine dunkle Ahndung der Zwekkmäßigkeit oder ein blindes Umhertappen danach die Stelle des wissenschaftlichen vertritt sowol in der Anordnung des ganzen, als in der Bestimmung und Behandlung des einzelnen. In derselben Richtung auf ein materielles Bedürfniß hat ferner seinen Grund jenes allen Sittenlehrern dieser Art anklebende ironische Bestreben, welches allen Streit über die Principien zu vermeiden sucht, und am liebsten behauptet, er beruhe immer nur auf Mißverstand, wohlverstanden aber sei alles einig. Wozu noch gefügt werden kann ein eigenthümliches Unvermögen diejenigen zu vernehmen, welche von einem höheren Standpunkt ausgegangen sind, und ein oft glükkliches Bestreben auf die redlichste Weise und ohne irgend eine Absicht der Täuschung dem Mißverstande den Schein des Verstehens zu geben, weil nämlich das äußere sich leicht in jene Sphäre der Betrachtung hinabziehen läßt.

Dieses nun sind die Hauptzüge der ersten und unvollkommensten Weise der ethischen Darstellung.

Die zweite nun könnte am besten mit Verwarnung vor allen Mißdeutungen eines bedenklichen Wortes die dogmatische genannt werden, weil sie von einem festen Punkt ausgehend die Wissenschaft will und nichts anderes. Woraus im Gegensaz gegen die vorige ein gemessener Fortschritt entsteht, und eine eigenthümliche nach bestimmten Regeln jenem Anfangspunkt gemäß verfahrende Theilung und Verknüpfung der Begriffe. Auch eben so offenbar anstatt jenes ironischen Bestrebens vielmehr eine polemische Richtung, sie äußere sich nun gradezu oder nur mittelbar. Denn wer so von einem festen Punkt auf wissenschaftliche Art ausgeht, der muß nothwendig einiges absolut verwerfen; dagegen wer nur wie jene einen materiellen Zwekk im Auge hat, auch fast nur zu relativen Entscheidungen gelangt, und weniger das Entgegensezen der Begriffe betreibt, als nur das Vergleichen derselben. Damit aber gleich der ganze Umfang dessen erhelle, was zu dieser Gattung zu gehören scheint, ist es am besten die entgegengesezten Pole derselben zu bezeichnen, hier nämlich die Methode der Stoiker, dort aber die des Spinoza. Denn daß beide übereinkommen in den angeführten Gegensäzen gegen die vorigen, ist offenbar. Die Verschiedenheit aber zwischen beiden, welche in die Augen fällt, beruht darauf, wie jener Anfangspunkt beschaffen gewesen, und zwar nicht etwa seinem Inhalt nach, sondern in Beziehung auf seinen Werth für das Bewußtsein. Die Stoiker nämlich gingen aus von einem in seinen Grenzen schwankenden Gedanken, den sie, unfähig ihn durch höheres Hinaufsteigen und Bestimmen seiner Elemente ganz für die Wissenschaft zu reinigen, nur durch den Erfolg beweisen konnten, nämlich durch vollständige und gelungene Ausführung des darauf gegründeten Gebäudes. Daher also ihr fast ins unendliche gehendes Bestreben nach dialektischer Vollständigkeit, daher aber auch, daß die Polemik sie oft verleitete in das Gebiet der Sophisterei, indem sie auch negativ ihre Grundsäze durchgängig bewähren wollten. Wogegen Spinoza ausging von einer klaren und ganz bestimmten Anschauung, für welche nichts mehr rükkwärts zu thun übrig blieb. Daher denn die Polemik zuerst niemals ihm selbst Bedürfniß war für sich, sondern nur Erläuterung für andere, und deshalb auch mehr abgesondert gleichsam den Rahmen ausmacht, der das ganze und seine einzelnen Theile umgiebt, als innig in die Darstellung des Systems selbst verwebt ist, wie bei den Stoikern wol größtentheils der Fall war. Ferner auch ist ihm fremd jene kleinliche niederländische Vollendung, an welcher die Stoiker sich ergözen; sondern er begnügt sich, in wenigen großen und starken Zügen Umriß und Gehalt seines Systems vors Auge zu stellen. Was aber die geometrische Methode betrifft, so hat er vielleicht besser gewußt, was damit gemeint war, als diejenigen, die hin und wieder nach wunderlichen Ansichten über diese Sache geredet haben. Vielleicht auch hat er nichts gewußt, wie es den Künstlern bisweilen ergeht. Die Hauptsache aber ist wol nicht in den Ueberschriften zu suchen, durch welche die verschiedenen Säze bezeichnet werden, sondern theils in dem öfteren und unmittelbaren genetischen Zurükkweisen auf die ursprüngliche Anschauung, theils in dem Wechsel des fortschreitenden synthetischen Construirens und des analysirenden Vergleichens eines anders woher gegebenen oder willkührlich angenommenen mit dem ursprünglichen oder dem bereits gefundenen. Von dem ersten dieser Elemente nun kann mit Recht gesagt werden, daß es nicht nur im Spinoza, sondern auch in andern Philosophen, welche das äußere jener Methode nicht nachgeahmt, reiner und richtiger durchgeführt worden, als von den Größenlehrern selbst, woraus schon zu schließen, daß es der Philosophie nicht minder muß angehörig sein als der Mathematik. Das andere aber ist, wie es in der Geometrie sich nur dadurch rechtfertigt, daß sie kein System sein kann, in der Ethik gewiß nur da anwendbar, wo sie sich in Polemik ergießt, und nur nach diesem Maaßstabe ist Spinoza in Hinsicht auf die sen Theil seiner Methode zu beurtheilen. Wen nun und wie viele von den Sittenlehrern jeder in dieses Gebiet des dogmatischen Styls zu sezen würdigen will, bleibe jedem unbenommen, damit nicht übertriebene Strenge sich scheine aufzudringen.

Die dritte Methode aber ist die heuristische, und Platon der einzige Meister, der sie in ihrer Vollkommenheit aufgestellt hat. Ihr Wesen nun besteht darin, daß sie nicht von einem festen Punkt anhebend nach einer Richtung fortschreitet, sondern bei der Bestimmung jedes einzelnen von einer skeptischen Aufstellung anhebend durch vermittelnde Punkte jedesmal die Principien und das einzelne zugleich darstellt, und wie durch einen elektrischen Schlag vereinigt. Wenn nun schon die vorerwähnte geometrische Methode dahin vorzüglich abzwekkt, zu verhindern, daß nicht die Frage nach dem Princip durch die zunehmende Entfernung des einzelnen von demselben als eine alte und abgethane Sache erschiene, und sein eigenthümliches Wesen durch die lange Ableitung geschwächt in dem einzelnen oft dem Uebersehen und Verkanntwerden ausgesezt wäre: so wird diese Absicht durch den heuristischen Styl ungleich vollkommner erreicht, und der Wissenschaft in allen ihren Theilen der höchste Grad des Lebens gesichert. Denn die innere Kraft derselben wird auf diese Art allgegenwärtig gefühlt, und erscheint immer jung und neu in jedem Theile der Darstellung. Sollte es auf diese Art aber scheinen, als ob dafür die Uebersicht des ganzen erschwert würde durch die dazwischen sich drängenden Zurüstungen, so ist wol dieses nur den ungewohnten treffende Hinderniß nicht in die Wage zu legen gegen die thätige Theilnahme an dem Entstehen des ganzen, wozu diese Darstellung einen jeden gleichsam nöthigt. Der wesentlichste Vorzug aber ist die völlige Gewalt des Künstlers über die Schnelligkeit und Langsamkeit der Bewegung, und daß er in jedem Augenblikk inne halten und nach allen Seiten umschauen kann. Hieran aber ist nur demjenigen gelegen, der nicht nur die einzelne Wissenschaft als ein organisches ganze hervorbringen will, in welchem alle Theile sich gleichzeitig und verhältnißmäßig bilden, sondern auch der jede einzelne Wissenschaft nur als einen Theil des ganzen betrachtet, welcher ebenfalls den übrigen voreilen weder darf noch kann. Welcher allgemeine Zusammenhang nun auf diese Art im einzelnen bisweilen sich erreichen, und wo nicht, sich wenigstens andeuten läßt. In wie fern aber alle Eigenthümlichkeiten des platonischen Styls der Gattung selbst angehören, oder ihm, dieses ist hier nicht zu untersuchen. Nur soviel, daß der dialogische Vortrag nur in einem sehr weiten Sinne kann für nothwendig gehalten werden. In demjenigen nämlich, in welchem auch der antithetische Vortrag des Fichte dialogisch wäre; denn dieser gehört allerdings hieher. Ja die Vergleichung, wie Platon auch in seinen größten ethischen Constructionen jener Methode getreu bleibt, Fichte aber in der eigentlichen Ethik in den rein dogmatischen Styl ausweicht, und wieviel weniger was in diesem lezten hervorgebracht ist die Prüfung aushält, diese kann am besten einen jeden leiten in dem Urtheil, welches er zu fällen hat.

Beschluß.

Nachdem die Untersuchung in den zuvor abgestekkten Grenzen abgeschlossen worden, und einem jeden, der sie aufmerksam begleitet hat, die Hauptzüge vorschweben müssen, welche die Ethik zeihen dasjenige noch fast gänzlich zu verfehlen, was sie sein soll: so entsteht die Frage, ob etwa auf die Wissenschaft besser als auf den Menschen jener befremdliche Saz der Stoiker an uwenden ist, daß jeder entweder ein weiser sei oder gänzlich ein Thor; ob also der Ethik gar kein Sinn kann zugeschrieben werden als Wissenschaft bis sie vollkommen ist, oder ob man wenigstens sagen könne, sie werde als eine solche, und unter welchen Bedingungen. Hierüber möge noch beschließend hinzugefügt werden, soviel davon sich aus dem Standort dieser Kritik erblikken läßt. Zu welchem Ende eigentlich nur darf erinnert werden an zweierlei, welches hieher gehörig schon oben beiläufig ist aufgeführt worden. Zuerst nämlich im allgemeinen, daß keine Wissenschaft kann im strengsten Sinne vollendet sein für sich allein, sondern nur in Vereinigung mit allen andern unter einer höchsten, welche für alle den gemeinschaftlichen Grund des Daseins enthält, und eine jede bestätigt durch den Zusammenhang mit allen übrigen. Woraus schon von selbst hervorgeht, daß entweder diese auch die erste sein muß der Zeit nach und jene erzeugen, welches niemand gefunden zu haben behaupten wird, oder daß die untergeordneten sich zugleich und nach gleichen Regeln in Gestalt und Inhalt der Vollendung nähern, und eben hiedurch auch jene Idee sich allmählich entwikkelt. Nur freilich erstrekkt sich dieser Zusammenhang nicht auch auf solche Hülfswissenschaften, wie etwa die Größenlehre und die Vernunftlehre, sondern nur auf die eigentlichen dem Inhalt und der Bedeutung nach selbstständigen; von diesen aber wird gewiß der wissenschaftliche Sinn eines jeden ohne weitere Erörterung das gesagte einräumen. Zweitens aber in Beziehung auf die Ethik besonders ist angedeutet worden, daß sie als Darstellung eines realen sich nicht anders als mit diesem zugleich vollkommen entwikkeln könne. Welches von der Naturwissenschaft von selbst gilt, in so fern ihr reales von ihr selbst vollständig gegeben ist, von der Geschichte aber auch, in so fern von ihr vielleicht gilt, was die Stoiker vom höchsten Gute behaupten, daß sie nicht wächst durch die Länge der Zeit. Soll nun der Ethik irgendwann mehr als einer unbestimmten und wieder verschwindenden Erscheinung ein wohlbegründetes bleibendes Dasein zukommen: so muß ein nothwendiger Zusammenhang statt finden zwischen ihren angeführten beiden Bedingungen. So daß entweder das Fortschreiten auch der andern Wissenschaften nebst dem Auffinden und Entwikkeln der höchsten Erkenntniß gleichfalls abhängt von der Entwikkelung des sittlichen im Menschen, oder umgekehrt dieses von jenem, oder auch beides gemeinschaftlich in einem dritten gegründet ist. Dieses zwar, wie es sich verhalte, zu untersuchen ist nicht unseres Ortes; die Erscheinungen aber, welche wir hier können in Erwägung ziehen, müssen in allen Fällen, ist nur überhanpt die Voraussezung gegründet, einen Parallelismus darstellen, welcher auch in allem bisher geschehenen sich nicht verkennen läßt. Denn nicht nur die ersten fragmentarischen Elemente der Ethik, jene Denksprüche der Weisheit nämlich, welche bald mehr bald minder den Mittelpunkt des Lebens trafen oder nur berührten, und doch schon sowol die Ahndung enthalten von dem lezten Ziele der Wissenschaft, als auch die Keime jener verschiedenen Gestalten, in welche sie sich hernach spaltete, diese nicht nur sind gefunden worden in gleichem Zeitraum mit den Elementen der Naturwissenschaft und der Historie, und gleichsam in demselben Anlauf geistiger Anstrengung, sondern auch das Bestreben die gebührende Form für sie zu finden hat fast in Hinsicht auf alle gleichen Schritt gehalten. Ja was noch mehr beweisende Kraft hat zwischen den verschiedenen Ideen, nach denen im Verlauf besonders die Naturwissenschaft ist bearbeitet worden, und denen, welche der Ethik zum Grunde lagen, findet sich eine Aehnlichkeit der Verhältnisse und ein durchgängig herrschender Zusammenhang des gleichartigen in beiden, welcher dem Saz, daß die praktische Philosophie eines jeden, wie sie selbst durch die Sittlichkeit in ihm bestimmt werde, auch wieder seine theoretische bestimme, eine frühere Anerkennung schon längst hätte zusichern müssen. Oder hat jemals, seitdem es verschiedene Schulen und Charaktere der Philosophie gab, eine Verbindung statt gefunden in einem und demselben zwischen der Ethik der Stoiker und der atomistischen Naturlehre des Epikuros? Oder etwa wäre es einem möglich gewesen, dessen Naturwissenschaft nur von dem ewigen Fluß der Dinge wüßte, ein Platoniker zu sein in der Sittenlehre? Offenbar so wenig, daß nur der alle Verbindung aufhebende Skepticismus sich schwankend bald hie bald dorthin neigen konnte, im theoretischen auf diese, im praktischen auf jene Seite. Wer nun diese Verschiedenheiten betrachtet wie sie von jeher neben einander bestanden haben, der möchte bezweifeln, ob auch nur innerlich solchen Versuchen die besonderen Erkenntnisse zu Stande zu bringen die Idee einer höchsten und allgemeinen zum Grunde gelegen habe. Denn je höher der Standpunkt genommen wird, desto weniger sollte wol Vielartigkeit der Ansicht und der Ausführung möglich sein. Wenigstens war es nicht eine und dieselbe: denn unter der Herrschaft Einer solchen Idee kann auch jede Wissenschaft nur auf Eine Art der Form und dem Inhalt nach ausgeführt werden. Wollte aber jemand als ein Zeichen, daß jezt nur Eine solche anerkannt werde von allen, und als die Wirkung der darin liegenden Wahrheit anführen, die dem Anschein nach nun vollendete Reinigung des wissenschaftlichen Gebietes von dem Eudämonismus in der Ethik, und dem Atomismus sei er nun chemisch oder mechanisch in der Naturwissenschaft: so hat freilich von jenem die Kritik nichts anders finden können, als daß er eine Wissenschaft zu bilden unfähig sei, und muß den Zusammenhang des lezteren mit ihm, und was daraus folge, dahingestellt sein lassen. Allein sie giebt zu erwägen, daß doch dieses nur einen von den Gegensäzen betrifft, welche sie auf dem Gebiete der Sittenlehre gefunden hat, und daß der siegreiche dynamische Idealismus, wie er sich bis jezt gezeigt hat, wol schwerlich die Ahnenprobe seiner Abstammung von einer Idee der höchsten Erkenntniß bestehen möchte, welche doch erforderlich ist, wenn ihm soll der Preis gereicht werden. Denn von den beiden Darstellungen desselben, welche ebenfalls in einem wichtigen und bedenklichen Streit begriffen sind, hat die eine zwar eine Ethik aufgebaut, dagegen aber die Möglichkeit einer Naturwissenschaft bald troziger bald verzagter abgeläugnet, und die andere dagegen die Naturwissenschaft zwar hingestellt, für die Ethik aber keinen Plaz finden können auf dem Gesammtgebiete der Wissenschaften. Sollte man daher von der Sittenlehre der ersteren, welche sehr mangelhaft ist befunden worden, den Schluß machen dürfen auf die eben so einseitig verneinende Naturwissenschaft der anderen: so dürfte was sie beide zusammen reales besizen nur einen mäßigen Werth haben; was sie dagegen beide zusammen läugnen, zumal wenn man die Abneigung der einen wenigstens gegen die Geschichte dazunimmt, möchte ziemlich alle reale und mehr als elementarische Wissenschaft ausmachen. Wie nun der Charakter der einzelnen Wissenschaften, wie jeder sie darstellt, abhängig ist von der Beschaffenheit des sittlichen Bewußtseins in ihm, so auch im allgemeinen die wahre Idee eines Systems der menschlichen Erkenntniß, ohne welche keine Wissenschaft vollkommen sein kann und durchaus wahr, von der vollkommenen Sittlichkeit in der Idee wenigstens, oder welches dasselbe ist, von dem vollständigen Bewußtsein der höchsten Geseze und des wahren Charakters der Menschheit. Wo demnach dieses Bewußtsein vorhanden war, da war auch in demselben Maaße der Keim der wahren Ethik; und von welcher Zeit an es unaustilgbar wenn gleich nur von wenigen anerkannt fortgepflanzt wird, von der fängt sich an das Werden der wahren Sittenlehre. Denn werdend kann sie immer nur sein, bis wenigstens von allen, welche die Bildung des Geschlechts repräsentiren, jenes Bewußtsein anerkannt ist, weil vorher im Kampf die Ansicht von dem ganzen Gebiet des sittlichen, welches sie darstellen soll, zu sehr beschränkt ist und getrübt, als daß es tadellos könnte in Formeln gefaßt werden, welche den ganzen Fortschritt der nothwendigen Entwikkelung in sich begreifen. Wo aber und so lange jenes Bewußtsein noch nicht vorhanden ist, ist auch noch nicht die Ethik werdend als Wissenschaft, sondern nur ihre Idee. Dieses leztere Werden aber kann auch nicht gleichmäßig sein, sondern muß den Schein des zufälligen darbieten, indem bald das eine bald das andere Element der Annäherung den übrigen vorangeht, bald der Sinn für das ideale bloß von den Gesezen der Form aus das bessere reale ahndet und die Wirklichkeit hinter sich läßt, bald aber das reale in der Wirklichkeit demjenigen zuvoreilt, welches in der Wissenschaft dargestellt ist, ohne sich dessen Anerkennung zu gewinnen. Und so erscheint bald vorwärtsgehend bald rükkläufig die Bewegung demjenigen, welchem ihr Mittelpunkt nicht gegeben ist und ihr Gesez: denn nur in der vollkommenen Wahrheit und im klaren Selbstbewußtsein verkündiget sich unverkennbar das Maaß und die Ordnung.

FSC
www.fsc.org
MIX
Papier | Fördert
gute Waldnutzung
FSC® C083411

Kolibri 360 GmbH
Ferdinand-Jühlke-Straße 7
99095 Erfurt, Deutschland
produktsicherheit@kolibri360.de